Gesetz über Preisnachlässe (Rabattgesetz)
Vom 25. November 1933 (RGBl. I 1011), mit allen Änderungen

§ 1

(1) Werden im geschäftlichen Verkehr Waren des täglichen Bedarfs im Einzelverkauf an den letzten Verbraucher veräußert oder gewerbliche Leistungen des täglichen Bedarfs für den letzten Verbraucher ausgeführt, so dürfen zu Zwecken des Wettbewerbs Preisnachlässe (Rabatte) nur nach Maßgabe der nachfolgenden Vorschriften angekündigt oder gewährt werden.

(2) Als Preisnachlässe im Sinne dieses Gesetzes gelten Nachlässe von den Preisen, die der Unternehmer ankündigt oder allgemein fordert, oder Sonderpreise, die wegen der Zugehörigkeit zu bestimmten Verbraucherkreisen, Berufen, Vereinen oder Gesellschaften eingeräumt werden.

§ 2

Der Preisnachlaß für Barzahlung (Barzahlungsnachlaß) darf drei vom Hundert des Preises der Ware oder Leistung nicht überschreiten. Er darf nur gewährt werden, wenn die Gegenleistung unverzüglich nach der Lieferung der Ware oder der Bewirkung der gewerblichen Leistung durch Barzahlung oder in einer der Barzahlung gleichkommenden Weise, insbesondere durch Hingabe eines Schecks oder durch Überweisung, erfolgt.

§ 3

Werden während eines bestimmten Zeitabschnitts unter Stundung der Gegenleistung Waren geliefert oder Leistungen bewirkt, so kann bei der nach Ablauf des Zeitabschnitts erfolgenden Bezahlung ein Barzahlungsnachlaß gewährt werden, sofern der Zeitabschnitt nicht länger als einen Monat dauert. Die Vorschrift des § 2 gilt entsprechend.

§ 4

(1) Wer einen Barzahlungsnachlaß gewährt, muß den Nachlaßbetrag sofort vom Preise abziehen oder Gutscheine (Sparmarken, Kassenzettel, Zahlungsabschnitte) ausgeben, die in bar einzulösen sind. Der Umsatz an Waren oder Leistungen, von dem die Einlösung der Gutscheine abhängig gemacht wird, darf auf keinen höheren Betrag als fünfzig Deutsche Mark festgesetzt werden.

(2) Gutscheine, die von einer Vereinigung nachlaßgewährender Gewerbetreibender (Rabattsparvereine und dergleichen) eingelöst werden, dürfen nur ausgegeben werden, sofern sich die Vereinigung alljährlich einer unabhängigen Prüfung durch einen sachverständigen Prüfer unterzieht. Die Prüfung muß sich auf die gesamte Geschäftsgebarung der Vereinigung während der Dauer des Geschäftsjahres erstrekken, insbesondere darauf, daß die Einlösung der ausgegebenen Gutscheine gesichert ist. Der Prüfer muß einen schriftlichen Bericht erstatten, den die Vereinigung ihren Mitgliedern zugänglich zu machen hat. Die Vorschrift des Absatzes 1 Satz 2 findet keine Anwendung.

§ 5

(1) Warenrückvergütungen, die Genossenschaften im Sinne des § 1 Abs. 1 Nr. 5 des Genossenschaftsgesetzes (Konsumvereine) ihren Mitgliedern gewähren, dürfen zusammen mit Barzahlungsnachlässen im Geschäftsjahr drei vom Hundert der mit den Mitgliedern erzielten Umsätze nicht übersteigen; Nichtmitgliedern dürfen Warenrückvergütungen nicht gewährt werden.

(2) Der Anspruch auf die Warenrückvergütung ist mit der Beschlußfassung über den Jahresabschluß fällig. Die Fälligkeit kann durch das Statut oder einen Beschluß der Generalversammlung nicht über sechs Monate nach Ablauf des Geschäftsjahres hinausgeschoben werden.

§ 6

Warenhäuser, Einheits-, Klein- oder Serienpreisgeschäfte oder ähnliche, durch die besondere Art der Preisstellung gekennzeichnete Geschäfte und Werkskonsumanstalten dürfen Barzahlungsnachlässe nicht gewähren (nichtig nach BVerfG v. 11. 4. 1967 BGBl. I 626).

§ 7

(1) Werden mehrere Stücke oder eine größere Menge von Waren in einer Lieferung veräußert, so kann ein Mengennachlaß gewährt werden, sofern dieser nach Art und Umfang sowie nach der verkauften Stückzahl oder Menge als handelsüblich anzusehen ist.

(2) Der Mengennachlaß kann entweder durch Hingabe einer bestimmten oder auf bestimmte Art zu berechnenden Menge der verkauften Ware oder durch einen Preisnachlaß gewährt werden.

§ 8

Werden bei Aufträgen für mehrere gewerbliche Leistungen oder für eine gewerbliche Leistung größeren Umfangs oder beim Kauf von Dauer- oder Reihenkarten. die einen Anspruch auf eine bestimmte Zahl von Leistungen begründen, Mengennachlässe gewährt, so gilt die Vorschrift des § 7 entsprechend.

§ 9

Sondernachlässe oder Sonderpreise dürfen gewährt werden

1. an Personen, die die Ware oder Leistung in ihrer beruflichen oder gewerblichen Tätigkeit verwerten, sofern dieser Nachlaß seiner Art und Höhe nach orts- oder handelsüblich ist;
2. an Personen, die auf Grund besonderen Lieferungs- oder Leistungsvertrages Waren oder Leistungen in solchen Mengen abnehmen, daß sie als Großverbraucher anzusehen sind;
3. an die Arbeiter, Angestellten, Leiter und Vertreter des eigenen Unternehmens, sofern die Ware oder Leistung für deren Bedarf, den Bedarf ihrer Ehegatten, ihrer Abkömmlinge oder der mit ihnen in häuslicher Gemeinschaft lebenden Personen bestimmt ist (Eigenbedarf) und in dem Unternehmen hergestellt, vertrieben oder bewirkt wird.

§ 10

Treffen bei einem Rechtsgeschäft im Sinne des § 1 mehrere Preisnachlaßarten zusammen, so darf der Nachlaß nur für zwei Arten gewährt werden.

§ 11

(1) Ordnungswidrig handelt, wer als Inhaber eines Unternehmens, in dem Waren des täglichen Bedarfs im Einzelverkauf an den letzten Verbraucher veräußert oder gewerbliche Leistungen des täglichen Bedarfs für den letzten Verbraucher ausgeführt werden, vorsätzlich oder fahrlässig im geschäftlichen Verkehr zu Zwecken des Wettbewerbs

1. entgegen einer Vorschrift der §§ 2 bis 4 Abs. 1, 2 Sätze 1, 4 einen Preisnachlaß,
2. entgegen § 5 Abs. 1 eine Warenrückvergütung,
3. entgegen § 7 oder § 8 einen Mengennachlaß,
4. entgegen § 9 einen Sondernachlaß oder einen Sonderpreis oder
5. entgegen § 10 Nachlaß für mehr als zwei Preisnachlaßarten gewährt oder ankündigt.

(2) Die Ordnungswidrigkeit kann mit einer Geldbuße bis zu zehntausend Deutsche Mark geahndet werden.

§ 12

Wer einer der Vorschriften dieses Gesetzes zuwiderhandelt, kann auf Unterlassung in Anspruch genommen werden. § 13 Abs. 2 Nr. 1, 2 und 4, Abs. 4 und 5 und § 23 a des Gesetzes gegen den unlauteren Wettbewerb sind entsprechend anzuwenden.

§ 13

Die in § 27 a des Gesetzes gegen den unlauteren Wettbewerb vorgesehenen Einigungsstellen können bei bürgerlichen Rechtsstreitigkeiten aus diesem Gesetz angerufen werden.

§ 14

(1) Dieses Gesetz tritt am 1. Januar 1934 in Kraft
(2) (gegenstandlose Übergangsvorschrift)

§ 15

Die Vorschriften des Gesetzes über das Verbot des Verkaufs von Tabakerzeugnissen unter Steuerzeichenpreis vom 21. September 1933 (RGBl. I 653) bleiben, soweit sich aus ihnen etwas anderes ergibt, unberührt.

§ 16

Zum Ersatz eines Schadens, der durch die in diesem Gesetz bestimmten Maßnahmen entsteht, sind weder das Reich noch die Länder verpflichtet.

§ 17

Der Reichswirtschaftsminister erläßt die zur Durchführung dieses Gesetzes erforderlichen Rechts- und Verwaltungsverordnungen. Er kann auch Vorschriften ergänzenden oder abändernden Inhalts erlassen.

Literatur

A. Kommentare und Handbücher

Baumbach/Hefermehl Wettbewerbsrecht, 20. Aufl. 1998, Rabattgesetz; *Emmerich*, Das Recht des unlauteren Wettbewerbs, 4. Aufl. 1995, § 6 (S. 83 ff); *v. Gamm* Wettbewerbsrecht,

5. Aufl. 1987 2. Halb. b. Kap. 60; *Junckerstorff* Das Rabattgesetz, 1934; *Klosterfelde/Jaeger-Lenz* in Gloy, Handbuch des Wettbewerbsrechts, 2. Aufl. 1997 § 52 (S. 934 ff); *Köhler/Piper* UWG 1995, *Michel/Weber/Gries* Rabattgesetz, 2. Aufl. 1957; *Nordemann* Wettbewerbsrecht, 8. Aufl. 1996; *Reimer/Krieger* Zugabe- und Rabattrecht, 1955; *Seydel* ZugabeVO und Rabattgesetz, 4. Aufl. 1993; *Tetzner* Rabattgesetz, 1963; *Ulmer/Reimer* Das Recht des unlauteren Wettbewerbs in den Mitgliedsstaaten der Europäischen Wirtschaftsgemeinschaft, Bd. III, Deutschland 1968.

B. Einzeldarstellungen

Ahrens Vom stillen Wirken richterlicher Preiskontrolleure, GRUR 1991, 500; *Altmann* Weitergabe von Rabatten, Skonti und sonstigen Vorteilen an den öffentlichen Auftraggeber, DB 1970, 767; *Assmann* Konstruierte Rabattverstöße im Neuwagenhandel, BB 1983, 2079; *ders.* Rabattgesetz und unverbindliche Preisempfehlungen im Neuwagenhandel, BB 1984, 1973; *Becker* Ist der Warenversandhandel über sog. Sammelbesteller nach Wettbewerbsrecht zulässig?, BB 1961, 197; *Böttcher* Die Problematik von Herstellergutscheinen, BB 1968, 649; *ders.* Zur Zulässigkeit von Sammelgutscheinen, BB 1970, 689; *Borck* Zum Mengennachlaß nach § 7 RabattG, WRP 1966, 121, *ders.* Streifzug durch das Rabatt- und Zugaberecht, WRP 1968, 254; *ders.* Zur wettbewerbsrechtlichen Relevanz der Stundung des Kaufpreises, WRP 1989, 699; *ders.* „Von der wirtschaftlichen Betrachtungsweise" zur „Europakonformen Auslegung", WRP 1994, 15 ff; *Bunte* Kraftfahrzeughandel, unverbindliche Preisempfehlung und Rabattgesetz, BB 1984, 1516; *Burchard* Sonderangebote für Stammkunden, BB 1957, 629; *Burkert* One for Two, GRUR 1989, 870; *Burmann* Die werbe- und wettbewerbsrechtliche Problematik bei Preisunterbietungen, DB 1965, 1655; *Conradt* Zur Auslegung des Rabattgesetzes (Kaffeeversandhandel), GRUR 1959, 520; *Creutzig* Rabattgesetz und Autokauf, DB 1984, 171; *Döll* „Verkaufspreis ×% unter Listenpreis", BB 1960, 1105; *ders.* Zur Auslegung des Rabattgesetzes unter besonderer Berücksichtigung des Warenaufdruckes empfohlener Preise, BB 1963, 319; *Doepner* Zur Ankündigung einer „Kinderfreifahrt auf Ausflugsdampfer", GRUR 1978, 219; *ders.* Auslegungsprobleme im Rabattrecht. Abgrenzung von unechten Sonderpreisen und Preisnachlässen, GRUR 1976, 16; *ders.* Die Stellung des Naturalrabatts in § 1 ZugabeVO, WRP 1976, 217; *Dörinkel* Der Rabatt als Mittel des Wettbewerbs und als Gegenstand der Wettbewerbsbeschränkung, GRUR 1960, 7; *K. Droste* Rechtsfragen zum Saisonschlußverkauf, DB 1957, 649; *ders.* Der unzulässige Direktverkauf, WRP 1960, 27; *ders.* Rechtsfragen zum Direktverkauf, GRUR 1961, 67; *ders.* Der Preisvergleich als rabattrechtliches Problem, DB 1964, 1215; *Droste/Schmidt* Preislistentreue und Rückvergütungsverbot in der Werbewirtschaft, GRUR 1972, 1 ff; *Dürrhammer* Rabatte, was sie sind und was sie nicht sind, DB 1963, 37; *Ellscheid* Rabattgewährung im Lernmittelhandel, GRUR 1974, 527; *Fezer* Die Grenzen des Selbstbedienungsgroßhandels im Leistungswettbewerb, BB 1976, 705; *ders.* Umweltwerbung mit unternehmerischen Investitionen in den Nahverkehr, JZ 1992, 443; *Fikentscher* Die Preisunterbietung nach neuem Wettbewerbsrecht, BB 1958, 201; *Frey*, Rechtsfragen der Jubiläumsverkäufe, BB 1961, 550; *ders.* „Discounthaus" – „Discountpreis", WRP 1963, 221; *Fröhler* Sind Sammelbesteller Gewerbetreibende?, NJW 1963, 279; *Fuchs* Zur Frage der Preisauszeichnungspflicht im „Großhandels-Unterkundengeschäft" (Kaufscheinsystem), DB 1968, 1111; *Gärtner* Wettbewerb im Versicherungswesen?, DB 1972, 2447; *Gleiss* Ist die Bindung von Rabatten bei Markenartikeln zulässig?, NJW 1953, 1456; *Gleiss/Hirsch* Vorrechte für Preisbinder?, WRP 1964, 9; *Goll* Kaufscheinhandel und der Begriff des Letztverbrauchers, NJW 1975, 1822; *Goergen* Preisauszeichnung und handelsübliche Verkaufseinheit, WRP 1969, 59; *Greifelt* Zur Kritik an der höchstrichterlichen Rechtsprechung in Wettbewerbssachen, DB 1968, 47; *Gries* Sind „gespaltene Preise" beim Verkauf an den letzten Verbaucher nach dem RabattG zulässig?, WRP 1958, 12; *Griesbach* Rabatte – Preisnachlässe oder Preise?, DB 1964, 1363; *Gröschner* Der Kraftfahrzeughandel und das RabattG, BB 1982, 1331; *Gruber* Die Erstattung von Fahrt- und Parkkosten im Lichte des Wettbewerbsrechts, WRP 1992, 429; *Haastert* Rabattverstöße durch Kraftfahrzeug-Leasing, WRP 1986, 252; *Hamel* Der Apothekenrabatt der Krankenkassen, NJW 1967, 1496; *Heckelmann* Zweierlei Maß – eine Anmerkung zur Anmerkung, WRP 1986, 19; *Heckelmann-Langheid* Verbotene Rabattgewährung im Neuwagenhandel, WRP 1983, 475; *Hiersemann* Klare Trennung zwischen Großhandel und Einzelhandel, WRP 1968, 428; *ders.* „20% unter dem empfohlenen

Richtpreis", WRP 1964, 393; *ders.* Warenvertrieb durch Kaufausweise, WRP 1960, 327; *ders.* Umstrittene Handelsformen, BB 1960, 809; *Holzapfel* Inhalt und Grenzen der Preisauszeichnungspflicht, BB 1964, 1150; *Hörle* Zur Anwendbarkeit des Rabattgesetzes im Werbegeschäft, WRP 1975, 578; *Hoth* Konsumgenossenschaften und Einzelhandel, Gewinnausschüttung und Rabatt, WRP 1959, 72; *ders.* Der Zweck des Rabattgesetzes und die Grenzen seiner Anwendung, GRUR 1977, 233; *Illert* Der Preisvergleich mit empfohlenen Endverbraucherpreisen, 1965; *Ingelmann* Zwei Normalpreise oder Mengenrabatt?, WRP 1960, 264; *ders.* Geringerer Mengenpreis im Kaffee-Einzelhandel?, BB 1960, 1149; *Janssen* Zur allgemeinen gewerberechtlichen Stellung des Sammelbestellers, NJW 1963, 620; *Joliet* Der freie Warenverkehr: Das Urteil Keck und Mithouard und die Neuorientierung der Rechtsprechung, GRUR Int. 1994, 979; *Kamin* Zur Frage der Handelsüblichkeit nach Rabatt- und Zugaberecht, WRP 1956, 214; *Kamlah* Rechtsprobleme des Jubiläumsverkaufs, WRP 1970, 51; *Kathrein/Reinicke* Behindert das Rabattgesetz die rationelle Belieferung des Handwerks?, DB 1961, 1217; *Kessler* Treuevergütung nach § 13 DVO RabattG ohne Treue?, WRP 1984, 313 ff; *Kisseler* Ist das Rabattgesetz noch zeitgemäß? WRP 1975, 129; *Klatt* Rabattrechtliche Fragen im Reiseverkehr, insb. bei „Betriebsreisen", WRP 1957, 224; *Koenigs* Wechselwirkungen zwischen GWB und UWG, NJW 1961, 1041; *Konow* Wettbewerb und Ordnung im Verkehr, WRP 1972, 176; *ders.* Sonderangebote im Personenverkehr, eisenbahnverkehrsrechtliche Grundlagen, WRP 1983, 653; *ders.* Kartellgesetz und Margentarife, WRP 1965, 247; *Kreis* Tankstellenrabatte in kartellrechtlicher Sicht, BB 1969, 73; *Krieger* Verstößt die Gewährung von Ratenzahlung ohne Aufschlag gegen das Rabatt- und Zugabeverbot?, GRUR 1952, 380; *Kunz* Wettbewerbsrecht und Verkehrstarife, WRP 1986, 257; *Lahusen* Neue Form der Gutscheinwerbung, BB 1985, 1233; *Lafrenz* Die Folgen des Rabattverstoßes, GRUR 1979, 89; *Leible/Sosnitza* „Zwei für Eins-Vorteil" und Europäisches Gemeinschaftsrecht, GRUR 1995, 799 ff; *Leicht* Treuevergütung nach § 13 DVO RabattG mit und ohne Treue, WRP 1984, 451 ff; *Lipps* Der Kaufscheinhandel – eine rechtmäßige Vertriebsform, WRP 1970, 161; *Löffler/Thümmel* Sind „gespaltene" Preise zulässig?, BB 1957, 1094; *Mahlmann* Genossenschaftsrecht und Wettbewerbsordnung. Ein Beitrag zur rechtlichen Behandlung der Rückvergütung, 1971; *Mette* Zur rabattrechtlichen Beurteilung von Herstellergutscheinen, DB 1969, 72; *Meyer* Preisvorteil bei Mehrfachpackungen als unzulässiger Mengenrabatt, BB 1966, 18; *Meyer/Christian* Letztverbraucher – Waren des täglichen Bedarfs, WRP 1962, 294; *Möhring* Die Beschaffung personaleigener Geschäftsfahrzeuge in rabattrechtlicher Sicht, BB 1969, 1246; *Müller* Die Haftung von Verbrauchervereinigungen für Rabattverstöße, MA 1965, 783; *R. Müller* Die Problematik des Sammelbestellers, NJW 1960, 1839; *ders.* Die Stellung des Sammelbestellers im heutigen Wirtschaftsleben, NJW 1962, 1548; *E. Müller* Die zerstörte Preisempfehlung, WRP 1962, 75; *ders.* Preisauszeichnung und unlauterer Wettbewerb, WRP 1965, 176; *Nacken* Fahrpreiserstattung, WRP 1991, 212; *Nastelski* Warenzeichen und Wettbewerb in der Rechtsprechung des Bundesgerichtshofes, MA 1962, 312; 1963, 1101; *Nees* Der Kauf zum Kreditpreis (Finanzierungskauf), WRP 1988, 509; *Nees/Sauberschwarz* Verkaufseinheiten – Komplettangebote – Koppelung, WRP 1993, 369 ff; *Nopper* Anrechnung von Gebrauchtwagen, MA 1961, 12; *Ordemann* Das Einkaufsausweissystem als Erscheinungsform des Direktverkaufs, BB 1961, 313; *ders.* Direktverkäufe des Großhandels und Rabattgesetz, BB 1962, 204; *Ostermann/Heckelmann* Zur rechtlichen und tatsächlichen Problematik der Normalpreisbildung und Rabattgewährung im Kfz-Handel, WRP 1985, 126; *Paschke* Zivil- und wettbewerbsrechtliche Probleme des Null-Leasing, BB 1987, 1193; *Pieck* Rechtsfragen im Verhältnis zwischen Apothekern und Krankenkassen, NJW 1970, 1219; *Piper* Fahrpreiserstattung und Kundenbeförderung als Werbemittel, GRUR 1993, 276 ff; *ders.* Zum Entwurf eines Gesetzes zur Aufhebung des Rabattgesetztes, WRP 1994, 433; *Plassmann* Die Vorrechte der Preisbinder, NJW 1963, 2097; *Prölls* Zur Rabattgewährung durch den Unternehmer bei Mitwirkung Dritter, DB 1967, 1355; *Reimann* Der Sonderrabatt im Einzelfall, NJW 1956, 332; *ders.* Fragen aus dem Zugabe- und Rabattrecht, WRP 1957, 69, 71; *ders.* Zur Handelsüblichkeit nach Rabatt- und Zugaberecht, WRP 1956, 243; *ders.* Rabatte und Preisbindung, MA 1959, 31; *Rödding* Die Werbung des Herstellers für Direktverkäufer an den letzten Verbraucher, DB 1969, 2321; *Rothländer* Die Preisauszeichnung in Großhandlungen und Auslieferungslägern unter besonderer Berücksichtigung der Möbelbranche, WRP 1966, 6; *Sack* Grenzüberschreitende Zugabe- und Rabattwerbung, IPRax 1991, 386; *ders.* Zur Vereinbarkeit des Rabattgesetzes mit Art. 30 EG-Vertrag,

EWS 1994, 181; *Schade* Preisauszeichnung und Normalpreis, WRP 1970, 374; *Schibel* Stellungnahme zu Ingelmann BB 1960, 1149; *Schiemann* Die „erste vergesellschaftete Studentenbuchhandlung" – BGH, NJW 1975, 215 = JuS 1975, 494; *Schmidt/Temming* Die Verfolgung von Rabattverstößen in der Kraftfahrzeugbranche, WRP 1983, 133; *Schoan* Gewährung von Mengenrabatt nach § 7 RabattG, DB 1953, 460; *Schopp* Einiges zum Verwerterrabatt nach § 9 Ziff. 1 RabattG, WRP 1979, 613; *Schramm/Schade* Das Recht der Preisgegenüberstellung, WRP 1970, 204; *Schricker* Deutsches Rabattrecht – welweit?, GRUR 1977, 646; *Schulze/zur Wiesche* Wettbewerbsrechtliche Probleme des Selbstbedienungsgroßhandels, WRP 1975, 636; *Schütz* Rabattgesetz und Gemeinschaftsrecht, EuZW 1993, 409; *Schürholz* Listenpreis und Preissenkung in Prozenten, DB 1959, 1431; *Schwintowski* Aktuelle und strategische wettbewerbsrechtliche Fragen des Kraftfahrzeug-Leasing, DB 1990, 2253; *ders.* Wettbewerbsrechtliche Grenzen der Gewährung von Großkundenrabatten an Einkaufsgemeinschaften, BB 1992, 368; *Sedelmeier* Zur Auslegung des Begriffs Mengenrabatt, NJW 1968, 579; *Sirch* Zur Problematik der Direktverkäufe, BB 1956, 1049; *Sonderland* Preisgestaltung als Mittel des Wettbewerbs, DB 1954, 592; *Spengler* Generalangriff auf das RabattG – bedenkliche Gerichtsurteile, DB 1952, 387; *ders.* Direktverkäufe vom Hersteller und Großhändler, WuW 1957, 539; *Stritzke* Abschluß der Zugabe- und Rabattgesetzgebung, GRUR 1934, 226; *Tetzner* Aktuelle Fragen aus dem Rabattrecht, JR 1963, 216; *ders.* Einkaufsausweise, Kaufscheinhandel und Rabattverbot, NJW 1973, 2051; *Tilmann* Finanzierungshilfen an Letztverbraucher in wettbewerbsrechtlicher Sicht, WRP 1992, 215; *P. Ulmer* RabattG und Wettbewerbsordnung, FS Hefermehl (1971) 201; *ders.* Unternehmensbegriff im RabattG, FS Wahl (1973) 405 ff; *ders.* Eine Verbraucherpreisempfehlung und Rabattverbot, FS Eugen Ulmer, GRUR Int. 1983, 611; *Vorwerk* Zur Anwendbarkeit des Rabattgesetzes auf handwerkliche Betriebe, WRP 1962, 155; *H. W. Weber* Zur Weitergeltung des § 11 DVO/RabG, WRP 1957, 358; *ders.* Die Sonderpreise i. S. des § 1 Abs. 2 RabattG, WRP 1959, 40; *K. Weber* Rabattrechtliche Sonderfälle, NJW 1960, 172; *W. Weber* Günstige Finanzierungsangebote – unzulässige Rabatte oder Zugaben?, WRP 1991, 205; *Weber/Lehmann* Rabattrechtliche Beurteilung von Teilzahlungskrediten, NJW 1959, 1668; *Wedemeyer* Zinsgewinn als Rabatt?, WRP 1989, 357; *Weigelt* Inzahlungnahme gebrauchter Ware, DAR 1961, 12; *Wenzel* Nochmals: Fahrpreiserstattung, WRP 1991, 545; *Wessel* Zusammentreffen von Skonto und Bonus, BB 1965, 311; *Wilke* „Cash + Carry" – Betriebe zwischen Groß- und Einzelhandel, WRP 1977, 69; *Wilkendorf* Die Abgrenzung der Menge beim Mengenrabatt, BB 1965, 1253; *ders.* Preisvorteil bei Mehrfachpackungen als unzulässiger Rabattverstoß?, BB 1966, 643; *Winter* Der Begriff „letzter Verbraucher" im Rabattrecht, DB 1955, 40; *ders.* Der Kaufschein, NJW 1965, 237; *Zentrale* Kritik am Rabattgesetz ungerechtfertigt, WRP 1974, 138; *Zimmer* Die Werbung mit oder Gewährung von Niedrigzinssätzen beim „B-Geschäft" – Ein Verstoß gegen § 1 UWG, die ZugabeVO, das RabattG oder § 15 GWB?, ZHR 157 (1993), 400 ff; *Zipfel* Zur Feststellung der handelsüblichen Verkaufseinheit, BB 1968, 692.

Gesetz über Preisnachlässe
(Rabattgesetz)[1]

vom 25. November 1933
(RGBl. I 1011)

In der Fassung der Gesetze vom 21. 7. 1954 (BGBl. I 212), 11. 3. 57 (BGBl. I 172), der Entscheidung des BVerfG v. 11. 4. 67 (BGBl. I 626), des Einführungsgesetzes zum Strafgesetzbuch vom 2. 3. 74 (BGBl. I 469), des Gesetzes zur Änderung wirtschafts-, verbraucher-, arbeits- und sozialrechtlicher Vorschriften vom 25. 7. 86 (BGBl. I 1169, 1172).

---

[1] §-Angaben ohne Gesetz beziehen sich in diesem Kommentierungsteil auf dieses Gesetz, nicht – wie sonst – auf das UWG.

Einleitung

Übersicht

Alphabetische Übersicht

Zur zitierten Literatur wird auf das Literaturverzeichnis zu § 1 verwiesen.

A. Zur Entstehungsgeschichte des Gesetzes

Die Rabattgewährung ist eine „uralte Geschäftsgewohnheit" (Begründung zum **1**
UWG von 1909). Sie war zulässig, aber vielfach umstritten. Eine spezielle gesetzliche Regelung des Rabattwesens sahen weder das Gesetz zur Bekämpfung des unlauteren Wettbewerbs vom 27. Mai 1896 noch das Gesetz gegen den unlauteren Wettbewerb vom 7. Juni 1909 vor. Das Rabattproblem hat bei den Beratungen des UWG von 1909 eine gewisse Rolle gespielt. Eine gesetzliche Regelung des Rabattwesens über die sich aus den §§ 1, 3 UWG (sitten- und wahrheitswidrige Werbung) und dem Verbot besonderer Verkaufsveranstaltungen (§§ 7–9 UWG) ergebenden Schranken hinaus hielt man jedoch nicht für erforderlich. Die Gewährung von Rabatten wurde als eine besondere Art der Preisstellung und als solche als zulässig angesehen.[2] Die Zulässigkeit von Rabatten beurteilte sich ausschließlich nach den Vorschriften der §§ 1 und 3 UWG. Hierzu gab es eine umfangreiche Rechtsprechung.

---

[2] Vgl. *Callmann* § 1 UWG (1909) Rdn. 75.

Rabatte wurden vielfach auch als Zugaben angesehen. Als dann 1932 die Zugabeverordnung erlassen wurde, sah sich der Gesetzgeber veranlaßt, in § 1 Abs. 2 lit. b und c ZugabeVO ausdrücklich klarzustellen, daß der Geld- und Naturalrabatt vom grundsätzlichen Zugabeverbot ausgenommen sind.

Schon bald nach Erlaß der ZugabeVO zeigte sich, daß statt nunmehr verbotener Zugaben in steigendem Maße Rabatte gewährt wurden. Umfang und Höhe der im Einzelhandel gewährten Preisnachlässe nahmen bedenkliche Ausmaße an. Die Höhe der gewährten Rabatte (bis zu 10%), in Einzelfällen 36% und mehr[3] entsprach nicht mehr einer normalen kaufmännischen Kalkulation, das wirtschaftlich vertretbare Maß wurde überschritten. Außerdem war, soweit Rabatte in Form von Sparmarken (Gutscheinen) gewährt wurden, deren Einlösung, insbesondere durch Rabattsparvereine, vielfach nicht ausreichend gesichert. Der Gesetzgeber sah sich veranlaßt einzugreifen, weil die Lebensfähigkeit vieler mittelständischer Einzelhandelsbetriebe durch den zu maßloser Übersteigerung werdenden Rabattwettbewerb bedroht war.

2 Das RabattG wurde 1933 erlassen und trat am 1. 1. 1934 in Kraft. § 1 verbietet generell Preisnachlässe (zum Begriff s. § 1 Rdn. 51–55), Sondernachlässe und Sonderpreise (zum Begriff s. § 1 Rdn. 103, 104). Der Barrabatt (§ 2), handelsübliche Mengennachlässe (§§ 7, 8) und die Sondernachlässe (Sonderpreise) des § 9 sind Ausnahmen vom grundsätzlichen Verbot, die jedoch für Konsumvereine nur mit Einschränkungen (§ 5) gelten und für Warenhäuser, Einheits-, Klein- oder Serienpreisgeschäfte (aufgehobener § 6) ursprünglich nicht bezüglich des Barrabatts galten.

Durch das Gesetz zur Änderung von Vorschriften des Gesetzes betreffend die Erwerbs- und Wirtschaftsgenossenschaften und des Rabattgesetzes vom 21. 7. 1954 (BGBl. I 212) wurden § 5 neu gefaßt, nachdem er nach dem 2. Weltkrieg durch Einzelgesetze bzw. -verordnungen der Länder aufgehoben worden war, und in § 6 die Konsumvereine gestrichen. Durch Gesetz zur Änderung des UWG, des Gesetzes über das Zugabewesen und des Rabattgesetzes vom 11. März 1957 (BGBl. I 172) wurde § 13 UWG neu gefaßt und die sachliche Zuständigkeit der Einigungsstellen im Sinne des § 27 a UWG auf bürgerliche Rechtsstreitigkeiten aus dem RabattG ausgedehnt. § 6, dessen Aufhebung die Bundesregierung bereits anläßlich der Beratungen des Gesetzes zur Änderung von Vorschriften des Gesetzes betreffend die Erwerbs- und Wirtschaftsgenossenschaften und des Rabattgesetzes vom 21. Juli 1954 vorgeschlagen hatte, wurde vom BVerfG für mit dem Grundgesetz nicht vereinbar und in vollem Umfang für nichtig erklärt.[4]

Durch das Einführungsgesetz zum Strafgesetzbuch (EGStGB) vom 2. März 1974 (BGBl. I 469) wurde der Straftatbestand des § 11 in eine Ordnungswidrigkeit umgewandelt. Durch Artikel 2 des Gesetzes zur Änderung wirtschafts-, verbraucher-, arbeits- und sozialrechtlicher Vorschriften vom 25. Juli 1986 (BGBl. I 1169, 1172) wurde § 12 an die neue Regelung der Klagebefugnis und der Streitwertbemessung gemäß § 13 Abs. 2 und 23 a UWG angepaßt.

Aufgrund der im § 17 enthaltenen Ermächtigung wurde die Durchführungsverordnung vom 21. Februar 1934 (RGBl. I 120) erlassen. Sie wurde mehrfach geändert, nämlich durch die 2. DVO vom 19. Februar 1935 (RGBl. I 208), durch die 3.

---

[3] Vgl. *Junckerstorff* RabattG 2. Aufl., 2.
[4] Beschl. v. 11. 4. 1967 BGBl. I 626; GRUR 1967, 605.

DVO vom 29. Juli 1938 (RGBl. I 981) sowie durch die Verordnung zur Änderung gewerberechtlicher und anderer Vorschriften vom 21. 5. 1976 (BGBl. I 1249). Im Saarland gilt seit Ablauf der Übergangszeit (5. 7. 1959) wieder das deutsche RabattG (§ 1 des Gesetzes vom 30. 6. 1959, BGBl. I 313). Mit dem Wirksamwerden des Beitritts der Deutschen Demokratischen Republik zur Bundesrepublik Deutschland am 3. Oktober 1990 gelten die rabattrechtlichen Vorschriften als Bundesrecht auch in den neuen Bundesländern.[5] Der Einigungsvertrag ist abgedruckt in GRUR 1990, 750 ff. Schon vorher hatte die Volkskammer der DDR am 21. Juli 1990 ein „Gesetz über das Inkrafttreten von Rechtsvorschriften der Bundesrepublik Deutschland gegen den unlauteren Wettbewerb, über das Zugabewesen und über Preisnachlässe“ verabschiedet, das am 1. August 1990 in Kraft trat.[6]

Ein Gesetzentwurf der Fraktionen der CDU/CSU und FDP vom 1. 2. 1994 (BT- **3**
Drucks. 12/6722) sah eine Aufhebung der ZugabeVO und des Rabattgesetzes und der Verordnung zur Durchführung des Rabattgesetzes vor. Ziel der Aufhebung des Rabattverbotes an Letztverbraucher war, den Preiswettbewerb und die Wachstumskräfte zu stärken. Die Initiative der Fraktionen der Regierungskoalition stand im Zusammenhang mit dem Gesetz zur Änderung des Gesetzes gegen den unlauteren Wettbewerb vom 25. 7. 1994 (BGBl. I 1738). Sie scheiterte im Laufe des Gesetzgebungsverfahrens (BR-Drucks. 116/1/94).[7]

B. Die Gültigkeit des Gesetzes

Die Rechtsgültigkeit des RabattG bzw. einzelner Vorschriften ist in der Zeit nach **4**
dem zweiten Weltkrieg gelegentlich in Zweifel gezogen worden.[8] Rechtsprechung und Literatur sind nunmehr fast einhellig der Auffassung, daß das RabattG gültig ist.[9] Das Bundesverfassungsgericht hat zu erkennen gegeben, daß es das RabattG abgesehen von § 6 nicht für nichtig hält. Darüber hinaus hat der bundesdeutsche Gesetzgeber nach dem Kriege das RabattG mehrfach, zuletzt durch das Gesetz zur Änderung wirtschafts-, verbraucher-, arbeits- und sozialrechtlicher Vorschriften vom 25. 7. 1986 (BGBl. I 1169), in Kenntnis der früher einmal geäußerten Bedenken geändert und ist damit von der Rechtsgültigkeit des Gesetzes ausgegangen.

Nur § 6 ist vom Bundesverfassungsgericht in vollem Umfang für nichtig erklärt worden. In seinem Beschluß „Warenhaus-Rabatt“ (GRUR 1967, 605) hat das Bundesverfassungsgericht die herrschende Meinung bestätigt, wonach das RabattG we-

[5] Vgl. Art. 8 des Einigungsvertragsgesetzes BGBl. 1990 II 889.

[6] Vgl. dazu *v. Mühlendahl/Mühlens* Gewerblicher Rechtsschutz im Vereinigten Deutschland, GRUR 1992, 725 ff, 728.

[7] Zum Gesetzesvorschlag zur Aufhebung des RabattG vgl. Aus der Praxis – für die Praxis, WRP 1993, 725; *Borck* UWG-Deregulierung als Reformersatz, WRP 1994, 349; *Kisseler* Das deutsche Wettbewerbsrecht im Binnenmarkt, WRP 1994, 1, 9; *Loschelder* Die Novellierung des UWG, GRUR 1994, 535 ff; *Piper* Zum Entwurf eines Gesetzes zur Aufhebung des Rabattgesetzes, WRP 1994, 433 ff; Eingabe der Deutschen Vereinigung für gewerblichen Rechtsschutz und Urheberrecht an das BJM zur UWG Novelle, GRUR 1994, 435, 438.

[8] Vgl. zu den Gründen hierfür *Michel/Weber/Gries* RabattG § 1 Rdn. 2–4 und *Reimer/Krieger* Vorbem. Kap. 4.

[9] Vgl. BVerfG GRUR 1967, 605 – *Warenhaus-Rabatt*; BGH GRUR 1961, 367, 368 – *Schlepper*; GRUR 1959, 326 – *Kaffeeversandhandel*; GRUR 1958, 487, 490 – *Antibiotica*; BGHZ 27, 369 = GRUR 1958, 555, 556 – *Elektrogeräte*; *Baumbach/Hefermehl* Vorbem. RabattG Rdn. 7; *von Gamm* Kap. 60 Rdn. 4; *Köhler/Piper* Einl. RabattG Rdn. 2; *Michel/Weber/Gries* RabattG § 1 Rdn. 2; *Reimer/Krieger* Vorbem. Kap. 4; *Tetzner* RabattG § 1 Rdn. 10; a. A. jedoch *Schünemann* in dieser Kommentierung Einl. B Rdn. 29 f; *Ulmer/Reimer* Nr. 1098; *Bussmann* MA 1951, 147; *Nastelski* MA 1962, 312, 325.

der als „typisch nationalsozialistisches Recht" gegenstandslos geworden ist[10] noch gegen die Preisgesetze der Nachkriegszeit, insbesondere gegen die PreisfreigabeVO vom 25. 6. 1948[11] oder gegen die Dekartellierungsgesetze der Besatzungsmächte verstieß.[12] Zur Gültigkeit der Durchführungsverordnung s. die Anm. zu den einzelnen Vorschriften der DVO.

Das RabattG wurde erlassen, um aufgetretene Mißbräuche zu beseitigen. Ob für diese gesetzliche Sonderregelung auch heute noch eine wirtschaftliche Notwendigkeit besteht, wird in der Literatur zunehmend bezweifelt.[13] Richtig ist, daß es im Rahmen der geltenden marktwirtschaftlich orientierten Wirtschaftsordnung jedem Unternehmer grundsätzlich freistehen muß, seine Preisgestaltung in eigener Verantwortung vorzunehmen. Der Bundesgerichtshof ist erkennbar bemüht, durch seine neuere Rechtsprechung sicherzustellen, daß dieser Grundsatz insgesamt auf dem Gebiete des Wettbewerbsrechtes, aber auch auf dem Gebiet des Rabattrechts[14] eingehalten wird.[15] Zwar schränkt das RabattG den Grundsatz freier Preisbildung durch den Unternehmer hinsichtlich der Rabattgewährung ein.[16] Jedoch wird kein Unternehmer durch das Rabattgesetz gehindert, seine Preise generell für alle Abnehmer herabzusetzen.

C. Zweck und Ziel des Rabattgesetzes

5 Wie Entstehungsgeschichte des Gesetzes und amtliche Begründung zeigen, werden mit dem RabattG sowohl wirtschaftspolitische als auch gewerbepolizeiliche Ziele verfolgt.[17] Das RabattG läßt die Gewährung eines Preisnachlasses an letzte Verbraucher nur in den ausdrücklich genannten Fällen nach dem Grundsatz zu: „Kein Preisnachlaß ohne Gegenleistung".[18] Zugleich wird die Höhe der danach noch zugelassenen Rabatte einheitlich für alle Wettbewerber auf ein wirtschaftlich vernünftiges Maß beschränkt. Damit soll verhindert werden, daß die Unternehmen beim Verkauf an den letzten Verbraucher sich mit dem werbewirksamen Mittel des Rabatts jenseits der Grenze der Wirtschaftlichkeit gegenseitig zu übertrumpfen suchen und dabei ihre Existenz gefährden. Außerdem werden beim Erlaß des RabattG übliche Praktiken unmöglich gemacht, bei denen die spätere Einlösung von Rabattmarken nicht genügend gesichert war.

Im Interesse der Mitbewerber[19] und der Verbraucher wird der Preisnachlaß als Mittel des Wettbewerbs unter Ausschaltung von Mißbräuchen und Auswüchsen auf

---

[10] So schon OLG Düsseldorf GRUR 1952, 426, 427; OLG Köln MA 1951, 108; *Meyer* MA 1951, 105.

[11] So schon AG Nürnberg MDR 1950, 230 = BB 1949, 672.

[12] So schon *Bussmann* MA 1951, 147; *Gleiss* BB 1949, 479 und 1951, 800.

[13] Zur Kritik an der geltenden gesetzlichen Regelung vgl. *Baumbach/Hefermehl* Vorbem. RabattG Rdn. 9; Großkomm./*Schünemann* Einl. B Rdn. 29 f mwN; *Tetzner* Einl. RabattG Rdn. 7 ff; *Emmerich* 2. Aufl. § 6 Anm. 3 a; *Hefermehl* in seiner Anm. zum Beschluß des BVerfG GRUR 1967, 605, 608; *Koenigs* Wunschwirkungen zwischen GWB und Recht des unlauteren Wettbewerbs, NJW 1961, 1041 ff; *Koppensteiner* WbR, 353 ff; *Lehmann* in der Anm. zum Urteil BGH GRUR 1978, 375, 377 – *Spitzensportlernachlaß*; *Rittner* WiR, 247; *P. Ulmer* Rabattgesetz und Wettbewerbsordnung, FS Hefermehl (1971), 201 ff.

[14] Vgl. z. B. BGH GRUR 1992, 465 – *Rent-o-mat.*

[15] Vgl. hierzu *Gloy* GRUR 1980, 395 ff.

[16] Vgl. BGHZ 99, 69 = GRUR 1987, 302, 304 – *Unternehmeridentität*; Großkomm./*Schünemann* aaO Rdn. 30.

[17] Gl. A. *Baumbach/Hefermehl* Vorbem. RabattG Rdn. 8; *von Gamm* Kap. 60 Rdn. 2; *Köhler/Piper* Einf. RabattG Rdn. 4; a. A. *Greuner* in Gloy HdbWbR 2. Aufl. § 4 Rdn. 11: rein gewerbepolizeiliche Regelung.

[18] Vgl. Amtl. Begründung, Reichsanzeiger Nr. 184 v. 5. 12. 1933.

[19] Vgl. BGH GRUR 1959, 329, 331 – *Teilzahlungskauf*; BGH GRUR 1995, 515 – *2 für 1-Vorteil.*

ein vom Gesetzgeber für angemessen gehaltenes Maß beschränkt.[20] Nachdem das Bundesverfassungsgericht den § 6 für nichtig erklärt hat, wird man heute nicht mehr davon ausgehen können, das RabattG bezwecke in erster Linie den Schutz mittelständischer Betriebe, auch wenn dieses Ziel beim Erlaß des RabattG eine Rolle gespielt hat.[21] Mit der Begrenzung der zugelassenen Preisnachlässe wird vielmehr auch der Gefahr entgegengewirkt, daß Verbraucher mit hohen Rabatten zum Kauf angereizt werden, nachdem zuvor der Preis angehoben wurde. Schließlich kann kein Kaufmann etwas verschenken. Hohe Rabatte verdunkeln nur zu leicht das Verhältnis von Leistung und Gegenleistung.[22]

Zweck des RabattG ist nicht, den Preiswettbewerb auf der Einzelhandelsstufe einzuschränken.[23] Aus den genannten Gründen soll der Unternehmer lediglich an seinen eigenen Normalpreis gebunden werden und hierauf nur in den gesetzlich bestimmten Fällen einen Rabatt gewähren dürfen.[24] Das RabattG hindert den Unternehmer daher nicht, seine Preise allgemein, d. h. für jeden Käufer herabzusetzen. **6**

Ein Kaufmann, der seine Waren preisgünstig verkaufen will, wird durch das RabattG daran nicht grundsätzlich gehindert. Es steht ihm offen, seinen Normalpreis für alle Kunden zu senken. Es ist ihm lediglich verwehrt, einzelnen Kunden seine Waren zu einem niedrigeren als seinem Normalpreis zu verkaufen, wenn nicht die Voraussetzungen eines der gesetzlich erlaubten Preisnachlässe bestehen. Daher ist nicht ersichtlich, wie durch das RabattG generelle Verbraucherinteressen geschädigt werden. Dem einzelnen Käufer mag gelegentlich eine günstige Einkaufsmöglichkeit entgehen, weil der Verkäufer gehindert ist, gerade ihm einen Preisnachlaß zu gewähren, den er gern eingeräumt hätte, um das Geschäft zu tätigen.

Die Entwicklung im Einzelhandel in der Nachkriegszeit zeigt, daß die Gewährung von Rabatten durch einen oder wenige Unternehmer zunächst die Wettbewerber veranlaßt hat, gleichzuziehen. Gewähren dann alle Wettbewerber gleichmäßig Rabatte, schwindet das Interesse, Kunden durch Rabatte anzulocken. Rabattmarken werden heute in einem erheblich geringeren Umfang ausgegeben als in der ersten Nachkriegszeit. Viele Einzelhandelsunternehmen sind längst dazu übergegangen, gleich zu ermäßigten Nettopreisen zu verkaufen und keinen Barzahlungsrabatt mehr zu gewähren. Der frühere Rabattwettbewerb ist zum reinen Preiswettbewerb geworden.

Der scharfe Preiswettbewerb im deutschen Einzelhandel hat zusammen mit der liberalen Einfuhrpolitik in weiten Bereichen zu niedrigen Preisen geführt. Dies gilt insbesondere für Lebensmittel und Textilien. Auf dem Markt für Personenkraftwagen, auf dem die Regelungen des Rabattgesetzes besonders umstritten waren, gibt es zwischen den verschiedenen Marken und Waren gleicher Klassen große Preisunterschiede. Wenn auf diesem Markt der Preiswettbewerb sich nicht so abspielt wie in Preistheorien beschrieben, dann liegt dies nicht am Fehlen preisgünstiger Angebote oder am Rabattgesetz, sondern hat andere Gründe, wie z. B. den, daß

---

20 So auch BGH GRUR 1959, 329, 331 – *Teilzahlungskauf*; GRUR 1977, 264, 265 – *Miniaturgolf*; GRUR 1975, 203, 204 – *Buchbeteilungszertifikate*; GRUR 1974, 345, 346 – *Geballtes Bunt*; GRUR 1960, 495, 498 – *WIR-Rabatt*.

21 Gl. A. BVerfG GRUR 1967, 605, 606; *Baumbach/Hefermehl* Vorbem. RabattG Rdn. 8.

22 Gl. A. *Angehrn* MA 1972, 177, 192.

23 Gl. A. BGH GRUR 1961, 367, 368 – *Schlepper*; kritisch hierzu – faktische Beschränkung – Großkomm./*Schünemann* Einl. B Rdn. 30 mwN in Fn. 61.

24 Gl. A. BGHZ 27, 369 = GRUR 1958, 555, 556 – *Elektrogeräte*; BGH GRUR 1958, 487, 490 – *Antibiotica*; GRUR 1961, 367, 368 – *Schlepper*; BGHZ 118, 1 = WRP 1992, 482, 486 li. Sp. – *Ortspreis*; OLG Koblenz NJW 1951, 661; *Baumbach/Hefermehl* Vorbem. RabattG Rdn. 8.

die Verbraucher sich aus Imagegründen nicht für ein preisgünstigeres Kraftfahrzeug entscheiden, obwohl es die gleichen Zwecke erfüllt.

Bei dem starken Anreiz, den jeder Preisnachlaß auf Käufer ausübt, ist auch die Gefahr des Mißbrauchs der Werbung mit Rabatten und einer Übervorteilung bzw. Irreführung vieler Käufer zu berücksichtigen. Wenn die Zielsetzung des RabattG in erster Linie auch eine andere war, so schützen seine Vorschriften doch auch in großem Maße den Letztverbraucher vor Irreführung über die Preisbemessung.[25]

Damit wirkt das RabattG wie ein allgemeines Diskriminierungsverbot zu Gunsten aller Letztverbraucher.[26] Die amtliche Begründung bestätigt dies durch den Hinweis, eine unterschiedliche Behandlung des Kunden sei mit dem Grundsatz gleicher Preisstellung nicht vereinbar.[27] Entsprechend diesem Grundsatz ist es gemäß § 1 Abs. 2 unzulässig, letzten Verbrauchern wegen der Zugehörigkeit zu bestimmten Verbraucherkreisen, Berufen, Vereinen oder Gesellschaften Preisnachlässe oder Sonderpreise einzuräumen. Eng begrenzte Ausnahmen lassen hiervon § 9 RabattG und § 12 DurchführungsVO zu.

Auch wenn die Regelungen des RabattG sich dahingehend auswirken werden, daß irreführende Praktiken und übermäßiges Anlocken von Kunden durch überhöhte Rabatte von vornherein ausgeschlossen werden,[28] ist das RabattG nach seiner Zielsetzung nicht darauf ausgerichtet, unlauteres Verhalten zu unterbinden.[29]

D. Auslegung des Gesetzes

7 Auch für die Auslegung des RabattG ist – wie für die Auslegung aller Gesetze – in erster Linie der im Gesetzestext zum Ausdruck kommende Wille des Gesetzgebers maßgebend, wie er sich aus dem Gesetzeswortlaut und Sinnzusammenhang ergibt.[30] Im RabattG wird – wie in der ZugabeVO – ein Teilbereich der Wertreklame gesetzlich geregelt. Ursprünglich waren Preisnachlässe bis an die Grenze der Unlauterkeit im Sinne des § 1 UWG zulässig. Mit dem Erlaß der ZugabeVO fielen Geld- und Warenrabatt an sich unter das allgemeine Zugabeverbot des § 1 Abs. 2 ZugabeVO. Durch die Ausnahmeregelung des § 1 Abs. 2 lit. b und c wurden der Geld- und Warenrabatt jedoch vom Zugabeverbot ausgenommen. Durch die Regelungen des Rabattgesetzes wurde die Zulässigkeit von Preisnachlässen wieder eingeschränkt bzw. beschränkt.[31]

Bei den in § 1 näher umschriebenen Umsatzgeschäften mit letzten Verbrauchern dürfen zu Zwecken des Wettbewerbs Preisnachlässe (Rabatte) nur nach Maßgabe der §§ 2 ff angekündigt und gewährt werden. Ein Preisnachlaß, der nicht alle Voraussetzungen eines der Tatbestände der §§ 2 ff und/oder der dazugehörigen Durchführungsbestimmungen erfüllt, ist unzulässig.

Entscheidend für das Auslegungsergebnis ist – wie auch sonst bei der Auslegung zivilrechtlicher Gesetze – die Auslegung nach dem Sinn und Zweck des Gesetzes.

---

[25] Vgl. *Baumbach/Hefermehl* Vorbem. RabattG Rdn. 9; *Reimer/Krieger* Vorbem. Kap. 4; *Ulmer/Reimer* Nr. 1099.

[26] Gl. A. BGH GRUR 1983, 682, 683 – *Fach-Tonband-Kassetten*; BGH GRUR 1993, 63 – *Bonusring*; *Baumbach/Hefermehl* Vorbem. RabattG Rdn. 8; *von Gamm* Kap. 60 Rdn. 2 Fn. 5.

[27] So auch BGH GRUR 1983, 682, 684 – *Fach-Tonband-Kassetten.*

[28] *Köhler/Piper* Einf. RabattG Rdn. 4 mwN.

[29] Gl. A. BGH GRUR 1960, 495, 499 – *WIR-Rabatt*; *Greuner* in Gloy HdbWbR 2. Aufl. § 4 Rdn. 11; *Ulmer/Reimer* Nr. 1100.

[30] So BVerfGE 1, 299, 312; 10, 234, 244; 62, 45; BGHZ 46, 74, 76; 49, 221, 223.

[31] S. zu dieser Systematik *Seydel* in der Anm. zu BGHZ 50, 207 = GRUR 1968, 707, 708 – *Rheinkaffee.*

Zweck des RabattG ist es, den Preisnachlaß als Mittel des Wettbewerbs im Interesse der Mitbewerber und der Verbraucher auf ein vom Gesetzgeber für angemessen gehaltenes Maß zu beschränken und wettbewerbsschädliche Auswüchse und Mißbräuche auszuschließen.[32] Dabei gilt der Grundsatz „kein Preisnachlaß ohne Gegenleistung" (vgl. Rdn. 5). Eine unterschiedliche Behandlung der Letztverbraucher bei der Gewährung von Preisnachlässen oder Sonderpreisen hielt der Gesetzgeber mit dem Grundsatz gleicher Preisstellung ebenfalls nicht für vereinbar (vgl. hierzu § 1 Rdn. 103). Dabei darf die Auslegung von Einzelvorschriften nicht zu Widersprüchen führen, so daß bei der Auslegung stets die Gesamtheit der rechtlichen Regelung des Rabattwesens[33] und auch der Zusammenhang mit den übrigen wettbewerbsrechtlichen Vorschriften einschließlich der ZugabeVO zu berücksichtigen ist.[34]

Für die Frage, ob die rechtliche Gestaltung eines Angebots oder Kaufgeschäfts den Tatbestand eines Rabattverstoßes erfüllt, ist nicht ausschlaggebend, daß dem Käufer ein wirtschaftlicher Vorteil, z. B. der Verkauf einer Sache zu einem reduzierten Preis, zugewendet wird. Vielmehr ist in erster Linie der Weg entscheidend, auf dem dieses wirtschaftliche Ergebnis erzielt wird, also nicht das Ergebnis selbst.[35] Für den Rabattbegriff ist entscheidend, daß sich zwei Preise gegenüberstehen, nämlich ein (höherer) beibehaltener Normalpreis (zum Begriff vgl. § 1 Rdn. 60) und ein davon nach unten abweichender Ausnahmepreis.[36] Es handelt sich also bei den Vorschriften des RabattG um Formaltatbestände (formaler Rabattbegriff), nicht um an einem bestimmten wirtschaftlichen Zweck orientierte Generalklauseln.[37]

Auch wenn es sich bei den Vorschriften des RabattG mithin um formale Tatbestände handelt, würde eine rein formale Betrachtungsweise bei der Auslegung des RabattG Sinn und Zweck des Gesetzes verfehlen.[38] Da das RabattG wirtschaftliche Zwecke verfolgt, sind bei seiner Auslegung auch wirtschaftliche Gesichtspunkte mit zu berücksichtigen.[39] Dabei kommt es entscheidend darauf an, wie der Verkehr den ihm zugewendeten Vermögensvorteil wertet. Jedoch darf auch die bei der Auslegung des RabattG an sich zulässige Berücksichtigung wirtschaftlicher, auf den Einzelfall bezogener, Gesichtspunkte nicht dazu führen, daß über die im Gesetz festgelegten Tatbestandsmerkmale hinaus jede Regelung dem Rabattverbot unterstellt wird, durch die ein Käufer im wirtschaftlichen Endergebnis eine Ware vorteilhafter erwerben kann, als dies anderen Käufer möglich ist.[40] Dagegen rechtfertigt der gewerbepolizeiliche Charakter einiger Vorschriften des Rabattrechts nicht die Anwendung von Begriffen und Grundsätzen der dem Verwaltungsgericht zugehörigen Gewerbeordnungen.[41] **8**

---

[32] Gl. A. BHG GRUR 1959, 329, 331 – *Teilzahlungskauf*; GRUR 1977, 264, 265 – *Miniaturgolf*.

[33] Gl. A. *Tetzner* Einl. RabattG Rdn. 5.

[34] So auch BGH GRUR 1978, 485, 486 – *Gruppenreisen*.

[35] Gl. A. BGH GRUR 1961, 367, 368 – *Schlepper*; BGH GRUR 1967, 371, 372 – *BSW I*; GRUR 1968, 266, 267 – *BSW II*; GRUR 1974, 345, 346 – *Geballtes Bunt*; GRUR 1975, 203, 204 – *Buchbeteiligungszertifikate*; GRUR 1987, 302, 303 – *Unternehmeridentität*.

[36] So auch BGH GRUR 1987, 63 – *Kfz-Preisgestaltung*; BGH GRUR 1961, 367, 368 – *Schlepper*; *Nastelski* MA 1962, 312, 325.

[37] Gl. A. BGH GRUR 1961, 367, 368 – *Schlepper*; GRUR 1967, 371, 372 – *BSW I*; BGHZ 99, 69 = GRUR 1987, 302, 304 – *Unternehmeridentität*; *Baumbach/Hefermehl* Vorbem. RabattG Rdn. 10.

[38] Gl. A. BGH GRUR 1960, 495, 498 – *WIR-Rabatt*; vgl. auch BGH GRUR 1992, 552 – *Stundung ohne Aufpreis*.

[39] Gl. A. BGH aaO; BGH GRUR 1992, 552 – *Stundung ohne Aufpreis*; GRUR 1991, 936, 937 – *Goldene Kundenkarte*; GRUR 1989, 855, 856 – *Teilzahlungskauf II*; GRUR 1977, 264, 265 – *Miniaturgolf*; GRUR 1968, 266, 267 – *BSW II*; GRUR 1967, 371, 372 – *BSW I*; GRUR 1959, 329, 331 – *Teilzahlungskauf I*.

[40] So BGH GRUR 1987, 302, 304 – *Unternehmeridentität*.

[41] Vgl. hierzu Einf. I ZugabeVO.

9 Einer ausdehnenden Auslegung der Formaltatbestände des RabattG steht entgegen, daß es sich um Ordnungswidrigkeiten handelt, die mit Geldbuße bedroht sind.[42] Eine Ausdehnung des Anwendungsbereichs des RabattG kann auch nicht durch eine entsprechende Verkehrsauffassung herbeigeführt werden.[43]

10 Der Rückgriff auf die Entstehungsgeschichte der Rabattregelung ist eine zulässige Auslegungshilfe, die die Richtigkeit einer ermittelten Auslegung bestätigen oder Zweifel beheben kann, die anders nicht ausgeräumt werden können. Von besonderer Bedeutung und letztlich ausschlaggebend für das Auslegungsergebnis ist dabei der Sinn und Zweck des Gesetzes. Dabei ist zu beachten, daß die ursprünglichen Zielvorstellungen des Gesetzgebers durch eine Veränderung der wirtschaftlichen Verhältnisse überholt sein können; so kann sich z. B. der Begriff des täglichen Bedarfs[44] oder die vom Gesetzgeber angenommene Wettbewerbslage der getroffenen Unternehmen verändern.[45] Bei der Berücksichtigung solcher Veränderungen im Wege der Auslegung ist jedoch Vorsicht geboten. Auf keinen Fall darf bei der Gesetzesanwendung im Hinblick auf Art. 20 Abs. 3, 97 GG, § 1 GVG unter Zugrundelegung wirtschaftspolitischer Gesichtspunkte der im Gesetzeswortlaut zum Ausdruck kommende Gesetzeszweck verändert werden.[46]

E. Keine Regelung des Rabattrechts im europäischen Gemeinschaftsrecht

11 Die Europäische Gemeinschaft hat sich zum Ziel gesetzt, einen einheitlichen Markt für die Unternehmen aller ihrer Mitgliedsstaaten zu schaffen. Weder der Vertrag zur Gründung der Europäischen Wirtschaftsgemeinschaft vom 25. 3. 1957 noch die „Einheitliche Europäische Akte“ vom Februar 1986 (BGBl. 1986 II 1102) sehen besondere Regelungen für das Wettbewerbsrecht vor, zu dem auch das Rabattgesetz gehört. Der Entwurf einer „Richtlinie des Rates zur Angleichung der Rechts- und Verwaltungsvorschriften der Mitgliedsstaaten über irreführende und unlautere Werbung“ vom 1. 3. 1978[47] mit Änderungen vom 10. 7. 1979[48] ist nunmehr am 23. Oktober 1997 als Richtlinie 97/55/EG des Europäischen Parlaments und des Rates vom 6. Oktober 1997 zur Änderung der Richtlinie 84/450/EWG über irreführende Werbung zwecks Einbeziehung der vergleichenden Werbung in Kraft getreten.[49] Vorher war die „Richtlinie des Rates vom 10. 9. 1984 zur Angleichung der Rechts- und Verwaltungsvorschriften der Mitgliedsstaaten über die irreführende Werbung“ (84/450/EWG) ergangen und in Kraft getreten.[50] Diese Richtlinie dient jedoch lediglich der Harmonisierung der in den Mitgliedsstaaten bestehenden Vorschriften über die irreführende und vergleichende Werbung. Spezielle Vorschriften zum Rabattrecht enthält sie nicht und existieren auch im sonstigen Gemeinschaftsrecht nicht. Ob es zu einer rabattrechtlichen Regelung auf Gemeinschaftsebene kommt, ist ungewiß.

---

[42] Gl. A. BVerfG GRUR 1967, 605 – *Warenhaus-Rabatt*; *Baumbach/Hefermehl* Vorbem. RabattG Rdn. 10.

[43] Gl. A. BGH GRUR 1987, 302, 304 – *Unternehmeridentität*; Zum Verbot der analogen Anwendung rabattrechtlicher Vorschriften und zur Kritik an den Auslegungsgrundsätzen in der BGH-Entscheidung „Miniaturgolf“ s. auch *Hoth* GRUR 1977, 233 ff.

[44] Vgl. *P. Ulmer* FS Hefermehl (1971) 201, 217 f.

[45] Vgl. BVerfG GRUR 1967, 605, 608 – *Warenhausrabatt*.

[46] Gl. A. *Baumbach/Hefermehl* Vorbem. RabattG Rdn. 10.

[47] ABl. C 70 vom 1. 8. 1979, 4 = GRUR Int. 1978, 246.

[48] ABl. C 194 vom 1. 8. 1979, 3 = GRUR Int. 1980, 30.

[49] Abl. Nr. L 290/18 vom 23. 10. 1997.

[50] ABl. Nr. L 250, 17 vom 19. 9. 1984 = GRUR 1984, 688.

Da das Gemeinschaftsrecht gegenüber innerstaatlichen rabattrechtlichen Regelungen den Vorrang hat, könnte eine Wettbewerbshandlung nach innerstaatlichem Rabattrecht nicht mehr verboten werden, wenn sie nach einer spezifischen Regelung des Gemeinschaftsrechts erlaubt oder geboten ist. Die innerstaatlichen Vorschriften sind dann daneben nur insoweit anwendbar, als sie sachlich über das Gemeinschaftsrecht nicht hinausgehen, sondern sich mit ihm inhaltlich decken.[51]

Solange eine spezifische gemeinschaftrechtliche Regelung für den Bereich des Rabattrechts fehlt, gelten die innerstaatlichen Vorschriften des Rabattgesetzes. Deren Anwendbarkeit könnte durch die Vorschriften der Art. 30 ff EGV und die dazu ergangene Rechtsprechung des Europäischen Gerichtshofes eingeschränkt werden. Danach sind zum Schutze des reinen Warenverkehrs mengenmäßige Einfuhrbeschränkungen sowie alle Maßnahmen gleicher Wirkung verboten.

Als „Maßnahmen gleicher Wirkung" werden nach der Rechtsprechung des EuGH alle hoheitlichen Regelungen und Maßnahmen der Mitgliedsstaaten angesehen, die geeignet sind, den innergemeinschaftlichen Handel zu behindern.[52] In einer gesetzlichen Regelung liegt jedoch keine „Maßnahme gleicher Wirkung", wenn sie notwendig ist, zwingenden Erfordernissen der Steuerkontrolle, des Schutzes der Lauterkeit, des Handelsverkehrs und der Verbraucher gerecht zu werden.[53] Bislang ist kein Sachverhalt bekannt geworden, in dem durch Anwendung der rabattrechtlichen Vorschriften gegen das Verbot mengenmäßiger Ein- und Ausfuhrbeschränkungen zwischen den EG-Mitgliedsstaaten verstoßen wurde.

Art. 30 EG-Vertrag steht einer Anwendung rabattrechtlicher Vorschriften auf Anbieter aus einem EG-Mitgliedsstaat grundsätzlich nicht entgegen, da es sich um Vorschriften zum Schutz des Verbrauchers und der Lauterkeit des Handels handelt, die unterschiedslos für Angebote aus dem Inland und Ausland gelten.[54] Seit der Entscheidung des EuGH vom 24. November 1993 ist entgegen der bis dahin geltenden Rechtsprechung dieses Gerichtshofes die Beschränkung oder das Verbot bestimmter Verkaufsmodalitäten durch das nationale Recht nicht als Behinderung des Handels zwischen Mitgliedsstaaten anzusehen, sofern diese Bestimmungen für alle betroffenen Wirtschaftsteilnehmer gelten, die ihre Tätigkeit im Inland ausüben, und sofern sie den Absatz aller Erzeugnisse aus EG-Mitgliedsstaaten, einschließlich der inländischen, rechtlich wie tatsächlich in der gleichen Weise berühren.[55] Das RabattG regelt die Zulässigkeit des Ankündigens und Gewährens von Rabatten und damit lediglich die Art und Weise des Verkaufs und gilt ohne jede rechtliche und tatsächliche Diskriminierung von Erzeugnissen aus anderen Mitgliedsstaaten für alle Wettbewerber. Art. 30 EGV kann somit der Anwendung des RabattG nicht entgegenstehen.[56]

---

[51] Vgl. EuGH 25. 2. 1981, Rs. 56/80; GRUR Int. 1981, 318, 323 f – *Klosterdoktor.*

[52] Vgl. EuGH GRUR Int. 1974, 467 – *Scotch-Whisky/Dassonville.*

[53] EuGH GRUR Int. 1979, 468, 471 – *Cassis de Dijon*; GRUR Int. 1984, 291, 300 – *Bocksbeutel*; GRUR Int. 1987, 404, 412 – *Reinheitsgebot für Bier*; GRUR Int. 1991, 215, 216 – *Pall Corp./P. J. Dahlhausen; Baumbach/Hefermehl* Einl. UWG Rdn. 616 ff; *Hefermehl* FS Gewerblicher Rechtsschutz und Urheberrecht in Deutschland II, 916.

[54] So OLG Köln GRUR 1992, 467, 469 unter Hinweis auf EuGH NJW 1983, 1256; WRP 1991, 562, 563.

[55] EuGH GRUR Int. 1994, 56 – *Keck und Mithouard*; *Joliet* GRUR Int. 1994, 979; vgl. dazu auch *Lenz* NJW 1994, 1633; *Steindorff* ZHR 158 (1994) 149, 152; *Leible/Sosnitza* GRUR 1995, 799, 800 Anm. zu BGH *„2 für 1-Vorteil"*; vgl. auch *Schütz* EuZW 1993, 409; Sack EWS 1994, 181 ff.

[56] So auch BGH GRUR 1995, 515, 518 – *„2 für 1-Vorteil"*; OLG Schleswig WRP 1996, 468 – *10% Ermäßigung auf Rechnungspreis*; OLG Düsseldorf GRUR 1995, 447, 449; OLG Stutt-

Durch eine Entscheidung der Kommission der Europäischen Gemeinschaften kann auf der Grundlage einer entsprechenden Ermächtigung in einer EG-Verordnung, zumindest für einen begrenzten Marktbereich und eine begrenzte Zeit, nationales Wettbewerbsrecht mit unmittelbarer Wirkung durchbrochen werden.[57]

Möglicherweise wird die Kommission der EU ein Vertragsverletzungsverfahren gegen die Bundesrepublik Deutschland einleiten. Sie hat der Bundesregierung eine begründete Stellungnahme übermittelt, in der ausgeführt wird, daß die deutschen Vorschriften der ZugabeVO und des RabattG europäischem Recht widersprechen. Ausgelöst wurde das Verfahren durch die Beschwerde eines ausländischen CD-Clubs, der sich durch die Vorschriften dieser beiden Gesetze daran gehindert sieht, auf dem deutschen Markt Fuß zu fassen.[58]

Eine bei der Europäischen Kommission eingerichtete Expertengruppe zur kommerziellen Kommunikation befaßte sich mit den Rabattvorschriften und der Anwendung des Grundsatzes der gegenseiten Anerkennung dieser Vorschriften durch die Mitgliedstaaten. Zu einer Einigung ist es nicht gekommen. Daher erwägt die Kommission nunmehr eine Harmonisierung rabattrechtlicher Vorschriften.[58a]

F. Verhältnis zur ZugabeVO, zum UWG und BGB

I. Das Verhältnis RabattG zur ZugabeVO

12 Rabatte und Sonderpreise i. S. des § 1 Abs. 2 sind eine besondere Form der Wertreklame. Vor dem Inkrafttreten der ZugabeVO und des RabattG richtete sich die rechtliche Beurteilung der Wertreklame nach § 1 UWG und im Falle einer Irreführung nach § 3 UWG. Danach waren Preisnachlässe bis an die Grenze der Unlauterkeit i. S. des § 1 UWG zulässig. Der Rechtsprechung gelang es jedoch nicht, zu einheitlichen Beurteilungsmaßstäben zu kommen. Durch § 1 Abs. 1 S. 1 der ZugabeVO vom 9. 3. 1932 wurden alle Zugaben für alle Stufen der Warenverteilung grundsätzlich verboten, jedoch wurden Geld- und Warenzugaben durch die Ausnahmeregelungen des § 1 Abs. 2 lit. b und c vom grundsätzlichen Verbot ausgenommen und zugelassen. Die danach als Ausnahme vom generellen Zugabeverbot noch zulässigen Geld- bzw. Warenzugaben wurden durch das jüngere RabattG vom 25. 11. 1933 eingeschränkt bzw. beschränkt.[59]

Das jüngere RabattG ergänzt und ändert daher für seinen sachlichen Geltungsbereich (§ 1) die ZugabeVO. Es schränkt (nur) im Rahmen seines sachlichen Geltungsbereichs die ZugabeVO ein, soweit diese mit ihm nicht vereinbar ist.[60] Insoweit ist das RabattG lex specialis zur ZugabeVO.[61] Das RabattG enthält jedoch keine abschließende, die Anwendung von Vorschriften der ZugabeVO ausschließende Regelung.[62] Ist eine aromafeste Klarsichtdose als Kaffeeverpackung zugaberechtlich

---

gart WRP 1995, 1070; gegen diese – nach ihrer Meinung allzu generalisierende Auffassung jedoch *Teplitzky* Wettbewerbsrechtliche Ansprüche, 7. Aufl. 1997, Kap. 21 Rdn. 16; *Leible/Sosnitza* aaO; *A. H. Meyer* GRUR Int. 1996, 98, 99; *Lüder* EuZW 1995, 609.

[57] So EuGH GRUR Int. 1987, 583, 585; KG GRUR 1986, 471; *Groeben/Boeck/Thiesing/Ehlermann* Kommentar zum EWG-Vertrag, 3. Aufl. 1983, Art. 189 Rdn. 22, 43, 44.

[58] Vgl. die Mitteilung in GRUR Int. 1998, 736.

[58a] Kommerzielle Kommunikationen 1999 Heft 19, S. 5.

[59] Vgl. zu diesen systematischen Zusammenhängen *Seydel* in der Anm. zu BGH GRUR 1968, 707, 708 – *Rheinkaffee.*

[60] Gl. A. BGH GRUR 1959, 326, 327 – *Kaffeeversandhandel*; *Greuner* in Gloy HdbWbR 2. Aufl. § 4 Rdn. 13.

[61] Gl. A. OLG Hamburg WRP 1958, 27, 29.

[62] Gl. A. BGH GRUR 1978, 485 – *Gruppenreisen.*

zulässig, so schließt dies nicht aus, in der kostenlosen Abgabe der Dose nur an einen bestimmten Teil der Verbraucher einen Preisnachlaß zu sehen.[63] Die nach § 1 Abs. 2 lit. b und c ZugabeVO zulässigen Geld- und Mengenrabatte sind beim Angebot von Waren und Leistungen für den täglichen Bedarf an letzte Verbraucher den Beschränkungen des RabattG unterworfen. Werden sie nicht letzten Verbrauchern, sondern innerhalb der Handelsstufen angekündigt und gewährt, sind sie zulässig, auch wenn die Voraussetzungen der §§ 2–9 nicht erfüllt sind.[64] Das gleiche gilt, wenn Gegenstand des Hauptgeschäfts nicht Waren oder gewerbliche Leistungen des täglichen Bedarfs sind. Nach § 1 Abs. 1 S. 1 ZugabeVO ausnahmslos verbotene Mengenrabatte zu gewerblichen Leistungen sind unter den Voraussetzungen der §§ 7, 8 erlaubt. Insoweit ergänzt § 8 den Ausnahmekatalog des § 1 Abs. 2 ZugabeVO und gestattet die Gewährung von Mengen-(Natural-)Rabatten bei gewerblichen Leistungen.[65] Der gemäß § 1 Abs. 2 lit. c ZugabeVO uneingeschränkt zulässige Mengen-(Natural-)Rabatt zu Waren ist für den sachlichen Geltungsbereich des RabattG jedoch nur erlaubt, wenn er handelsüblich ist; vgl. § 7.

II. Verbot der Gratisankündigung

Nach § 1 Abs. 3 ZugabeVO ist es verboten, bei dem Angebot, der Ankündigung **13** und der Gewährung einer der in Abs. 2 zugelassenen Zugaben die Zuwendung als unentgeltlich gewährt (Gratiszugabe, Geschenk und dergleichen) zu bezeichnen, oder sonstwie den Eindruck der Unentgeltlichkeit zu erwecken. Der Grund für dieses Verbot ist, daß bei den Käufern unter allen Umständen der Eindruck vermieden werden soll, die Zugabe sei ein Geschenk, da dies eine Irreführung bedeuten würde. Denn die dem Verkäufer durch die Zugabe entstehenden Kosten werden in der Regel in die Preiskalkulation der Ware einbezogen. Eine Zugabe wird also niemals unentgeltlich gewährt.[66] Im Ausnahmekatalog des § 1 Abs. 2 ZugabeVO werden ausdrücklich Geldzugaben und Warenzugaben genannt, nicht aber der Leistungsrabatt. Dieser ist nach § 1 Abs. 1 S. 1 ZugabeVO ohne Ausnahme verboten. Die Ausnahmeregelung hierzu ist erst in dem späteren RabattG (§ 8) enthalten. Aus dem Zusammenhang von ZugabeVO und RabattG und aus der Tatsache, daß das jüngere RabattG die ZugabeVO ergänzt bzw. ändert sowie aus dem Zweck des Verbots der Gratisankündigung ergibt sich, daß das Verbot des § 1 Abs. 3 ZugabeVO für alle zugelassenen Rabattarten und auch für die nach § 8 i. V. m. § 7 Abs. 2 erlaubten Leistungsrabatte gilt.[67]

III. Das Verhältnis von RabattG und UWG

Im Verhältnis zum UWG ist das RabattG Sondergesetz und geht diesem vor.[68] **14**

Die Anwendung des einen Gesetzes schließt die Anwendung des anderen nicht aus.[69] Beide Gesetze ergänzen sich. Was rabattrechtlich erlaubt ist, kann dennoch

63 So BGH GRUR 1959, 326, 327 – *Kaffeeversandhandel.*

64 Gl. A. *Greuner* in Gloy HdbWbR 2. Aufl. § 4 Rdn. 15.

65 Gl. A. BGH GRUR 1978, 485, 486 – *Gruppenreisen.*

66 So die amtliche Begr. zu § 1 Abs. 3 ZugabeVO.

67 Gl. A. BGH GRUR 1978, 485, 486 – *Gruppenreisen*; *Baumbach/Hefermehl* Vorbem. RabattG Rdn. 13 ff; *Köhler/Piper* Einf. RabattG Rdn. 11 mwN.

68 Gl. A. RG GRUR 1936, 513, 517; *Baumbach/Hefermehl* Vorbem. RabattG Rdn. 11; *Köhler/Piper* Einf. RabattG Rdn. 10; *Greuner* in Gloy HdbWbR 2. Aufl. § 4 Rdn. 12.

69 Gl. A. *v. Gamm* Kap. 60 Rdn. 3; *Spengler/Weber*, 191.

unzulässig nach UWG sein.[70] Ein rabattrechtlicher Verstoß ist nicht per se unlauter im Sinne des UWG, sondern nur, wenn besondere Umstände hinzutreten, die zur Anwendung der §§ 1, 3 UWG führen.

IV. Das Verhältnis von RabattG zu anderen Gesetzen

15 Das RabattG dient dem Schutze bestimmter Personenkreise[71] und ist damit Schutzgesetz i. S. des § 823 Abs. 2 BGB.[72] Geschützt sind die Mitbewerber des den unzulässigen Rabatt ankündigenden oder gewährenden Unternehmers. Obwohl die Bestimmungen des RabattG auch im Interesse der Verbraucher Mißbräuche bei der Rabattgewährung ausschalten und den Preisnachlaß auf ein angemessenes Maß beschränken sollen, können nicht alle Vorschriften des RabattG als Schutzgesetz i. S. des § 823 Abs. 2 BGB zugunsten der Verbraucher angesehen werden, sondern nur die Vorschriften, die die Einlösung von Gutscheinen und die Gleichbehandlung aller letzten Verbraucher sicherstellen sollen.[73]

Bei der Ankündigung von Preisen ist die Verordnung zur Regelung der Preisangaben (PreisangabenVO) vom 14. 3. 1985 (BGBl. I 580) zu beachten.[74]

Nach § 6e UWG, der durch die UWG-Novelle 1986 eingefügt wurde, war die Werbung mit Preisgegenüberstellungen unter bestimmten Umständen verboten. Durch Art. 1 Nr. 1 UWG ÄndG vom 23. 7. 1994 (BGBl. I 1738 ff) ist § 6e UWG aufgehoben worden.

G. Räumlicher Geltungsbereich

16 Das RabattG gilt – wie die ZugabeVO – im gesamten Bundesgebiet; vgl. daher zum örtlichen Geltungsbereich auch Einf. 7 ZugabeVO. Ein Rabattverstoß ist eine bußgeldbewehrte und zum Schadensersatz verpflichtende unerlaubte Handlung (vgl. § 12 Rdn. 10). Für die international-privatrechtliche Beurteilung einer unerlaubten Handlung auf dem Gebiete des Wettbewerbsrechtes wird traditionell das materielle Recht des Tatortes für maßgebend angesehen.[75] Die neuere Rechtsprechung des Bundesgerichtshofes zum Kollisionsrecht des UWG hält zwar im Prinzip an der deliktsrechtlichen Einordnung fest, stellt aber daneben zunehmend auch auf den Ort der wettbewerblichen Interessenüberschneidung ab.[76] Damit wird ein marktrechtliches Kriterium angewendet.[77] In einem vom OLG Düsseldorf entschiedenen Fall[78] hatte ein niederländischer Supermarkt im Grenzgebiet in deutschen Zeitungen Inserate veröffentlicht, in denen er Sonderrabatte anbot, die beim Einkauf in den Niederlanden gewährt wurden. Das OLG Düsseldorf hielt deutsches Rabattrecht

[70] Gl. A. RG GRUR 1938, 207, 210; *Ulmer/Reimer* Nr. 819, 1100.

[71] Vgl. BVerfG GRUR 1967, 605, 606 – *Warenhausrabatt.*

[72] Gl. A. BGH GRUR 1964, 88, 90 – *Verona-Gerät*; *Baumbach/Hefermehl* RabattG § 12 Rdn. 1; *Michel/Weber/Gries* § 12 Rdn. 1; *Reimer/Krieger* Kap. 15 Rdn. 2.

[73] Ebenso *Köhler/Piper* Einf. Rdn. 12; 4; weitergehend *Tetzner* § 12 Rdn. 1.

[74] Näher dazu *Köhler/Piper* aaO Rdn. 13.

[75] Vgl. RGZ 96, 96, 98; BGH NJW 1964, 2012; OLG Düsseldorf WRP 1970, 149, 150.

[76] Vgl. BGHZ 40, 391 = GRUR 1964, 316, 318 – *Stahlexport*; GRUR 1982, 495, 497 – *Domgarten-Brand*; *Baumbach/Hefermehl* Einl. UWG Rdn. 183 ff.

[77] So *Beier/Schricker* in einer Stellungnahme des Max-Planck-Instituts zum Entwurf eines Gesetzes zur Ergänzung des internationalen Privatrechts GRUR Int. 1985, 104, 107; vgl. auch *Lindacher* Zum Internationalen Privatrecht des unlauteren Wettbewerbs, WRP 1996, 645 ff.

[78] OLG Düsseldorf WRP 1970, 149, 150.

mit der Begründung für anwendbar, daß zwar die Gewährung des Rabatts als solche in den Niederlanden ausschließlich holländischem Recht unterliege, daß jedoch die Werbung in Deutschland nach den deutschen rabattrechtlichen Vorschriften zu beurteilen sei, weil der niederländische Kaufmann durch seine Werbung in Deutschland in unmittelbare Konkurrenz zu seinen deutschen Wettbewerbern trete und seine Werbung den inländischen (deutschen) Wettbewerb beeinflusse.[79]

Für den Bereich des Zugabe- und Rabattrechts kann dem nicht zugestimmt werden. Die Ankündigung eines im Ausland zulässigen Rabattes durch Werbung im Inland verstößt nicht gegen das RabattG. Das RabattG wurde erlassen, um auf dem Gebiete des Preisnachlaßwesens im Einzelhandel hervorgetretene starke Mißstände zu beseitigen.[80] Seine Vorschriften unterbinden daher nicht allgemein unlautere Wettbewerbshandlungen. Auf Rabatthandlungen kann das RabattG daher nur angewendet werden, wenn sie sich in der konkret mißbilligten Weise auf den inländischen Geschäftsverkehr auswirken.[81]

Der Bundesgerichtshof hat 1977 eine Sympathiewerbung im Inland durch Organisierung eines sogenannten Rabatt-Clubs für Einkäufe in ausländischen Urlaubsgebieten, in denen die Rabattgewährung rechtlich nicht eingeschränkt ist, als Verstoß gegen gute Wettbewerbssitten angesehen, soweit die inländischen Mitbewerber der ausländischen Unternehmen, die sich zu der Rabattgewährung bereit erklärt haben, durch das deutsche Rabattrecht gehindert sind, im Inland in gleicher Weise mit Rabatten zu werben.[82] Der vom BGH herangezogene Gesichtspunkt, mit einer solchen Werbung werde das internationale Rechtsgefälle zur Förderung des eigenen Wettbewerbs ausgenutzt, ist im Bereich der Mitgliedsstaaten der EU mit den Art. 30, 36 EGV nicht vereinbar. Für Zugabe- und Rabattatbestände ist die Entscheidung daher zu weitgehend.

Ebensowenig unterliegen Rabattverstöße deutscher Unternehmen auf ausländischen Märkten dem deutschen Rabattrecht.[83]

H. Gesetzliches Verbot

Das Ankündigen und Gewähren von im RabattG nicht zugelassenen Preisnachlässen ist verboten. Dieses Verbot erfaßt nur das von Mitbewerbern im Wettbewerb gezeigte Verhalten, nicht die zivilrechtliche Gültigkeit eines unter Begehung eines Rabattverstoßes abgeschlossenen Kaufvertrages oder Vertrages über die Ausführung von Leistungen (vgl. auch § 1 Rdn. 119). **17**

---

[79] Gl. A. *Kegel* IPR, 309; *Wilde* in Gloy HdbWbR 2. Aufl. § 6 Rdn. 36; MünchKomm/*Immenga* Anhang IV nach Art. 12 Rdn. 90; *Joerges* RabelsZ 1972, 421, 485.

[80] Vgl. Amtl. Begr. zum RabattG.

[81] So zutreffend *v. Gamm* Kap. 60 Rdn. 5, 59 Rdz. 9; ihm folgend KG GRUR 1993, 771, 772 – *„Auslandsflug"* – für die Ankündigung und Gewährung von Rabatten auf einem Auslandsflug; KG GRUR Int. 1992, 296, für die Ankündigung eines Rabattes im Inland, der im Ausland gewährt wird; ebenso *Baumbach/Hefermehl* RabattG vor § 1 Rdn. 13; *Schricker* Deutsches Rabattrecht – weltweit, GRUR 1977, 646 ff; *Köhler/Piper* RabattG Einf. Rdn. 15; OLG München NJW-RR 1996, 107.

[82] Vgl. BGH GRUR 1977, 672 – *Weltweit-Club*; a. M. *Schricker* Deutsches Rabattrecht – weltweit?, schon GRUR 1977, 646 ff; *v. Gamm* Kap. 60 Rdn. 5, 59 Rdn. 9; *Köhler/Piper* aaO.

[83] Vgl. BGH GRUR 1991, 463, 465 – *Kauf im Ausland*; *Köhler/Piper* Einf. Rdn. 15.

ERSTER TEIL

Preisnachlässe

§ 1 Rabattgewährung

(1) Werden im geschäftlichen Verkehr Waren des täglichen Bedarfs im Einzelverkauf an den letzten Verbraucher veräußert oder gewerbliche Leistungen des täglichen Bedarfs für den letzten Verbraucher ausgeführt, so dürfen zu Zwecken des Wettbewerbs Preisnachlässe (Rabatte) nur nach Maßgabe der nachfolgenden Vorschriften angekündigt oder gewährt werden.

(2) Als Preisnachlässe im Sinne dieses Gesetzes gelten Nachlässe von den Preisen, die der Unternehmer ankündigt oder allgemein fordert, oder Sonderpreise, die wegen der Zugehörigkeit zu bestimmten Verbraucherkreisen, Berufen, Vereinen oder Gesellschaften eingeräumt werden.

Übersicht

Alphabetische Übersicht

A. Allgemeines

I. § 1 als Grundtatbestand

§ 1 Abs. 1 verbietet für den sachlichen Geltungsbereich (s. Rdn. 5) des Gesetzes Preisnachlässe (zum Begriff „Preisnachlaß" s. § 1 Abs. 2 und Rdn. 51 ff), soweit sie nicht durch die nachfolgenden Bestimmungen des ersten bis dritten Abschnitts und die DVO zum RabattG zugelassen sind. Zwar spricht das Gesetz kein generelles Rabattverbot aus. Aber im Ergebnis sind alle nicht ausdrücklich zugelassenen Rabattarten verboten (... so dürfen ... Preisnachlässe (Rabatte) nur nach Maßgabe der nachfolgenden Vorschriften angekündigt oder gewährt werden).[1] Danach sind nach dem Grundgedanken für die Zulassung von Preisnachlässen „kein Preisnachlaß ohne Gegenleistung" (vgl. Amtl. Begr.) nur zulässig: sofort zu gewährende **Barrabatte** (§§ 2–4) bis zu 3% des Rechnungsbetrages, **handelsübliche Mengenrabatte** (§§ 7 und 8) und **Sondernachlässe** für bestimmte Personen bzw. Personengruppen (§ 9). Von mehreren zulässigen Rabatten dürfen nur zwei gleichzeitig gewährt werden (§ 10). Dies gilt jedoch nicht für die vom Hersteller von Markenwaren direkt gewährte Treuevergütung, auch wenn vom Wiederverkäufer zwei Preisnachlaßarten gewährt werden; vgl. § 13 Abs. 2 DVO. 1

Der sachliche Geltungsbereich des RabattG (vgl. dazu Rdn. 5 ff) ist erheblich enger als der des UWG und der ZugabeVO. Der gesetzlichen Definition des § 1 Abs. 2 nicht entsprechende oder außerhalb des sachlichen Geltungsbereichs angekündigte oder gewährte Preisnachlässe sind nur nach UWG und der ZugabeVO zu beurteilen.[2] Auf den vorhergehenden Wirtschaftsstufen sind bei Lieferungen an Wiederverkäufer Bar- und Naturalrabatte unter den Voraussetzungen des § 1 Abs. 2 lit. b und c ZugabeVO zulässig (s. dazu Rdn. 33 ff); Leistungsrabatte sind dort ausnahmslos verboten. Nach der amtlichen Begründung sind die beim Warenverkehr zwischen den verschiedenen Wirtschaftsstufen üblichen Preisnachlässe nicht in das Anwendungsgebiet des RabattG einbezogen worden, weil sowohl die Bedingungen, unter denen sie zustande kommen, wie ihre wettbewerbsmäßigen Auswirkungen grundsätzlich anders sind als beim Preisnachlaß des Einzelhandels an den Verbraucher. 2

---

[1] So auch *v. Gamm* Kap. 60 Rdn. 6.
[2] Gl. A. BGH GRUR 1987, 302, 304 – *Unternehmeridentität.*

II. Handeln zu Zwecken des Wettbewerbs

3 Abweichend vom Zugabeverbot setzt ein Rabattverstoß entsprechend den Vorschriften der §§ 1, 3 UWG ein Handeln zu Zwecken des Wettbewerbs[3] voraus; wird im geschäftlichen Verkehr[4] gehandelt, ist ein Handeln zu Wettbewerbszwecken zu vermuten. Nur Rabatte, die zu Wettbewerbszwecken angekündigt oder gewährt werden, werden vom RabattG erfaßt. Aus anderen Gründen gewährte Rabatte sind unter den Voraussetzungen des § 1 Abs. 2 lit. b und c ZugabeVO zulässig, es sei denn, daß es sich um Naturalrabatte zu gewerblichen Leistungen handelt (vgl. § 8 Rdn. 1). Das RabattG ist Ergänzungsgesetz zum UWG und im Verhältnis zur ZugabeVO lex speciales.[5]

III. Preisnachlässe i. S. des RabattG

4 Die Begriffsbestimmungen des § 1 Abs. 2 („Preisnachlaß" Rdn. 51ff; „Sondernachlaß" und „Sonderpreis" Rdn. 103ff) gelten nur für den Anwendungsbereich des RabattG. Zur Auslegung von Tatbeständen anderer Gesetze können sie nicht herangezogen werden. Eine engere Begriffsverwendung im allgemeinen Sprachgebrauch – z. B. rechnet dieser den Sonderpreis nicht zum Rabatt – ist unbeachtlich. Das gleiche gilt für Begriffsbestimmungen anderer Gesetze.

B. Sachlicher und personeller Geltungsbereich

I. Allgemeine Abgrenzung des sachlichen Geltungsbereichs

1. Allgemeines

5 Im geschäftlichen Verkehr (zum Begriff vgl. Rdn. 6) müssen die Waren veräußert oder die Leistungen ausgeführt werden. Gegenstand des entgeltlichen Hauptgeschäfts müssen Waren oder gewerbliche Leistungen des täglichen Bedarfs (zum Begriff s. Rdn. 8ff), und die Erwerber müssen letzte Verbraucher (zum Begriff vgl. Rdn. 33ff) sein. Der Umsatz muß im Einzelverkauf (zum Begriff s. Rdn. 42) getätigt werden. Auf unentgeltliche Geschäfte findet das RabattG keine Anwendung; vgl. Rdn. 49.

2. Im geschäftlichen Verkehr

6 Der Begriff „Im geschäftlichen Verkehr" bedeutet hier das gleiche wie in den §§ 1, 3, 5, 6a, 6b, 12 und 18 UWG, § 1 ZugabeVO.[6] Zur Bestimmung und Abgrenzung dieses Begriffes kann daher auf die Rechtsprechung und Literatur zum UWG und zur ZugabeVO zurückgegriffen werden.[7] Der Begriff „Im geschäftlichen Verkehr" setzt weder ein Unternehmen noch einen Betrieb voraus.[8] Das Hauptgeschäft muß im geschäftlichen Verkehr getätigt werden.[9] Betätigung im privaten oder betriebsinternen Bereich wird nicht erfaßt, z. B. nicht der private Hausverkauf.[10]

---

[3] Zum Begriff vgl. Großkomm./*Schünemann* UWG Einl. D Rdn. 193–250.

[4] Zum Begriff vgl. Großkomm./*Schünemann* UWG Einl. D Rdn. 165–192 und Rdn. 6.

[5] Gl. A. OLG Hamburg WRP 1958, 27.

[6] Gl. A. BGH GRUR 1973, 272, 273 – *Fahrschul-Rabatt*; *Baumbach/Hefermehl* Rdn. 9; *v. Gamm* Kap. 60 Rdn. 10.

[7] S. daher Großkomm./*Schünemann* UWG Einl. D Rdn. 165–192.

[8] Gl. A. OLG Düsseldorf WRP 1977, 590; *Baumbach/Hefermehl* Rdn. 9.

[9] BGH GRUR 1993, 761, 762 – *Makler-Privatangebot*; *Köhler/Piper* Rdn. 1.

[10] Gl. A. KG NJW 1983, 893.

Um einen betriebsinternen Vorgang handelt es sich nicht, wenn eine Gemeinde-eigene Apotheke Arzneimittel an Gemeinde-eigene Krankenhäuser liefert.[11]

3. **Tauschgeschäfte** (vgl. Rdn. 47) und **Umsonstlieferungen** (vgl. Rdn. 49) werden vom RabattG nicht erfaßt. 7

II. Waren oder gewerbliche Leistungen des täglichen Bedarfs

1. Ware und gewerbliche Leistung

Für die Begriffe „Ware" und „gewerbliche Leistung" ist maßgebend der Begriff 8 im Sinne des § 2 UWG,[12] so daß zunächst auf die Anmerkungen zu § 2 UWG verwiesen werden kann. Ware i. S. des UWG und damit auch des RabattG ist jedes Erzeugnis, das Gegenstand des Handelns sein kann.[13] Der Warenbegriff des RabattG reicht weiter als die Legaldefinition des § 1 Abs. 2 Ziff. 1 HGB a. F.; er entspricht dem der ZugabeVO.[14] Der Begriff „gewerbliche Leistung" entspricht dem der Leistung i. S. des § 1 Abs. 1 ZugabeVO. Die Begriffe „Ware" und „gewerbliche Leistungen" sind rabattrechtlich im weitesten Sinne zu verstehen. Es geht hier zunächst nur um den Begriff der „Ware" und nicht um den Begriff „Ware des täglichen Bedarfs". Dies wird von Wellinghausen[15] verkannt. Die den Gegenstand des Liefer- oder Leistungsgeschäfts bildenden Waren oder gewerblichen Leistungen müssen dem täglichen Bedarf (Begriff vgl. Rdn. 9) der letzten Verbraucher (Begriff vgl. Rdn. 33 ff) dienen.

2. Täglicher Bedarf (Allgemeines)

Der Begriff „Gegenstände des täglichen Bedarfs" stammt aus der Zeit der 9 Zwangsbewirtschaftung während des ersten Weltkrieges. Er kam in einer Reihe von Kriegs- und Inflationsgesetzen bzw. Verordnungen vor.[16] Der Begriff „Gegenstände des täglichen Bedarfs" hatte in den Kriegsgesetzen seine besondere Bedeutung. Wegen des völlig anderen Zusammenhangs der Begriffsverwendung gibt dieser jedoch keinen Aufschluß über den Inhalt des rabattrechtlichen Begriffs „täglicher Bedarf".[17] Das RabattG erläutert den Begriff „täglicher Bedarf" nicht. Auch die amtliche Begründung geht nicht darauf ein, was der Gesetzgeber darunter verstanden wissen will. Nach überwiegender Ansicht ist ein innerer Grund für die Beschränkung des Rabattverbotes auf Geschäfte, die Waren oder gewerbliche Leistungen des täglichen Bedarfs zum Gegenstand haben, nicht zu erkennen.[18] Dennoch liegt sie vor und ist zu beachten. Von Gamm nimmt an, die besondere Schutzbedürftigkeit des Publikums in diesem Bereich dürfte eine Rolle gespielt haben.[19] Das Merkmal „Waren" bzw. „gewerbliche Leistungen des täglichen Bedarfs" erscheint zur Abgrenzung des sachlichen Anwendungsbereichs des RabattG zweckmäßig gewählt. Es sollten Mißbräuche und Auswüchse bei der Rabattgewährung in allen Bereichen erfaßt werden. Das war jener Bereich, in dem Einzelhandelsumsätze mit Letztverbrauchern regelmäßig getätigt wurden. Im Bereich singulärer Anschaffungen und

[11] Gl. A. RG GRUR 1948, 117 – *Krankenhausapotheke St. Georg*; *Baumbach/Hefermehl* Rdn. 9.
[12] Gl. A. *Baumbach/Hefermehl* Rdn. 2; *Köhler/Piper* Rdn. 2.
[13] Gl. A. *Baumbach/Hefermehl* UWG § 2 Rdn. 1.
[14] Vgl. *Köhler/Piper* Rdn. 2.
[15] *Wellinghausen* ZHR Band 137 S. 540, 542.
[16] S. die Zusammenstellung bei *Michel/Weber/Gries* Rdn. 20.
[17] Gl. A. *Baumbach/Hefermehl* Rdn. 3.
[18] Vgl. *v. Gamm* Kap. 60 Rdn. 12; *Reimer/Krieger* 134.
[19] Vgl. *v. Gamm* Kap. 60 Rdn. 12.

beim Umsatz reiner Luxusgegenstände bestand kein Bedürfnis, dort etwa auftretende Mißbräuche und Auswüchse zu bekämpfen.

10 Im allgemeinen gehen Rechtsprechung und Literatur davon aus, daß der Begriff „Ware bzw. Dienstleistung des täglichen Bedarfs" weit auszulegen ist.[20] Die Gegenmeinung spricht sich für eine enge Auslegung des Begriffes „täglicher Bedarf" aus.[21] Entscheidend ist, welche Waren zum Zeitpunkt der Entscheidung nach den allgemeinen Lebensverhältnissen dem täglichen Bedarf des Letztverbrauchers zuzurechnen sind. Die allgemeinen Lebensverhältnisse können sich ändern. Dann hat die Gesetzesanwendung in den Grenzen des sachlichen Geltungsbereichs in Anpassung an den Wandel der wirtschaftlichen Entwicklung und der Verkehrsanschauungen zu erfolgen.[22]

3. **Täglicher Bedarf** (Begriff)

11 Waren des täglichen Bedarfs sind alle Gegenstände, für die in weiten Kreisen der Bevölkerung ein täglicher Bedarf vorliegen kann.[23] Dabei ist es gleichgültig, ob es sich um privaten oder gewerblichen Bedarf handelt.[24] Täglich bedeutet nicht jeden Tag. Es genügt, wenn für irgend jemandem an jedem beliebigen Tag ein Bedarf auftreten kann.[25] Dieses Bedürfnis braucht nicht in Permanenz zu bestehen;[26] die regelmäßige Wiederkehr zu bestimmten Zeiten oder Gelegenheiten genügt.[27] Waren des täglichen Bedarfs können daher auch Dinge sein, die nur zu Festen verbraucht werden, z. B. Genußmittel, die nicht alltäglich genossen werden.[28] Auch Waren, die nur einmal oder selten gekauft werden, können Waren des täglichen Bedarfs sein.[29]

12 Der Begriff der „Ware des täglichen Bedarfs" geht über den des notwendigen Lebensbedarfs und des hauswirtschaftlichen Verbrauchs hinaus.[30] Zum täglichen Bedarf gehört alles, was nach den jeweiligen Zeitverhältnissen dem durchschnittlichen, normalen und angemessenen Lebensstandard dient. Außergewöhnliche Zeitverhältnisse, etwa in Folge von Notständen, Katastrophen oder Krieg haben grundsätzlich außer Betracht zu bleiben, es sein denn, daß sie zu einer dauernden grundle-

---

[20] Vgl. BGH GRUR 1977, 264, 265 – *Miniaturgolf*; – zu weitgehend, vgl. Rdn. 15; GRUR 1985, 983, 984 – *Kraftfahrzeug-Rabatt*; *Baumbach/Hefermehl* Rdn. 4; *Köhler/Piper* Rdn. 4; *Nordemann* Wettbewerbsrecht, 8. Aufl. Rdn. 500; *Doepner* Auslegungsprobleme im Rabattrecht, GRUR 1976, 16, 19; *Schmitz/Temming* WRP 1983, 133, 135.

[21] Vgl. LG Karlsruhe WRP 1998, 444 betr. PKW; *Emmerich* Das Recht des unlauteren Wettbewerbs, 5. Aufl. 2. Kap. § 62 b; *Koppensteiner* Wettbewerbsrecht § 19 II 2 b; *P. Ulmer* Rabattgesetz und Wettbewerbsordnung, FS Hefermehl (1971) 201, 207 ff.

[22] Gl. A. *Baumbach/Hefermehl* Rdn. 5.

[23] Gl. A. RGZ 153, 139 = GRUR 1937, 643, 644 – *Heizstoffe*; OLG Hamburg JW 1938, 511; OLG Düsseldorf BB 1967, 143; *Baumbach/Hefermehl* Rdn. 3; *v. Gamm* Kap. 60 Rdn. 12; *Michel/Weber/Gries* Rdn. 22; *Reimer/Krieger* 133 Rdn. 8; *Ulmer/Reimer* Nr. 1105.

[24] Gl. A. *Baumbach/Hefermehl* Rdn. 3; vgl. auch die Rechtsprechung zum Begriff „Letztverbraucher".

[25] Gl. A. RGZ 153, 193 = GRUR 1937, 643, 644 – *Heizstoffe*; OLG Hamburg JW 1938, 111; *Baumbach/Hefermehl* Rdn. 3; *v. Gamm* Kap. 60 Rdn. 12.

[26] Gl. A. RGZ 153, 139 = GRUR 1937, 643, 644 – *Heizstoffe*.

[27] Gl. A. RGZ 153, 139 = GRUR 1937, 643, 644 – *Heizstoffe*; BGH GRUR 1971, 516, 517 – *Brockhaus Enzyklopädie*; GRUR 1977, 264, 265 – *Miniaturgolf*; GRUR 1985, 983, 984 – *Kraftfahrzeug-Rabatt*; *Baumbach/Hefermehl* Rdn. 3, 4; *v. Gamm* Kap. 60 Rdn. 12; *Reimer/Krieger* Rdn. 8; a. M. *P. Ulmer* Rabattgesetz und Wettbewerbsordnung, FS Hefermehl, 219.

[28] A. M. *Tetzner* Rdn. 33.

[29] Gl. A. BGH GRUR 1977, 264, 265 – *Miniaturgolf* – im Grundsatz zutreffend, im konkreten Fall zu weitgehend, vgl. Rdn. 14, 15; *Baumbach/Hefermehl* Rdn. 4; *v. Gamm* Kap. 60 Rdn. 12.

[30] Gl. A. OLG Hamburg JW 1938, 511; *Köhler/Piper* Rdn. 3.

genden Veränderung der allgemeinen Lebensverhältnisse führen und die Verkehrsanschauung und damit den Begriffsinhalt entscheidend verändern.

Täglicher Bedarf bedeutet nicht unentbehrlicher Bedarf. Besondere Bedürfnislosigkeit oder wirtschaftliches Unvermögen einzelner Bevölkerungsgruppen haben außer Betracht zu bleiben. Es genügt, wenn ein ständiger Bedarf besteht, weil die Ware oder gewerbliche Leistung der allgemeinen Lebenshaltung größerer Bevölkerungskreise dient. Zum täglichen Bedarf gehören deshalb auch Waren, die vorwiegend von einkommensstärkeren Kreisen gekauft werden; denn sie dienen der Befriedigung ständig wiederkehrender Bedürfnisse eines nicht unerheblichen Bevölkerungsteils.[31] **13**

Der tägliche Bedarf umfaßt alle Waren, für deren Erwerb in der Bevölkerung und Unternehmen jederzeit ein Bedarf eintreten kann. Nach *von Gamm* gehören nicht nur Fertigwaren dazu, sondern auch Roh-, Halb- oder Zwischenerzeugnisse.[32] Ein Letztverbrauch wird in diesen Fällen aber vielfach ausscheiden. Zum täglichen Bedarf gehören nicht nur die kurzlebigen Verbrauchsgüter wie Nahrungsmittel, Getränke, Kraftstoffe etc., sondern auch langlebige Gebrauchsgegenstände wie Pelzwaren, Möbel etc., Sportgeräte sowie Gegenstände und Einrichtungen, die der Freizeitgestaltung dienen. Lebensdauer und die Höhe des Anschaftungspreises sind nicht entscheidend.[33] **14**

Ein nur ganz vereinzelt auftretender Bedarf ist kein täglicher Bedarf i. S. des RabattG. Hierzu ist zu rechnen, was nur dem Luxus, der Übertreibung und der Ausschweifung dient.[34] Luxus ist, was seiner Eigenart nach von der Allgemeinheit für überflüssig gehalten wird und die äußere Lebensgestaltung auf eine Stufe hebt, die auffällig von der durchschnittlichen Lebenshaltung abweicht. Die Höhe des Preises kann ein Indiz dafür sein, daß es sich um einen **Luxusgegenstand** handelt.[35] Der Preis für sich allein ist aber kein geeignetes Abgrenzungsmerkmal.[36] Dem täglichen Bedarf letzter Verbraucher dienen auch nicht Spezialmaschinen, -einrichtungen, technische Anlagen sowie sonstige Gegenstände, für die nur selten ein Bedarf auftritt und die nur ganz vereinzelt veräußert werden.[37] Dazu zählen entgegen der Auffassung des BGH auch Miniatur-Golfbahnen.[38] Bei Großumsätzen (nach Gegenstand, Menge und Preis), die nicht dem Geschäftskreis des Einzelhandels zuzurechnen sind, beachte Rdn. 42 „Einzelverkauf". **15**

4. Waren des täglichen Bedarfs

Zum Warenbegriff s. oben Rdn. 8; zum Begriff „täglicher Bedarf" s. Rdn. 11. Die meisten der heute angebotenen Verbrauchs- und Gebrauchsgüter fallen unter den Begriff „Ware des täglichen Bedarfs". Dies ist nicht etwa das Ergebnis einer weiten Auslegung, sondern vom Gesetzgeber so gewollt und entspricht dem Gesetzeszweck (s. hierzu Einführung Rdn. 5, 6). Der Gesetzgeber hat für den sachlichen Anwendungsbereich des RabattG keine Unterscheidung danach gemacht, ob Waren **16**

---

[31] Gl. A. BGH GRUR 1977, 264, 265 – *Miniaturgolf*; OLG Hamburg JW 1938, 511; *Baumbach/Hefermehl* Rdn. 3; *v. Gamm* Kap. 60 Rdn. 12; *Michel/Weber/Gries* Rdn. 24.

[32] S. *v. Gamm* § 60 Rdn. 13.

[33] Gl. A. BGH GRUR 1961, 367 – *Schlepper*; GRUR 1977, 264, 265 – *Miniaturgolf* – zu weitgehend; GRUR 1985, 983, 984 – *Kraftfahrzeug-Rabatt*, OLG Hamburg JW 1938, 511; *Baumbach/Hefermehl* Rdn. 5; *v. Gamm* § 60 Rdn. 14; a. M. *Tetzner* Rdn. 33.

[34] Gl. A. BGH GRUR 1971, 516, 517 – *Brockhaus Enzyklopädie*.

[35] Ähnlich OLG Düsseldorf DB 1966, 1964.

[36] Gl. A. BGH GRUR 1985, 983, 984 – *Kraftfahrzeug-Rabatt*.

[37] Zu Beispielen vgl. *Köhler/Piper* Rdn. 5.

[38] Vgl. BGH GRUR 1977, 264.

einen hohen Preis haben, ob bei den Letztverbrauchern ein laufender Bedarf besteht, ob es sich um langlebige Gebrauchsgüter oder Konsumgüter handelt. Entscheidend ist allein, ob es sich um Waren handelt, für die bei den Letztverbrauchern jederzeit ein Bedarf eintreten kann. Zu den Waren des täglichen Bedarfs gehören daher Nahrungs- und Genußmittel, Süßwaren, Seifen, Waschmittel, Kosmetika, Kurzwaren, Textilien, Kraftfahrzeuge, Fahrräder, Fahrzeugersatzteile und -reifen, Papier- und Haushaltswaren, wie Porzellan, Steingut, Kochtöpfe, Möbel, Wäsche, Kleider, Bücher, Zeitungen, Zeitschriften, Radio- und Fernsehgeräte, Kühlschränke, Kücheneinrichtungen, ferner Obstbäume, Sträucher, Gartengewächse, Pflanzen, Düngemittel, Saatgut. Dem täglichen Bedarf dienen auch Gegenstände, die nur aus besonderem Anlaß erworben werden, sofern dieser dem Lebensbereich des durchschnittlichen Konsumenten zuzurechnen ist, z. B. Brautkleid, Festanzug, Trauergarderobe, Taufkleider, Weihnachtsbäume.

17 **Einzelfälle** aus der Rechtsprechung: Ackerschlepper (BGH GRUR 1961, 367 – *Schlepper*); Arzneimittel (BGH GRUR 1958, 487 – *Antibiotica*); Brockhaus Enzyklopädie (BGH GRUR 1971, 516 – *Brockhaus Enzyklopädie*); Bücher (OLG München WRP 1955, 214); Datenverarbeitungsprogramme (KG NJW 1988, 2479 – *Toolbox*); Diamantimitationen (KG WRP 1974, 410); Elektrische Geräte, Beleuchtungskörper, Herde (BGHZ 27, 369 = GRUR 1958, 555 – *Elektrogeräte I*); Fernseh- und Rundfunkgeräte (OLG Nürnberg GRUR 1972, 663 – *Farbfernsehgerät*; KG WRP 1982, 321; LG Frankfurt BP 1959, 902); Fotoapparate, optische Artikel (BGH GRUR 1963, 438 – *Fotorabatt*); Gemüse- und Blumensamen (OLG Düsseldorf GRUR 1961, 370); Kaffee (BGH GRUR 1959, 326 – *Kaffeeversandhandel*; BGH GRUR 1977, 791 – *Filialeröffnung*); Kohlen, Briketts (RGZ 153, 139 = GRUR 1937, 463 – *Heizstoffe*; OLG Neustadt GRUR 1963, 382); Grabsteine (LG München GewArch. 1982, 62, 63); Kraftwagen, sofern serienmäßig hergestellt und soweit in weiten Bevölkerungskreisen eine ständige Nachfrage besteht;[39] Kraftwagen auch dann, wenn es sich um einen nicht alltäglichen Typ handelt (KG WRP 1984, 143);[40] Lederwaren (BGH GRUR 1960, 495); Miniaturgolfbahnen (BGH GRUR 1977, 264 – *Miniaturgolf*); Möbel (BGH GRUR 1969, 362 – *Rabatt für branchenfremde Wiederverkäufer*; GRUR 1970, 563 – *beiderseitiger Rabattverstoß*; OLG Karlsruhe WRP 1984, 337); Oberbekleidung (OLG Köln GRUR 1960, 377); Pelze im Wert bis zu DM 1.500,– (OLG Düsseldorf BB 1967, 143; LG Hannover WRP 1960, 243; OLG Stuttgart WRP 1973, 607); im Werte bis zu DM 10.000,– (OLG Stuttgart WRP 1973, 607); Rundfunkgeräte s. Fernsehgeräte; Sachbücher (OLG München WRP 1955, 214); Sportartikel (LG Frankenthal WRP 1979, 489); Staubsauger (OLG Hamburg JW 1938, 511); Tageszeitungen (OLG Düsseldorf GRUR 1969, 227); Teppiche (KG WRP 1977, 712 – *„bis DM 1.500,–/m²"*); Tonbandcassetten (BGH GRUR 1983, 682); Treibstoffe (OLG Hamm DB 1969, 570; BB 1968, 265; LG Bremen BB 1960, 644); Uhren (KG GRUR 1957, 446); Videotheken-Einrichtungen (LG Fulda WRP 1987, 204); Vibrations-Massagekissen (BayObLG MDR 1966, 610); Seriengefertigte Wohnwagenanhänger.

---

[39] BGH GRUR 1985, 983 – *Kraftfahrzeug-Rabatt*; GRUR 1987, 304 – *Aktion Rabattverstoß*; OLG Düsseldorf GRUR 1995, 447, 449; OLG Düsseldorf GRUR 1985, 309; OLG Frankfurt GRUR 1984, 895; OLG Hamburg WRP 1983, 522; 1958, 29; OLG Koblenz NJW 1960, 2246; OLG Köln WRP 1985, 47; WRP 1978, 740; OLG München WRP 1983, 357; OLG Karlsruhe WRP 1984, 223; OLG Oldenburg WRP 1983, 359; OLG Zweibrücken GRUR 1985, 568; a. M. LG Karlsruhe WRP 1998, 444; Gröschner BB 1982, 1331, 1332.

[40] Vgl. auch die umfangreiche Zusammenstellung von ca. 100 Gerichtsentscheidungen von Land- und Oberlandesgerichten bei *Creutzig* Rabattgesetz und Autokauf, DB 1984, 171, 172.

Luxusgegenstände gehören nicht zu den Waren des täglichen Bedarfs.[41] Luxus ist, was seiner Eigenart nach von der Allgemeinheit für überflüssig gehalten wird und die äußere Lebenshaltung auf eine Stufe hebt, die auffällig von der durchschnittlichen Lebenshaltung abweicht.[42] Luxusgegenstände sind z. B. Rennwagen, Rennpferde, kostbarer Schmuck und Gegenstände von besonderem künstlerischen oder Sammlerwert; von Künstlern gefertigte einzelne Möbelstücke, auch solche, die auf Kunstauktionen versteigert werden, kostbare Erstauflagen und Drucke, Gemälde alter Meister und Werke zeitgenössischer Künstler, teure wissenschaftliche Werke, außerhalb der Serien hergestellte teure Spezialmaschinen, Luxus-Motorboote und Yachten. 18

Bei einer Reihe von Waren ist **umstritten,** ob sie dem täglichen Bedarf dienen. Elektrischer Strom ist eine Ware des täglichen Bedarfs.[43] Gleiches gilt für Wärmelieferungen durch Fernheizwerke. Es wäre nicht logisch und unbillig, Strom- und Wärmelieferungen für gewerbliche oder Haushaltszwecke von den Beschränkungen des RabattG freizustellen, während die Lieferanten von Gas und Kohle ihnen unterworfen sind. Unkörperliche Gegenstände wie gewerbliche Schutzrechte, ferner Grundstücke, Gebäude, Grundpfandrechte, Wechsel, Schecks, in- und ausländische Zahlungsmittel sowie Wertpapiere zählen nicht zu den Waren des täglichen Bedarfs.[44] Hinsichtlich der Behandlung der Früchte eines Grundstückes, des Grundstückszubehörs und der wesentlichen Bestandteile gehen die Meinungen auseinander.[45] Eine generalisierende Einordnung erscheint nicht zweckmäßig. Die Umstände des Einzelfalles müssen entscheiden.

5. Gewerbliche Leistung für den täglichen Bedarf

Gewerbliche Leistung für den täglichen Bedarf ist jede Tätigkeit oder Verrichtung und jede Gebrauchsüberlassung (Miete, Leasing), die für einen anderen einen wirtschaftlichen Wert hat und für die in weiten Kreisen der Bevölkerung täglich ein Bedarf auftreten kann. Das zu den Waren des täglichen Bedarfs Gesagte gilt entsprechend für gewerbliche Leistung; vgl. daher Rdn. 11ff. 19

6. Alltägliche Dienstleistungen

Hierzu gehören: Leistungen von Handwerkern, z. B. Reparaturarbeiten an Maschinen; an Möbeln (OLG Schleswig WRP 1996, 468); Leistungen der Friseure (gl. A. BGH GRUR 1984, 129 – *Shop – in – the shop*); der Elektroinstallateure (gl. A. OLG Koblenz GRUR 1985, 234); der Transportunternehmer, die Personen und Güter befördern (gl. A. BGH GRUR 1978, 485 – *Gruppenreisen*; GRUR 1978, 182 – *Kinderfreifahrt*); des Hotel- und Gaststättengewerbes (BGH GRUR 1976, 259 – *3 Wochen reisen – 2 Wochen zahlen*), soweit es sich nicht um Warenumsätze handelt (s. hierzu Rdn. 8–15 ff); die Vermittlungsdienste der Reisebüros (gl. A. OLG 20

[41] BGH GRUR 1971, 516, 517 – *Brockhaus Enzyktopädie*; OLG München Rsp. 1995, 18: Luxusuhr zum Preis von DM 18.000,–; OLG Stuttgart WRP 1973, 607; OLG Düsseldorf BB 1967, 143; OLG Hamburg JW 1938, 511.

[42] Gl. A. *Baumbach/Hefermehl* Rdn. 5; *v. Gamm* Kap. 60 Rdn. 14.

[43] A. M. *v. Gamm* Kap. 60 Rdn. 14; *Reimer/Krieger* 136; wie hier auch *Baumbach/Hefermehl* UWG § 2 Rdn. 1 für den Bereich des UWG; *Köhler/Piper* Rdn. 5.

[44] Gl. A. *Baumbach/Hefermehl* Rdn. 6; *v. Gamm* Kap. 60 Rdn. 14; *Köhler/Piper* Rdn. 5; *Michel/Weber/Gries* Rdn. 28; *Reimer/Krieger* Rdn. 8.

[45] Vgl. dazu *Baumbach/Hefermehl* aaO; *v. Gamm* aaO; *Michel/Weber/Gries* aaO einerseits und *Reimer/Krieger* aaO andererseits.

Stuttgart BB 1960, 1359); die Tätigkeit von Werbeagenturen und Werbemittlern im Anzeigengeschäft (BGH GRUR 1994, 527, 528 – *Werbeagent*; GRUR 1970, 572 – *context*; KG BB 1969, 151); der Druck und die Verbreitung von Anzeigen jeder Art (gl. A. LG Essen AfP 1970, 116 – *Traueranzeigen*, LG Hamburg AfP 1995, 690; *Baumbach/Hefermehl* Rdn. 7; *Michel/Weber/Gries* Rdn. 36; *Bussmann* ZV 1951, 10 Nr. 7/8); die Ausstrahlung einer Fernsehwerbesendung (a. M. LG Mannheim WRP 1965, 191, 194); die Kraftfahrzeug-Wäsche durch eine Tankstelle (gl. A. OLG Düsseldorf WRP 1973, 527); Chemische Reinigung (gl. A. LG Frankfurt WRP 1960, 78; OLG Düsseldorf WRP 1973, 418); Sport-, Sprach, Tanz- und sonstiger Unterricht (gl. A. BGH GRUR 1973, 272 – *Fahrschul-Rabatt*; OLG Hamburg WRP 1965, 229 für die Erteilung von Fahrunterricht), es sei denn, daß der Unterrichtsgegenstand einem Wissens- oder Fertigkeitsbedürfnis dient, das seiner Eigenart nach dem täglichen Bedarf nicht zugerechnet werden kann; Leistungen der Auskunfteien; das Vermieten von Kraftfahrzeugen (gl. A. OLG Hamburg WRP 1979, 472; *Köhler/Piper* Rdn. 6); Leistungen der Fitneßstudios (gl. A. LG Köln WRP 1995, 1069).

7. Freie Berufe

21 Die Tätigkeit der freien Berufe ist gewerbliche Leistung i. S. des RabattG für den täglichen Bedarf. Hierzu zählen die Dienstleistungen der Ärzte, Anwälte, Wirtschaftsprüfer, Steuerberater, Architekten und, wenn auch mit Einschränkungen, die der Künstler. Das Gesetz stellt weder auf den Wert noch auf die Bedeutung der Leistung ab, noch darauf, ob sie vertretbar ist. Es kommt nur darauf an, ob sie dem täglichen Bedarf dient.[46] Nur ungewöhnliche Leistungen wissenschaftlicher oder künstlerischer Art, die einem vereinzelten, besonderen und ausgefallenen Zweck dienen oder sich auf ungewöhnliche Gegenstände beziehen, sind ausgenommen. Musische Darbietungen, die der Befriedigung eines breiten kulturellen Bedürfnisses dienen, sind Leistungen für den täglichen Bedarf.

8. Gutachten und wissenschaftliche Forschungsarbeiten

22 Gutachten und wissenschaftliche Forschungsarbeiten, die sich auf einen abseits vom alltäglichen liegenden Gegenstand beziehen, sind keine Leistungen für den täglichen Bedarf. Ob der Gegenstand dieser Arbeiten für das tägliche Leben bedeutsam werden kann, ist belanglos. Maßgeblich ist immer die den täglichen Bedarf bestimmende allgemeine Lebenshaltung, wie sie zur Zeit der Leistung festzustellen ist.

9. Leistungen der Kreditinstitute

23 Leistungen der Kreditinstitute können dem täglichen Bedarf dienen, soweit sich aus der Art und den Umständen, unter denen sie erbracht werden, nichts anderes ergibt.[47]

Bei der Überlassung von Geld zu zeitlich begrenzter Nutzung des darin steckenden Wertes sind als Normalpreis i. S. des RabattG (vgl. dazu Rdn. 60 ff) die Zinsen

---

[46] Gl. A. *Baumbach/Hefermehl* Rdn. 7; *Köhler/Piper* Rdn. 8; *Reimer/Krieger* Rdn. 9; *Tetzner* Rdn. 44; a. M. *Michel/Weber/Gries* Rdn. 38.

[47] Gl. A. *Baumbach/Hefermehl* Rdn. 7; *Köhler/Piper* Rdn. 7; *Tetzner* Rdn. 46.

anzusehen, denn sie sind die Gegenleistung für die zeitweilige Kapitalnutzung.[48] Gleichgültig ist, in welcher Form (Teilzahlungs-, Kontokorrent-, Lombardkredit, Bauspardarlehen etc.) der Kredit eingeräumt wird. Dem täglichen Bedarf dienen Kredite für Teilzahlungskäufe, die dem täglichen Bedarf zuzurechnende Waren (vgl. Rdn. 9 ff) und Leistungen (vgl. Rdn. 19 ff) zum Gegenstand haben. Zu unterscheiden ist bei Teilzahlungskrediten, ob der Nachlaß (vgl. hierzu Rdn. 74 ff) auf den Kaufpreis, die Kreditsumme oder die Kreditkosten (Zinsen, Bearbeitungsgebühr etc.) und vom Kreditinstitut allein oder im Zusammenwirken mit dem Verkäufer der Ware gewährt wird (zur Rabattgewährung des Unternehmers im Zusammenwirken mit Dritten s. Rdn. 115 f).

10. Versicherungsleistungen

Auch Versicherungsleistungen können gewerbliche Leistungen des täglichen Bedarfs sein.[49] Sie dienen einem täglichen Sicherungsbedürfnis und damit dem täglichen Bedarf, wenn die versicherten Risiken oder Interessen im Rahmen durchschnittlicher Lebensführung liegen. Die amtliche Begründung will Versicherungsleistungen eines Versicherers aufgrund von Versicherungsverträgen von der Anwendung des RabattG ausnehmen, weil es sich nicht um gewerbliche Leistungen i. S. des RabattG handeln soll. Gemeint ist offenbar, daß die Leistungen eines Versicherers nicht zu den gewerblichen Leistungen des täglichen Bedarfs gehören. Die Begründung ist nicht Bestandteil des Gesetzes und deshalb auch nicht geeignet, Rechtsbegriffen bei Anwendung des Gesetzes einen ihnen nicht entsprechenden Sinn zu geben. Versicherungsleistungen sind gewerbliche Leistungen i. S. des Wettbewerbsrechts. Sie dienen fast immer einem täglichen Sicherungsbedürfnis und damit dem täglichen Bedarf. Auszunehmen sind z. B. Schadens- und Diebstahlsversicherungen von Kunstwerken etc. Bei Lebensversicherungen kann dies im Einzelfall zweifelhaft sein. Sie werden häufig nicht zur Sicherung des Alters oder der Hinterbliebenen abgeschlossen, sondern dienen der Kapitalanlage und Sicherung von steuerlichen Vorteilen und sind dann auszunehmen.[50] Bei Rentenversicherungen scheiden Zweifel über die Deckung eines täglichen Sicherungsbedürfnisses aus. Sie sind ebenso dem täglichen Bedarf zuzurechnen, wie die Sozialversicherung. Bestätigung hierfür sind die Anerkennung des Gesetzgebers durch die steuerliche Vergünstigung, Versicherungsprämien als Sonderausgaben zu behandeln und sei es auch in Form einer Pauschale sowie der Schadensfreiheitsrabatt der KFZ-Versicherer (siehe hierzu die folgende Rdn. 25). Kraftfahrzeug-, gewerbliche und private Haftpflichtversicherungen für Personen-, Sach- und Vermögensschäden dienen der Abwendung täglich drohender Haftungsrisiken. Das gleiche gilt für Transportversicherungen, es sei denn, daß das versicherte Transportgut eine Ware ist, die nicht täglichen Bedürfnissen dient. Die Versicherung kostbarer Kunstwerke, von Luxusgegenständen sowie gegen Risiken, die nicht im Rahmen alltäglicher Lebenshaltung liegen, scheiden dagegen aus. 24

11. Schadensfreiheitsrabatte der KFZ-Versicherer

Schadensfreiheitsrabatte der KFZ-Versicherer sind keine Rabatte i. S. des RabattG. Sie sind Gegenleistung des Versicherers für die Bemühungen des Versicherungsnehmers, durch entsprechendes Verhalten im Verkehr das Haftungsrisiko zu reduzieren, und für die Bereitschaft, Bagatellschäden selbst zu regulieren. 25

---

[48] Gl. A. BGH WM 1967, 321; NJW 1979, 541, 806; *Canaris* NJW 1978, 1892.

[49] Gl. A. *Baumbach/Hefermehl* Rdn. 7; *Köhler/Piper* Rdn. 7; *Tetzner* Rdn. 46; a. M. *v. Gamm* Kap. 60 Rdn. 15.

[50] Gl. A. *Köhler/Piper* Rdn. 7.

III. Veräußerer und Erwerber (Personelle Abgrenzung des sachlichen Geltungsbereichs)

1. Veräußerer

26 a) **Unternehmer.** Ein Rabattverstoß setzt voraus, daß ein Unternehmer beteiligt ist.[51] Mit dem Sammelbegriff „Unternehmer" bezeichnet § 1 Abs. 2 den Verkäufer von Waren des täglichen Bedarfs bzw. den die gewerblichen Leistungen des täglichen Bedarfs Erbringenden.[52] Das RabattG gilt nur für den Unternehmer der letzten Handelsstufe.[53] Unternehmer ist, wer gewerbsmäßig an Letztverbraucher Waren des täglichen Bedarfs verkauft oder gewerbliche Leistungen des täglichen Bedarfs erbringt.[54] Unternehmer i. S. des § 1 Abs. 2 ist auch, wer nicht Eigentümer der Ware ist, sondern unter Eigentumsvorbehalt seines Lieferanten stehende Ware an letzte Verbraucher weiterveräußert. Der Lieferant (Hersteller, Zwischenhändler) des an letzte Verbraucher veräußernden Unternehmers wird vielfach gar nicht die Absicht haben, Umsatzgeschäfte unmittelbar (direkt) mit letzten Verbrauchern zu tätigen. Auch Handelsvertreter und Kommissionäre können Unternehmer i. S. des § 1 Abs. 2 sein.[55]

27 An einem Rabattverstoß können mehrere Personen mitwirken; mindestens eine von ihnen muß Unternehmer sein.[56] Die anderen Beteiligten können als (Mit)-Täter oder Teilnehmer ebenfalls nach § 12 haften, auch wenn sie nicht Unternehmer sind.[57] Zur rabattrechtlichen Beurteilung der Mitwirkung Dritter s. Rdn. 115–118.

28 b) **Erwerbsgeschäft des Unternehmers.** Ein Gewerbebetrieb braucht nicht vorhanden zu sein. Ein Erwerbsgeschäft genügt, d. h. eine im Wirtschaftsleben, insbesondere im Handel und Verkehr betriebene Tätigkeit von gewisser Dauer, die sich durch Austausch von Leistung und Gegenleistung vollzieht.[58] Gewinnerzielung und Gewinnerzielungsabsicht sind nicht erforderlich. Es genügt, daß gewerbsmäßig an den letzten Verbraucher Waren verkauft oder Leistungen bewirkt werden (so auch die amtliche Begründung). Geschäfte, die dem unter Begehung eines Rabattverstoßes abgeschlossenen gleich oder ähnlich sind, müssen auch mit anderen Abnehmern tatsächlich ausgeführt werden. Eine beabsichtigte oder vorbereitete, jedoch nicht zur Ausführung kommende Geschäftstätigkeit, auch wenn sie bereits angekündigt ist, reicht nicht aus. Dies folgt a) aus dem Gesetzeswortlaut: „Werden ... veräußert oder ... ausgeführt, so dürfen ... ", b) aus der amtlichen Begründung, in der es u. a. heißt: „Gewerbsmäßig verkaufen oder bewirken", c) aus der nach Auffassung des BGH aaO für die Unternehmereigenschaft notwendigen Tätigkeit von gewisser Dauer und d) daraus, daß die nach § 1 Abs. 2 zur Rabattfeststellung erforderlichen „angekündigten oder allgemein geforderten Preise" (zum Begriff vgl. Rdn. 60–66) eine über das Einzelgeschäft hinausgehende Geschäftstätigkeit voraussetzen. Eine stetige andauernde Umsatztätigkeit ist nicht erforderlich. Auch eine unregelmäßige

---

[51] Gl. A. BGH GRUR 1963, 438 – *Fotorabatt.*

[52] Gl. A. BGH GRUR 1960, 495, 498 – *WIR-Rabatt.*

[53] Gl. A. RGZ 150, 271, 275 = GRUR 1936, 513, 515; BGH GRUR 1958, 487, 490 – *Antibiotica*; OLG Hamburg WRP 1962, 203, 204; OLG Frankfurt GRUR 1971, 123.

[54] Gl. A. RGZ aaO und BGH aaO.

[55] Gl. A. OLG Hamburg GRUR 1993, 772, 773 – *Kaffeeverkauf*; OLG Hamm DB 1969, 570; *Klosterfelde/Jaeger-Lenz* in Gloy HdbWbR 2. Aufl. § 52 Rdn. 96; *Köhler/Piper* § 1 Rdn. 19, jedoch anders für Handelsvertreter; hinsichtlich des Handelsvertreters differenzierend *Seydel* 4. Aufl. § 1 Rdn. 5; a. M. *Baumbach/Hefermehl* Rdn. 55.

[56] Gl. A. BGH GRUR 1964, 88, 89 – *Verona-Gerät.*

[57] Gl. A. BGH GRUR 1963, 438 – *Fotorabatt*; GRUR 1964, 88, 89 – *Verona-Gerät*; GRUR 1989, 773, 774 – *Mitarbeitervertretung.*

[58] Gl. A. BGHSt. 4, 296 zu § 12 UWG.

Betätigung (z. B. Saisongeschäft) genügt. Der Tätigkeitszusammenhang zwischen den einzelnen Umsatzgeschäften darf aber nicht unterbrochen werden. Der Preisnachlaß muß bei einem Geschäft gewährt oder angekündigt werden, das im Rahmen der geschäftlichen Betätigung liegt, die die Unternehmereigenschaft begründet. Gelegentliche Einzelgeschäfte werden nicht erfaßt. Dies gilt auch für Einzelgeschäfte eines Unternehmers, die mit seiner Unternehmertätigkeit nichts zu tun haben. Z. B.: Ein Lebensmittelhändler verkauft sein Klavier, um vom Erlös ein Radiogerät zu erwerben; der Geschäftsführer eines Textilgeschäfts verkauft ein zur Sicherheit übereignetes Auto, um seine Firma wegen einer Forderung zu befriedigen; wegen Auswanderung wird ein Haushalt aufgelöst, die Möbel werden verkauft. Geschieht dies durch einen beauftragten Möbelhändler, ist dieser allerdings Unternehmer. Ihm ist es verboten, Preisnachlässe zu gewähren.

Veräußernder Unternehmer i. S. des § 1 Abs. 2 ist die (natürliche oder juristische) **29** Person, die das Preise ankündigende oder allgemein fordernde Erwerbsgeschäft betreibt. Sie ist der Unternehmer, auf dessen Normalpreis durch den Unternehmer, durch Angestellte oder Beauftragte ein Preisnachlaß gewährt wird.[59] Für Rabattverstöße seiner Angestellten und Beauftragten (vgl. § 12 Rdn. 9) kann der Unternehmer als Inhaber des Betriebes gem. § 12 i. V. m. § 13 Abs. 4 UWG in Anspruch genommen werden. Verantwortlicher Täter i. S. des § 11 ist die das Erwerbsgeschäft repräsentierende Person.

c) **Direktverkäufe von Herstellern und Großhändlern** unterliegen dem RabattG, **30** wenn an letzte Verbraucher Waren des täglichen Bedarfs im Einzelverkauf veräußert oder gewerbliche Leistungen des täglichen Bedarfs ausgeführt werden.[60] Unter diesen Voraussetzungen fallen Direktverkäufe eines Großhändlers auch dann unter das RabattG, wenn sie nicht in dem neben dem Großhandel betriebenen Einzelhandelsgeschäft ausgeführt werden.[61]

Beim Direktverkauf an Letztverbraucher sind Hersteller und Großhändler nicht **31** verpflichtet, den üblicherweise im Einzelhandel geforderten Preis (Kleinverkaufspreis, Endverbraucherpreis, Ladenpreis) zu berechnen. Etwas anderes gilt bei preisgebundenen Waren, vgl. Rdn. 97. Nach Aufhebung der Preisbindung für Markenwaren kann dies nur bei Verlagserzeugnissen Bedeutung erlangen. Hersteller und Großhändler können daher zum Fabrik- bzw. Großhandelspreis Waren an letzte Verbraucher veräußern und dabei die Kleinverkaufspreise anderer Unternehmer unterbieten, es sei denn, daß Preisbindungsverträge oder Vertriebsbindungen für Verlagserzeugnisse dies ausschließen. Hersteller und Großhändler, die die Preise ihrer Konkurrenten einschließlich der Einzelhändler – auch wenn sie diese beliefern – unterbieten, indem sie zum Großhandelspreis an Letztverbraucher verkaufen, verstoßen damit noch nicht gegen das RabattG.[62] Sinn und Zweck des RabattG ist es nicht, allgemein gebundene Preise herbeizuführen, sondern den Unternehmer an seine eigenen Normalpreise zu binden (vgl. Einf. Rdn. 3 und Rdn. 66).

Ein Rabattverstoß liegt bei Direktverkäufen eines Herstellers oder Großhändlers **32** vor, wenn der Unternehmer einen unzulässigen Preisnachlaß (Rdn. 51 ff) von seinem Normalpreis (Rdn. 60) ankündigt oder gewährt. Z. B. wenn der Großhändler bei

[59] Vgl. BGH GRUR 1987, 302, 303 – *Unternehmeridentität.*

[60] Gl. A. *Baumbach/Hefermehl* Rdn. 42; *Köhler/Piper* Rdn. 10; *Seydel* Rdn. 6; vgl. auch oben Rdn. 19.

[61] BGH GRUR 1958, 555 – *Elektrogeräte*; *Baumbach/Hefermehl* Rdn. 8; *Tetzner* Rdn. 51; vgl. ferner *Ordemann* BB 1962, 204; *K. Droste* WRP 1963, 253.

[62] BGH GRUR 1958, 487, 490 – *Antibiotica*; GRUR 1958, 557 – *Direktverkäufe*; LG Hamburg MDR 1956, 358.

Direktverkäufen an Letztverbraucher zunächst den Einzelhandelspreis in Rechnung stellt und dann von Fall zu Fall unterschiedliche Abschläge im Rahmen der Handelsspanne gewährt.[63] Welchen Preis der Unternehmer letzten Verbrauchern als seinen Normalpreis ankündigt oder gewährt, entscheidet sich nach der Auffassung der Verkehrskreise (vgl. Rdn. 64). Ein Großhändler, der sein Verkaufslager Endverbrauchern zum Zwecke des Direktverkaufs zugänglich macht, muß damit rechnen, daß eine Preisauszeichnung an den Gegenständen seines Warenlagers von den einkaufenden Endverbrauchern als Ankündigung eines Normalpreises aufgefaßt wird.[64] Ist der ausgezeichnete Ladenpreis branchenübliche Berechnungsgrundlage für den Großhandelspreis und wird der im Direktverkauf erwerbende Verbraucher hinreichend darauf und auf den wahren Normalpreis hingewiesen, dann ist der geringere Preis nicht Ausnahme-, sondern Normalpreis und die Differenz kein Rabatt.[65]

Die bloße Nennung zweier Preise, z. B.: „Möbel statt DM 100,– nur DM 85,–“ wird vom Verkehr als Gegenüberstellung eines Normal- und Ausnahmepreises aufgefaßt. Hieran ändert auch der Hinweis des den Einkauf in einem Möbellager vermittelnden Händlers nichts, er verkaufe allgemein 15% unter dem handelsüblichen Preis.[66] Unterhält ein Unternehmer örtlich getrennte Verkaufsstellen, brauchen die Preise nicht in beiden gleich zu sein. Ein Großhändler kann im Geschäft A zu Großhandelspreisen und im Geschäft B zu höheren Kleinverkaufspreisen verkaufen. Die im Geschäft A kaufenden Kunden dürfen die im B-Geschäft geforderten Preise nicht für seine in beiden Geschäften geltenden Normalpreise halten können. Kein Rabattverstoß liegt vor, wenn der Großhändler einem Letztverbraucher nur den von diesem zu entrichtenden Preis nennt, der aus Nettopreis zuzüglich Umsatzsteuer und Provision des Kundenwerbers gebildet wird.[67]

Zur Werbung mit der Hersteller- und Großhändlereigenschaft beachte § 6 a UWG.

2. Letzter Verbraucher als Erwerber

33 a) **Allgemeines.** Das RabattG gilt – im Gegensatz zur ZugabeVO (vgl. die Anm. zu § 1 ZugabeVO) – nur für die letzte Umsatzstufe. Preisnachlässe auf vorhergehenden Wirtschaftsstufen werden nicht erfaßt, „weil sowohl die Bedingungen, unter denen sie zustande kommen, wie ihre wettbewerbsmäßigen Ausführungen grundsätzlich anders sind als beim Preisnachlaß des Einzelhandels an den Verbraucher“ (so die amtliche Begr.). Auf Umsätze der Hersteller, Großhändler oder sonstigen Händler mit Wiederverkäufern oder ihnen gleichzuachtenden Abnehmern von Waren und gewerblichen Leistungen findet das RabattG keine Anwendung.[68] Dies gilt auch für Umsätze der Einzelhändler untereinander, sofern die Waren noch weiter umgesetzt werden. Die Begriffe „letzter Verbraucher“ und „im Einzelverkauf“ (vgl. Rdn. 33–37; 42–45) einerseits und „Ware des täglichen Bedarfs“ bzw. „gewerbliche Leistungen des täglichen Bedarfs“ (vgl. Rdn. 8–19) andererseits stehen zueinander in Wechselbeziehung.[69] Dem RabattG unterliegen alle Umsatzgeschäfte mit letz-

---

[63] Vgl. LG Köln GRUR 1954, 78.

[64] BGH aaO, 557 – *Elektrogeräte*; OLG Düsseldorf WRP 1956, 286.

[65] LG München MDR 1956, 436 m. zust. Anm. *Neumann*.

[66] A. M. OLG Karlsruhe WRP 1969, 120; vgl. auch Rdn. 67 ff.

[67] OLG Oldenburg GRUR 1962, 369 – *Käuferhinweise*; *Baumbach/Hefermehl* § 1 Rdn. 44.

[68] Gl. A. BGH GRUR 1958, 487, 490 – *Antibiotica*.

[69] Gl. A. OLG Hamburg WRP 1962, 203, 204.

ten Verbrauchern. Deshalb gilt das RabattG auch für Umsätze der Hersteller und Großhändler mit letzten Verbrauchern,[70] des Versandhandels,[71] ferner für Verkäufe an Gewerbetreibende zu deren eigenen persönlichen Gebrauch, also nicht zur gewerblichen Verwertung.[72] Letzter Verbraucher einer Ware des täglichen Bedarfs ist, wer diese erwirbt, ohne den Willen zu haben, sie nochmals – auch nicht nach Be- oder Verarbeitung – gewerbsmäßig gegen Entgelt umzusetzen.[73]

Der Begriff „Verbraucher" i. S. des RabattG ist nicht aus § 92 BGB abgeleitet **34**
(h. M.). Der Begriff des „letzten Verbrauchers" grenzt den sachlichen Geltungsbereich des RabattG in personeller Hinsicht gegenüber den nicht erfaßten Umsätzen der vorhergehenden Wirtschaftsstufen ab. Er stimmt mit dem Begriff „letzter Verbraucher" der Vorschriften der §§ 6 a und b UWG nicht in vollem Umfang überein.[74] Der Umsatz aller Waren wird erfaßt, auch solcher, die nicht dem Verbrauch, sondern dem Gebrauch dienen, also einer Nutzung ohne Eingriff in die Substanz.[75] Der „letzte Verbraucher" kann jeder Wirtschaftsstufe angehören. Letzter Verbraucher ist stets, wer Waren erwirbt oder gewerbliche Leistungen in Anspruch nimmt, um seinen persönlichen (privaten) Lebensbedarf zu decken. Letzter Verbraucher kann aber auch ein Gewerbetreibender sein, der die Ware oder gewerbliche Leistung der gewerbsmäßigen Verwendung im Unternehmen zuführt.[76] Dies ergibt sich aus § 9 Ziff. 1. Durch diese Vorschrift werden Sondernachlässe und Sonderpreise vom Rabattverbot ausgenommen, sofern sie an berufliche und gewerbliche Verwerter, Handelsüblichkeit vorausgesetzt, gewährt werden. Dieser Ausnahmevorschrift hätte es nicht bedurft, wenn der Gesetzgeber diesen Personenkreis nicht zu den letzten Verbrauchern i. S. des RabattG gezählt hätte.[77] Der Begriff des „letzten Verbrauchers" i. S. des RabattG ist weiter als derjenige des § 1 PreisangabenVO. § 7 Abs. 1 Nr. 1 dieser VO nimmt den Letztverbraucher von ihrem Anwendungsbereich aus, der die Ware oder Leistung in seiner freiberuflichen oder gewerblichen Tätigkeit verwendet.[78] Entscheidend ist, ob die erworbene Ware selbst nochmals Gegenstand der Güterherstellung, z. B. einer Be- oder Verarbeitung oder der Güterverteilung ist.[79] Letzter Verbraucher ist der letzte Erwerber im geschäftlichen Verkehr. Letzter Erwerb einer Ware liegt vor, wenn die Reihe der entgeltlichen Umsatzgeschäfte vom Hersteller zum Verbraucher abgeschlossen ist und für einen gewerbsmäßigen Weiterverkauf der Ware – auch nach einer Be- oder Verarbeitung – kein Raum mehr ist.[80] Es kommt nicht darauf an, ob der letzte Erwerber einer Ware diese selbst ge- oder verbraucht oder ob er sie einem anderen überläßt.[81] Letzter Verbraucher ist

---

[70] So auch BGH GRUR 1958, 555 – *Elektrogeräte.*

[71] So auch BGH GRUR 1959, 326 – *Kaffeeversandhandel.*

[72] BGH GRUR 1969, 362 – *Rabatt für branchenfremde Wiederverkäufer*; GRUR 1968, 595, 597 – *Wiederverkäufer* – mit zust. Anm. *Samwer.*

[73] Vgl. RGZ 153, 139; BGH GRUR 1968, 595, 597 – *Wiederverkäufer.*

[74] Vgl. hierzu die Anm. zu diesen Vorschriften, insbesondere § 6 a UWG Rdn. 23 ff und *Köhler/Piper* Rdn. 15.

[75] Gl. A. *Baumbach/Hefermehl* Rdn. 11; *Michel/Weber/Gries* Rdn. 41; *Tetzner* Rdn. 55 a. E.

[76] Gl. A. BGH GRUR 1994, 527 – *Werbeagent*; BGHZ 118, 1, 4 = WRP 1992, 482 – *Ortspreis*; GRUR 1977, 264, 265 – *Miniaturgolf*; GRUR 1975, 320, 321 – *Werbegeschenke* – mit zust. Anm. *Seydel*; GRUR 1968, 595, 597 – *Wiederverkäufer*; GRUR 1969, 362, 363 – *Rabatt für branchenfremde Wiederverkäufer*; *Köhler/Piper* Rdn. 15.

[77] Gl. A. BGHZ 118, 1; WRP 1992, 482 – *Ortspreis*; GRUR 1975, 320, 321 – *Werbegeschenke.*

[78] Vgl. BGH aaO – *Ortspreis*; *Köhler/Piper* Rdn. 15.

[79] Gl. A. *Baumbach/Hefermehl* Rdn. 11; *Köhler/Piper* aaO; *Michel/Weber/Gries* Rdn. 41.

[80] Gl. A. RGZ 153, 139, 142; *Baumbach/Hefermehl* Rdn. 11; *Michel/Weber/Gries* Rdn. 43; *Reimer/Krieger* 138.

[81] Gl. A. *Baumbach/Hefermehl* Rdn. 11 und 13; *Reimer/Krieger* 138.

daher auch, wer eine erworbene Ware aus privaten Gründen verschenkt.[82] Wer jedoch Waren erwirbt, die er innerhalb seines geschäftlichen Betriebes als Werbegeschenke für seine Kunden verwenden will, ist insoweit nicht letzter Verbraucher i. S. des § 1 RabattG.[83]

Ob ein Umsatz mit einem Letztverbraucher vorliegt, ist eine Rechtsfrage. Deren Beantwortung ist von der Verkehrsauffassung unabhängig.[84]

35 **b) Letzter Verbraucher von Waren.** Letzter Verbraucher einer Ware ist, wer sie – auch nach Be- oder Verarbeitung – nicht mehr auf der letzten Handelsstufe umsetzt. In der Regel geschieht dies durch entgeltliche Weiterveräußerung. Doch kann auch die unentgeltliche Weitergabe einer Ware als Werbegeschenk, wenn dies gewerbsmäßig geschieht, noch eine letzte Umsatzstufe sein.[85] Letzte Verbraucher sind daher auch Groß- und Einzelhändler, Handwerker und Industriebetriebe, die Papierwaren für den Bürobedarf, Fahrzeuge, Treib-Brennstoffe, Maschinen und andere Arbeitsmaterialien kaufen, um sie im eigenen Betrieb zu verwenden und damit dem Letztverbrauch zuzuführen.[86] Der Begriff des „letzten Verbrauchers" i. S. des RabattG deckt sich nicht mit dem der §§ 6 a, 6 b UWG und geht über den der UWG-Vorschriften hinaus.[87] Die genannten Gewerbetreibenden sind jedoch keine letzten Verbraucher, wenn sie Materialien zur Be- und Weiterverarbeitung erwerben (vgl. dazu Rdn. 38). Verwertet der Gewerbetreibende als Letztverbraucher die erworbenen Waren oder Leistungen in seiner beruflichen oder gewerblichen Tätigkeit, so kann ihm unter den Voraussetzungen des § 9 Nr. 1 ein Verwerternachlaß gewährt werden (vgl. dazu § 9 Rdn. 4).

36 An letzte Verbraucher wendet sich, wer in wahllos versandten Rundschreiben branchenfremden Wiederverkäufern (z. B. Friseuren, Bäckern, Kolonialwarenhändlern, Schlossern) Möbel anbietet, von denen zu erwarten ist, daß diese sie für den eigenen Bedarf erwerben und nicht weiterveräußern.[88] Ein Einzelhändler erwirbt als letzter Verbraucher, wenn er, ohne selbst ein Umsatzgeschäft tätigen zu wollen, von einem privaten Käufer nur als Vermittler beim Bezug der Ware eingeschaltet wird (vgl. hierzu auch Rdn. 40). Dies gilt nicht, wenn die Einschaltung eines Händlers (Kaufscheinausgebers) dazu führt, daß dieser das volle wirtschaftliche Risiko übernimmt und der Käufer ihn nicht als Vermittler, sondern als eine selbständige Handelsstufe ansieht. Dann ist nicht der Händler, sondern der Privatkäufer letzter Verbraucher.[89] Letzte Verbraucher sind Betriebsangehörige eines Großbetriebes, die vom Großhändler, zu dessen Kunden der Betrieb gehört, Elektrogeräte beziehen.[90] Letzte Verbraucher sind: Fahrzeughalter des Verkehrsgewerbes, die Kraftfahrzeuge kaufen; Landwirte, die Futtermittel für die Ferkelaufzucht beziehen; (zum Kauf von

---

[82] Gl. A. BGH GRUR 1968, 595, 597 – *Wiederverkäufer*; *Baumbach/Hefermehl* Rdn. 11; *v. Gamm* Kap. 60 Rdn. 11.

[83] Gl. A. BGH GRUR 1975, 320 – *Werbegeschenke*.

[84] A. M. OLG Stuttgart WRP 1976, 415.

[85] So zutreffend BGH GRUR 1975, 320, 321 – *Werbegeschenke*; zustimmend *Baumbach/Hefermehl* Rdn. 12.

[86] Gl. A. BGH GRUR 1975, 320, 321 – *Werbegeschenke*; *Baumbach/Hefermehl* Rdn. 12; *v. Gamm* Kap. 60 Rdn. 11; *Köhler/Piper* Rdn. 16; *Michel/Weber/Gries* Rdn. 41; *Tetzner* Rdn. 59; *Kathrein/Reinicke* DB 1961, 1217; *Vorwerk* WRP 1962, 155; vgl. zum Begriff „Letzter Verbraucher" auch BGHZ 70, 18 = GRUR 1978, 173 – *Metro I* (zu § 6 a UWG); GRUR 1990, 617, 620 – *Metro III*; GRUR 1979, 411, 412 – *Metro II* (zu § 6 b UWG); GRUR 1974, 474, 475 – *Großhandelshaus* – sowie die Anm. zu den §§ 6 a und b UWG.

[87] So auch BGHZ 118, 1, 4 = WRP 1992, 482 – *Ortspreis*.

[88] Gl. A. BGH GRUR 1969, 362 – *Rabatt für branchenfremde Wiederverkäufer*; OLG Karlsruhe WRP 1984, 337; *Baumbach/Hefermehl* Rdn. 12.

[89] So auch OLG Düsseldorf BB 1966, 997.

[90] Gl. A. LG Köln GRUR 1974, 78.

Samen durch Erwerbsgärtner beachte Rdn. 38); der Testkäufer von Waren;[91] Rechtsanwälte, Steuerberater, Wirtschaftsprüfer, die Bücher für ihre Praxis kaufen; Gastwirte und Hoteliers, die Möbel, Porzellan etc. zur Einrichtung ihrer Gast- und Wirtschaftsräume kaufen;[92] der Arzt, der medizinisch-technische Apparate für seine Praxis bezieht;[93] nicht aber der Apotheker, der Arzneimittel zum Wiederverkauf einkauft.[94]

Letztverbraucher sind aber auch Händler und Gewerbetreibende, die von einem **37**
Möbelverkäufer wahllos versandte Rundschreiben erhalten, in denen sie aufgefordert werden, als Wiederverkäufer für Möbel tätig zu werden und ihnen dabei 30% Rabatt auf die angekündigten Endverbraucherpreise angeboten werden. Denn es widerspricht nicht der Lebenserfahrung, daß jedenfalls ein nicht unerheblicher Teil der mit dem Rundschreiben angesprochenen Verkehrskreise die angebotenen Möbel für den eigenen Bedarf erwerben wird, da die Bereitschaft, Möbel als völlig branchenfremde Erzeugnisse zu vertreiben, normalerweise bei den angesprochenen Gewerbetreibenden gering sein wird.[95]

c) **Ver- und Bearbeiter.** Letztverbrauch scheidet aus, wenn die Reihe der Umsatz- **38**
geschäfte noch nicht beendet ist, d. h. wenn gekaufte Waren weiterverarbeitet oder bearbeitet weiterveräußert oder wenn halbfertige oder Fertigwaren eingebaut, eingearbeitet oder eingesetzt und dann mitveräußert werden.[96] Wenn sich eine weitere Umsatzstufe anschließt, sind nicht letzter Verbraucher: der Handwerker beim Kauf von Materialien zur Be- und Verarbeitung;[97] Erwerbsgärtner; Landwirte beim Bezug von Samen für den Gemüseanbau;[98] Bäcker, die Zutaten für von ihnen herzustellende Backwaren beziehen, denn sie vertreiben nach Verarbeitung die Fertigwaren.[99] Das gleiche gilt für Malermeister, die Farbe und Tapeten, und Schneider, die Stoffe und sonstige Zutaten kaufen. Sie verarbeiten diese Stoffe und setzen sie zusammen mit ihrer gewerblichen Leistung an letzter Verbraucher ab.[100]

d) **Vermieter etc. als Erwerber.** Letzter Verbraucher einer Ware ist auch, wer sie **39**
erwirbt, aber nicht oder nicht in erster Linie selbst nutzt, sondern Dritten entgeltlich zum Gebrauch überläßt. Entscheidend ist, daß die erworbene Ware nicht wie bei der Ver- oder Bearbeitung nochmals umgesetzt wird. Letzter Verbraucher ist der Hauseigentümer, der Koks für sein Mietshaus bezieht, um die von ihm vermieteten Wohnungen zu beheizen (RGZ 153, 139), denn der Koks ist nicht mehr Gegenstand eines Umsatzgeschäftes. Letzter Verbraucher ist der Taxen-Unternehmer, der einen Personenkraftwagen erwirbt, um damit Fahrgäste zu befördern. Ebenso der Mietwagen-Unternehmer, der Kraftfahrwagen kauft, um sie an Selbstfahrer zu vermieten[101] und der Käufer von Spielautomaten, der sie in Gaststätten betreibt. Sie werden von ihm in seinem Gewerbebetrieb ebenso wie das Kraftfahrzeug vom Taxenunternehmer genutzt. Die Spieler, die den Automaten nutzen, erwerben keine

---

[91] Gl. A. *Seydel* Rdn. 13; *Tetzner* Rdn. 56.

[92] Gl. A. *Baumbach/Hefermehl* Rdn. 13; *Köhler/Piper* Rdn. 16.

[93] Gl. A. *Baumbach/Hefermehl* Rdn. 13.

[94] Vgl. BGH GRUR 1958, 487, 490 – *Antibiotica.*

[95] So BGH GRUR 1969, 362 – *Rabatt für branchenfremde Wiederverkäufer*; vgl. ferner OLG Köln GRUR 1972, 370 zum Tatbestand der wahllosen Versendung eines Werbefaltblattes an branchenfremde Gewerbetreibende.

[96] Gl. A. BGHZ 70, 18, 25 = GRUR 1978, 173, 175 – *Metro I*; *Baumbach/Hefermehl* Rdn. 12.

[97] Gl. A. *Baumbach/Hefermehl* Rdn. 12; OLG Düsseldorf WRP 1974, 492; LG Bielefeld WRP 1958, 30; *Kathrein/Reinicke* DB 1961, 1217; *Vorwerk* WRP 1962, 155.

[98] Gl. A. OLG Düsseldorf MDR 1961, 61.

[99] Gl. A. LG Bielefeld WRP 1958, 30; *Köhler/Piper* Rdn. 17.

[100] So auch *Tetzner* Rdn. 59; *Köhler/Piper* aaO.

[101] Gl. A. *Baumbach/Hefermehl* Rdn. 13; a. M. *Tetzner* Rdn. 64.

Automaten, sondern sie sind Nutznießer einer gewerblichen Leistung des Automatenaufstellers.[102] Das Krankenhaus und der Arzt, die Arzneimittel für die Behandlung ihrer Patienten beziehen, sind dagegen keine letzten Verbraucher, denn die Arzneimittel werden als Hilfsstoffe zu entgeltlichen Dienstleistungen weiterveräußert.[103] Der Bundesgerichtshof läßt diese Frage in seiner Antibiotica-Entscheidung offen.[104] *Tetzner* unterscheidet danach, ob dem Patienten ein Arzneimittel gesondert in Rechnung gestellt wird oder nicht.[105] Auf die gesonderte Inrechnungstellung kommt es jedoch nicht an.

40 e) **Erwerb durch Dritte.** Wer im eigenen Namen für Rechnung eines Dritten erwirbt, erwirbt als letzter Verbraucher, denn ein weiteres Umsatzgeschäft führt er nicht aus. Wer aufgrund einer Vollmacht, eines Auftrages, aus Gefälligkeit oder im eigenen Namen, aber für Rechnung eines Letztverbrauchers kauft, ist nur Erwerbsgehilfe und nicht Erwerber. Dies ist derjenige, für den er tätig wird. Letztverbraucher ist z. B. ein Verein, der für Mitglieder, ein Betrieb, der für Betriebsangehörige als Sammelbesteller einkauft.[106] Sie sind es jedoch nicht, wenn z. B. der Verein oder der Betrieb im eigenen Namen und für eigene Rechnung erwerben, um bei einem späteren Bedarf der Mitglieder die Waren gegen Zahlung des Gegenwertes weiter zu veräußern, denn in diesem Fall schließt sich noch eine weitere Umsatzstufe an.[107]

41 f) **Letzter Verbraucher gewerblicher Leistungen.** Auch gewerbliche Leistungen können Gegenstand weiterer Umsatzgeschäfte sein. Nicht jeder, für den ein geldwertes Tun oder Unterlassen erbracht wird, ist Letztverbraucher. Letzter Verbraucher einer gewerblichen Leistung ist derjenige, der diese Leistung so in Anspruch nimmt, daß sie nicht mehr weitervermittelt werden kann. Der Subunternehmer, der im Auftrage des Hauptunternehmers Pfähle für eine Pfahlgründung rammt, erbringt eine gewerbliche Hilfeleistung für einen anderen Gewerbetreibenden, aber nicht für den letzten Verbraucher. Wird von einer Baufirma ein Installateur als Subunternehmer beschäftigt und ihm das erforderliche Material zur Verfügung gestellt, so wird die gewerbliche Leistung für den Hauptunternehmer erbracht und von diesem als eigene weitergegeben. Er ist nicht letzter Verbraucher. Leistungen von Erfüllungsgehilfen sind grundsätzlich keine Leistungen für Letztverbraucher. Warenhersteller, die Zwischenmeister beschäftigen oder Lohnaufträge vergeben und das erforderliche Material zur Verfügung stellen, sind dagegen letzte Verbraucher der Lohnarbeit. Sie setzten nicht wie bei vorstehendem Beispiel der Bauunternehmer die gewerbliche Leistung weiter um, sondern den Leistungserfolg, der bei ihnen und nicht beim Erwerb der Ware anfällt. Handlungsagenten (Handelsvertreter), Makler, Kommissionäre erbringen Leistungen gegenüber letzten Verbrauchern, es sei denn, daß ihre Auftraggeber sich Dritten gegenüber zu entsprechenden Leistungen verpflichtet haben (z. B. Autovertreter, Zwischenmakler) und sich zu deren Ausführung eines Agenten, Maklers oder Kommissionärs bedienen. Das gleiche gilt für Leistungen der Frachtführer und Spediteure: Werden Waren im Auftrage des Verkäufers zum Erfüllungsort be-

---

[102] Gl. A. *Baumbach/Hefermehl* Rdn. 13; *v. Gamm* Kap. 60 Rdn. 11; *Ulmer/Reimer* Nr. 1106; *Meyer/Christian* WRP 1962, 294; a. M. noch OLG Hamburg WRP 1962, 203; inzwischen jedoch aufgegeben: s. BGH GRUR 1977, 264, 266 l. Sp. – *Miniaturgolf*; *Seydel* Rdn. 15; *Tetzner* JR 1963, 216 und § 1 Rdn. 63.

[103] A. M. *Baumbach/Hefermehl* Rdn. 13; *Köhler/Piper* Rdn. 16 für Krankenanstalten beim Einkauf von Arzneimitteln und *Ulmer/Reimer* Nr. 1106.

[104] Vgl. BGH GRUR 1958, 487, 490.

[105] Vgl. *Tetzner* Rdn. 61; so auch *Elster* AWR 1937, 174.

[106] Gl. A. BGH GRUR 1963, 578 – *Sammelbesteller*; OLG Stuttgart WRP 1981, 54; LG Frankenthal WRP 1979, 489; *Baumbach/Hefermehl* Rdn. 14; *v. Gamm* Rdn Kap. 60. 11; *Seydel* Rdn. 18.

[107] Gl. A. *Baumbach/Hefermehl* Rdn. 14; *Michel/Weber/Gries* Rdn 91; *Winter* DB 1955, 41.

fördert, dann ist dieser letzter Verbraucher.[108] Hat der Lieferant sich zusätzlich verpflichtet, die Waren vom Erfüllungsort zum auswärtigen Wohnsitz des Käufers zu transportieren und beauftragt er damit einen Frachtführer, dann ist dieser Erfüllungsgehilfe; seine Transportleistung wird nicht mehr für den Käufer (Letztverbraucher) erbracht. Letzte Verbraucher gewerblicher Leistungen sind: Hotel-, Fahr- und Fluggäste; Teilnehmer eines Fahrschulkurses;[109] Besucher von Variete-Vorstellungen, von Kino-, Theater- und Konzertaufführungen, professionellen Sportveranstaltungen, Badeanstalten; die Kurgäste hinsichtlich der Kurleistungen eines Badeortes; der Besteller eines Maßanzuges, es sei denn, daß es sich um einen Werklieferungsvertrag handelt (dann wird eine Ware geliefert); die Hausfrau, die ihre Wäsche zur Wäscherei gibt, ihren Kuchen beim Bäcker abbacken läßt; die Kunden der Friseure, der Schuhmacher und Schneider; die Mandanten der Rechtsanwälte, Wirtschaftsprüfer und Steuerberater;[110] die Patienten der Ärzte, Heilpraktiker und sonstigen Heilberufe, Masseure; Bauherren im Verhältnis zum Architekten; Hauseigentümer zu Reparaturleistungen von Handwerkern usw. Bei der Inanspruchnahme wissenschaftlicher Institute kommt es auf den Einzelfall an. Wird im Auftrage eines Arztes eine Harn-, Blut- oder bakteriologische Untersuchung vorgenommen, dann ist der Auftraggeber nicht Letztverbraucher. Die Leistung des Instituts ist Hilfs- und Teilleistung zur Leistung des Arztes und wird mit dieser zusammen weitergegeben. Beauftragt der Patient selbst das Institut, etwa mit der Weisung, das Untersuchungsergebnis dem behandelnden Arzt mitzuteilen, dann ist er als Auftraggeber der Letztverbraucher. Beim Druck und der Verbreitung von Anzeigen, bei der Sendung von Fernseh- und Werbespots und der Vorführung von Werbefilmen in Lichtspieltheatern sind letzte Verbraucher die Werbungstreibenden, und zwar sowohl wenn der Anzeigenauftrag direkt zwischen Werbungstreibenden und Werbungsdurchführendem (z. B. Verlag) als auch wenn er durch Vermittlung einer Werbeagentur abgeschlossen wird.[111] Im Anzeigenstreugeschäft erbringen Werbeagenturen und Vermittler gewerbliche Leistungen; der Werbungtreibende ist letzter Verbraucher. Der vermittelnde Werbeagent oder die Werbeagentur sind somit nicht „letzte Verbraucher".[112]

IV. Wettbewerbsbereich, Geschäftsführung, Geschäftsform (Einzelverkauf, Gegenleistung in Geld)

1. Einzelverkauf

Der Begriff „Einzelverkauf" wird im Gesetz nicht erläutert. Nur für Geschäfte, **42**
die den Wettbewerbsvoraussetzungen dieser Umsatzform entsprechen, findet das RabattG Anwendung. Für gewerbliche Leistungen (vgl. Rdn. 19) fehlt ein entsprechendes Merkmal. Der Begriff „Einzelverkauf" ist nicht im Sinne von Einzelhandel auszulegen.[113] Gleichgültig ist, in welche Wirtschaftsstufe das Erwerbsgeschäft oder der Gewerbebetrieb des Veräußerers einzuordnen ist. Dieser kann Einzel-, Groß-

---

[108] A. M. *Reimer/Krieger* 138 Rdn. 10.

[109] Vgl. BGH GRUR 1973, 272 – *Fahrschul-Rabatt*; OLG Hamburg WRP 1965, 229.

[110] Gl. M. *Köhler/Piper* Rdn. 18; a. M. *Michel/Weber/Gries* Rdn. 38.

[111] Gl. A. BGHZ, 118, 1, 4 – *Ortspreis*; KG BB 1969, 151, 152; BKA GRUR 1962, 486, 487 – *Preislistentreue*; *Baumbach/Hefermehl* Rdn. 12; *Seydel* § 1 Rdn. 21; *Tetzner* Rdn. 57; *Fikentscher* Preislistentreue im Recht der Werbeagenturen, 1968, 31.

[112] Gl. A. BGH GRUR 1994, 527, 528 – *Werbeagent*; LG Frankfurt BB 1959, 610, 611; KG BB 1969, 151, 152.

[113] Insoweit gl. A. *Baumbach/Hefermehl* Rdn. 8; *Reimer/Krieger* 137 Rdn. 10; *Tetzner* Rdn. 51; *Ulmer/Reimer* Nr. 1106.

und Versandhändler, Handwerker, Importeur oder Hersteller sein.[114] Die Betriebsform ist nicht entscheidend. Auch Direktverkäufe des Herstellers oder des Großhändlers an letzte Verbraucher unterliegen dem RabattG, sofern es sich um Einzelverkäufe an Letztverbraucher handelt. Direktverkäufe eines Großhändlers an Letztverbraucher fallen auch dann in den Bereich des RabattG, wenn sie nicht in dem neben dem Großhandelbetrieb betriebenen Einzelhandelsgeschäft ausgeführt werden.[115] „Einzelverkauf" an den letzten Verbraucher liegt auch vor, wenn ein Großhändler Waren an Betriebsangehörige eines zu seinen Kunden gehörenden Großbetriebes liefert.[116] Nicht jeder Verkauf an den letzten Verbraucher ist ein Einzelverkauf.[117] Nach Auffassung von *Baumbach/Hefermehl* und des BGH ist Einzelverkauf jeder gewerbsmäßige Verkauf an den letzten Verbraucher.[118] Der BGH begründet seine Auffassung mit dem Hinweis auf die Erläuterung in der amtlichen Begründung, wonach es gleichgültig sei, ob der Gewerbetreibende, der die Waren verkaufe, ein Einzelhandels-, Herstellungs- oder Einfuhrunternehmen betreibe; es genüge, daß gewerbsmäßig an den letzten Verbraucher Waren verkauft würden, dies lasse darauf schließen, daß mit „Einzelverkauf" lediglich klargestellt werden sollte, daß das Gesetz nicht nur Verkäufe des Einzelhändlers, sondern jeden gewerbsmäßigen Verkauf an den letzten Verbraucher erfasse.[119] Von der Gegenmeinung wird demnach dem Begriff „Einzelverkauf" keine besondere Bedeutung beigemessen und jeder mit einem letzten Verbraucher getätigte Umsatz als Einzelverkauf gewertet, gleichviel unter welchen Voraussetzungen und welchen Umständen er getätigt wird. Der Wortlaut der Vorschrift „Wer ... Waren des täglichen Bedarfs im Einzelverkauf an den letzten Verbraucher veräußert", Zweck des Gesetzes und amtliche Begründung erweisen aber, daß es sich um ein Tatbestandsmerkmal zur Begrenzung des Anwendungsbereiches handelt. Wenn dies nur den Sinn hätte, klarzustellen, daß das RabattG sich nicht auf die Verkäufe des berufsmäßigen Einzelhandels beschränkt, sondern den Anwendungsbereich des Gesetzes auch auf Direktverkäufe der Hersteller, Großhändler etc. erstreckt, wäre es überflüssig. Dies ist bereits durch das Merkmal „letzte Verbraucher" erreicht. Nach der Wortzusammensetzung sind Einzelumsätze von Waren gemeint. Eine Wert- und Mengenbeschränkung folgt hieraus allerdings nicht. Dies ergibt sich aus den §§ 7, 8 und 9 RabattG. Nach der amtlichen Begründung zu den §§ 7 und 8 gilt das RabattG auch für den Kauf von Dauer- und Reihenkarten. Der Begriff „Einzelverkauf" schließt daher die Anwendung des RabattG auf den Abonnement-Verkauf einer Tageszeitung nicht aus.[120]

43 Die amtliche Begründung erläutert die Beschränkung auf den Geschäftskreis „Einzelverkauf" und die Ausnahme des Warenverkehrs zwischen den verschiedenen Wirtschaftsstufen vom Anwendungsbereich des RabattG damit, daß „sowohl die Bedingungen, unter denen sie (die Geschäfte zwischen den verschiedenen Wirtschaftsstufen) zustande kommen, wie ihre wettbewerbsmäßigen Auswirkungen" grundsätzlich anders sind als beim Preisnachlaß des Einzelhandels an den Verbraucher. Diese Erläuterung deckt sich mit dem Sinngehalt des Wortes, dem Zusammen-

---

[114] Vgl. Amtl. Begr.; *Baumbach/Hefermehl* Rdn. 8; *Reimer/Krieger* 137 Rdn. 10; *Michel/Weber/Gries* Rdn. 43.

[115] Gl. A. BGH GRUR 1958, 555, 556 – *Elektrogeräte*; *Baumbach/Hefermehl* Rdn. 8; *Tetzner* Rdn. 51.

[116] Gl. A. LG Köln GRUR 1954, 78.

[117] Gl. A. *Tetzner* aaO; a. M. *Baumbach/Hefermehl* Rdn. 8 und ihnen folgend BGH GRUR 1977, 264, 266 – *Miniaturgolf*; *Seydel* Rdn. 41; *Reimer/Krieger* 137 Rdn. 10; *Michel/Weber/Gries* Rdn. 43.

[118] Vgl. *Baumbach/Hefermehl* Rdn. 8 und BGH aaO.

[119] S. BGH GRUR 1977, 264, 266 r. Sp. – *Miniaturgolf*.

[120] Gl. A. OLG Düsseldorf GRUR 1969, 227 – *WAZ*; *Baumbach/Hefermehl* Rdn. 8.

hang seiner Verwendung und dem Sinn und Zweck des Gesetzes. Es werden nur Umsatzgeschäfte erfaßt, die denen des Einzelhandels entsprechen.[121] Es kommt nur auf die Erscheinungsform des Geschäftes selbst an. Nicht wer als, sondern wer wie ein Einzelhändler verkauft, fällt unter das RabattG. Unter welchen wettbewerbsmäßigen Bedingungen das Geschäft zustande kommt und welche wettbewerbsmäßigen Auswirkungen es hat, ist entscheidend. Die gesetzliche Regelung sieht bewußt davon ab, die beim Warenverkehr zwischen den verschiedenen Wirtschaftsstufen üblichen Preisnachlässe in ihr Anwendungsgebiet einzubeziehen, weil sowohl die Bedingungen, unter denen sie zustande kommen, wie ihre wettbewerbsmäßigen Auswirkungen grundsätzlich andere sind als beim Preisnachlaß des Einzelhandels an den Letztverbraucher. Aus diesem Grunde beschränkte der Gesetzgeber die Anwendbarkeit des RabattG auf den in § 1 bezeichneten Geschäfts- und Personenkreis (vgl. Amtl. Begr.). Dieser wird nicht nur durch die Merkmale „Waren des täglichen Bedarfs" und „an den letzten Verbraucher", sondern auch durch das zusätzliche Merkmal „im Einzelverkauf" begrenzt. Diesem können nur Umsätze zugerechnet werden, die in ihrer Ausführung den Bedingungen des Einzelhandels entsprechen und bei denen die wettbewerbsmäßigen Auswirkungen von Preisnachlässen die gleichen sind wie bei Preisnachlässen des Einzelhandels. Nur eine derartige Auslegung läßt die Begriffsverwendung „im Einzelhandel" durch den Gesetzgeber vernünftig erscheinen. Dabei kann entgegen der Auffassung von *Baumbach/Hefermehl* und des BGH das Merkmal „im Einzelverkauf" nicht in dem Sinne ausgelegt werden, daß damit nur bekräftigt werden sollte, daß das RabattG nicht auf die vorhergehenden Wirtschaftsstufen anwendbar ist. Aus der amtlichen Begründung ergibt sich vielmehr, daß nach der Zielsetzung des Gesetzes ohne Rücksicht auf die Art des Gewerbebetriebes nur solche Umsatzgeschäfte mit letzten Verbrauchern erfaßt werden sollen, deren Auswirkungen denen der Einzelhandelsumsätze entsprechen.[122] Genauer gesagt bestanden die wirtschaftspolitischen Zielvorstellungen des Gesetzgebers von 1933 darin, den mittelständischen Einzelhandel zu schützen. Deshalb erscheint es bedenklich, den Verkauf von Miniaturgolf-Anlagen an die Betreiber dieser dem RabattG zu unterwerfen.[123] Denn wie *Hoth*[124] zutreffend ausgeführt hat, ist zum Betrieb einer Miniaturgolf-Anlage nicht nur erforderlich, daß sie von veräußernden Unternehmen hergestellt wird. Um die Anlage in Betrieb nehmen zu können, muß sie unter Inanspruchnahme von Dienst- und Werkleistungen anderer Unternehmer (Bauunternehmer, Elektroinstallateure, Gärtner) und unter Einsatz weiterer Wirtschaftsgüter (z. B. Beleuchtungsanlagen) auf einem dafür geeigneten und vorzubereitenden Grundstück installiert werden. Die Abwicklungen solcher Geschäfte gehören nicht zu den Geschäftsformen, bei deren Abwicklung der Gesetzgeber die Gewährung von Rabatten begrenzen wollte. Eine andere Auffassung ist nur vertretbar, wenn man davon ausgeht, daß der Gesetzgeber sich bei der Verwendung des Begriffes „im Einzelverkauf" nichts gedacht hat und daß die Verwendung dieses Wortes ein redaktionelles Versehen ohne gedanklichen Hintergrund ist. Der Inhalt der amtlichen Begründung läßt eine derartige Unterstellung nicht zu. Einzelverkäufe sind Warenumsätze, die denen des Einzelhandels entsprechen. Der Veräußerer tritt in Wettbewerb mit dem Einzelhandel. Der Preisnachlaß wird unter Umständen angekündigt oder gewährt, durch die die wettbewerbsmäßigen Auswirkungen die glei-

[121] Gl. A. *Köhler/Piper* Rdn. 9; *Tetzner* Rdn. 51f; a. M. BGH GRUR 1977, 264 – *Miniaturgolf*; *Baumbach/Hefermehl* Rdn. 8, *Seydel* Rdn. 41.

[122] So zutreffend *Hoth* GRUR 1977, 233, 241.

[123] So BGH GRUR 1977, 264 – *Miniaturgolf*.

[124] Vgl. *Hoth* GRUR 1977, 233, 240.

chen sind, wie sie bei Ausführung des Geschäfts durch einen Einzelhändler vorliegen würden.

44 **Warenverkäufe an Letztverbraucher, die nach Art, Umfang oder Gegenstand** nicht in den Geschäftskreis des Einzelhandels gehören, vielmehr **nur vom Großhandel oder von Industrieunternehmen ausgeführt werden, erfaßt das RabattG nicht.** Die Umstände des Zustandekommens und die Ausführung derartiger Geschäfte nötigen dazu, sie den höheren Wirtschaftsstufen zuzurechnen. Zum Beispiel: Verkauf von umfangreichen maschinellen Anlagen, die nur von den einschlägigen Herstellerwerken, nicht aber über den Einzelhandel zu erwerben sind (wie z. B. Miniaturgolf-Anlagen), Lieferung von Industriekohle in Schiffsladungen, etwa an Elektrizitäts- und Fernheizwerke,[125] Lieferung von chemischen Hilfsstoffen für Industriebetriebe, z. B. Säuren in 10.000 l-Behältern, Treibstoffe in Tankzügen oder Tankern für große stationäre Anlagen oder Großfahrzeuge, wie Schiffe etc. Derartige Geschäfte haben ein Ausmaß, wie es der Einzelhandel nicht bewältigen kann. Der Erwerber kauft nur beim Großhandel oder Hersteller. Preisnachlässe kommen unter Umständen zustande, wie sie der Einzelhandel nicht kennt. Wettbewerblich werden sie nur in den höheren Wirtschaftsstufen wirksam. Negative Auswirkungen scheiden für den Einzelhandel aus.[126]

45 Die Begriffe „größere Menge" (§ 7) und „Großverbraucher" (§ 9) sind nur im Zusammenhang mit dem Begriff „Einzelverkauf" zu verstehen. Liefert der Verkäufer eine größere Menge gleichartiger Ware zu einem niedrigeren Preis, so kann es sich um einen Mengen- oder Großverbrauchernachlaß handeln (vgl. hierzu die Anm. zu § 7 und zu § 9). Zu gewerblichen Leistungen vgl. die nachfolgende Rdn. 46.

2. Unterschiedliche Behandlung von Waren- und Leistungsumsätzen

46 Hauptbestandteil der Wortzusammensetzung „Einzelverkauf" ist der Rechtsbegriff „Kauf". Dieser wird in § 433 BGB eindeutig bestimmt. Nur Sachen oder Rechte können verkauft werden. Bei wirtschaftlichen Werten, die den Sachen im Handelsverkehr gleichzuachten sind, gelten die Kaufbestimmungen entsprechend. Auf gewerbliche Leistungen sind sie nicht anwendbar.[127] Die Rdn. 42–45 gelten deshalb nur für Warenumsätze. Für Leistungsumsätze fehlt es an einer entsprechenden Einengung des sachlichen Geltungsbereiches. Art, Umfang, die Umstände des Zustandekommens der Geschäfte und die wettbewerblichen Wirkungen von Preisnachlässen sind unbeachtlich. Auch bei Großaufträgen, die ihrer Natur nach dem Geschäftsbereich des dem Einzelhandel entsprechenden Handwerks entzogen sind, dürfen Rabatte nur im Rahmen des RabattG in Aussicht gestellt und gewährt werden.[128] Zur unterschiedlichen Behandlung von Waren und gewerblichen Leistungen nach Zugaberecht vgl. die Anm. zu § 1 ZugabeVO.

3. Geschäftsform

47 **a) Verkauf, Tausch, Inzahlungnahme.** Einzelverkauf von Waren heißt, daß das Veräußerungsgeschäft ein Kaufvertrag sein muß. Beim Kauf ist die Gegenleistung des Käufers der „Kaufpreis" (§ 433 Abs. 2 BGB). Der Kaufpreis muß in Geld bestehen, andernfalls liegt kein Kaufvertrag vor.[129] Die Währungseinheit ist gleichgültig.

---

[125] Gl. A. *Köhler/Piper* Rdn. 9.
[126] Gl. A. *Tetzner* Rdn. 50 ff.
[127] Vgl. *Hoth* WRP 1956, 261 ff mwN.
[128] Gl. A. *Köhler/Piper* Rdn. 13; *Tetzner* Rdn. 53.
[129] Gl. A. *Köhler/Piper* Rdn. 12.

Reine Tauschgeschäfte werden vom RabattG deshalb nicht erfaßt,[130] wohl aber Geschäfte, bei denen der Käufer eine Ware unter Anrechnung auf den Kaufpreis in Zahlung gibt (vgl. dazu Rdn. 92). In der Gegenleistung liegt der wesentliche Unterschied zwischen Kauf und Tausch (§ 433 ff BGB, § 373 ff HGB und § 515 BGB). Beim Tausch bestehen Leistung und Gegenleistung in der Hingabe individueller Werte.[131] Wesentliches Merkmal des Tausches ist das Fehlen der Verpflichtung, einen Kaufpreis in Geld zu zahlen. Die sich auf den Preis beziehenden Bestimmungen des Kaufrechts, insbesondere die der §§ 433 Abs. 2, 452–455 BGB, sind auf den Tausch nicht entsprechend anwendbar (h. M.). Es muß deshalb auch die entsprechende Anwendung des RabattG auf reine Tauschgeschäfte ausgeschlossen sein.[132]

Auch die Gegenleistung für gewerbliche Leistungen muß in Geld bestehen.[133] Das RabattG geht davon aus, daß die Gegenleistung beim Erwerb von Waren und gewerblichen Leistungen der vereinbarte Preis ist (angekündigter oder allgemein geforderter Preis, Preisnachlaß, Sonderpreis; vgl. dazu auch die Rdn. 58 ff, 103). Der Tausch (Austausch) von gewerblichen Leistungen wird vom RabattG ebenfalls nicht erfaßt.

Nicht jeder Leistungstausch (Ware gegen Ware, Ware gegen Leistung, Leistung gegen Leistung, Leistung gegen Ware) ist ein Tauschgeschäft. Wird beim Verkauf einer neuen Sache ein gebrauchter Gegenstand (z. B. ein Kraftfahrzeug) mit einem fest bezifferten Wert auf den Kaufpreis angerechnet, dann wird die Gegenleistung in Geld erbracht. Dasselbe gilt, wenn in Wirklichkeit kein Tausch, sondern ein Doppelkauf, also zwei selbständige Geschäfte gewollt waren.[134] Bei Inzahlungnahme gebrauchter Gegenstände und Doppelkauf sind daher die Gegenleistung Preise, die nicht bar bezahlt, sondern als gegenseitige gleichartige Leistungen gegeneinander aufgerechnet werden. Die Möglichkeit, einen individuellen Wert in Geld zu bewerten, schließt den Tauschcharakter des Geschäftes allerdings nicht aus und gestattet es nicht, die Gegenleistung einer Geldleistung gleichzustellen. Überwiegt die Geldleistung, so spricht dies für Kauf; der Gegenbeweis kann geführt werden.[135] Die Unterscheidung von Doppelkauf und Doppelleistung vom Tauschgeschäft ist häufig schwierig.[136] Tausch liegt vor, wenn nach dem Vertragsinhalt die Leistung eines jeden Teils im Verschaffen des Gegenstandes besteht (BGH aaO). Die Gegenmeinung beruht möglicherweise darauf, daß Inzahlungnahme und Doppelkauf dem Tausch zugerechnet werden. **48**

b) Umsonstlieferungen. Auf unentgeltliche Geschäfte findet das RabattG keine Anwendung. Ein Nachlaß auf den Normalpreis kann begrifflich nur bei einem entgeltlichen Geschäft gegeben sein.[137] In dem Angebot eines Gastwirtes, wonach ge- **49**

---

130 Gl. A. *Köhler/Piper* Rdn. 12.

131 Mot. II BGB 366; RGZ 161, 3.

132 A. M. *Baumbach/Hefermehl* Rdn. 8; *Michel/Weber/Gries* Rdn. 5; *Nordemann* Rdn. 495; *Reimer/Krieger* 121 Rdn. 3.

133 Gl. A. *Köhler/Piper* Rdn. 12.

134 Vgl. zur Abgrenzung RGZ 161, 3; BGHZ 49, 7.

135 Vgl. RGZ 88, 364.

136 Vgl. dazu RGZ 161, 3; BGH NJW 1968, 104.

137 Gl. A. BGH GRUR 1978, 182, 184 – *Kinderfreifahrt*; BGH GRUR 1965, 489 – *Kleenex*; RG GRUR, 1938, 207; BGH GRUR 1993, 774, 775 – *Hotelgutschein* – für das Verschenken von Hotelgutscheinen an Unternehmen der gewerblichen Wirtschaft, die diese ihrerseits als Werbegeschenke an Dritter weitergeben; vgl. auch OLG München NJW – RR 1996, 107 für das Angebot preisgünstiger Hotelgutscheine, die im Ausland eingelöst werden; OLG Frankfurt WRP 1963, 142, 144; OLG Hamburg WRP 1963, 164, 165; WRP 1958, 27; OLG Koblenz WRP 1987, 125 für die Verteilung von Gutscheinen für eine Freifahrt in einer Fahrschule; vgl. hierzu aber auch Rdn. 103 ff; OLG Stettin JW 1938, 386 für die unentgeltliche Überlassung des 3.000. Elektroherdes durch das verkaufende E-Werk; *Baumbach/Hefermehl* Rdn. 8; *v. Gamm* Kap. 60 Rdn. 18; *Köhler/Piper* Rdn. 11; *Tetzner* Rdn. 66; *Spengler* MA 1955, 88; a. M. *Michel/Weber/Gries* Rdn. 14, wenn die Umsonstliefe-

gen Vorlage eines One for Two-Gutscheines von zwei Essen nur das teurere zu bezahlen ist, liegt keine Umsonstleistung,[138] sondern eine unzulässige Zugabe[139] vor.

4. Waren veräußern oder gewerbliche Leistungen ausführen

50 Zum Begriff „Veräußern" vgl. Rdn. 6 § 7. Kaufverträge müssen tatsächlich im Geschäftsverkehr abgeschlossen und durch den Verkäufer erfüllt werden. Der Begriff „Ausführen" hat zu gewerblichen Leistungen entsprechende Bedeutung. Die tatsächliche Ausführung von Waren oder Leistungsumsätzen im geschäftlichen Verkehr auch mit anderen letzten Verbrauchern ist Anwendungsvoraussetzung (vgl. Rdn. 28, 29). Das äußere Erscheinungsbild genügt. Die Gültigkeit oder Ungültigkeit des obligatorischen Teils der Geschäfte ist unbeachtlich. Es kommt nur auf die tatsächliche Ausführung an.

C. Preisnachlaß

I. Begriffliche Bestimmung des Preisnachlasses

1. Allgemeines

51 § 1 Abs. 2 bestimmt den Rabattbegriff (Preisnachlaß, Sonderpreis). Er gilt nur für den sachlichen Geltungsbereich des RabattG (vgl. Rdn. 5 ff). Preisnachlässe i. S. dieses Gesetzes sind Unterfälle der erlaubten Geld- und Mengen- (Waren-)Rabatte gemäß § 1 Abs. 2 lit. b und c und des nach § 1 Abs. 1 ZugabeVO verbotenen, hier unter den Voraussetzungen des § 8 erlaubten Leistungsrabatts. Abweichend von den Rabattatbeständen der ZugabeVO müssen sich zur Feststellung eines Preisnachlasses zwei Preise gegenüberstehen: Der vom Unternehmer angekündigte oder allgemein geforderte Preis (= Normal- oder Grundpreis) und der herabgesetzte Preis oder Sonderpreis (Ausnahmepreis).[140] Die Differenz zwischen Normalpreis und niedrigerem Ausnahmepreis ist der Rabatt (Preisnachlaß) im Sinne des RabattG.[141] Rabatt i. S. der ZugabeVO ist die neben der Hauptleistung gemachte zusätzliche Zuwendung eines bestimmten Geldbetrages oder einer bestimmten Warenmenge. Rabatt i. S. des RabattG ist die Herabsetzung des Normalpreises, der Verzicht des Unternehmers auf einen Teil des von ihm grundsätzlich geforderten Kaufpreises. Der Rabatt des Zugaberechts muß in dem für die Zugabe notwendigen Zusammenhang zur Hauptleistung stehen; der Preisnachlaß i. S. des Rabattrechts muß dagegen im rechtlichen und tatsächlichen Zusammenhang zur Gegenleistung, dem angekündigten oder allgemein geforderten Preis stehen (vgl. Rdn. 60 ff). Er ist damit immer notwendiger Bestandteil der Preisabrede. Bei Rabattzugaben ist dies nicht erforderlich. Wer den allgemein geforderten Preis (Begriff vgl. Rdn. 60) von Fall zu Fall bzw. in bestimmten Fällen herabsetzt und dadurch dem Käufer einen wirtschaftlichen Vorteil zuwendet, gewährt einen Preisnachlaß. Auch wer allen Kunden einen Nachlaß auf den angekündigten oder allgemein geforderten Preis einräumt, gewährt da-

---

rung nur gelegentlich und in Einzelfällen vorgenommen wird; OLG Celle AWR 1935, 177 zur Gratislieferung von Schuhcreme nebst Sparsieb an Inhaber von Gutscheinen.

138 So OLG Köln GRUR 1988, 151.

139 So BGH GRUR 1991, 933, 934 – *One for Two.*

140 Gl. A. BGHZ 99, 69 = GRUR 1987, 302 – *Unternehmeridentität*; GRUR 1987, 63 – *Kfz-Preisgestaltung*; GRUR 1985, 392 – *Sparpakkung*; GRUR 1982, 688, 689 – *Seniorenpaß.*

141 Gl. A. BGH GRUR 1982, 688, 689 – *Seniorenpaß*; GRUR 1961, 367, 368 – *Schlepper*; *Baumbach-Hefermehl* Rdn. 16; *Köhler/Piper* Rdn. 22.

mit einen unzulässigen Rabatt, obwohl er wirtschaftlich betrachtet eine Preissenkung vorgenommen hat, die er jedoch auf eine rabattrechtlich unzulässige Weise „in den Mantel eines unzulässigen Preisnachlasses hüllt".[142] Nur letzteres, nicht die Preissenkung selbst, will das RabattG verhindern. Nicht das wirtschaftliche Ergebnis – der ermäßigte Preis – ist entscheidend für die Annahme des Rabattatbestandes, sondern der Weg, auf dem dieses Ergebnis erzielt wird.[143] Das RabattG will nicht die Preisherabsetzung erschweren oder verhindern,[144] sondern nur den Mißbrauch der starken Werbekraft einer bestimmten Art der Preisherabsetzung, nämlich in der Form eines Preisnachlasses, einschränken.

2. Preisnachlaß

Nachlaß vom angekündigten oder allgemein geforderten Preis ist jedes für den Letztverbraucher erkennbare Abweichen vom Normalpreis nach unten.[145] Der Rabatt ist die Differenz zwischen dem Normalpreis des Unternehmers und seinem niedrigeren Ausnahmepreis.[146] (Zum Begriff „Normalpreis" vgl. Rdn. 60 ff) Nachlassen heißt im Preis nachgeben. Der Erwerber muß erkennen können, daß zwischen dem Normalpreis und dem letztlich zu zahlenden Preis eine Differenz besteht, weil nur dann die Preisvergünstigung, d. h. der Preisnachlaß, werbewirksam werden kann. Es kommt darauf an, ob im Verkehr nach den gesamten Umständen der Eindruck entstehen kann, bei dem im Einzelfall angebotenen Preis handele es sich um eine Abweichung von einem Normalpreis des Anbieters.[147] Beispiel: Der Verkäufer nennt als seinen Preis für ein Kraftfahrzeug den Betrag von DM 16.020,– und auf die Frage nach einem Barzahlungsnachlaß den Betrag von DM 15.000,–.[148] 52

Der Preisnachlaß kann auf Einzelpreise, Gesamtpreise oder auf die Summe mehrerer Einzel- oder Gesamtpreise gewährt werden. Der Preisnachlaß kann eingeräumt werden: a) durch Kürzung des Normalpreises um einen bestimmten Prozentsatz, durch Abschlag eines Geldbetrages (negativer Rabatt); b) durch Zugabe eines Geldbetrages, durch Lieferung einer größeren Menge als sie verkauft wurde (Bar- und Naturalrabatt), durch zusätzliche gewerbliche Leistungen über den vereinbarten und zu zahlenden Umfang hinaus (positiver Rabatt). Rabatt kann in Geld und in natura gewährt werden. Voraussetzung ist nur, daß die Rabattleistung den Normalpreis verändert (vgl. Rdn. 51, 52). Zu unterscheiden sind 53

a) nach dem Gegenstand: Geldrabatt (vgl. Rdn. 84); Warenrabatt (vgl. § 7 Rdn. 14); Leistungsrabatt (vgl. § 8 Rdn. 7);
b) nach dem Anlaß: Sonderrabatt (vgl. unten Rdn. 103 ff und § 9 Rdn. 1 ff); Preisnachlässe aus sonstigem Anlaß.

---

142 Gl. A. BGH GRUR 1967, 433 – *Schrankwand*; GRUR 1961, 367 – *Schlepper*; OLG Koblenz GRUR 1980, 931, 935 – *Mietwagenkosten*; *Reimer/Krieger* 122; *Pastor* GRUR 1959, 514; *Ulmer/Reimer* Nr. 1101.

143 Gl. A. BGH GRUR 1968, 266, 267 – *BSW II*; GRUR 1967, 371, 372, 374 – *BSW* – mit zust. Anm. *Seydel*.

144 So auch BGH GRUR 1961, 367 ff – *Schlepper*; GRUR 1967, 433 – *Schrankwand*; *v. Gamm* Kap. 60 Rdn. 19; a. A. Großkomm./*Schünemann* UWG Einl. B Rdn. 30.

145 Gl. A. BGH GRUR 1987, 63 – *Kfz-Preisgestaltung*; GRUR 1985, 392 – *Sparpackung*; GRUR 1982, 688, 689 – *Seniorenpaß*; GRUR 1961, 367, 368 – *Schlepper*; *Michel/Weber/Gries* Rdn. 5.

146 Gl. A. *Baumbach/Hefermehl* Rdn. 16; *Köhler/Piper* Rdn. 22.

147 BGH GRUR 1982, 688 – *Seniorenpaß*; NJW-RR 1989, 101, 102 – *Brillenpreise*; BGHZ 108, 39, 43 = GRUR 1989, 762, 763 – *Stundungsangebote*; BGH GRUR 1991, 542 – *Biowerbung mit Fahrpreiserstattung* –; BGHZ 115, 57 = GRUR 1991, 936 – *Goldene Kundenkarte*.

148 Vgl. OLG Nürnberg WRP 1985, 720.

54 Auch der **Sonderpreis** ist ein Preisnachlaß. Er ist ein Ausnahmepreis, mit dem wegen der Zugehörigkeit des letzten Verbrauchers zu bestimmten Verbraucherkreisen vom Normalpreis abgewichen wird (vgl. dazu im einzelnen unten Rdn. 104).

55 Grundsätzlich setzt der Preisnachlaß Identität zwischen Verkäufer und Rabattgewährendem voraus. Dies schließt jedoch nicht aus, daß ein Dritter den Preisvorteil anstelle des Verkäufers gewährt.[149] Zur Rabattgewährung durch Dritte siehe im einzelnen unten Rdn. 115 ff. Die erforderliche Identität zwischen dem Verkäufer und Rabattgewährendem kann nicht durch eine entsprechende Verkehrsauffassung ersetzt werden. Allein die irrige subjektive Vorstellung des Verkehrs, bei zwei Unternehmen, die für ein Kraftfahrzeug identischer Art und Ausstattung zwei verschiedene Preise fordern, liege eine solche Unternehmeridentität vor, kann diese jeweils eigene Preisgestaltung noch nicht zu einem einheitlich dem Rabattgesetz unterliegenden Geschäft machen.[150] Der BGH begründet dies damit, daß die Berücksichtigung der Verkehrsauffassung bei der Feststellung der Identität zwischen Verkäufer und Rabattgewährendem zu einer Erweiterung des gesetzlichen Tatbestandes führen würde und diesem dann nicht nur die vom Gesetzgeber vorgesehenen Fälle einer Rabattgewährung vom Normalpreis eines bestimmten Verkäufers unter vielen, sondern auch Fälle, in denen es sich um unterschiedliche Verkaufspreise zweier verschiedener Unternehmer handele, die der Verkehr jedoch lediglich irrig als identisch ansehe. Für den Preisnachlaß ist nicht begriffswesentlich, daß der Unternehmer den Nachlaß auch wirtschaftlich trägt.[151]

Zum Verhältnis von Preisherabsetzung und Leistungssteigerung zum Preisnachlaß vgl. Rdn 74 ff.

3. Ankündigen und Gewähren von Preisnachlässen als formale Tatbestände

56 Das Ankündigen und Gewähren von Preisnachlässen (Ausnahmepreisen) von angekündigten oder allgemein geforderten Preisen (Normalpreisen) sind daher formale Tatbestände.[152] Eine Erweiterung des gesetzlichen Tatbestandes, etwa im Wege einer analogen Anwendung der Vorschriften oder der Berücksichtigung der Verbraucherauffassung bei der Frage der Unternehmeridentität, verbietet sich im Hinblick auf den formalen Charakter der rabattrechtlichen Vorschriften.[153] Wirtschaftliche Gesichtspunkte können zwar zur Beurteilung eines Sachverhalts herangezogen werden,[154] doch darf dies nicht zu einer Überschreitung des formalen Rabattbegriffes führen.[155] Verstöße gegen das RabattG sind Ordnungswidrigkeiten und vom Gesetzgeber unter Sanktionen mit strafähnlich repressivem Charakter gestellt. Beides setzt festumgrenzte gesetzliche Tatbestände und das Vorliegen der in den rabatt-

149 Gl. A. BGH GRUR 1995, 832, 834 – *Verbraucherservice*; GRUR 1993, 63, 64 – *Bonusring*; GRUR 1987, 302 – *Unternehmeridentität*; GRUR 1974, 345, 346 – *Geballtes Bunt*; GRUR 1961, 367, 368 – *Schlepper*; GRUR 1960, 495, 498 – *WIR-Rabatt*; KG GRUR 1991, 258; *Baumbach/Hefermehl* Rdn. 56; *v. Gamm* Kap. 60 Rdn. 41; *Reimer/Krieger* 126 Rdn. 4.

150 So BGHZ 99, 69 = GRUR 1987, 302 – *Unternehmeridentität*; BGH NJW-RR 1987, 1118, 1119 – *KFZ-Preisgestaltung III*.

151 Gl. A. BGH GRUR 1960, 495, 498 – *WIR-Rabatt*.

152 Gl. A. BGH GRUR 1961, 367, 368 – *Schlepper*; *Baumbach/Hefermehl* Rdn. 16 und Vorbem. Allg. Rdn. 10.

153 So BGH GRUR 1987, 302, 304 – *Unternehmeridentität*; GRUR 1967, 371, 372 – *BSW I*; GRUR 1961, 367 – *Schlepper*.

154 Vgl. BGH GRUR 1959, 329, 331 – *Teilzahlungskauf*; GRUR 1960, 495, 498 – *WIR-Rabatt*; BGHZ 115, 57, 59 = GRUR 1991, 936, 937 – *Goldene Kundenkarte*; BGH WRP 1993, 243, 244 – *Versandhandelspreis I*; GRUR 1994, 389 – *Versandhandelspreis II*.

155 Gl. A. BGH GRUR 1967, 371 , 372 – *BSW I*.

rechtlichen Tatbeständen genannten Merkmalen voraus.[156] Andererseits wird die Anwendung des Gesetzes nicht schon dadurch ausgeschlossen, daß derselbe wirtschaftliche Erfolg sich möglicherweise auch auf einem rechtlich zulässigen Wege herbeiführen läßt.[157] Nicht jede Umgehung des Rabattverbotes fällt in den Bereich des RabattG,[158] denn das RabattG will nicht einen bestimmten wirtschaftlichen Erfolg, sondern nur die Preisherabsetzung auf bestimmtem Wege verhindern.

Die Zugabe von Waren oder gewerblichen Leistungen ist deshalb nur dann Rabatt, wenn Gattungs- und Qualitätsidentität gegeben ist.[159] Werden nicht gattungs- und qualitätsgleiche Waren zugegeben, so sind sie Zugaben gemäß § 1 Abs. 1 ZugabeVO. Das gleiche gilt für gewerbliche Leistungen. 57

II. Preis

1. Allgemeines

Der Begriff „Preis" ist der Hauptbegriff des § 1 Abs. 2. Alle anderen Bezeichnungen sind durch Zusätze gebildete Unterbegriffe. Der Preis gehört zum Kauf. Er ist die Gegenleistung (das vereinbarte Entgelt) des Käufers für den Kaufgegenstand. Der Preis muß in Geld oder in einer der Zahlung in Bargeld gleichzuachtenden Form erbracht werden.[160] Ob dies in inländischer oder fremder Währung geschieht, ist gleichgültig.[161] Das RabattG gilt daher auch bei Preisen in ausländischer Währung.[162] Die Gegenleistung beim **Tausch** ist kein Preis (vgl. oben Rdn. 47). Die Gegenleistungen für gewerbliche Leistungen werden im Rechts- und Geschäftsverkehr als Lohn, Vergütung, Provision oder durch Verbindung des Begriffs „Geld" mit der Leistungsbezeichnung (Lagergeld, Frachtgeld) gekennzeichnet. 58

§ 1 Abs. 2 verwendet auch bei gewerblichen Leistungen den Begriff „Preis". Vergütungen für gewerbliche Leistungen müssen deshalb auch in Geld gewährt werden. Die gesetzlichen Bestimmungen über die verschiedenen Leistungsentgelte bestätigen dies. Die Vergütung (§§ 611 ff BGB, Dienstvertrag; § 689 BGB, Verwahrung), Reisepreis (§ 651a Abs. 1 BGB, Reisevertrag), Werklohn (§§ 631, 632 BGB), Maklerlohn (§§ 652, 653 BGB, 99 HGB), Provision (§§ 354, 396 HGB), Kommission, Spediteurvergütung, Preis, Provision, Speditionsvertrag (§§ 407, 354 HGB, 20, 21 ADSp), Lagergeld (§ 467 HGB), Frachtgeld (§ 420 HGB) sind Geldleistungen, wenn nichts anderes vereinbart ist. Verwendet das RabattG nur den Preisbegriff, dann ist ein Preisnachlaß auch nur Nachlaß von einer in Geld zu erfüllenden Gegenleistung. Reine Tauschgeschäfte (Leistung gegen Ware, Leistung gegen Leistung) werden nicht erfaßt. Zum Unterschied von Preis- und Tauschleistung vgl. oben Rdn. 47. 59

2. Angekündigter Preis, allgemein geforderter Preis, Normalpreis

a) **Begriffsbestimmungen.** Der **angekündigte Preis** ist die vom Unternehmer in Ankündigungen (z. B. in Anzeigen, auf Preisschildern, auf Preislisten, in Katalogen, durch Preisaufdrucke auf der Ware oder Packung, auf Plakaten und Prospekten) für 60

---

156 BGHZ 99, 69 = GRUR 1987, 302, 304 – *Unternehmeridentität.*

157 Gl. A. BGH GRUR 1968, 266, 267 – *BSW II.*

158 Vgl. BGHZ 99, 69 = GRUR 1987, 302, 304 – *Unternehmeridentität.*

159 Vgl. die Anm. zu § 1 ZugabeVO; § 7 Rdn. 3, 5 und § 8 Rdn. 4 zu.

160 Vgl. Palandt/*Putzo* BGB 56. Aufl. § 433 BGB Rdn. 26.

161 Vgl. RGZ 107, 110; Palandt/*Putzo* aaO.

162 Gl. A. *Tetzner* Rdn. 8.

seine Ware oder gewerbliche Leistung verlangte Gegenleistung. Zum Begriff „Preis" vgl. Rdn. 58. Der Begriff „Ankündigen" ist der gleiche wie in § 1 Abs. 1 ZugabeVO.[163] Unter einer „Ankündigung" ist eine öffentliche Bekanntmachung oder Mitteilung zu verstehen, die für einen größeren Kreis von Personen bestimmt ist. Es genügt jede Bekanntmachung, die dazu bestimmt und geeignet ist, von einer unbestimmten, d. h. unbegrenzten Anzahl von Personen zur Kenntnis genommen zu werden. Ob im Einzelfall Kenntnis genommen wird, ist gleichgültig.

Der **allgemein geforderte Preis** ist die geldliche Gegenleistung, die der Unternehmer allgemein für Waren oder gewerbliche Leistungen der gleichen Art zu fordern pflegt. Seine Feststellung setzt voraus, daß der Unternehmer gleiche Waren oder Leistungen in einem Umfange umsetzt, der es ermöglicht, einen Normalpreis festzustellen. Dieser Normalpreis ist unumgängliche Voraussetzung für die Feststellung eines Preisnachlasses. Kann kein Normalpreis festgestellt werden, ist die Feststellung der Gewährung eines Preisnachlasses ausgeschlossen.[164] Kündigt ein Unternehmer einen Preis ausdrücklich mit dem Zusatz „Verhandlungsbasis" oder der entsprechenden Abkürzung „VB" an, so bringt er damit zum Ausdruck, daß er einen allgemein geforderten Preis in diesem Falle nicht hat, sondern der zu zahlende Preis ausgehandelt werden muß.[164a] **Normalpreis** ist der Preis, den der Unternehmer letzten Verbrauchern gegenüber als seinen Preis erkennbar macht (angekündiger Preis) oder in der Mehrzahl der Fälle von letzten Verbrauchern verlangt (allgemein geforderter Preis).[165] Der Normalpreis ist aufgrund der Preisangaben des Unternehmers festzustellen. Nennt der Unternehmer auf die Frage eines Interessenten nach dem für die Ware zu zahlenden Preis einen Betrag, so ist dies sein Normalpreis.[166]

61 Ein Unternehmer kann auch **unterschiedliche Normalpreise** für ein Produkt haben, wenn dieses in zwei verschiedenen, sachlich und wirtschaftlich unterschiedlichen Angeboten eingebunden ist. Unterschiedliche Normalpreise für dieselbe Ware sind zulässig, wenn sie auf sachlichen, nicht in der Person des Käufers liegenden Gründen beruhen und nicht unter Umständen angekündigt oder eingeräumt werden, aus denen die angesprochenen Verkehrskreise entnehmen müssen, daß der niedrigere der beiden Normalpreise ein Preisnachlaß ist. Entscheidend ist dabei, daß die unterschiedlichen Normalpreise von vornherein als solche angekündigt werden. Sie müssen für den Verkehr von vornherein als unterschiedliche Normalpreise für unterschiedliche Angebote erkennbar sein.[167] Für den Käufer darf nicht der Eindruck entstehen, daß der niedrigere Preis der beiden Preise ihm ausnahmsweise und aus persönlichen Gründen als Rabatt eingeräumt wird.

62 Sind die Leistungsunterschiede jedoch nur gering, werden sie in der Regel die Vorstellungen des Verkehrs von der Gleichheit der angebotenen Waren oder Dienstleistungen nicht beeinflussen. Dann wird er die hierfür geforderten unterschiedlichen Preise z. B. normaler Ladenpreis und angeblicher Selbstbedienungspreis im selben Ladengeschäft, die weder mit dem Wegfall von Nebenleistungen des Verkäufers

---

[163] Gl. A. *Baumbach/Hefermehl* Rdn. 48; *v. Gamm* Kap. 60 Rdn. 39; *Köhler/Piper* Rdn. 59.

[164] Gl. A. KG GRUR 1984, 138, 139 – *Gebrauchtwagen-Werbung mit dem Zusatz VB*; NJW 1983, 893; OLG Frankfurt GRUR 1984, 304; OLG München GRUR 1996, 991, 992 – *3000,– DM für Alt-Pkw*; WRP 1979, 159; *Baumbach/Hefermehl* Rdn. 16; *Köhler/Piper* Rdn. 23; *Seydel* Rdn. 49.

[164a] Vgl. OLG Koblenz WRP 1983, 438.

[165] Gl. A. BGH GRUR 1966, 382, 383 – *Jubiläum*; GRUR 1965, 96 – *20% unter dem empfohlenen Richtpreis*; GRUR 1958, 555, 556 – *Elektrogeräte*; RGZ 150, 271, 275; *Baumbach/Hefermehl* Rdn. 19.

[166] So auch OLG Düsseldorf GRUR 1995, 447, 449 – *BMW-Vertragshändler*; OLG Hamburg WRP 1983, 522.

[167] BGH GRUR 1987, 63, 64 – *KfZ-Preisgestaltung I.*

noch auf andere Weise sachlich zu rechtfertigen sind, nicht als zwei unterschiedliche Normalpreise für zwei unterschiedliche Waren ansehen, sondern als einen Normalpreis und einen hierauf bezogenen Sonderpreis (sog. verschleierte Rabattgewährung).[168] Voraussetzung für die Annahme zweier unterschiedlicher Normalpreise ist daher, daß dem Verkehr die Leistungsunterschiede als wesentlich erscheinen und er aus der Kenntnis der Eigenständigkeit der beiden Leistungen die Vorstellung gewinnt, daß der jeweilige Preis der jeweiligen Leistung als Normalpreis zuzuordnen ist.[169]

So ist es dem Kraftfahrzeughändler nicht verwehrt, beim Verkauf eines Neuwagens unter Inzahlungnahme eines Gebrauchtwagens einen anderen, höheren „Normalpreis" zu fordern als bei einem Verkauf ohne Inzahlungnahme eines Gebrauchtfahrzeuges.[170] Mit dieser Entscheidung des Bundesgerichtshofes dürfte die vorher strittige Frage geklärt sein.[171] Der Verkauf eines Neuwagens mit oder ohne Inzahlungnahme eines Gebrauchtwagens durch einen Kfz-Händler sind sowohl in rechtlicher als auch in wirtschaftlicher Hinsicht nicht gleichzusetzen. Rechtlich kann die im Falle der Inzahlungnahme regelmäßig vereinbarte Teilersetzung des Kaufpreises entweder unmittelbar durch Verrechnung mit dem angenommenen Wert des Gebrauchtwagens[172] oder durch den Erlös eines vom Händler übernommenen kommissionsweisen Verkaufs des Gebrauchtwagens Auswirkungen auf das Verkaufsgeschäft haben und den Inhalt des Rechtsgeschäfts berühren. **63**

Bedeutsamer ist der Unterschied zwischen den beiden Formen des Verkaufs eines Neuwagens in wirtschaftlicher Hinsicht. Dies rechtfertigt es, in den beiden Verkaufsformen des Neuwagenverkaufs unterschiedliche Leistungen zu sehen, die auch unterschiedliche Normalpreise rechtfertigen.

Mit der Inzahlungnahme eines Gebrauchtwagens übernimmt der Verkäufer ein ins Gewicht fallendes wirtschaftliches Risiko. Bei sofortiger Verrechnung bindet der übernommene Gebrauchtwagen Kapital. Ob und wann sein Wiederverkauf möglich ist, ist ungewiß, ebenso wie der dabei zu erzielende Preis. Hinzu kommt, daß im Falle des Weiterverkaufs der Händler eventuell für etwaige Vorschäden des Fahrzeugs in Anspruch genommen werden kann. Demgegenüber bringt die Inzahlungnahme seines Gebrauchtwagens für den Verkäufer erhebliche wirtschaftliche Vorteile. Er verlagert das wirtschaftliche Risiko des Verkaufs des Gebrauchtwagens auf den Verkäufer des Neuwagens und erspart dem Käufer Mühen und Kosten für Anzeigen etc. im Zusammenhang mit dem Verkauf seines Gebrauchtwagens.

Ebenso kann der Vermieter von Mietfahrzeugen zwei unterschiedliche Normalpreise haben, je nachdem ob die Anmietung eines Mietfahrzeuges am Flughafenschalter oder im Büro des Vermieters oder aber durch Selbstbedienung an einem Automaten erfolgt. Der gegenüber der Anmietung am Schalter oder im Büro niedrigere Mietzins für die Anmietung eines Kraftfahrzeuges ist ein weiterer Normalpreis für eine andersartige Leistung.[173] Diese ist darin zu sehen, daß bei der Anmietung

[168] Gl. A. BGH GRUR 1970, 563, 564 – *Beiderseitiger Rabattverstoß*; bestätigt in BGHZ 117, 230, 233 = GRUR 1992, 465, 466 – *Rent-o-mat*; *v. Gamm* Kap. 60 Rdn. 17.

[169] Gl. A. BGHZ 117, 230, 233 = GRUR 1992, 465, 466 – *Rent-o-mat*; BGH GRUR 1987, 185, 187 – *Rabattkarte*; BGH GRUR 1987, 63, 64 – *Kfz-Preisgestaltung*.

[170] Gl. A. BGH GRUR 1987, 63 ff – *Kfz-Preisgestaltung*; beachte OLG Hamm WRP 1992, 494.

[171] Vgl. z. B. OLG Hamm WRP 1983, 632 gegen OLG Saarbrücken WRP 1983, 235 und *Assmann* BB 1983, 2079.

[172] Vgl. BGHZ 46, 338, 341 f; BGH JZ 1984, 376, 377.

[173] Gl. A. BGHZ 117, 230, 233 = GRUR 1992, 465 ff – *Rent-o-mat*.

über einen Automaten der Kunde „sich selbst bedient" und jegliche (personal- und kostenintensive) Beratung über den Typ des Mietfahrzeugs, Vertragskonditionen etc. durch den Vermieter dabei entfällt. Bei der Anmietung über einen Automaten trägt der Mieter außerdem das Risiko, den von ihm gewünschten Fahrzeugtyp nicht oder wegen Überbuchung und mangels Vorausbuchung kein Fahrzeug vorzufinden (so BGH aaO – *Rent-o-mat*).

64 Entscheidend dafür, ob und welchen Normalpreis der Unternehmer ankündigt und allgemein fordert, ist die Auffassung der angesprochenen Verkehrskreise und nicht, wie der Unternehmer den angekündigten Preis verstanden wissen wollte.[174] Es kommen die allgemeinen Grundsätze über die Bedeutung der Verkehrsauffassung bei der Beurteilung wettbewerbsrechtlicher Tatbestände des § 3 UWG zum Zuge.[175] Ob ein Preisnachlaß eingeräumt wird, entscheidet ebenfalls die Auffassung der beteiligten Verkehrskreise.[176] Nach einer Entscheidung des BGH aus dem Jahre 1960 reicht die Auffassung eines nicht unerheblichen Teils der angesprochenen Verkehrskreise zur Annahme eines Rabattverstoßes aus.[177]

Tatsächlich geht es bei der Frage, ob und welchen Normalpreis der Unternehmer ankündigt oder allgemein fordert sowie bei der weiteren Frage, ob ein Preisnachlaß eingeräumt wird, aber nicht um die Feststellung einer etwaigen Irreführung von Verbrauchern und Abnehmern, sondern darum, wie Aussagen und sonstige Informationen des Unternehmers über seinen Preis von den Verkehrskreisen verstanden werden. Eine bestimmte Irreführungsquote kann dabei keine Rolle spielen. Insofern gewinnt der bei § 3 UWG zu beobachtende Rechtsprechungswandel zur erforderlichen Irreführungsquote (Quorum)[178] auf die rabattrechtliche Beurteilung keinen Einfluß. Als Grundlage für die Entscheidung in rabattrechtlichen Fragen ist die Verkehrsauffassung festzustellen. Als „Verkehrsauffassung" kann nicht die Auffassung einer Minderheit von 10–15% der Verkehrskreise ausreichen. Andererseits kann nicht gefordert werden, daß alle oder die Mehrheit der angesprochenen Personen in einer Information über den Preis einen Normalpreis bzw. einen Preisnachlaß sehen. In der gerichtlichen Praxis wird die maßgebliche Verkehrsauffassung dazu, ob und welchen Normalpreis der Unternehmer ankündigt und allgemein fordert und ob er davon einen Preisnachlaß ankündigt und gewährt, in der Regel ohne Beweisaufnahme ermittelt. Demoskopische Umfragen spielen dabei so gut wie keine Rolle. Dies erscheint auch sachgerecht, da Richter in der Regel selbst über die notwendige Sachkunde verfügen dürften, um beurteilen zu können, wie Aussagen und Informationen über den Preis und davon gewährte Nachlässe zu verstehen sind und wie sie vom Verkehr verstanden werden können. Ob im Einzelfall ein tatsächlich gewährter Vorteil als ein Preisnachlaß zu beurteilen ist, wird nach der neueren Rechtsprechung

---

[174] Gl. A. BGH GRUR 1994, 390 – *Anzeigen-Einführungspreis*, BGHZ 117, 230 = GRUR 1992, 465, 466 – *Rent-o-mat*; GRUR 1989, 855, 856 – *Teilzahlungskauf II*; GRUR 1987, 63, 64 – *Kfz-Preisgestaltung*; GRUR 1987, 185, 187 – *Rabattkarte*; GRUR 1985, 392 – *Sparpackung*; GRUR 1969, 620, 621 – *Auszeichnungspreis*; GRUR 1967, 433 – *Schrankwand*; GRUR 1966, 382, 384 – *Jubiläum*; GRUR 1964, 88, 90 – *Verona*; GRUR 1961, 367, 368 f – *Schlepper*; GRUR 1959, 326, 327 – *Kaffeeversandhandel*; GRUR 1959, 329, 330 – *Teilzahlungskauf*; GRUR 1958, 555, 557 – *Elektrogeräte*; OLG Hamburg GRUR 1985, 153, 154; OLG Düsseldorf MA 1966, 848.

[175] So auch *v. Gamm* Kap. 60 Rdn. 17.

[176] BGH NJW-RR 1989, 101 – *Brillenpreise*; GRUR 1985, 983, 985 – *Kfz-Rabatt*; GRUR 1978, 182, 184 – *Kinderfreifahrt*; vgl. oben Rdn. 52.

[177] Gl. A. BGH GRUR 1961, 367, 369 – *Schlepper*; *Baumbach/Hefermehl* Rdn. 19.

[178] Vgl. dazu die Nachweise bei *Teplitzky* Wettbewerbsrechtliche Ansprüche, 7. Aufl., Kap. 47 Rdn. 8 b, 27 und 27 a.

des Bundesgerichtshofes durch die von einer wirtschaftlichen Betrachtungsweise geprägte Auffassung des Verkehrs bestimmt und diese wiederum von vorgegebenen gesetzlich geregelten Sachverhalten mitgeprägt.[179] Im Fall „Goldene Kundenkarte" hatte der BGH ein System bargeldloser monatlicher Abrechnung, das eine Stundung gewährte und deren Abrechnungszeitraum bis zu drei Wochen über der von § 3 RabattG als barzahlungsrabattwürdig anerkannten Monatsfrist lag, als rabattrechtlich unbedenklich beurteilt, weil der Verkehr in solchen Fällen in der Stundung regelmäßig keinen Preisnachlaß im Sinne des § 1 Abs. 2 RabattG erblicke.

Für die Annahme eines Preisnachlasses kommt es nicht auf die tatsächliche Existenz zweier unterschiedlicher Preise an, sondern nur darauf, ob beim Verkehr nach den gesamten Umständen der Eindruck entstehen kann, bei dem im Einzelfall angebotenen Preis handele es sich um eine Abweichung vom Normalpreis des Anbieters. Eine dahingehende Annahme ist nach Auffassung des Bundesgerichtshofes jedoch ausgeschlossen, wenn nach allgemeiner Kenntnis und Lebenserfahrung den angesprochenen Verkehrskreisen bekannt ist, daß die Deutsche Bundesbahn nicht mit Filmen handelt und infolge dessen für diesen angesprochenen Personenkreis ausgeschlossen ist, daß neben dem von der Deutschen Bundesbahn Senioren eingeräumten Vorteilspreis noch ein höherer Normalpreis existiere.[180] Ebenso wurde unter Hinweis auf das entgegenstehende Verkehrsverständnis die Gewährung eines Preisnachlasses bei einem Paketpunktsystem verneint, bei dem der Kunde sich eine Computeranlage aus einzelnen Geräten selbst zusammenstellen konnte und der Gesamtpreis niedriger lag als die Summe der Einzelpreise.[181] Nach Auffassung des Bundesgerichtshofes verstehen die Verbraucher den ermäßigten Preis eines Computerhändlers für ein aus verschiedenen Geräten und Teilen zusammengesetztes „Paket" nicht als einen Preisnachlaß auf die einzelnen Artikel, sondern als einen neuen Gesamtpreis. Für den Verkehr ergebe sich dieser niedrigere Gesamtpreis ohne weiteres schon daraus, daß der Computerhändler beim Verkauf eines „Pakets" seine Absatzmenge erhöhe, was einen neuen, niedrigeren Gesamtpreis rechtfertige.[182] Nicht jede Geldzuwendung, die wirtschaftlich gesehen zu einer Verbilligung der Ware führt, wird vom Verkehr als Preisnachlaß verstanden. So wird die Erstattung von Fahrtkosten für die Benutzung öffentlicher Nahverkehrsmittel durch ein Möbelgeschäft von den angesprochenen Verbrauchern nicht als Nachlaß auf die gekaufte Ware verstanden.[183]

Nach OLG Frankfurt verstehen nicht unbeachtliche Teile des angesprochenen Verkehrs die Werbung eines Reiseveranstalters für **Partnerreisen** „Ihre Begleitperson bezahlt nur den (niedrigeren) Partnerpreis von ..." dahin, daß der höhere Preis derjenige sei, der normalerweise von jedem der beiden in einem Doppelzimmer untergebrachten Reisepartner zu zahlen sei.[184] Die Verkehrsauffassung kann sich im Laufe der Zeit auch ändern, so wie sich die Geschäftsmethoden des Handels ändern. In der Regel wird der Verkehr das Wort „Rabatt" dahin verstehen, daß der Unternehmer einen Preisnachlaß von einem Normalpreis einräumt. Ein Unternehmer, der in einer Anzeige das Wort „Rabatt" verwendet, muß daher damit rechnen, daß

---

179 Vgl. BGH GRUR 1991, 936, 937 – *Goldene Kundenkarte.*

180 Vgl. BGH GRUR 1982, 688, 689 – *Seniorenpaß.*

181 Vgl. BGH GRUR 1995, 761 ff – *Paketpunktsystem.*

182 BGH aaO, 762; vgl. dazu auch Rdn. 96 *„Kopplungsangebote"*.

183 So BGH GRUR 1991, 542 ff – *Bio.*

184 OLG Frankfurt WRP 1995, 408.

zumindest ein nicht unerheblicher Teil der Verbraucher hierunter einen Nachlaß von einem weiter gültigen höheren „Normalpreis" versteht.[185]

65 Ein Großhändler, der sein **Verkaufslager** Endverbrauchern zum Zwecke des Direktverkaufs zugänglich macht, muß damit rechnen, daß seine an den Gegenständen seines Warenlagers mit Hilfe von Zetteln vorgenommene Preisauszeichnung von einkaufenden Endverbrauchern als Ankündigung eines Normalpreises aufgefaßt wird.[186] Eine Preisauszeichnung kann ihren Charakter als Ankündigung eines Normalpreises verlieren, wenn die Käufer hinreichend darauf hingewiesen werden, daß der ausgezeichnete Preis nur Berechnungsgrundlage ist.[187] Nicht entscheidend ist, ob der Unternehmer überhaupt einen von ihm angekündigten oder allgemein geforderten Normalpreis hat. Erweckt er den Eindruck, er habe einen Normalpreis, von dem er einen Rabatt gewährt, so muß er sich rabattrechtlich daran festhalten lassen.[188] Dabei kommt es nicht darauf an, ob und welche konkreten Vorstellungen sich die Adressaten einer Preisankündigung von dem Normalpreis des Unternehmers machen.[189] Der Unternehmer kann auch zwei verschiedene Normalpreise haben (vgl. dazu Rdn. 98 ff). Für verschiedene Mengen derselben Ware kann der Unternehmer unterschiedliche Normalpreise festsetzen. Entscheidend ist auch hier, ob die Verkehrskreise die für die verschiedenen Verkaufseinheiten angekündigten oder allgemein geforderten Preise als Normalpreise ansehen. Das RabattG zwingt den Unternehmer nicht, bei verschiedenen Verkaufseinheiten für die größeren jeweils das Vielfache der kleineren Verkaufseinheiten zu fordern (vgl. dazu auch § 1 Rdn. 101 und § 7 Rdn. 3–5).

66 Der Unternehmer setzt durch seine Preisbestimmung sich selbst die Norm, die er zu beachten hat.[190] Denn Sinn und Zweck des RabattG ist es, den Unternehmer an seinen eigenen Normalpreis zu binden, nicht allgemein gebundene Preise herbeizuführen.[191] In der Bestimmung des Normalpreises ist der Unternehmer frei und wird darin auch durch die Vorschriften des RabattG nicht beschränkt.[192] Hat er ihn bestimmt, so ist er rabattrechtlich hieran gebunden. Er kann den Preis nicht mehr von Fall zu Fall willkürlich ändern.[193] Er darf aber generell für alle Verbraucher die von ihm angekündigten oder allgemein geforderten Preise herabsetzen. Der Unternehmer verändert dann im Rahmen seiner Bestimmungsfreiheit den Normalpreis. Ebensowenig hindert das RabattG den Unternehmer, die Preise seiner Wettbewerber zu unterbieten,[193a] sofern dies nicht im Einzelfall durch die Gewährung von Nachlässen geschieht, oder den Großhändler, zu Großhandelspreisen an letzte Verbraucher zu verkaufen, vorausgesetzt, daß es sich hierbei um seine Normalpreise handelt. Räumt ein Möbelhändler dem Käufer ein Rücktrittsrecht (Preisgarantie) unter

---

185 Gl. A. BGH GRUR aaO – *Schlepper.*

186 Gl. A. BGH GRUR 1978, 315 – *Auszeichnungspreis II*; GRUR 1969, 620, 621 – *Auszeichnungspreis I*; GRUR 1961, 367, 369 – *Schlepper*; OLG München GRUR 1975, 79, 81 – *SODAP-Preise.*

187 Gl. A. BGH GRUR 1958, 555, 557 – *Elektrogeräte*; LG München WRP 1956, 253.

188 Gl. A. BGH GRUR 1961, 367, 369 – *Schlepper*; GRUR 1958, 555 – *Elektrogeräte*; *Baumbach/Hefermehl* Rdn. 19; *v. Gamm* Kap. 60 Rdn. 17; *Tetzner* Rdn. 91; *Ulmer/Reimer* Nr. 1101.

189 Gl. A. BGH GRUR 1961, 367, 369 – *Schlepper*; GRUR 1958, 555 – *Elektrogeräte*; *Tetzner* Rdn. 91.

190 Gl. A. BGH GRUR 1958, 487, 491 – *Antibiotica*; OLG Frankfurt GRUR 1971, 123 – *Doppelgebinde.*

191 Gl. A. BGHZ 117, 230 = GRUR 1992, 465, 466 – *Rent-o-mat*; BGH GRUR 1958, 555, 556 – *Elektrogeräte*; OLG Koblenz NJW 1951, 661; LG Hamburg WRP 1956, 218.

192 Gl. A. BGHZ 117, 230 = GRUR 1992, 465, 466 – *Rent-o-mat*; GRUR 1987, 63, 64 – *Kfz-Preisgestaltung*; GRUR 1967, 433 – *Schrankwand.*

193 Gl. A. *Baumbach/Hefermehl* Rdn. 16.

193a Gl. A. BGH GRUR 1958, 487, 490 – *Antibiotica.*

der Bedingung ein, daß dieser ihm innerhalb einer bestimmten Frist ein billigeres Konkurrenzangebot für den gekauften Artikel nachweist, so liegt kein Preisnachlaß vor, wenn er daraufhin seinen Preis generell senkt und die Differenz an den Käufer zurückzahlt.[194] Werden bestimmte Preise nicht angekündigt oder allgemein gefordert, sondern je nach dem Einzelfall unterschiedliche Preise zum Ausgangspunkt eines Aushandelns des Preises mit dem Kunden gemacht, dann ist die Feststellung eines Normalpreises ausgeschlossen.[195] Das RabattG ist in diesem Falle nicht anwendbar.[196] Aus der Vielzahl verschiedener Preise einen Durchschnitts- oder Höchstpreis zu ermitteln und diesen zum allgemein geforderten Preis zu erklären, ist nicht möglich. Der allgemein geforderte Preis ist deshalb erheblich schwieriger festzustellen als der angekündigte Preis. Seine Ermittlung erfordert erhöhte Sorgfalt, insbesondere bei gewerblichen Leistungen und wenn eine Verpflichtung zur Preisauszeichnung nicht besteht.

b) Bezugnahme auf fremde Preise

aa) Allgemeines. Stammt die Preisangabe nicht vom Unternehmer, entsteht aber durch die von ihm geschaffenen Voraussetzungen bei den Käufern der Eindruck, der Preis werde von ihm angekündigt, so kommt es nur hierauf, nicht auf seinen entgegengesetzten Willen nicht an.[197] Wer sich auf einen fremden Preis bezieht oder einen fremden Preis so nach außen hin sichtbar macht, daß die Verbraucher annehmen müssen, der Unternehmer sei bereit, die Ware zu diesem Preis zu verkaufen, kündigt den fremden Preis als eigenen an.[198] Nur wenn für die Käufer eindeutig erkennbar ist, daß nicht ein in bezug genommener oder sichtbar gemachter fremder Preis, sondern ein eigener, hiervon abweichender Normalpreis gefordert wird, ist die Bezugnahme auf fremde Preisangaben rabattrechtlich ohne Bedeutung. Ob ein fremder Preis durch Bezugnahme zum eigenen Normalpreis wird, hängt von den bei den angesprochenen Verkehrskreisen geweckten Vorstellungen ab.[199] 67

bb) Vom Hersteller aufgedruckte Preise. Wird eine vom Hersteller mit einem Preisaufdruck versehene Ware im Schaufenster ausgestellt, dann ist der aufgedruckte Preis der angekündigte Normalpreis des Händlers.[200] Daran ändert auch die Tatsache nichts, daß sich der Händler mit dem Nimbus eines Preisbrechers oder Discounters umgibt.[201] 68

Preisaufdrucke des Herstellers sind heute nur noch in zwei Fällen kartellrechtlich zulässig: Wenn der Aufdruck vom Hersteller auf Wunsch des Händlers vorgenommen wird oder wenn eine nach § 16 GWB zulässige Preisbindung vorliegt, was nur noch bei Verlagserzeugnissen der Fall ist. Stellt der Händler so mit Preisen gekennzeichnete Ware im Schaufenster, im Ladenlokal oder im Lager aus, macht er sich die aufgedruckten Preise zu eigen.

---

194 BGH GRUR 1975, 553, 554 – *Preisgarantie I* – mit Anm. *Klaka*; *Baumbach/Hefermehl* Rdn. 16; *v. Gamm* Kap. 60 Rdn. 31; *Köhler/Piper* Rdn. 47; *Seydel* Rdn. 49; a. M. OLG Hamm WRP 1977, 199, weil die Differenz nur zurückerhält, wer den Nachweis erbringt.

195 Gl. A. KG GRUR 1984, 138, 139 – *Gebrauchtwagen-Werbung mit dem Zusatz VB*; *Köhler/Piper* Rdn. 23; vgl. dazu auch Rdn. 60.

196 Gl. A. *Tetzner* Rdn. 90.

197 Gl. A. BGH GRUR 1958, 555, 557 – *Elektrogeräte*; GRUR 1969, 620, 621 – *Auszeichnungspreis*; OLG Düsseldorf WRP 1971, 430.

198 Gl. A. BGH GRUR 1964, 88, 90 – *Veronagerät.*

199 Gl. A. BGH GRUR 1964, 88, 90 – *Veronagerät.*

200 Gl. A. RGZ 150, 271; OLG Hamm BB 1963, 11; *Baumbach/Hefermehl* Rdn. 20; *Döll* BB 1963, 319; *Gleiss/Hootz* NJW 1963, 627; *Reimer/Krieger* 142 Rdn. 13; *Ulmer/Reimer* Nr. 1101.

201 So zutr. OLG Hamm aaO; gl. A. *Baumbach/Hefermehl* Rdn. 20; *Gleiss/Hootz* NJW 1963, 627.

Werden von einem Möbelhändler in einem Möbel-Musterlager ausgestellte Möbelstücke mit Preisen versehen, so kündigt die Einzelfirma, die ihren Kunden Einkaufsausweise erteilt und die Besichtigung des Musterlagers vermittelt, die Lager-Preise jedenfalls gegenüber den Kunden als ihre eigenen an, die nicht nach einem Katalog mit anderen Preisen kaufen. Durch abweichende mündliche Hinweise des Verkaufspersonals der Einzelhandelsfirma auf niedrige Katalog-Preise werden von den an den Möbelstücken angebrachten Preisen abweichende eigene Normalpreise nicht angekündigt.[202] Ob dasselbe heute noch gilt für den Hinweis „Das sind nicht meine Preise, ich kalkuliere anders"[203] und „Die Ware ist mit Hersteller-Richtpreisen ausgezeichnet. Meine Preise erfahren sie durch meine Mitarbeiter", wenn ein Großhändler allen Letztverbrauchern Zutritt zu seinen Geschäftsräumen gewährt[204] erscheint fraglich, da die Verkehrsauffassung sich geändert haben kann. Will der Unternehmer den fremden Preis nicht als seinen eigenen Normalpreis gelten lassen, muß er dies durch Bekanntgabe eines eigenen Normalpreises oder durch Beseitigung des fremden Preises klarstellen.[205] Wenn ein Einzelhändler neben dem aufgedruckten Preis einen abweichenden eigenen Preis anbringt, muß für den Verkehr erkennbar sein, daß dies sein Normalpreis ist.[206]

69 cc) **Bezugnahme auf unverbindlich empfohlene Preise.** Nach dem grundsätzlichen Verbot der Preisbindung der zweiten Hand sind gemäß § 38 a Abs. 1 GWB nur noch unverbindliche Preisempfehlungen zulässig, wenn sie ausdrücklich als unverbindlich bezeichnet sind und ausschließlich eine bestimmte Preisangabe enthalten. Für ihre kartellrechtliche Zulässigkeit muß ferner hinzukommen, daß zu ihrer Durchsetzung kein Druck angewendet wird und daß sie in der Erwartung ausgesprochen werden, daß der empfohlene Preis dem von der Mehrheit der Empfehlungsempfänger voraussichtlich geforderten Preis entspricht. Vielfach werden Markenwaren mit dem Aufdruck des als unverbindlich empfohlenen Preises an den Handel geliefert und dann von diesem im Schaufenster oder den Regalen ausgestellt. In einem solchen Falle ist der vom Hersteller als unverbindlich empfohlene Kleinverkaufspreis der Normalpreis des Händlers. Will der Händler dies nicht gegen sich gelten lassen, muß er den empfohlenen Preis entfernen und durch seinen eigenen Normalpreis ersetzen oder aber sonstwie in geeigneter Weise deutlich machen, daß er den empfohlenen Preis nicht als seinen eigenen Normalpreis gelten lassen will. Wird in einem Musterbuch für Tapeten auf der Rückseite eines jeden Musterblattes jeweils eine Gruppennummer aufgedruckt, die in Pfennigen ausgedrückt dem empfohlenen unverbindlichen Richtpreis entspricht und wird auf der Innenseite des vorderen Einbanddeckels des Musterbuches der Vermerk abgedruckt „Bei den angegebenen Preisen handelt es sich um unverbindlich empfohlene Endverbraucherpreise", so entnimmt der Verkehr hieraus, daß es sich dabei um die Normalpreise des Händlers handelt.[207]

70 Wird auf **unverbindlich empfohlene Verkaufspreise** nicht in der Weise Bezug genommen, daß die Ware oder Verpackung mit den vom Hersteller angebrachten empfohlenen Preisen ausgestellt wird, sondern auf vom Hersteller **an anderer Stelle bekanntgemachte unverbindliche Preisempfehlungen,** so können diese nicht ohne wei-

[202] Gl. A. OLG Hamburg WRP 1970, 184.
[203] So LG Bamberg WRP 1970, 406.
[204] So OLG Düsseldorf WRP 1971, 430.
[205] Gl. A. *Baumbach/Hefermehl* Rdn. 20; *Reimer/Krieger* 142 Rdn. 13.
[206] Gl. A. OLG Hamburg BB 1963, 1235.
[207] So OLG Hamm WRP 1980, 213.

teres als Normalpreise eines jeden Händlers angesehen werden. Da es entscheidend auf die Verkehrsauffassung ankommt, ist diese von Fall zu Fall festzustellen.

Besondere Verhältnisse herrschen im **Kfz-Handel**. Die Autohersteller geben in der Regel Preislisten mit unverbindlich empfohlenen Preisen für die Grundausstattung ihrer Fahrzeuge und die erhältlichen Sonderausstattungen heraus. Aus diesen Angaben stellen die Kfz-Käufer die Ausstattung des von ihnen gewünschten Autos zusammen, wenn sie nicht ein gerade am Lager befindliches Auto kaufen. Die Verbraucher sehen in den unverbindlich empfohlenen Preisen der Hersteller regelmäßig nur eine Preisinformation, die ihnen die Prüfung des Angebots des Händlers in preislicher Hinsicht ermöglicht und erleichtert. Bei einer Bezugnahme des Händlers auf die Preislisten der Hersteller im Verkaufsgespräch sehen die Kunden daher nicht ohne weiteres die Angabe des eigenen Normalpreises, sondern lediglich eine Kalkulationsgrundlage.[208] Für die Annahme eines Rabattverstoßes bedarf es daher regelmäßig der Feststellung weiterer Umstände, die den Schluß darauf zulassen, daß die unverbindlich empfohlenen Preise der Hersteller dem Verkehr als Normalpreis des Händlers erscheinen.[209] Jedoch können der Inhalt einer Anzeige, die Gesprächsführung, die Berechnungsweise des Händlers und sonstige Umstände die Annahme rechtfertigen, der Händler mache sich die Preise aus der Preisliste des Herstellers zu eigen.[210] Zur Annahme eines Rabattverstoßes reicht es jedoch nicht aus, wenn der Händler die Einzelpreise auf einen Zettel notiert und daraus eine Gesamtsumme errechnet, und zwar auch dann nicht, wenn der Händler nicht von sich aus klarstellt, daß dies nicht sein (Haus-)Preis sei.[211]

Ein Rabattverstoß liegt jedoch vor, wenn der Händler auf die Frage nach seinem **71**
Preis zunächst ohne weitere Erläuterungen den vom Hersteller empfohlenen Preis und erst auf die Frage nach einem Barrabatt einen um ca. 8% niedrigen Verkaufspreis angibt.[212]

Zulässig ist die Ankündigung „20% unter dem empfohlenen Richtpreis".[213] Dem Begriff „empfohlener Richtpreis" stehen „unverbindlicher Richtpreis" und „empfohlener Preis" gleich.[214] Bei Verwendung dieser Begriffe ist für den Verkehr erkennbar, daß der „empfohlene Richtpreis" ein fremder, unverbindlicher Preis ist, der nicht als unabänderliche Größe vorgeschrieben, sondern lediglich als Richtlinie für die eigene, selbständige Preisbemessung des Händlers gedacht ist. Besondere Umstände können zu einer anderen Beurteilung führen, da bei Angabe von Prozentzahlen leicht der Eindruck entstehen kann, es werde ein Nachlaß von einem Nor-

---

208 So BGH GRUR 1985, 983, 984 – *Kfz-Rabatt* – mit zust. Anm. *Lindacher*; BGH GRUR 1987, 304, 306 – *Aktion Rabattverstoß*; OLG Düsseldorf WuW/E OLG 3299; OLG Frankfurt GRUR 1984, 895; OLG Stuttgart NJW-RR 1986, 1429; *Köhler/Piper* Rdn. 24 mwN aus der BGH-Rechtsprechung.

209 BGH aaO – *Kfz-Rabatt*; zur Problematik insgesamt vgl. *Creutzig* DB 1984, 171; *Ostermann/Heckelmann* WRP 1985, 126; *Heckelmann* WRP 1986, 19; *Bunte* BB 1984, 1516 und BB 1985, 2141, dazu *Assmann* BB 1984, 1973.

210 Vgl. BGH GRUR 1983, 658, 660f – *Hersteller-Preisempfehlung in der Händlerwerbung*; GRUR 1989, 606 – *unverbindliche Preisempfehlung*; OLG Köln NJW-RR 1986, 1429; OLG Köln WRP 1988, 190; NJW-RR 1986, 1429.

211 BGH GRUR 1987, 304, 306 – *Aktion Rabattverstoß*; ähnlich OLG Hamm BB 1986, 1187; a. M. OLG Hamm OLG-Rspr. 1992, 204, wonach der Kfz-Händler gegenüber seinen Kunden eindeutig klarstellen muß, wenn er, ungeachtet der konkret gestellten Frage nach dem zu zahlenden Preis, den Kunden anhand der Herstellerpreislisten zunächst nur eine unverbindliche Kalkulationsgrundlage geben will.

212 OLG Frankfurt GRUR 1984, 895; OLG Hamm WRP 1992, 494.

213 BGHZ 42, 134, 151 = GRUR 1965, 96 m. zust. Anm. Seydel; OLG Hamm BB 1963, 11; ebenso *Baumbach/Hefermehl* Rdn. 21; *Ulmer/Reimer* Nr. 1102; a. M. OLG Hamm BB 1964, 941.

214 BGH aaO m. zust. Anm. *Seydel.*

malpreis gewährt. Dieser Eindruck kann schon bei blickfangartiger Hervorhebung des Prozentsatzes erweckt werden.[215] Anders als der Hinweis „20% unter dem empfohlenen Richtpreis" ist zu beurteilen, wenn ein Händler die vom Hersteller empfohlenen Richtpreise, mit denen **einzelne Möbelstücke ausgezeichnet** sind, stehen läßt und nur durch Plakate am Eingang und im Verkaufsraum darauf hinweist: „Die angeschriebenen Preise sind unverbindliche Richtpreise"; denn von den empfohlenen Richtpreisen abweichende eigene Normalpreise kündigt der Händler nicht an, obwohl er hierzu nach der PreisangabenVO verpflichtet ist. Niedrigere Preise des Händlers sind daher Ausnahmepreise vom empfohlenen Richtpreis (= Normalpreis).[216]

72 Werben acht Kraftfahrzeughändler in einer Gemeinschaftsanzeige für ein bestimmtes Fahrzeugmodell unter Hinweis auf die unverbindliche Preisempfehlung und unter Angabe des empfohlenen Preises des Herstellers jedoch mit dem Zusatz „Ohne Überführungskosten ab Auslieferungslager des Importeurs. Wir, Ihre x-Partner, informieren Sie über die individuellen Händler-Preise!", so liegt darin keine Angabe des Endpreises i. S. des § 1 Abs. 1 S. 1 (2. Alt.) PreisangabenVO und damit auch nicht der Normalpreis i. S. des RabattG.[217] Der Sachverhalt wies allerdings die Besonderheit auf, daß es sich um eine Gemeinschaftsanzeige mehrerer Kfz-Händler handelte. Dieser Umstand rechtfertigt es nicht davon auszugehen, daß die Kfz-Händler sich die unverbindliche Preisempfehlung des Herstellers zu eigen gemacht haben. Sie haben diese lediglich als unverbindliche Preisempfehlung zitiert und ausdrücklich auf das Fehlen der Überführungskosten ab Auslieferungslager des Importeurs hingewiesen. Die Unterrichtung des Publikums über die unverbindliche Preisempfehlung des Herstellers durch den Händler ist ebenso zulässig wie die Bekanntmachung der Preisempfehlung durch den Hersteller selbst. Die Kenntnis von der unverbindlichen Preisempfehlung des Herstellers ist eine Preisinformation, die den Verbraucher bei der Bildung seiner Preisvorstellung in die Lage versetzt, das Angebot des Händlers in preislicher Hinsicht prüfen zu können.[218] Hinweise des Händlers auf einen Rabatt oder prozentualen Abschlag von dem anhand der Herstellerpreisliste errechneten Preis werden daher in einem solchen Fall nicht ohne weiteres als ein Nachlaß vom Normalpreis des Händlers verstanden. In dieser Branche bedarf es daher regelmäßig der Feststellung weiterer Umstände, um zu der Feststellung zu gelangen, die unverbindlich empfohlenen Preise der Hersteller seien zugleich die Normalpreise des anbietenden Händlers. Bei der Bezugnahme auf unverbindliche Preisempfehlungen eines Kfz-Herstellers ist außerdem stets zu berücksichtigen, daß beim Kfz-Kauf insbesondere beim Kauf von Personenkraftwagen die unterschiedliche Ausstattung der Wagen vom Käufer nach seinen Wünschen bestimmt werden kann, so daß die Feststellung des Normalpreises in diesen Fällen besonderer Sorgfalt bedarf.[219]

73 **dd) Sonstige Bezugnahme auf fremde Listen- und Richtpreise.** Anders als der Hinweis auf empfohlene oder unverbindliche Richtpreise und unverbindlich empfohlene Preise ist die Bezugnahme auf Listen-, Brutto-, Katalog- und Anrechnungspreise zu beurteilen. Der Wortsinn des Begriffes „Listenpreis" ist vieldeutig.[220] Fehlt

---

[215] Vgl. BGH aaO GRUR 101.

[216] So auch OLG Stuttgart BB 1967, 974.

[217] So zutr. das KG als Berufungsgericht, zitiert in der Entscheidung BGH GRUR 1983, 658, 660 – *Hersteller-Preisempfehlung in Kfz-Händlerwerbung* – zur PreisangabenVO.

[218] So BGH GRUR 1985, 983, 984 – *Kraftfahrzeug-Rabatt*; GRUR 1983, 658, 660 – *Herstellerpreisempfehlung in Kfz-Händlerwerbung.*

[219] In diesem Sinne auch BGH GRUR 1987, 304, 306 – *Aktion Rabattverstoß* – und *v. Gamm* Kap. 60 Rdn. 17.

[220] BGH BGHZ 42, 134 = GRUR 1965, 96, 97; *Ulmer/Reimer* Nr. 1102.

der eindeutige Hinweis auf die Unverbindlichkeit, wird ein nicht unbeachtlicher Teil der Verkehrskreise in der Ankündigung „15% unter Listenpreis" die Ankündigung eines Normalpreises sehen, von dem 15% Nachlaß gewährt werden. Für den Verkehr ist nicht erkennbar, welche Bedeutung der Hinweis auf einen Listenpreis haben könnte, wenn nicht den, daß dies der Preis sei, den der Unternehmer allgemein fordere. Es hängt davon ab, unter welchen Umständen auf einen Listenpreis Bezug genommen wird. Bei einer Bezugnahme auf die Preislisten der Autohersteller gilt das oben Gesagte. Bei anderen Listenpreisen, z. B. von Großhändlern, die nicht unverbindlich empfohlene Preise angeben, kann etwas anderes gelten. Die Ankündigung „15% unter Listenpreis" wurde daher in der älteren Rechtsprechung regelmäßig als Ankündigung eines Preisnachlasses verstanden.[221] Entsprechendes gilt für Brutto-, Katalog- und Verrechnungspreise. In der Mitteilung eines Versandhändlers, er habe sich auf die Lieferung von preiswerten Schuhen eines Herstellers spezialisiert und der Angabe „Herstellerkatalogpreis abzüglich x%" liegt nach OLG Stuttgart keine Ankündigung eines Rabattes.[222]

Schickt ein Möbelhändler seine Kunden in ein Musterlager des Herstellers, so werden sie die dort an den ausgestellten Möbeln befindlichen Preisschilder als Normalpreise des Händlers und nicht als Berechnungsgrundlage des Herstellers für seine Verrechnung mit dem Händler auffassen.[223] Ein Hinweis auf den Preisschildern „Unverbindliche Richtpreise, nur gültig als Verrechnungsbasis an den Handel" reicht nicht aus, um den Eindruck zu beseitigen, der ausgezeichnete Preis sei der vom Kunden zu zahlende.[224] Hieran ändert auch ein den Kunden ausgehändigtes Merkblatt nichts, in dem die Funktion der ausgezeichneten Preise zwar hinreichend deutlich erklärt wird, aber von den Kunden nicht ernsthaft zur Kenntnis genommen wird, weil derjenige, der sich zum Möbelkauf in ein Fabrikauslieferungslager schikken läßt, in der Regel damit rechnet, dort einen Nachlaß zu bekommen. Dies gilt auch, wenn die angebrachten Preisschilder den Hinweis tragen „Dieser unverbindlich empfohlene Richtpreis versteht sich einschließlich Mehrwertsteuer" und „Die angebrachten unverbindlichen Richtpreise sind nicht unsere eigenen Preise, sondern Letztverbraucherpreise. Sie entsprechen Empfehlungen der Hersteller für den Verkauf der Ware durch den Einzelhandel".[225]

Dasselbe gilt, wenn ein Einzelhändler Ware nicht vorrätig hat, seine Kunden mit Einkaufsausweisen zu seinem Lieferanten schickt und erklärt, er werde einen 5–12% geringeren Preis berechnen als den vom Lieferanten noch zu nennenden Richtpreis.[226] Zwischen Händler und Kunden ist der Richtpreis des Lieferanten die einzige Berechnungsgrundlage und damit der Normalpreis des Händlers. Der Hinweis eines Elektroinstallateurs in einer Zeitungsanzeige „20% Preisnachlaß auf Materiallistenpreis ..." stellt die Ankündigung eines unzulässigen Preisnachlasses dar.

---

221 OLG Köln GRUR 1959, 551 – *Listenpreis I*; 1960, 337 – *Listenpreis II* – mwN; OLG Hamburg WRP 1958, 29; OLG München BB 1961, 1349; LG Frankfurt BB 1959, 392; GA 4/59; *Pastor* GRUR 1959, 514; *Bunte* BB 1984, 1516 ff; *Spengler* MA 1958, 797; a. M. OLG Oldenburg GRUR 1959, 288; *Baumbach/Hefermehl* Rdn. 21; *P. Ulmer* FS Hefermehl (1971) 220; *Tetzner* § 1 Rdn. 95; *Ulmer/Reimer* Nr. 1102.

222 OLG Stuttgart NJW-RR 1991, 1451.

223 BGH GRUR 1969, 620 – *Auszeichnungspreis*.

224 BGH aaO 622 – *Auszeichnungspreis*.

225 BGH GRUR 1978, 315 – *Auszeichnungspreis II*; ebenso OLG München GRUR 1975, 79 – *SODAP-Preise* – für den Hinweis, ausgezeichneter Preis sei nur Berechnungsgrundlage; zu allem a. M. *Baumbach/Hefermehl* Rdn. 21 unter Hinweis auf *P. Ulmer* FS Hefermehl (1971) 220 Fw 95; *Köhler/Piper* Rdn. 24 und 37.

226 OLG Hamburg WRP 1961, 14; WRP 1967, 326; a. M. *Tetzner* § 1 Rdn. 97.

Ein nicht unbeachtlicher Teil der angesprochenen Leser wird den „Materiallistenpreis“ als den Normalpreis des werbenden Unternehmers ansehen.[227]

Eine Bezugnahme auf Listenpreise eines Herstellers ist unschädlich, wenn diese eindeutig nicht als eigene Preise angekündigt werden.[228]

Ob die oben und nachfolgend wiedergegebene Rechtsprechung noch heute in allen Fällen mit der Verkehrsauffassung übereinstimmt, erscheint fraglich. Der Hinweis „unverbindlicher Richtpreis, nur gültig als Verrechnungsbasis an den Handel“ reicht nicht aus, um den genannten Preisen den Charakter eines eigenen Normalpreises zu nehmen.[229] Das gleiche gilt für den Hinweis auf einen Listenpreis, wenn blickfangmäßig hervorgehoben „Bis zu 30% Rabatt“ angekündigt werden. Die Benennung bzw. Ankündigung eines Verkaufspreises in Verkaufsgesprächen bzw. Werbeanzeigen mit „15% bzw. 20% unter Listenpreis“ oder die mündlich mitgeteilte Erläuterung „Die in den Prospekten vermerkten Preise sind die Bruttopreise“ lassen den Listen- bzw. Bruttopreis als den allgemein geforderten bzw. Normalpreis erscheinen.[230] Ein Einzelhändler, der dem Letztverbraucher gegenüber seine Preise durch einen prozentualen Abschlag vom Listen- oder Bruttopreis bezeichnet, kündigt mit der Bekanntgabe der Listen- oder Bruttopreise seinen Normalpreis an.[231] Dabei ist jedoch zu beachten, daß es sich bei dieser Rechtsprechung der Instanzgerichte um Urteile aus der Zeit vor Aufhebung der Preisbindung der zweiten Hand handelt. Zu berücksichtigen ist daher der Hinweis von *Baumbach/Hefermehl* (vgl. Rdn. 21), diese Rechtsprechung könne eine den Schutzzweck der §§ 15, 38 GWB widersprechende Bindung an den Listenpreis bewirken. Bei der Angabe von und der Werbung mit fremden Listen-, Katalog- und Richtpreisen sollte vor der rabattrechtlichen Prüfung stets auch geprüft werden, ob die Angabe fremder Richtpreise zulässig ist.

Letztverbraucher, die in einer Möbelgroßhandlung unter Vorlage eines Berechtigungsscheins einkaufen, den ihnen ein Möbel-Einzelhändler ausgehändigt hat, sehen die dort an der Ware angebrachten Preisauszeichnungen als Normalpreise des Verkäufers an, auch wenn unter der Preisangabe sich am unteren Ende des Etiketts jeweils kleingedruckt der Hinweis befindet: „Dieser unverbindliche empfohlene Richtpreis versteht sich einschließlich Mehrwertsteuer“.[232]

III. Preissenkung, Leistungssteigerung und Rabatt

1. Begriffliche Abgrenzung

74 Das wirtschaftliche Ergebnis von Preissenkung und Rabatt ist für den Letztverbraucher das gleiche. Preissenkung und Rabatt unterscheiden sich nur in der Form, in der die Preisermäßigung dem Letztverbraucher zugute kommt. Rabatt ist die Abweichung nach unten vom weiter bestehenden Normalpreis. Preissenkung ist die allgemeine, stets für alle Kunden geltende Herabsetzung des Normalpreises. Allgemeine Preisherabsetzungen fallen nicht unter das RabattG.[233] Denn es ist nicht der Zweck des RabattG, den Preiswettbewerb auf der Einzelhandelsstufe einzuschrän-

---

227 OLG Koblenz GRUR 1985, 234.

228 Gl. A. BGH GRUR 1965, 96 – *20% unter dem empfohlenen Richtpreis*; OLG München NJW 1969, 1258.

229 So BGH GRUR 1969, 620, 622 – *Auszeichnungspreis*.

230 So OLG Köln GRUR 1960, 337.

231 So OLG Köln GRUR 1959, 551; vgl. auch OLG München BB 1961, 1349; LG Frankfurt BB 1959, 392; *Bunte* BB 1984, 1516, 1522; *Pastor* GRUR 1959, 514 ff; a. M. *Baumbach/Hefermehl* Rdn. 21 und OLG Oldenburg GRUR 1959, 288.

232 BGH GRUR 1978, 315 – *Auszeichnungspreis II*; a. M. *Baumbach/Hefermehl* Rdn. 21; wohl auch *Köhler/Piper* Rdn. 24 und 37.

233 Gl. A. BGH GRUR 1976, 259 – *3 Wochen reisen – 2 Wochen zahlen*; BGH GRUR 1967, 433, 434 – *Schrankwand*.

ken.[234] Das RabattG will den Unternehmer lediglich an seine eigenen Normalpreise binden; es hindert ihn jedoch nicht, seine Preise allgemein, d. h. für jeden Käufer herabzusetzen. Eine Preissenkung kann auch zeitlich beschränkt sein, sofern für die zeitliche Begrenzung sachliche, im unternehmerischen Bereich liegende Gründe bestehen.[235] Dies kann der Fall sein z. B. bei saisonbedingten Preisermäßigungen, bei Schluß- und Jubiläumsverkäufen oder bei Subskriptionspreisen der Verlage. Eine sachliche Rechtfertigung fehlt z. B. einem befristeten „Vorsaison-Preis" für einen Foto-Farbfilm einschließlich Entwicklungsarbeiten in der fotografierarmen Jahreszeit.[236] Wird bei einer nur vorübergehenden Senkung des Copy-Preises einer Zeitschrift dies zwar dem Handel, aber nicht den Letztverbrauchern kenntlich gemacht, liegt kein Rabattverstoß vor.[237] Eine Preissenkung kann sich auf einzelne oder alle Waren beziehen.

Keine Preisnachlässe i. S. des RabattG sind die herabgesetzten Preise von Sonder- **75**
angeboten sowie bei Schluß- und Jubiläumsverkäufen (vgl. § 7 UWG). Bei diesen Preisen handelt es sich um unechte Sonderpreise (vgl. dazu auch Rdn. 99). Derartige unechte Sonderpreise als Rabatte zu bezeichnen, ist ebenso unzulässig wie zusätzlich zu dem Sommerschlußpreis einen Rabatt anzukündigen mit „Außerdem gibt es auf alle regulären Sommersachen 10% Nachlaß".[238] Der Preisnachlaß setzt voraus, daß die vom Unternehmer angekündigten oder allgemein geforderten Preise unverändert aufrechterhalten werden. Wird ein Preis nicht ausnahmsweise gegenüber einem einzelnen Kunden, sondern generell herabgesetzt, entfällt die notwendige Rabattvoraussetzung: Es stehen sich nicht Normal- und rabattierter Preis gegenüber, sondern alter und neuer Normalpreis.[239] Der herabgesetzte Preis ist der neue, von allen Kunden geforderte Normalpreis. Allgemeine Preisherabsetzungen werden vom RabattG weder erfaßt[240] noch erschwert. Sie müssen für den Letztverbraucher jedoch eindeutig als solche erkennbar sein und dürfen auch nicht in den Mantel eines unzulässigen (individuellen) Preisnachlasses gehüllt werden.[241] Der echte leistungsbezogene Wettbewerb bei der Preisgestaltung wird nicht eingeschränkt.[242] Lediglich der starke Anreiz eines 3 Prozent überschreitenden Rabatts soll ausgeschaltet werden und rechtfertigt die unterschiedliche rechtliche Behandlung verschiedener Formen von Preisermäßigungen (Preissenkung, Preisnachlaß). Ein Rabattverstoß liegt auch dann vor, wenn ein Unternehmer allen und nicht nur einzelnen Abnehmern eine Preisermäßigung im Wege eines Nachlasses auf den angekündigten Normalpreis einräumt, wenn er wirtschaftlich gesehen also eine Preissenkung vornimmt.[243]

In welcher Form der Normalpreis anzukündigen oder zu fordern und seine Her- **76**
absetzung bekanntzugeben ist, bestimmt das Rabattgesetz nicht.[244] In der Form der

234 Gl. A. BGH GRUR 1961, 367, 368 – *Schlepper.*

235 Gl. A. BGH GRUR 1976, 259, 261 – *3 Wochen reisen – 2 Wochen zahlen*; GRUR 1994, 390 – *Anzeigen-Einführungspreis*; *v. Gamm* Kap. 60 Rdn. 20; vgl. auch Rdn. 99.

236 So BGH GRUR 1975, 144, 145 – *Vorsaison-Preis.*

237 OLG Hamburg WRP 1997, 212, 216.

238 Gl. A. OLG Hamburg WRP 1984, 562.

239 Gl. A. BGH GRUR 1967, 433, 434 – *Schrankwand*; GRUR 1966, 382, 383 – *Jubiläum*; GRUR 1961, 367, 368 – *Schlepper*; *Baumbach/Hefermehl* Rdn. 18 u. 22, 23; *Michel/Weber/Gries* 30.

240 So die Amtl. Begr., gl. A. BGH GRUR 1967, 433 – *Schrankwand*; GRUR 1961, 367ff – *Schlepper.*

241 Gl. A. BGH GRUR 1961, 367, 368 – *Schlepper*; *Baumbach/Hefermehl* Rdn. 18; *v. Gamm* Kap. 60 Rdn. 19; *Reimer/Krieger* 122; *Tetzner* Rdn. 88.

242 Str.; vgl. Großkomm./*Schünemann* UWG Einl. B Rdn. 30 mwN in Fn. 71.

243 Gl. A. BGH GRUR 1961, 367, 369 – *Schlepper*; OLG Hamm DB 1969, 613; *Pastor* GRUR 1959, 514; *Reimer/Krieger* 122; *Ulmer/Reimer* Nr. 1101.

244 Beachte die PreisangabenVO vom 14. 3. 1985 (BGBl. 1985 I 580; geänd. BGBl. 1992 I 1765), das Eichgesetz v. 11. 7. 1969 (in der Fassung der

Bekanntgabe der Preisherabsetzung ist der Unternehmer weitgehend frei; er muß darauf achten, daß die Preisherabsetzung für den Letztverbraucher als solche eindeutig erkennbar ist und daß der durch die Ankündigung bei den ansprochenen Verkehrskreisen hervorgerufene Eindruck und nicht sein Erklärungswille den Normalpreis bestimmt (vgl. Rdn. 58 ff). Wird in einer Ankündigung eine Preisherabsetzung unter Angabe des alten und des neuen Preises mitgeteilt, aber gewollt oder ungewollt der Eindruck hervorgerufen, als werde der alte Preis grundsätzlich beibehalten und als sei der neue nur ein Ausnahmepreis, dann wird ein Rabatt angekündigt;[245] denn wie der Inhalt der Ankündigung in bezug auf den Normalpreis verstanden wird, ist entscheidend; welcher Preis tatsächlich gefordert wird, ist dann belanglos.

Wird beim Geschäftsabschluß ein geringerer Preis eingeräumt als er angekündigt wurde, gilt das gleiche.[246] Dem Unternehmer steht es frei, während des Verkaufsgespräches den Preis für eine Ware herabzusetzen, z. B. wenn er feststellt, daß diese nicht mehr einwandfrei ist – der Kunde ist hierauf hinzuweisen – oder wenn er meint, daß eine Anpassung an die Preise seiner Wettbewerber geboten ist. Für den Kunden muß jedoch eindeutig erkennbar sein, daß es sich nicht um eine ihm aus persönlichen Gründen eingeräumte, sondern um eine generelle Preisermäßigung handelt, die für alle Interessenten gilt, und daß der alte Normalpreis damit seine Gültigkeit verloren hat.[247] Unzulässig ist es, einem einzelnen Kunden einen ermäßigten Preis einzuräumen, etwa weil dieser auf niedrigere Preise der Wettbewerber hinweist.[248]

77 Zur Feststellung, ob ein Preisnachlaß oder eine Preissenkung vorliegt, kommt es ausschließlich darauf an, welche Vorstellungen durch die Ankündigung zum Normalpreis bei den angesprochenen Verkehrskreisen hervorgerufen werden.[249] Die subjektive Wertung der Verbraucher ist objektives Tatbestandsmerkmal. Die Verwendung des Wortes „Rabatt" ist nicht allein entscheidend;[250] ein nicht unbeträchtlicher Teil der Verkehrskreise wird aber bei Verwendung des Wortes „Rabatt" in der Regel auf einen Nachlaß von einem höheren Normalpreis schließen.[251] Im Zusammenhang mit dem 75-jährigen Bestehen eines Unternehmens versteht der Verkehr die Ankündigung „10% Jubiläums-Rabatt auf alle Preise" nicht als die Ankündigung von Rabatten, sondern von zeitlich begrenzten Normalpreisen.[252] Ob der geringere Preis ein Ausnahme- oder ein herabgesetzter Preis ist und ob die Differenz zwischen altem und neuem Preis ein Preisnachlaß im Sinne des Gesetzes ist oder nicht, ist dagegen eine Rechtsfrage.[253] Subjektive Vorstellungen der Verbraucher

---

Bekanntmachung BGBl. 1985 I 411 f; geänd. BGBl. 1992 I, 2133) und die FertigpackungsVO v. 18. 12. 1981 (in der Fassung der Bekanntmachung BGBl. 1994 I, 451, 1307).

[245] Gl. A. BGH GRUR 1961, 367/368 ff – *Schlepper*; OLG Düsseldorf NJW 1952, 348; OLG Freiburg i. Br. NJW 1953, 1267, 1269; OLG Karlsruhe BB 1954, 822; *Baumbach/Hefermehl* Rdn. 22; *Reimer/Krieger* 122, 123; *Licht* NJW 1953, 832; *Pastor* GRUR 1959, 514; *Ulmer/Reimer* Nr. 1102.

[246] Vgl. BGH GRUR 1967, 433 – *Schrankwand.*

[247] Gl. A. *v. Gamm* aaO; *Tetzner* § 1 Rdn. 92; im Ergebnis ebenso *Ulmer/Reimer* Nr. 1101.

[248] Gl. A. *Tetzner* § 1 Rdn. 92.

[249] Gl. A. BGH GRUR 1961, 367, 369 – *Schlepper*; GRUR 1966; 382, 384 – *Jubiläum*; GRUR 1982, 688, 689 – *Seniorenpaß*; GRUR 1989, 762, 763 – *Stundungsangebote*; OLG Düsseldorf GRUR 1979, 787, 788 – *10% Jubiläums-Rabatt*; OLG Hamburg WRP 1997, 212, 216; *Baumbach/Hefermehl* Rdn. 18; *Köhler/Piper* Rdn. 23; *Tetzner* § 1 Rdn. 93.

[250] Gl. A. BGH GRUR 1964, 274 – *Möbelrabatt*; OLG Düsseldorf aaO.

[251] BGH GRUR 1966, 382, 384 – *Jubiläum.*

[252] So zutr. OLG Düsseldorf aaO.

[253] Gl. A. Seydel in der Anmerkung zu BGH GRUR 1960, 500 – *WIR-Rabatt*; a. M. BGH aaO 499.

sind hierbei unbeachtlich. Denn Preisnachlaß ist die objektiv festzustellende Differenz zwischen angekündigtem oder allgemein gefordertem Normalpreis und einem geringeren Ausnahmepreis und nicht das, was die beteiligten Verkehrskreise als Rabatt werten. Effektive Preissenkungen werden durch das Rabattgesetz nur betroffen, wenn durch unrichtige Angaben falsche Vorstellungen über den Normalpreis hervorgerufen und hierdurch der Anschein einer Rabattgewährung erweckt wird. Wird dieser Eindruck in anderer Weise hervorgerufen, ist die Frage der Zulässigkeit nur über §§ 1, 3 UWG und in Zusammenhang mit der Veräußerung einer Konkursmasse oder mit Ausverkäufen nach §§ 6, 7–8 UWG zu beantworten.

Die **Leistungssteigerung** steht zum Waren- und Leistungsrabatt (vgl. § 7 Anm. 2, 3 und § 8 RabattG Anm. 3) im gleichen Verhältnis wie die Preisherabsetzung zum Preisnachlaß. Wirtschaftlich ist die Erhöhung des Leistungswertes ohne entsprechende Veränderung des Normalpreises (Begr. Rdn. 60) – (mehr Ware, qualitativ bessere Ware, größere gewerbliche Leistung bei gleichbleibendem Preis) – das gleiche, wie die Herabsetzung des Preises bei gleichbleibendem Leistungswert. Das oben zur Preissenkung Gesagte hat deshalb auch für die Leistungssteigerung zu gelten (vgl. auch Rdn. 74ff). Die Auffassung der Verbraucher ist entscheidend. Wird für eine größere Warenmenge oder eine gewerbliche Leistung der beibehaltene Normalpreis der geringeren Warenmenge und Leistungen angekündigt oder gefordert, liegt Mengenrabatt vor. Bei Lieferung besserer Ware zum Normalpreis von Waren geringerer Qualität ist Normalpreis der für die bessere Ware angekündigte oder allgemein geforderte Preis und Ausnahmepreis der Normalpreis der Ware von geringerem Wert. **78**

2. Preissenkung

a) **Allgemeines.** Ermäßigt der Unternehmer seinen Preis gegenüber allen Abnehmern, indem er ihn aufhebt und einen neuen, niedrigeren festsetzt, und macht er in der Ankündigung eindeutig erkennbar, daß dies ohne Ausnahme geschieht, dann ist die Preisermäßigung kein Nachlaß vom Preis, sondern dessen Herabsetzung. Die Preisherabsetzung kann durch Gegenüberstellung von altem ungültigem Normalpreis und neuem Normalpreis, durch Angabe von Prozentsätzen und von bestimmten Geldbeträgen, um die der alte Normalpreis ermäßigt wird, erkennbar gemacht werden. Nicht die Preissenkung (dies ist ein Rechtsbegriff wie der Preisnachlaß), sondern ein neuer Normalpreis ist erkennbar zu machen. **79**

b) Die **Gegenüberstellung von altem und neuem Normalpreis** ist zulässig, wenn eindeutig klargestellt wird, daß der alte Normalpreis aufgehoben ist. Z. B.: „Bisher 160,– DM, jetzt 144,– DM".[254] Das Verbot des § 3 der VO des BWM über Sommer- und Winterschlußverkäufe vom 13. 7. 1950, wonach Preisgegenüberstellungen anläßlich von Schlußverkäufen außerhalb der Verkaufsräume unzulässig waren, ist aufgehoben.[255] Die Gegenüberstellung von neuem und durchstrichenem früheren Preis ist zulässig.[256] Der durch die UWG-Novelle 1986 eingefügte § 6e Abs. 1 UWG (BGBl. I S. 1169) verbot bestimmte Formen der Preisgegenüberstellung. Jedoch **80**

---

[254] Gl. A. OLG Hamm WRP 1969, 447, 448; OLG München WRP 1955, 214, 216; *Baumbach/Hefermehl* Rdn. 23; *Michel/Weber/Gries* Rdn 11; *Ulmer/Reimer* Nr. 1101.

[255] Vgl. Art. 12 Abs. 1 Nr. 2 Gesetz v. 25. 7. 1986, BGBl. I 1169, 1173.

[256] Gl. A. BGH GRUR 1966, 382, 384 – *Jubiläum*; OLG München WRP 1955, 214.

wurde die Vorschrift des § 6 e UWG insgesamt durch die UWG-Novelle 1994 wieder aufgehoben (BGBl. I 1738 ff). Es ist nicht erforderlich, den alten Normalpreis sofort zu beseitigen, wenn nur klargestellt wird, daß er nicht mehr gilt.[257]

81 c) **Preissenkungen in prozentualer Form.** Preissenkungen in prozentualer Form anzukündigen ist zulässig (str.), wenn diese als solche eindeutig erkennbar sind.[258] Es kommt auf die Umstände des Einzelfalles an. Wird mit der Ankündigung zum geänderten Normalpreis eindeutig klargestellt, daß der alte Normalpreis aufgehoben ist, bestehen keine Bedenken, die Ankündigung von Preissenkungen in prozentualer Form zuzulassen. Das Rabattverbot gilt für alle Nachlässe auf angekündigte oder allgemein geforderte Preise ohne Rücksicht darauf, ob sie sich für den Unternehmer als Rabatt oder als Auswirkung einer allgemeinen Herabsetzung seiner Preise darstellen.[259] Es kommt nur auf die Verkehrsauffassung an. Es darf nicht der Eindruck erweckt werden, eine Ware mit einem an sich höheren Preis werde ausnahmsweise zu einem ermäßigten Preis abgegeben.[260] Zulässig ist danach die Ankündigung einer Preissenkung, wenn neben dem Wort „Preissenkung" oder „Preisherabsetzung" deren Höhe im Prozentsatz des aufgehobenen alten Normalpreises angegeben wird; z. B. ab sofort 10% Preissenkung";[261] die Ankündigung „unser gesamtes Warenlager ist bis zu 20% im Preise herabgesetzt" im Rahmen eines zulässigen Jubiläums-Verkaufs, zumal wenn gleichzeitig an der Einzelware der neue Preis dem durchgestrichenen früheren Preis gegenübergestellt und damit hinreichend deutlich gemacht wird, daß es sich um eine – möglicherweise nur vorübergehende – allgemeine Herabsetzung der bisher gültigen Normalpreise handelt.[262] Dasselbe gilt, wenn die Preise für verschiedene Waren mit unterschiedlichen Prozentsätzen gesenkt werden, z. B. „Generelle Preissenkung. Sie beträgt für die Fabrikate der Firmen A, B und C 20%, bei allen anderen Waren 33⅓%".[263] Die Gegenmeinung (Nachweise vgl. oben) geht davon aus, daß der durchschnittliche Adressat einer prozentualen Preisherabsetzung nicht annimmt, daß der Unternehmer seinen bisherigen Preis endgültig aufgegeben hat, und deshalb davon ausgehe, die angebotene Ware habe einen höheren Wert. Auf die Vorstellungen der Adressaten vom Wert kommt es nicht an, sondern entscheidend ist allein, ob der Verkehr erkennt, daß der frühere Normalpreis seine Gültigkeit verloren hat. Der neue Normalpreis braucht nicht genannt zu werden, sofern die PreisangabenVO dies nicht verlangt. Rabattrechtlich genügt es, wenn der Betrag oder der Prozentsatz genannt wird, um den der bisherige Preis sich ermäßigt. Zulässig ist z. B.: „X-Maschinen ab sofort 50,– DM billiger" (beachte die Vorschriften über die Preisauszeichnung, vgl. oben Rdn. 76). Eine ra-

---

[257] Gl. A. OLG Düsseldorf GRUR 1952, 426; OLG München WRP 1955, 214, 216; *Michel/Weber/Gries* Rdn. 11; *Tetzner* Rdn. 93; *Ulmer/Reimer* Nr. 1101; *Reimer/Krieger* 122.

[258] Gl. A. KG NJW 1952, 1058; GRUR 1957, 446; OLG Düsseldorf GRUR 1952, 426; GRUR 1979, 787, 788 – *Jubiläums-Rabatt*; OLG Oldenburg NJW 1960, 303; OLG Stuttgart BB 1972, 1026; LG Berlin DB 1952, 592; LG Hannover BB 1950, 650; GRUR 1966, 385; *Baumbach/Hefermehl* Rdn. 22; *Köhler/Piper* Rdn. 49; *Tetzner* § 1 Rdn 93, 123; *Reimer/Krieger* 123; *K. Droste* DB 1957, 649; *Weber* NJW 1960, 172; a. M. OLG Celle BB 1964, 16; OLG Freiburg NJW 1953, 1268; OLG Hamburg WRP 1958, 29; OLG Karlsruhe BB 1954, 822; OLG Köln NJW 1959, 1974; *Licht* NJW 1953, 832; *Michel/Weber/Gries* Rdn. 11; *Sonderland* DB 1954, 593; Spengler MA 1958, 800.

[259] Gl. A. *Reimer/Krieger* 122; vgl. oben Anm. 28.

[260] Vgl. beispielsweise OLG Hamburg GRUR 1973, 425, 426 – *Gotland-Mantel*.

[261] Gl. A. KG NJW 1952, 1058; OLG Düsseldorf NJW 1952, 348; OLG Hamm BB 1957, 349; *Baumbach/Hefermehl* Rdn 22; *v. Gamm* 157; *Reimer* 3. Aufl., 1020; *Reimer/Krieger* 123; *Tetzner* Rdn. 93; *Ulmer/Reimer* Nr. 1101.

[262] BGH GRUR 1966, 382/384 – *Jubiläum* – m. zust. Anm. *Seydel*; a. M. *Weber* NJW 1960, 172.

[263] KG GRUR 1957, 446.

battrechtlich zulässige Ankündigung einer Preissenkung kann aus wettbewerbsrechtlichen Gründen unzulässig sein, z. B. weil die Preissenkung zu lange zurückliegt, § 3 UWG.

Unzulässig ist, eine allgemeine Preissenkung lediglich als „Nachlaß" oder „Rabatt" unter Hinzufügung eines Prozentsatzes anzukündigen, weil zumindest ein Teil der angesprochenen Verkehrskreise aus den Worten „Nachlaß" oder „Rabatt" schließt, daß der alte Normalpreis weiter gilt.[264] Unzulässig daher z. B. „Landwirte Achtung! Schlepper-Einkauf aller PS-Klassen leicht gemacht. Bis auf 2 Jahre und darüber 10% Rabatt. Skonto 3%. Bis 28. Februar 1959 2% Winter-Rabatt";[265] die Ankündigung „wir gewähren auf die jetzt gültigen Preise in Preisgruppe A – 40% Nachlaß";[266] „Kraftfahrzeuge mit hohem Nachlaß abzugeben".[267] Unzulässig ferner: „Räumungsverkauf bis zu 50% unter Preis". **Zulässig** dagegen: „Räumungsverkauf. Alle Preise um 20–50% herabgesetzt". Dann handelt es sich um unechte Sonderpreise. Die Verbraucher dürfen nicht annehmen können, daß die alten Preise fortbestehen und im Einzelfall über den Preis verhandelt werden kann. Zulässig auch die Ankündigung im Rahmen eines Räumungsverkaufes „Sensationelle Sonderangebote sowie 20% Nachlaß auf alle Preise", weil der Verkehr sie als Preissenkung versteht.[268] Nicht hinreichend eindeutig ist die Ankündigung „Unsere Preisermäßigungen sind für die Preisgruppen A, B, C bis 40, 30 und 20% von diesen Preisen. Also ziehen Sie von diesen Preisen die Prozente ab".[269] „Preisermäßigung" ist mehrdeutig. Das Wort „Prozente" ist gängiger Ausdruck für Rabatt.[270] **82**

Preissenkung und **kein Preisnachlaß** wird angekündigt mit „10% Jubiläums-Rabatt auf alle Preise"[271], mit „10% Nachlaß" und den blickfangmäßig herausgestellten Hinweisen „Geburtstag" und „75 Jahre F";[272] mit „30% Rabatt auf Vorführ-Fernsehgeräte";[273] es sei denn, daß die Behauptung „Vorführgerät" ein Rabattvorwand ist, denn erkennbar handelt es sich um ein gebrauchtes Gerät, für das deshalb auch nur ein herabgesetzter Preis gefordert wird. Keine Ankündigung einer Preissenkung und daher unzulässig ist dagegen: „Die neuesten Fernseh-Modelle liefert mit hohen Preisnachlässen Firma X".[274] Die Ankündigung einer Preissenkung unter Nennung prozentualer Abschläge kann unzulässig sein, obgleich die Worte „Nachlaß" oder „Rabatt" nicht verwendet werden, z. B. „160,– DM minus 10%"; es ist nicht erkennbar, daß der alte Normalpreis endgültig aufgehoben ist.[275] Dasselbe gilt für die blickfangmäßig hervorgehobene Ankündigung „bis zu 30% Rabatt" auch wenn im weiteren kleingedruckten Text ein Hinweis auf einen Listenpreis erscheint.[276] Unzulässig auch „Wer jetzt bei uns kauft, kauft billig. Sie erhalten ca. 20% Nachlaß. Trotzdem auch Teilzahlung bis 24 Monatsraten sowie vollen Kundendienst".[277] **83**

---

[264] Gl. A. *Baumbach/Hefermehl* Rdn. 22.
[265] BGH GRUR 1961, 367 – *Schlepper*; ebenso *Baumbach/Hefermehl* Rdn. 19; *Pastor* GRUR 1959, 514.
[266] OLG Oldenburg MA 1960, 217.
[267] OLG Köln WRP 1978, 740.
[268] OLG Hamm WRP 1978, 390.
[269] A. M. OLG Oldenburg MA 1960, 217.
[270] Vgl. auch OLG Koblenz GRUR 1980, 931, 935 – *Mietwagenkosten*; OLG Köln NJW 1959, 1974.
[271] OLG Düsseldorf GRUR 1979, 787, 788.
[272] OLG München WRP 1996, 1059.
[273] Gl. A. *Tetzner* Rdn. 93.
[274] OLG Düsseldorf BB 1964, 985.
[275] Gl. A. *Baumbach/Hefermehl* Rdn. 22.
[276] Zust. *BaumbachHefermehl* Rdn. 19.
[277] OLG Nürnberg WRP 1959, 330; zust. *Baumbach/Hefermehl* Rdn. 22.

3. **Der Geldrabatt**

84 a) **Allgemeines.** Der Geldrabatt wird entweder a) durch Kürzung der Gegenleistung (Preis = Geldleistung vgl. Rdn. 58 ff) oder b) durch Zugabe eines Geldbetrages verwirklicht. Der nach Kürzung gem a) verbleibende effektive Preis muß Ausnahmepreis sein, andernfalls liegt Preissenkung vor (vgl. Rdn. 74 ff). Wird der Ausnahmepreis eingeräumt, weil der Kunde einem bestimmten Verbraucherkreis angehört, ist es ein verbotener Sonderpreis (vgl. Rdn. 103 ff). Der Geldrabatt darf nicht mehr als 3% vom Normalpreis (Begr. Rdn. 60 ff) betragen (§§ 2 ff), es sei denn, daß die Voraussetzungen der §§ 7, 8 und 9 des RabattG erfüllt sind (handelsüblicher Mengenrabatt und erlaubte Sonderpreise).

85 b) **Kürzung der Gegenleistung.** Die Kürzung der Gegenleistung kann auf verschiedene Weise angekündigt bzw. verwirklicht werden: a) durch prozentuale Kürzung: Beispiel: „160,– DM minus 10% Rabatt". 160,– DM erscheint als Normalpreis. Der um 10% geringere ist Ausnahmepreis, der aus im einzelnen nicht erkennbaren Umständen eingeräumt wird. Wird die Preisermäßigung mit einem Zusatz angekündigt, aus dem sich ergibt, daß es sich um eine generelle Preisreduzierung handelt, die fälschlich als Rabatt bezeichnet wird, dann liegt eine nach § 3 UWG unzulässige Ankündigung vor; z. B.: „160,– DM minus 10% Rabatt ab sofort für jedermann" (vgl. Rdn. 74 ff, 81–83); b) durch Abschlag eines bestimmten Geldbetrages vom Normalpreis. Beispiel: „Bei Textileinkäufen von mehr als DM 10,– wird Montag und Freitag ein Nachlaß von DM 2,– gewährt"; c) durch Gegenüberstellung von Normalpreis und Ausnahmepreis; neben dem Normalpreis wird ein geringerer Ausnahmepreis genannt, der als solcher erkennbar ist. Beispiel: „1 Pfund dieser herrlichen Kaffeemischung kostet diese Woche nicht DM 10,–, sondern DM 8,–" oder „Heute DM 8,–, sonst DM 10,–". Es entsteht der Eindruck, als werde auf den unveränderten Normalpreis an einem Tag oder während einer Woche ein Nachlaß von DM 2,– gewährt. Zur Abgrenzung Preisnachlaß/Preissenkung s. Rdn. 74–78 ff.

86 c) **Einzelfälle.** Unzulässig: Ein Möbeleinzelhändler nennt aus einer Preisliste zunächst den Bruttopreis und dann den Preis, zu dem verkauft wird (BGH GRUR 1964, 274 – *Möbelrabatt*); „Schlepper-Einkauf leicht gemacht. Bis auf 2 Jahre und darüber 10% Rabatt, Skonto 3%." (BGH GRUR 1961, 367 – *Schlepper*); die Gewährung von 50% Rabatt für Fließsatzanzeigen aufgrund einer nicht veröffentlichten besonderen Preisliste (OLG Hamm WRP 1983, 367); unzulässig ist ferner die Ankündigung von 3% überschreitenden Barzahlungsrabatten; z. B. „bei Barzahlung Höchstrabatt" (OLG Düsseldorf DW 1960, 57; LG Hamburg WRP 1958, 275, das Verstoß gegen § 3 UWG annimmt); „ungeahnte Großrabatte bei Barzahlung" (a. M. OLG Karlsruhe WRP 1969, 120). Im vom OLG Karlsruhe entschiedenen Fall lag ein Rabattverstoß schon im Anzeigentext, in dem es u. a. hieß: „Möbel, z. B. statt DM 100,– nur DM 85,–". Diese Ankündigung konnten die Interessenten nur als eine Gegenüberstellung von Normal- und Ausnahmepreis verstehen (vgl. Rdn. 85 und 30 ff). Unzulässig: „ab heute 40% auf alle Teile" (LG Regensburg WRP 1996, 170). Unzulässig ist die Werbung in Zeitungsanzeigen während des Schlußverkaufs mit der Angabe „Außerdem gibt es auf alle regulären Sommersachen 10% Nachlaß (OLG Hamburg WRP 1984, 562); die Ankündigung eines Handwerkers „Bei Auftragserteilung 10% Ermäßigung auf den Rechnungspreis" (OLG Schleswig WRP 1996, 468); die Ankündigung eines Fitneß-Studios „Bei Anmeldung bis 10% Ermäßigung" (KG WRP 1995, 358).

Zur Fahrtkostenerstattung s. ZugabeVO § 1 Abs. 2 lit. d.

IV. Einzelne Rabattprobleme

1. Zu Umsonstlieferungen s. Rdn. 49

2. Zu Tauschgeschäften s. Rdn. 47

3. Teilzahlung ohne Aufschlag

In der Regel ist der Kunde verpflichtet, den Kaufpreis sofort zu zahlen; vgl. § 271 **87**
Abs. 1 BGB. Unternehmer und Kunde können jedoch Abweichendes vereinbaren, so z. B., daß der Kunde den Kaufpreis in Teilzahlungen entrichtet oder der Kaufpreis gestundet wird. Zu unterscheiden sind dann der Barzahlungspreis und der Teilzahlungspreis. Der Teilzahlungspreis ist ein Gesamtbetrag und setzt sich zusammen aus der Anzahlung und allen vom Verbraucher zu entrichtenden Teilzahlungen einschließlich der Zinsen und sonstigen Kosten (vgl. § 4 Abs. 1 Nr. 2b) VerbrKrG). Teilzahlungskauf ohne Verpflichtung zur Zinszahlung ist kombinierter Kauf und unentgeltlicher Kreditvertrag, bei dem die Kreditgewährung eine gesonderte Leistung mit eigenem Wert darstellt.[278] Den ersparten Zins (Kreditentgelt) generell als Rabatt zu werten, ist ebensowenig möglich wie die Umsonstlieferung einer mit der Hauptware nicht identischen Ware als Preisnachlaß. Es ist vom angekündigten oder geforderten Normalpreis der Ware auszugehen und nicht von einem hypothetischen Gesamtpreis für Ware und gewerbliche Leistung, der sich aus dem Warenpreis und dem Kreditentgelt zusammensetzt und auf den ein Nachlaß in Höhe des ersparten Zinses gewährt wird.[279] Dabei kann Preisnachlaß nur die objektive festzustellende Differenz zwischen angekündigtem oder allgemein gefordertem Preis (Normalpreis) und einem geringeren Ausnahmepreis sein und nicht das, was die beteiligten Verkehrskreise als Rabatt werten (vgl. Rdn. 77).

Wird der Ratenzahlungspreis (Gesamtpreis) angekündigt oder allgemein gefordert, dann ist er der Normalpreis. Ein Nachlaß wird hierauf nicht gewährt, selbst wenn Barzahler denselben Preis entrichten müssen.[280] Dasselbe gilt, wenn ein **Finanzkaufpreis** angekündigt wird.[281] Wird jedoch Barzahlern ein gegenüber dem Ratenzahlungspreis um mehr als 3% niedrigerer Barzahlungspreis eingeräumt, liegt ein Rabattverstoß vor.[282]

In der Ankündigung „8 Monatsraten ohne Aufschlag" liegt die Ankündigung eines Preisnachlasses, wenn nach Auffassung der Verkehrskreise der Barpreis der allgemein angekündigte Preis (Normalpreis) ist.[283] Ebenso in der Ankündigung „Alle Kameras auf Wunsch zahlbar in 3 Monaten ohne Mehrkosten".[284]

Preisankündigungen in Tageszeitungen wertet der Verkehr regelmäßig als An- **88**
kündigung von Barpreisen.[285] Wird dem Käufer Stundung ohne Aufschlag verspro-

---

[278] Vgl. *Hoth* WRP 1956, 328.

[279] Vgl. *Hoth* WRP 1956, 328, 329; *Borck* WRP 1957, 193, 195.

[280] Gl. A. *Baumbach/Hefermehl* Rdn. 37b; *v. Gamm* Kap. 60 Rdn. 60; *Michel/Weber/Gries* § 2 Rdn. 13; *Borck* WRP 1957, 195; OLG Düsseldorf WRP 1981, 214, für den mit dem Hinweis für 3 Monate gestundeten Preis, Barzahlung werde nicht angeraten und auch nicht erwartet; wohl auch BGH WRP 1993, 243, 244 – *Versandhandelspreis*; GRUR 1994, 389 – *Versandhandelspreis II*; OLG München WRP 1962, 21; LG Köln GRUR 1952, 431, 432; GRUR 1954, 353, 356; LG Stuttgart WRP 1955, 73; *Paterna* MDR 1954, 663; a. M. LG Hamburg GRUR 1954, 74; *Reimer/Krieger* 2 § Rdn. 2; *Krieger* GRUR 1952, 380, 381.

[281] OLG Hamm Rspr. 1992, 56.

[282] OLG Düsseldorf WRP 1986, 148; vgl. dazu *Bunte* EWiR 1986, 293.

[283] BGH GRUR 1959, 329 – *Teilzahlungskauf* – m. zust. Anm. *Hefermehl*; OLG Düsseldorf WRP 1981, 216; *Baumbach/Hefermehl* Rdn. 37a; *Ulmer/Reimer* Nr. 1112; *Harmsen* MDR 1959, 634; a. M. *Weber/Lehmann* NJW 1959, 1668.

[284] OLG Hamm 1993, 66.

[285] So auch OLG Hamburg GRUR 1981, 147 – *Zinsgewinn*.

chen, kann ein Rabattverstoß vorliegen. Ist der über eine Stundung kreditierte Preis der Normalpreis, so kann in der ohne Aufschlag bewilligten Stundung des Kaufpreises ein Preisnachlaß im Sinne des § 1 Abs. 2 RabattG liegen.[286] Der Preisnachlaß besteht in dem Vermögensvorteil, der sich aus einer zinsbringenden Anlage der Kaufpreissumme während der Zeit der Stundung ergeben kann.[287]

In der Kaufpreisstundung (oder Einräumung von Teilzahlungen) gegen ein Entgelt, das nicht ein bloßes Scheinentgelt ist, liegt kein Nachlaß.[288]

Jedoch ist ein System bargeldloser Abrechnung, das eine Stundung gewährt, deren Zeitraum nur geringfügig (hier bis zu 3 Wochen) über der von § 3 RabattG als einer Barzahlung gleichwertig anerkannten Monatsfrist liegt, rabattrechtlich nicht zu beanstanden, weil der Verkehr in solchen Fällen in der Stundung keinen Preisnachlaß i. S. des § 1 Abs. 2 RabattG erblickt.[289]

Wird der Zahlungsaufschub von bis zu zwei Monaten jedem Kunden bewilligt, liegt in der Werbung eines Versandhandelsunternehmens, der Kunde könne sich mit dem Begleichen der Rechnung zwei Monate Zeit lassen, nicht das Angebot eines Preisnachlasses, sondern das einer bequemen Zahlungsbedingung;[290] ebensowenig stellt die Gewährung eines Zahlungszieles von 60 Tagen bei quartalsweiser Abrechnung durch eine Fachbuchhandlung an seine Kunden einen Rabattverstoß dar.[291] Die Kaufpreisstundung (oder Einräumung von Teilzahlungen) gegen ein Entgelt, das nicht ein bloßes Scheinentgelt ist, kann nicht als Nachlaß auf den Normalpreis angesehen werden.[292] Die Ankündigung „alle Kameras auf Wunsch zahlbar in drei Monatsraten ohne Mehrkosten" ist ein Rabattverstoß (OLG Hamm GRUR 1993, 66). In der Ankündigung und Gewährung von Teilzahlungen in 36 Monatsraten mit einem Aufschlag, der einem effektiven Jahreszins von 0,99% entspricht, liegt, wenn der Barpreis als Normalpreis anzusehen ist, ein Verstoß gegen § 1 Abs. 2 RabattG.[293] Ebenso in der Ankündigung „0,0% effektiver Jahreszins".[294] Dagegen liegt nach Auffassung des OLG Hamm bei einem effektiven Jahreszins von 6,4% kein Preisnachlaß vor, auch wenn 6,4% unter den marktüblichen Kreditzinsen liegen.[295]

4. Preisausschreiben

89 Bei Preisausschreiben mit Geldgewinnen wird in der Regel in der Auszahlung des Gewinns kein Preisnachlaß liegen.[296] Der Preis der Ware wird vom Veranstalter

---

286 BGH GRUR 1992, 552 – *Stundung ohne Aufpreis.*

287 BGH aaO unter Hinweis auf BGH GRUR 1959, 329, 331 – *Teilzahlungskauf I*; GRUR 1989, 855, 856 – *Teilzahlungskauf II*; BGHZ 115, 57 = GRUR 1991, 936, 937 – *Goldene Kundenkarte*; ebenso KG WRP 1986, 610, Zusage einer dreimonatigen Zahlungspause; GRUR 1981, 74, 4 Mon. Stundung; OLG Hamm GRUR 1993, 66 – *zahlbar in 3 Monaten ohne Mehrkosten*; OLG Köln GRUR 1992, 467; WRP 1988, 497; WRP 1983, 578; *Baumbach/Hefermehl* Rdn. 37a; *Köhler/Piper* Rdn. 51; *Tilmann* WRP 1992, 215ff; a. M. OLG Hamm WRP 1990, 636 (aufgegeben) und dazu *Wedemeyer* WRP 1989, 357, 358; *Ahrens* GRUR 1991, 500ff; *Borck* WRP 1989, 699, 700; *Weber* WRP 1991, 205, 206.

288 OLG Düsseldorf WRP 1986, 332.

289 So BGH GRUR 1991, 936, 937 – *Goldene Kundenkarte*; zust. *Baumbach/Hefermehl* und *Köhler/Piper* aaO; weitergehend *Nees* WRP 1988, 509.

290 BGH WRP 1993, 243, 244 – *Versandhandelspreis I*; GRUR 1994, 389 – *Versandhandelspreis II.*

291 OLG München GRUR 1994, 136 – *Fachbuchhandlung.*

292 OLG Düsseldorf WRP 1986, 332 – Abgrenzung zu BGH GRUR 1959, 329 – *Teilzahlungskauf I.*

293 OLG Düsseldorf WRP 1990, 105; s. dazu die Anmerkung von *Rottenburg* EWiR 1990, 1039.

294 OLG Stuttgart EWiR 1995, 1117 mit Anm. *Schneider.*

295 OLG Hamm NJW-RR 1994, 107, s. auch Rdn. 118.

296 Gl. A. *Köhler/Piper* Rdn. 46.

des Preisausschreibens nicht herabgesetzt; er bleibt auch für den Gewinner eines „Geldpreises" der gleiche wie bisher.[297] Werden keine Geldpreise, sondern Gewinngutscheine verlost, die beim Einkauf auf den Kaufpreis angerechnet werden, liegt darin kein unzulässiger Rabatt, wenn Warengutscheine mit einem bestimmten Wert, z. B. DM 5,–, als Gewinne angekündigt und verrechnet werden und im Warenangebot des Veranstalters eine größere Zahl von Artikeln mit Preisen unterhalb von 5,– DM zu finden ist.[298] Jedoch kann ein verschleierter Preisnachlaß vorliegen.[299] Das wird der Fall sein, wenn die Zahl der verlosten Gutscheine so groß ist, daß die Mehrheit der Teilnehmer einen erhält.

5. Vorzugspreise für Vereinsmitglieder etc.

Vorzugspreise, die ein Verein seinen Mitgliedern einräumt (o. ä.), sind keine Son- **90**
derpreise, sondern Unkostenbeiträge.[300]

Zulässig ist daher, wenn Vereine ihren Mitgliedern gegenüber Nichtmitgliedern ermäßigte Preise einräumen beim Bezug von Fachzeitschriften, Besuch von Theatervorstellungen, Sportveranstaltungen etc., für die Benutzung von Einrichtungen des Vereins (Berghütte, Schwimmbad, Tennisplatz). Dagegen ist der Preisnachlaß eines Händlers beim Verkauf von Sportartikeln an die Mitglieder eines Sportvereins ein Rabattverstoß.[301] Ebenso unzulässig ist ein Preisnachlaß von 10%, den ein Verlag bei der Veräußerung von juristischen Fach-Tonband-Kassetten den Mitgliedern des Deutschen Anwaltsvereins gewährt, auch wenn der Rabatt den Mitgliedern als Gegenleistung für durch den Verein geleistete Unterstützung bei der Herausgabe der Kassetten gewährt wird.[302] Die Leistung, für die der Rabatt gewährt werden sollte, wurde vom Deutschen Anwaltsverein erbracht; der Preisnachlaß sollte dagegen allen einzelnen Mitgliedern eingeräumt werden. Insoweit fehlt es an der Erbringung der zu verrechnenden Gegenleistung durch die Mitglieder.

Das RabattG ist auch auf die Preisgestaltung von Buchgemeinschaften anzuwenden. Eine mehrfache Preisabstaffelung nach der Zeitdauer der Mitgliedschaft verstößt gegen das RabattG.[303] OLG Frankfurt will die Lieferung verbilligter Treuebände durch Buchgemeinschaften an Mitglieder generell nicht als Preisnachlaß werten.[304] Die Mitgliedschaft in einer Buchgemeinschaft ist mit der in einem Verein aber nicht zu vergleichen. In der Regel werden hier nicht Unkosten umgelegt, sondern Bücher gewerbsmäßig verkauft. Daran ändert nichts die Tatsache, daß ein fester Mitgliederbestand dem Buchhändler und Verleger die Kalkulation erleichtert. Nur wenn die Buchausgaben für Mitglieder und Nichtmitglieder nach ihrer ganzen Ausstattung verschieden sind, liegt unechter Sonderpreis vor, der nicht gegen das RabattG verstößt.[305]

Umsatz-Rückvergütungen werden auf mitgliedsschaftsrechtlicher Basis losgelöst vom einzelnen Umsatzgeschäft gewährt und sind deshalb kein Preisnachlaß.[306]

---

[297] Gl. A. *Lüdecke* BB 1952, 562; *Michel/Weber/Gries* Rdn. 5; vgl. auch § 1 ZugVO Anm. 52.
[298] KG NJW-RR 1987, 420.
[299] Vgl. OLG Karlsruhe WRP 1967, 100.
[300] Gl. A. *Baumbach/Hefermehl* Rdn. 45; *Reimer/Krieger* 132; *Michel/Weber/Gries* Rdn. 88.
[301] Sonderpreis; vgl. OLG Hamm DB 1977, 446; LG Bayreuth WRP 1999, 249.
[302] BGH GRUR 1983, 682 – *Fach-Tonband-Kassetten* – mit Anm. *Gloy.*
[303] OLG Düsseldorf GRUR 1984, 224; a. M. *Baumbach/Hefermehl* Rdn. 45.
[304] OLG Frankfurt WRP 1963, 142, 144; a. M. OLG Düsseldorf WRP 1984, 75.
[305] Gl. A. *Baumbach/Hefermehl* Rdn 45.
[306] BGH GRUR 1964, 146 – *Genossenschaftliche Rückvergütung*; zust. *Seydel*; OLG Hamburg Die AG 1970, 335; *Baumbach/Hefermehl* Rdn. 46; vgl. auch § 5 Rdn. 6.

Umsatzbezogene Gewinnausschüttungen, die ein Buchhandelsunternehmen seinen Kunden aufgrund treuhänderischer Beteiligung gewährt, verstoßen nicht gegen das Rabatt-Gesetz. Die umsatzbezogene Gewinnausschüttung läßt sich nicht mit der rabattrechtlich unzulässigen Rückvergütung eines Teils des für das Einzelgeschäft vereinbarten Kaufpreises vergleichen.[307]

6. Vorkasse

91 Durch Leistungsform bedingte Preiskürzungen sind zulässig, wenn der gekürzte Preis erkennbar ein dadurch bedingter Normalpreis ist. Das ist nicht der Fall beim Verkauf eines Vierer-Packs von Negativfilmen mit Wertschecks und der Ankündigung „Sie sparen DM 2,–“, da die auf die Entwicklungskosten vom Kunden geleistete „Vorkasse“ nicht deutlich wird.[308] Bei Vorkasse und sogenannten Ansparverträgen ist die Vorleistung ein dem Verkäufer gewährter Kredit mit entsprechendem Leistungswert.[309] Er rechtfertigt einen um diesen Vorteil des Verkäufers verminderten Kaufpreis, der bei entsprechender Ankündigung ein durch die Kreditleistung bestimmter Normalpreis ist. Ein prozentualer Preisabschlag ist im Zweifel erkennbare Vergütung für die Kreditleistung des Kunden. Es liegt kein echter Nachlaß vom Normalpreis vor. Unzulässig ist die Ankündigung: „Bei Vorkasse 10% Rabatt“ oder „10% billiger“.[310] Es werden unrichtige Vorstellungen zum Normalpreis hervorgerufen. Die prozentuale oder in sonstiger Weise bei Vorkasse erfolgende Kürzung bei Vorleistung (Vorkasse, Ansparvertrag) muß in wirtschaftlich vernünftigem Verhältnis zur Kreditleistung des Kunden stehen. Andernfalls wird der Eindruck hervorgerufen, daß die Vorleistung nur Vorwand zum Rabatt ist und der Normalpreis in Wahrheit unverändert bleibt. Bei Zahlung 30 Tage vor Lieferung entspricht eine Kürzung um 10% einer Kreditentschädigung von 120% pro anno. Beim Verbraucher muß der Eindruck des Rabattvorwandes entstehen. Skonto ist, wenn längeres Ziel handelsüblich, Vergütung für vorzeitige Zahlung. Überhöhtes Skonto ist unzulässiger Preisnachlaß, beachte Anm. zu § 2.

7. Inzahlungnahme von gebrauchten Gegenständen

92 Anders als Tauschgeschäfte, die generell nicht unter das RabattG fallen (vgl. Rdn. 87), kann die Inzahlungnahme von gebrauchten Gegenständen einen Rabattverstoß beinhalten: Jedoch ist die **Inzahlungnahme von gebrauchten Gegenständen** rabattrechtlich **zulässig**. Das RabattG verbietet es nicht grundsätzlich, den Kaufpreis durch Sachleistungen zu tilgen. Wird der Verkehrswert des in Zahlung genommenen gebrauchten Gegenstandes erkennbar überbewertet, so liegt darin die Gewährung eines verschleierten Rabattes.[311]

---

307 BGH GRUR 1975, 203 – *Buchbeteiligungs-Zertifikate.*

308 OLG Hamm GRUR 1993, 65.

309 Vgl. LG Kiel MDR 1953, 554; zum Kreditbegriff *Hoth* WRP 1956, 328.

310 *Baumbach/Hefermehl* Rdn. 38; *Spengler* RWP II 88 B.

311 So auch BGH GRUR 1960, 558, 562 – *Eintritt in Kundenbestellung*; OLG Karlsruhe WRP 1996, 582, 584 – *Altwagen-Umweltaktion*; GRUR 1990, 145, 146 – *Tauschangebot*; OLG Koblenz NJW 1961, 246; OLG Köln WRP 1996, 594; WRP 1984, 574; JW 1938, 2029; OLG Naumburg WAR 1938, 19; OLG München GRUR 1996, 991, 992 – *DM 3.000,– für Alt-PKW* (im entschiedenen Fall verneint, weil kein Normalpreis festgestellt werden konnte); OLG Stuttgart WRP 1991, 338; *Baumbach/Hefermehl* Rdn. 40; *Köhler/Piper* Rdn. 38; *v. Gamm* Kap. 60 Rdn. 23; *Klosterfelde/Jaeger-Lenz* in Gloy HdBWR § 52 Rdn. 86; *Michel/Weber/Gries* § 2 Rdn. 3, *Reimer/Krieger* 126, 148; a. M. KG BB 1951, 975.

Für einen in Zahlung genommenen Gegenstand darf nur dessen Verkehrswert eingesetzt werden. Der Verkehrswert eines gebrauchten Gegenstandes ist der bei seiner Veräußerung voraussichtlich erzielbare Veräußerungspreis. Wird dieser Verkehrswert nachweisbar zu hoch angesetzt, so liegt in Höhe der Differenz zwischen dem ermittelten Verkehrswert der gebrauchten Sache und dem willkürlich überhöhten Anrechnungspreis ein Preisnachlaß auf den angekündigten oder allgemein geforderten Normalpreis des neuen Gegenstandes oder ein Sonderpreis für Eintauscher von Gebrauchtgegenständen.

Eine bestimmte Altware zu einem Pauschalpreis in Zahlung zu nehmen ist zulässig, wenn dieser dem durchschnittlichen Verkehrswert für Altware dieser Art entspricht, auch wenn dies im Rahmen einer größeren „Umtauschaktion“ geschieht. Mag im Einzelfall der Wert des einen oder anderen Gegenstandes auch über dem Durchschnitt liegen, so liegt der Wert anderer darunter; der durchschnittliche Verkehrswert entspricht dem Durchschnittspreis. Der Verbraucher bewertet im allgemeinen seine Altware nach dem durchschnittlich dafür zu erzielenden Preis. Wird zum durchschnittlichen Verkehrswert in Zahlung genommen, so scheiden unrichtige Vorstellungen über den Normalpreis der Neuware aus.[312] Für die Feststellung eines Rabattverstoßes kommt es nur auf den gewährten Nachlaß im Einzelfall und den – ggf. durchschnittlichen – Verkehrswert des in Zahlung genommenen gebrauchten Gegenstandes an und nicht darauf, ob es sich bei dem Inzahlungsnahmepreis um einen auskömmlich kalkulierten Durchschnittspreis handelt.[313] Wer **generell** verspricht, beim Kauf eines neuen Gerätes (Industriestaubsaugers) ein gebrauchtes Gerät zu einem **festen Preis,** unabhängig von dessen Zustand in Zahlung zu nehmen, auch wenn es sich um defekte Geräte eines fremden Fabrikats handelt, bewertet den gebrauchten Gegenstand nicht mit seinem Verkehrswert, sondern mit einem überhöhten Preis und bietet somit einen unzulässig hohen Preisnachlaß an.[314] Bei einer „Tauschaktion“, bei der gebrauchte Kameras zu einem festen Preis in Zahlung genommen werden und ein einheitlicher Preis für mehrere bestimmte Typen gebrauchter Kameras besteht, kann ein Rabattverstoß vorliegen, wenn für eine in Zahlung genommene gebrauchte Kamera ein zu hoher Wert vergütet wird, was vom Kläger zu beweisen ist, und damit ein verschleierter Preisnachlaß gewährt wird.[315]

Ein zulässiger Pauschalpreis der Altware braucht nicht wertmäßig beziffert zu werden, sondern kann auch in Prozenten vom Normalpreis der Neuware angegeben werden, wenn erkennbar ist, daß es sich nicht um einen Preisnachlaß für die Neuware, sondern um die zu verrechnende Gegenleistung für die Altware handelt. Eine Veränderung des Normalpreises bzw. ein Nachlaß vom Normalpreis für die Neuware liegt nur vor, wenn die Gegenleistung für die Altware in keinem vernünftigen und eindeutigen Verhältnis zum Wert der Altware steht. Unzulässig ist daher ein Angebot wie z. B. „Haben Sie ein X-Gerät? Wenn es nicht älter als vier Jahre ist, nehmen wir es beim Kauf der neuesten X-Type mit 20% in Zahlung“. Die in Aussicht gestellte Inzahlungnahme von Alt-Ware ohne Rücksicht auf ihren Verkehrswert dient als Vorwand für einen unzulässigen Rabatt.[316] Beträgt die Differenz zwischen dem Verkehrswert der in Zahlung genommenen Alt-Ware und dem angerech-

[312] So auch *Reimer/Krieger* 148, 149.

[313] So auch OLG Karlsruhe WRP 1989, 533.

[314] So auch OLG Karlsruhe aaO; vgl. auch LG Chemnitz WRP 1999, 571 – *zur Inzahlungnahme gebrauchter Lederjacken zum Festspreis.*

[315] OLG Hamburg GRUR 1987, 383; KG GRUR 1979, 252; OLG Frankfurt WRP 1980, 562; OLG Stuttgart WRP 1991, 338.

[316] So auch LG Köln GRUR 1954, 37; *Tetzner* § 2 Rdn. 10.

neten Betrag mehr als 3% der Neuware, so liegt darin ein Verstoß gegen § 2 RabattG.[317]

Die Feststellung eines Rabattverstoßes bei der Inzahlungnahme von gebrauchten Gegenständen wegen des Überbewertung setzt jedoch voraus, daß der Unternehmer, der den gebrauchten Gegenstand in Zahlung nimmt, für seine Neuware einen Normalpreis hat. Ist dies nicht der Fall, kann in der Inzahlungnahme zum Festpreis auch kein Preisnachlaß liegen.[318]

Auf bestimmten Märkten, wie z. B. dem Kraftfahrzeugmarkt, bestehen besondere Verhältnisse für die Inzahlungnahme gebrauchter Gegenstände. Die Inzahlungnahme gebrauchter Kraftfahrzeuge hat auf diesem Markt besonderes wirtschaftliches Gewicht, dem auch die Kfz-Händler Rechnung tragen. Dabei ist es dem Kfz-Händler nicht verwehrt, beim Verkauf eines Neuwagens unter Inzahlungnahme eines Gebrauchtwagens einen anderen, höheren Normalpreis zu fordern, als bei einem Verkauf ohne Inzahlungnahme eines Gebrauchtfahrzeuges.[319]

Zur wettbewerbsrechtlichen Bewertung von Umtauschaktionen vgl. LG Bremen WRP 1992, 530; OLG Frankfurt WRP 1983, 33; KG NJWE – WettbR 1996, 102; OLG Köln GRUR 1995, 277.

8. Echte Provisionen und Werbeprämien

93 Echte Provisionen und Werbeprämien für die Vermittlung von Geschäftsabschlüssen sind Leistungsentgelte und bleiben es, auch wenn sie in wirtschaftlichem oder rechtlichem Zusammenhang mit einem Kaufgeschäft stehen und durch Verrechnung mit dem Preis vergütet werden.[320] Entscheidend ist stets, ob dem Provisionsanspruch eine echte Leistung zugrunde liegt, für die eine Provision in der vereinbarten Höhe als angemessene Vergütung betrachtet werden kann.[321] Der Wert der zu verrechnenden Gegenleistung des Letztverbraucher muß festgelegt oder aufgrund objektiver Anhaltspunkte bestimmbar sein und zwischen dem Wert des Preisnachlasses und dem der Gegenleistung muß ein angemessenes Verhältnis bestehen.[322]

Soll ein Käufer durch eine Ankündigung – z. B. „Vermittlungsprovision in Höhe von 10%" – nur veranlaßt werden, einen „Vermittler" vorzuschieben, handelt es sich um eine Scheinprovision, die der Rabattverschleierung dient.[323]

Kein Preisnachlaß, sondern Provision bzw. Werbeprämie liegt vor, wenn Sammelbestellern eine Unkostenpauschale gezahlt wird, deren Höhe vom Umsatz abhängig ist, auch wenn die Eigenkäufe des Sammelbestelllers mitgerechnet werden.[324] Bei Weitergabe der Provision ist sorgfältige Prüfung geboten, ob es sich um

---

[317] Ebenso *Baumbach/Hefermehl* Rdn. 40; *Michel/Weber/Gries* § 2 Rdn. 4; a. M. *Reimer/Krieger* § 2 Rdn. 1, 6.

[318] So OLG München, GRUR 1996, 991, 992 – *DM 3.000,– für Alt-PKW*; *Köhler/Piper* Rdn. 23 mwN.

[319] Vgl. dazu BGH GRUR 1987, 63, 64 – *Kfz-Preisgestaltung I*; OLG Saarbrücken WRP 1986, 174; WRP 1983, 235; a. M. OLG Hamm WRP 1983, 632; vgl. dazu auch Rdn. 63.

[320] *Baumbach/Hefermehl* Rdn. 39; *Köhler/Piper* Rdn. 50; *Michel/Weber/Gries* Rdn. 6; *Reimer/Krieger* 121; *Tetzner* § 2 Rdn. 12.

[321] BGH GRUR 1967, 371, 372 – *BSW.*

[322] BGH GRUR 1995, 832, 834 – *Verbraucherservice*; GRUR 1989, 218, 219 – *Werbeteam-Rabatt.*

[323] Gl. A. *Baumbach/Hefermehl* Rdn. 39; *Reimer/Krieger* 149; *Tetzner* § 2 Rdn. 12 u. § 1 Rdn. 119.

[324] BGH GRUR 1963, 578 – *Sammelbesteller*; *Baumbach/Hefermehl* Rdn. 39; *v. Gamm* Kap. 60 Rdn. 26.

das Entgelt für eine echte Leistung handelt oder ob der Vermittler nur vorgeschoben ist.[325] Dies ist der Fall, wenn der Begleitperson eines Käufers unaufgefordert eine „Provision“ gewährt und mit dem Kaufpreis verrechnet wird.[326] Dasselbe gilt, wenn angekündigt wird „Jeder, der mit einem von ihm vermittelten Käufer in unserem Geschäft erscheint, erhält 15% vom Wert der gekauften Ware als Provision ausbezahlt“.[327] Weitere Fälle eines verschleierten Rabattes: Wenn zusätzlich zu einem Barzahlungsrabatt von 3% ein weiterer Preisnachlaß als Vermittlungsprovision an die Begleitperson des Käufers gewährt wird, weil diese den Käufer bei den Kaufverhandlungen begleitet und beraten hat.[328] Unzulässig ist z. B. auch die Ankündigung: „Jeder Käufer, der uns Interessenten für unsere Haushaltsmaschinen namhaft macht, erhält 10% vom Kaufpreis als Vergütung“. Der Käufer soll veranlaßt werden, irgendwelche Namen zu nennen und den Vorwand zur Rabattgewährung durch Scheinprämie zu geben. Zu Werbeprämien vgl. auch *Spengler* MA 1955, 9. Zulässig ist die Gewährung einer 4%igen Umsatzvergütung als (echte) Werbeprämie für Fremdkäufer auch für Käufe für den eigenen Bedarf.[329]

Zulässig ist auch die Gewährung eines Warengutscheines im Wert von DM 30,– durch Elektrohändler für die Werbung eines Kunden, der Ware im Werte von mindestens DM 1.000,– einkauft;[330] die Gewährung eines 3% übersteigenden Preisnachlasses an eine Spitzensportlerin beim Kauf eines BMW gegen die Verpflichtung, das Fahrzeug mindestens ein halbes Jahr zu behalten und dem Verkäufer einige Fotografien zu liefern, die die Käuferin in Sportkleidung und mit dem Wagen zeigen.[331] Zulässig ist es auch, wenn ein Hersteller von Elektrorasierern einen Rasier-Test durchführen läßt und dem Kunden für die Teilnahme DM 5,– versprochen werden, die schon beim Kauf eines Rasierers verrechnet werden.[332] Kauft ein angestellter Autovertreter bei seinem Arbeitgeber einen Wagen und erklärt sich bereit, diesen bei seiner Verkaufstätigkeit als Vorführwagen zu benutzen, dann ist der Preisabschlag kein Preisnachlaß, sondern gutgebrachte Entschädigung für eine im Interesse des Verkäufers liegende Leistung. Eine Vergütung in Höhe von DM 40,– für einen ausführlichen Testbericht nach achtwöchiger Benutzung neuwertiger Stoßdämpfer im Werte von DM 592,– bis DM 921,– ist kein Preisnachlaß, sondern Leistungsentgelt für eine eingehende Beurteilung des Kaufobjektes.[333]

Unzulässig ist dagegen, Schreibmaschinen als Vorführmaschinen mit 10% Rabatt zu verkaufen, weil Käufer sich bereit erklärt, für den Absatz der Maschinen zu werben;[334] einem Käufer für Werbegegenleistungen einen Preisnachlaß zu gewähren, wenn ein bestimmtes angemessenes Verhältnis zwischen dem Wert des Preisnachlasses und dem der Gegenleistung weder festgelegt noch aufgrund objektiver Anhaltspunkte bestimmbar ist;[335] den Mitgliedern des Deutschen Anwaltvereins als Gegenleistung für die vom Verein erbrachte Leistung einen Rabatt von 10% bei Bezug von Fach-Tonbandkassetten zu gewähren, weil die Unterstützung bei der Her-

325 Vgl. OLG Neustadt GRUR 1963, 382; *Michel/Weber/Gries* § 1 Rdn. 91.

326 BGH GRUR 1964, 88 – *Verona-Gerät* – mit Anm. *Bußmann.*

327 Gl. A. *Tetzner* Rdn. 119.

328 OLG Düsseldorf GRUR 1984, 897 – *PKW-Vermittlungsprovision*; OLG Zweibrücken GRUR 1985, 568 – *Kfz-Vermittlungprovision.*

329 Vgl. BGH GRUR 1968, 603 – *Ratio-Markt III* – in Anlehnung an BGH GRUR 1963, 578 – *Sammelbesteller.*

330 OLG Hamm WRP 1982, 346.

331 BGH GRUR 1978, 375 – *Spitzensportler-Nachlaß*; *v. Gamm* Kap. 60 Rdn. 26.

332 OLG Hamburg WRP 1983, 165.

333 OLG Frankfurt NJW-RR 1991, 938 = GRUR 1990, 152.

334 *Baumbach/Hefermehl* Rdn. 39.

335 BGH GRUR 1989, 218 ff – *Werbeteam-Rabatt.*

stellung der Tonbandkassetten vom Verein, nicht aber von seinen Mitgliedern geleistet wurde;[336] den Kunden verbilligte Leistungen (Ersatzwagen, Werkstattwagen, Zubehör auf Wagenwäsche) anzukündigen, wenn der Kunde einen Werbeaufkleber seines Kfz-Händlers anbringt.[337]

9. Geldzugabe

94 Die Geldzugabe (Geldzuschuß/Zuzahlung) ist immer Rabatt. Sie kann niemals Folge einer Preissenkung oder Leistungssteigerung sein, denn der geforderte oder angekündigte Preis ist der gezahlte Preis, auf den die Rückvergütung gewährt wird.[338] Bei Vorkasse wird zusammen mit der Lieferung oder danach ein Barbetrag zurückvergütet; bei Zahlung oder davor oder danach wird ein Barbetrag oder Gutschein über einen Geldbetrag ausgehändigt, bei dessen Vorlage der Gegenwert ausgezahlt wird (zur Gutscheinwerbung vgl. auch Anm. § 1 ZugabeVO und § 4 RabattG Rdn. 3–7). Durch die Geldzugabe muß eine Veränderung des Normalpreises zugunsten des Käufers erfolgen. Die Zuschußzahlung muß erkennbar Rückvergütung eines Teils des Normalpreises sein.

10. Waren- und Leistungsrabatt

95 Waren- und Leistungsrabatt ist gattungs- und qualitätsgleiche Mehrleistung bei gleichem Preis. Zur Unterscheidung von der Leistungssteigerung vgl. Rdn. 74–78. Er ist von der Ware her positiver und vom Preis her negativer Rabatt (vgl. auch Rdn. 78). Zur notwendigen Gattungs- und Qualitätsgleichheit s. § 7 Rdn. 7 und 14. Fehlt diese, dann liegt nicht Rabatt, sondern eine verbotene Zugabe vor, sofern nicht die Ausnahmetatbestände des § 1 Abs. 2 lit. a und d bis g ZugabeVO zum Zuge kommen. Die Warengleichheit folgt zwangsläufig daraus, daß nicht die Leistung des Unternehmers, sondern die Gegenleistung des Erwerbers die Rabatteigenschaft bestimmt. Jede Ware hat ihren eigenen Preis. Dieser kann nur vermindert werden, wenn der Preis der zusätzlichen Ware (Mehrleistung) mit dem der verkauften identisch ist, was notwendig Gattungs- und Qualitätsidentität voraussetzt. Im übrigen beachte § 7 Rdn. 7 und 14. Für den Leistungsrabatt gilt das gleiche wie für den Warenrabatt (vgl. § 8 Anm. 4, 5). Wenngleich das wirtschaftliche Ergebnis beim Waren- und Leistungsrabatt für Veräußerer und Erwerber dem des Geldrabatts entspricht – auf den Gesamtpreis wird ein Nachlaß in Höhe des Preises der Mehrleistung gewährt –, sind sie nur im Rahmen der Ausnahmetatbestände der §§ 7 und 8 erlaubt. Fehlt es an der Handelsüblichkeit, sind sie verboten, auch wenn ein Wert von 3% des Normalpreises nicht überschritten wird.

11. Kopplungsangebote (zur zugaberechtlichen Beurteilung vgl. Anmerkungen zu § 1 ZugabeVO)

96 Werden mehrere wirtschaftlich und funktionell eigenständige Waren oder Leistungen (Ware mit Ware, Ware mit Leistung, Leistung mit Leistung) zusammen zu einem Gesamtpreis angekündigt oder veräußert, dann wird in der Regel eine selbständige Verkaufseinheit zu einem besonderen Normalpreis angekündigt und ver-

[336] BGH GRUR 1983, 682, 684 – *Fach-Tonbandkassetten* – m. Anm. *Gloy*.

[337] OLG Celle WRP 1992, 752.

[338] Gl. A. OLG Dresden MuW 1937, 306; *Baumbach/Hefermehl* Rdn. 41; *Michel/Weber/Gries* Rdn. 9; *Reimer/Krieger* 126.

äußert.[338a] Dies ist der Fall, wenn der Unternehmer verschiedene Artikel, die er auch einzeln in seinem Angebot führt, zu einer selbständigen Verkaufseinheit zusammenstellt und für diese neue Verkaufseinheit einen weiteren selbständigen Normalpreis bildet und fordert. In der Differenz zwischen der Summe der Einzelpreise und dem niedrigeren Normalpreis für die neue Verkaufseinheit liegt kein Preisnachlaß. Dem eigenständigen Preis für die neue selbständige Verkaufseinheit (Gesamtangebot) steht nicht entgegen, daß es dem Kunden überlassen bleibt, aus einer Vielzahl angebotener Waren die Kombination der Waren selbst auszuwählen.[339] Ein Rabattverstoß scheidet in der Regel in diesen Fällen aus.

Werden der Gesamtpreis für die gekoppelten Waren oder die Einzelpreise für die einzelnen Waren oder Leistungen so angekündigt oder allgemein gefordert, daß für den letzten Verbraucher der Eindruck entsteht, es handle sich um Ausnahmepreise von den sonst gültigen Preisen für die Einzelware, liegt ein Rabattverstoß vor.[340]

12. Rabatte und Preisbindung

Die Gewährung von nach RabattG zulässigen Preisnachlässen kann durch andere gesetzliche Vorschriften[341] oder privatrechtliche Verträge (Preisbindungsverträge) ausgeschlossen sein. Diese Frage hat mit der Aufhebung der Preisbindung für Markenartikel ihre frühere Bedeutung verloren. Eine Preisbindung für Markenwaren nach § 16 GWB konnte auch auf den Ausschluß der Gewährung von Barzahlungsnachlässen nach § 2 RabattG erstreckt werden.[342] Dasselbe muß auch für Mengen- und Sondernachlässe (§§ 7, 8, 9 RabattG) gelten. Auch diese Rabatte sind Preisnachlässe. **97**

Andererseits wird die Lückenlosigkeit eines Preisbindungssystems in der Regel nicht dadurch beeinträchtigt, daß das preisbindende Unternehmen seinen Abnehmern gestattet, Barzahlungsrabatte bis zu 3% zu gewähren.[343] Dies kann anders zu beurteilen sein, wenn nach Maßgabe des RabattG gewährte Mengen- oder Sondernachlässe eine solche Höhe erreichen, daß der gebundene Preis hierdurch seine Bedeutung als Maßstab für die dem Abnehmer obliegende Leistung schlechthin verliert.[344] Mengen- und Sonderrabatte dürfen außerdem nur an Abnehmer gewährt werden, die die Ware nicht als ungebundene Wiederverkäufer veräußern, weil andernfalls die gedankliche Lückenlosigkeit der Preisbindung nicht gegeben ist;[345] jedoch machen Sondernachlässe an Betriebsangehörige i. S. des § 9 Ziff. 3 RabattG eine Preisbindung noch nicht lückenhaft.[346] Ebenso wird eine Preisbindung nicht lückenhaft, wenn eine Buchhandlung Verlagserzeugnisse zu ermäßigten Preisen an Studenten veräußert.[347]

338a Vgl. OLG Dresden GRUR 1999, 274, 275 – *Diskofox.*

339 Vgl. BGH GRUR 1995, 761, 762 – *Paketpunktsystem*; GRUR 1995, 165, 166 – *Kosmetikset*; GRUR 1993, 60 – *Komplettpreis*; OLG Hamburg GRUR 1985, 468 – *Komplettpreis für ein Tagesgericht*; *Köhler/Piper* Rdn. 39.

340 Gl. A. *Baumbach/Hefermehl* Rdn. 33; *Köhler/Piper* Rdn. 39; vgl. auch OLG Düsseldorf WRP 1973, 527.

341 Vgl. z. B. §§ 24, 25 TabStG (s. hierzu § 2 Rdn. 12 ff) und § 22 II GüterkraftverkehrsG.

342 BGH GRUR 1962, 423 – *Agfa Rollfilme* – m. Anm. *Lieberknecht*; GRUR 1965, 616, 620 – *Esslinger Wolle*; *Baumbach/Hefermehl* Wettbewerbs- und Warenzeichenrecht Bd. I 10. Aufl. Rdn. 541; § 1 UWG 618; *Basson* MA 1961, 299; *Dörinkel* GRUR 1960, 13; *Gleiss* NJW 1953, 1456; *Müller/Gries* WRP 1961, 176 ff; *Völp* WRP *1959*, 7 ff.

343 RGZ 150, 271; OLG Frankfurt WuW/E OLG 265, 277; *Baumbach/Hefermehl* aaO Rdn. 541; a. M. Völp WRP 1958, 353, 359; MA 1960, 614, 620.

344 Vgl. BGH GRUR 1965, 616, 620 – *Esslinger Wolle.*

345 OLG Hamm BB 1963, 452.

346 LG Berlin GRUR 1961, 198.

347 BGH GRUR 1958, 247 – *Verlagserzeugnisse* – m. Anm. *Kleine.*

Unterschreitet der Unternehmer einen gebundenen Preis, so liegt darin nur dann ein Verstoß gegen das RabattG, wenn der gebundene Preis sein Normalpreis (Begriff Rdn. 60–66) ist. Kündigt der Unternehmer von vornherein einen unter dem gebundenen Preis liegenden eigenen Normalpreis an oder fordert er einen solchen, dann verstößt er gegen den Preisbindungsvertrag, aber nicht gegen das RabattG.

VI. Unterschiedliche Normalpreise (Preisspaltungen)

1. Allgemeines

98 Der Unternehmer ist nicht verpflichtet, den einmal angekündigten oder allgemein geforderten Normalpreis für eine Ware (Einzelstück, Waren einer bestimmten Gattung) oder gewerbliche Leistung unter allen Umständen beizubehalten. Unterschiedliche Normalpreise für dieselbe Ware sind zulässig, wenn sie auf sachlichen, nicht in der Person des Käufers liegenden Gründen beruhen und nicht unter Umständen angekündigt oder eingeräumt werden, aus denen die angesprochenen Verkehrskreise entnehmen können, daß der niedrigere Preis ein Ausnahmepreis vom weiter bestehenden Normalpreis ist, der nicht allen Kunden eingeräumt wird. Der Unterschied zwischen den verschiedenen Preisen darf nicht als Rabatt bezeichnet werden[348] oder von den angesprochenen Verkehrskreisen so verstanden werden können (vgl. Rdn. 64).

Eine Preisgestaltung mit zwei unterschiedlichen Normalpreisen muß für den Verkehr von vornherein deutlich und unmißverständlich erkennbar sein, um den Eindruck einer individuellen Preisherabsetzung in Form eines Rabattes auszuschließen.[349]

2. Unterschiedliche Zeiten

99 **Unterschiedliche Preise** sind üblich und zulässig **während bestimmter Zeiten**. Bei Schluß- und Räumungsverkäufen (§§ 7 Abs. 3 und 8 UWG) ist die Ermäßigung des Normalpreises zulässig. Durch die Ankündigung eines Räumungsverkaufs wegen Aufgabe des gesamten Geschäftsbetriebes (§ 8 Abs. 2 UWG) wird bereits hinreichend deutlich, daß der geringere Preis ein durch den Verkaufanlaß bedingter geringerer, für alle Kunden geltender Normalpreis ist. Er ist nicht Ausnahmepreis, sondern unechter Sonderpreis, weil nach Beendigung der Veranstaltung ein Verkauf zum alten Normalpreis ausscheidet. Räumungspreise sind immer letzte Preise. Für Saisonschlußverkäufe und Sonderveranstaltungen nach § 7 Abs. 3 Nr. 2 UWG (Jubiläumsverkäufe) gilt rabattrechtlich das gleiche.[350] Die Preisherabsetzung kann in Prozenten und durch Gegenüberstellung der Preise angekündigt werden.[351] Sonderveranstaltungen, die nur in den engen Grenzen des § 7 Abs. 3 UWG erlaubt sind und danach seltene Ausnahmen darstellen, stehen zu den Werbemaßnahmen, die durch das RabattG bekämpft werden sollen, in keiner inneren Beziehung.[352] Allerdings dürfen auch im Rahmen solcher Veranstaltungen Nachlässe von den dann

---

348 BGH GRUR 1961, 367 – *Schlepper*; *Gries* WRP 1958, 12, 13.

349 So auch BGH GRUR 1987, 63, 64 – *Kfz-Preisgestaltung.*

350 Gl. A. BGH GRUR 1966, 384 – *Jubiläum*; *Baumbach/Hefermehl* Rdn. 34; *Reimer/Krieger* 124.

351 BGH aaO; *Baumbach/Hefermehl* aaO; *Reimer* 1021; *Tetzner* § 1 Rdn. 93; a. M. *Michel/Weber/Gries* Rdn. 10.

352 BGH GRUR 1966, 382, 384; *Reimer/Krieger* 124.

maßgebenden Preisen nur in der Art und in dem Umfang angekündigt und gewährt werden, wie das RabattG dies zuläßt (BGH aaO). Unzulässig ist es, während des Sommerschlußverkaufs in Zeitungsanzeigen mit der Angabe zu werben „Außerdem gibt es auf alle regulären Sommersachen 10% Nachlaß".[353] Eine Fahrschule, die während einer Werbewoche davon absieht, die Grundgebühr zu erheben, gewährt keinen Preisnachlaß.[354] Es liegt auch keine Sonderveranstaltung im Sinne des § 7 UWG vor, da diese sich nur auf Verkäufe von Waren und nicht auf gewerbliche Leistungen an letzte Verbraucher bezieht.[355] **Zulässig** ist, während bestimmter abgegrenzter Zeiten, insbesondere in saisonbedingten umsatzschwachen Wochen und Monaten, ermäßigte Preise einzuräumen, so für Pelze oder Lamahaarmäntel[356] und Brennstoffe in den Sommermonaten, für Fotoarbeiten,[357] Motorräder[358] und Fahrräder[359] in den Wintermonaten. Zulässig sind ferner Vor- und Nachsaisonpreise der Hotels.[360] Zulässig sind die ermäßigten Feiertags- und Wochenendtarife der Hotels und Autovermieter.[361]

Unzulässig ist es jedoch, den ermäßigten Saisonpreis in Form eines Preisnachlasses anzukündigen, so z. B. „Achtung, Sommerschluß-Verkauf! Enorme Preissenkung in... (bestimmten Kleidungsstücken). Übrigens erhalten Sie auch auf sämtliche Standardartikel 10% Sonderrabatt!".[362] Eine zeitlich begrenzte Preissenkung und kein Preisnachlaß liegt vor, wenn eine Bäckerei jeweils an den Wochentagen vor Sonn- und gesetzlichen Feiertagen jeweils für die letzten drei Stunden vor Geschäftsschluß ihre Preise für frische Backwaren um die Hälfte herabsetzt.[363]

Ein Normalpreis und kein Preisnachlaß liegt vor, wenn während einer begrenzten Einführungszeit ein gegenüber dem späteren Normalpreis ermäßigter Einführungspreis angekündigt und allgemein gefordert wird. Der Hinweis auf den nach Ende der Einführungszeit geltenden höheren Normalpreis ist nicht die Ankündigung eines Preisnachlasses. Für den Verkehr muß erkennbar sein, daß es sich um einen (zeitlich begrenzt) herabgesetzten Normalpreis handelt. Rabattrechtlich zulässig ist es, den Einführungspreis für Anzeigen eines Anzeigenblattes in der Weise anzugeben, daß von den später geltenden Normalpreisen der Anzeigenpreisliste für die ersten drei Ausgaben ein um 30% verminderter „mm-Preis" angegeben wird.[364] Der Verkehr versteht zeitlich befristete Eröffnungspreise für Anzeigen eines Anzeigenblattes, die aus einem prozentualen Abschlag von den später geltenden Preisen der Anzeigenpreisliste gebildet werden, nicht als eine verschleierte Rabattgewährung, sondern als ein zeitlich befristetes Sonderangebot und damit als einen befristeten Normalpreis aus Anlaß des Neuerscheinens des Anzeigenblattes. Kein Preisnachlaß wird gewährt, wenn Fahrlehrer bei Einführung eines Fahrschulbetriebes für eine begrenzte Zeit von der Erhebung einer Grundgebühr absehen.[365] Wird der verbilligte Einführungspreis nicht allen Interessenten, sondern nur bestimmten Verbraucherkreisen (vgl.

---

[353] OLG Hamburg WRP 1984, 562.

[354] OLG Bamberg NJW 1970, 1377; s. auch GRUR 1971, 81.

[355] Gl. A. *Baumbach/Hefermehl* UWG § 7 Rdn. 5 a; OLG Bamberg aaO; OLG Nürnberg BB 1963, 494.

[356] Vgl. – sinngemäß – BGH GRUR 1982, 56, 57 – *Sommerpreis.*

[357] OLG München WRP 1969, 425.

[358] Vgl. sinngemäß BGH GRUR 1984, 664, 665 – *Winterpreis.*

[359] *Zentrale* WRP 1971, 346.

[360] Gl. A. *Baumbach/Hefermehl* Rdn. 34; *v. Gamm* Kap. 60 Rdn. 20.

[361] A. M. OLG Koblenz GRUR 1980, 931 – „*Mietwagenkosten*" – für die Werbung mit „Ferien- und Wochenendtarif nur 50% der normalen Mietwagenkosten".

[362] Vgl. BGH GRUR 1961, 367 – *Schlepper.*

[363] OLG Hamm GRUR 1980, 928 – *Feiertagspreis.*

[364] So BGH GRUR 1994, 390 – *Anzeigen-Einführungspreis.*

[365] OLG Bamberg GRUR 1971, 81.

dazu Rdn. 103) eingeräumt, so liegt ein unzulässiger Sonderpreis vor, so z. B. wenn der Einführungspreis nur gegen Vorlage eines Gutscheins eingeräumt wird, den aber nur bestimmte Verbraucher erhalten.[366] Dasselbe gilt, wenn der verbilligte Einführungspreis für ein 10-Wochen-Abonnement einer Zeitung nur Erst- oder Wiederbeziehern eingeräumt wird.[367] Rabattrechtlich zulässig ist ein „Schnupper-Abo zum Kennenlernen" für ein auf drei Monate befristetes Probeabonnement einer Tageszeitung.[368] Auch ein Eröffnungspreis kann ein zeitlich oder auf andere Weise begrenzter Normalpreis sein, wenn er allgemein allen interessierten Kunden eingeräumt wird. Ein Normalpreis und daher kein Nachlaß wird angekündigt, wenn den ersten 100 Anmeldern einer Fahrschule ein günstigerer Eröffnungspreis angeboten wird.[369]

Das sich auch an Endverbraucher richtende Angebot eines einmaligen Testpreises verstößt nicht gegen das RabattG.[370]

Zulässig sind ferner Subscriptionspreise der Verlage und des Buchhandels, sofern sie nicht nur bestimmten Verbraucherkreisen, sondern allen Interessenten während einer bestimmten Zeit eingeräumt werden.[371]

Das gleiche gilt für Subscriptionspreise der Weinproduzenten und -händler.

Auch Subscriptionspreise sind zeitlich begrenzte Normalpreise.

3. Unterschiedliche Beschaffenheit

100 Ist Anlaß der Preisermäßigung die unterschiedliche Beschaffenheit der Ware und wird dies erkennbar gemacht, ist der geminderte Preis ein durch die Umstände bedingter und gerechtfertigter Normalpreis. Der ermäßigte Preis darf aber nicht nur einzelnen, sondern muß allen Interessenten eingeräumt werden, und dieser Umstand muß für sie auch erkennbar sein.[372] Ist die Ware mangelhaft, so ist der Kunde hierauf hinzuweisen. Zulässig ist die Ankündigung eines Autohändlers „Vorführwagen 20% billiger" oder „Vorführwagen 30.000,– DM abzügl. 20%", wenn erkennbar ist, daß fabrikneue Fahrzeuge 30.000,– DM kosten. Jedoch wird ein verschleierter Rabatt gewährt, wenn ein Autohändler im Einverständnis mit dem Käufer eines fabrikneuen Autos zunächst dessen Zulassung auf sich selbst und dann die Umschreibung auf den Kunden beantragt, um einen niedrigeren Preis anbieten zu können.[373] Für überlagerte Ware, bedruckte Stoffe mit Druckfehlern, unmodern gewordene Modeartikel u.ä. gilt das gleiche.[374] Zulässig dagegen „30% Rabatt auf Vorführfernsehgeräte", da das Wort Vorführgerät auf einen generell ermäßigten Normalpreis hindeutet.[375]

Unterschiedliche Preise können auch durch unterschiedliche Leistungen des Unternehmers gerechtfertigt sein. Beim Verzicht auf sonst übliche Leistungen des Verkäufers (z. B. Kundendienst) kann ein ermäßigter Preis ein weiterer Normalpreis und damit zulässig sein.[376] Die Ermäßigung muß der entfallenden Leistung entspre-

---

[366] BGH GRUR 1959, 326 – *Kaffeeversandhandel.*

[367] OLG Düsseldorf GRUR 1969, 227; zum zeitlich begrenzten Barzahlungsrabatt vgl. Anm. zu § 2; vgl. ferner BGH GRUR 1966, 214 – *Einführungsangebot.*

[368] OLG Hamm AfP 1995, 419; wettbewerbsrechtlich fraglich, da zu lange.

[369] So OLG Düsseldorf GRUR 1984, 61, 62 – *Fahrschulwerbung.*

[370] OLG München OLG Rspr. 1995, 220.

[371] BGH WRP 1971, 264, 265 – *Brockhaus Enzyklopädie*; *Baumbach/Hefermehl* Rdn. 34.

[372] BGH GRUR 1967, 433 – *Schrankwand.*

[373] OLG Düsseldorf GRUR 1985, 309.

[374] Gl. A. *Baumbach/Hefermehl* Rdn. 30.

[375] Gl. A. *Tetzner* § 1 Rdn. 93; vgl. auch Rdn. 81–83; a. M. *Baumbach/Hefermehl* Rdn. 30.

[376] BGHZ 117, 230, 233 = GRUR 1992, 465, 466 f – *Rent-o-mat.*

chen, andernfalls kann verschleierter Preisnachlaß vorliegen.[377] Der Verkauf zu Selbstbedienungspreisen ist eine verschleierte Rabattgewährung, wenn der Unterschied zum Normalpreis höher ist als der Wert, der bei der Selbstbedienung wegfallenden Nebenleistungen und auch nicht auf andere Weise gerechtfertigt werden kann.[378] Es gilt dasselbe wie bei der Inzahlungnahme gebrauchter Gegenstände zu überhöhtem Wert (vgl. Rdn. 92). Unzulässig ist, 500 g Tee vorverpackt zu DM 6,98 und selbst abgewogen für DM 6,– anzukündigen, da der Wegfall der Bedienungsleistung des Einzelhändlers einen Abzug von ca. 13% nicht rechtfertigt;[379] ebenso „20 bis 25% billiger! Kaufen Sie Rundfunk- und Fernsehgeräte gegen Barzahlung bei Verzicht auf kostenlosen Kundendienst".[380] Rabattrechtlich zulässig ist dagegen, einen gegenüber dem Ladenpreis verminderten Abholpreis einzuräumen beim Kauf von Großgeräten aus dem Bereich der sogen. „weißen Ware";[381] ebenso unterschiedliche Preise eines Schuheinzelhändlers für die Schuhreparatur, wenn für beim Händler gekaufte Schuhe mit Hilfe einer Servicekarte die Reparatur schneller und rationeller ausgeführt werden kann.[381a] Zulässig ist, für Bargeschäfte einen geringeren Preis als für Kreditgeschäfte zu berechnen, beachte Rdn. 88. Ob redaktionell gestaltete Anzeigen üblicherweise stets den gleichen Preis haben wie sonstige Anzeigen ist offen.[382]

4. Unterschiedliche Mengen

Unterschiedliche Preise für gleiche oder unterschiedliche Waren können auch durch Abnahme unterschiedlicher Mengen einer Ware gerechtfertigt sein. Dem Unternehmer stehen zwei Möglichkeiten offen, seinem Abnehmer bei Abnahme größerer Mengen einer bestimmten Ware oder bei Abnahme mehrerer unterschiedlicher Waren in rabattrechtlich einwandfreier Weise entgegenzukommen. Er kann entweder einen Mengenrabatt gewähren oder eine neue Verkaufseinheit bilden. **101**

Der Mengenrabatt der §§ 7 und 8 betrifft Mengennachlässe durch Preisabschlag von einem Normalpreis unter Hingabe gleicher Ware. Er findet auf eine von vornherein berechnete günstigere Preisstellung für größere Mengen, wie sie vielfach bei in Dosen, Tuben, Flaschen und dergl. fertigverpackter Ware üblich ist, keine Anwendung (vgl. Amtl. Begr. zu §§ 7 und 8). Die Vorschriften der §§ 7 und 8 regeln nur den Mengennachlaß bei Abnahme einer Ware oder gewerblichen Leistung mit einem Normalpreis, verbieten jedoch nicht, für unterschiedliche Warenmengen von vornherein verschiedene Normalpreise zu bilden.[383] Bei dem Preis für eine neue, größere Verkaufseinheit muß es sich um einen weiteren Normalpreis für eine größere Warenmenge als selbständige Verkaufseinheit handeln, der ohne jede Ausnahme allen Kunden eingeräumt wird. Zulässig ist daher, Groß- und Mehrfachpackungen, Doppelgebinde etc. zu einem geringeren Preis als dem Vielfachen des Preises für das Einzelstück anzukündigen und zu verkaufen, sofern die größere Menge eine selbständige Verkaufseinheit bildet und als solche angekündigt wird. Für die rabattrechtliche

---

377 *Baumbach/Hefermehl* Rdn. 31; GA 3/60; *Gries* WRP 1958, 12.

378 BGH GRUR 1970, 563 – *beiderseitiger Rabattverstoß.*

379 *Zentrale* WRP 1971, 347.

380 LG Dortmund BB 1963, 666; *Baumbach/Hefermehl* Rdn. 31.

381 OLG Celle Rspr. 1995, 9, 10.

381a OLG Stuttgart WRP 1984, 112.

382 Vgl. OLG Düsseldorf GRUR 1979, 165, 166 – *PR-Anzeige*; s. auch OLG Düsseldorf WRP 1979, 39.

383 Amtl. Begr. aaO; OLG Hamm WRP 1960, 284; OLG München WRP 1969, 391; OLG Frankfurt GRUR 1971, 123 – *Doppelgebinde*; *Baumbach/Hefermehl* Rdn. 32; *Michel/Weber/Gries* vor § 7 Rdn. 3; *Meyer* BB 1966, 18; a. M. *Wilkendorf* BB 1965, 1253 ff; BB 1966, 643 ff.

Beurteilung ist entscheidend, ob die angesprochenen Verkehrskreise in dem Preis für die größere Verkaufseinheit einen weiteren selbständigen Normalpreis sehen oder es sich nur um einen niedrigeren Ausnahmepreis vom Normalpreis für die kleinere Verkaufseinheit handelt.[384] Ob die angesprochenen Verkehrskreise in dem Preis für die größere Verkaufseinheit einen weiteren selbständigen Normalpreis sehen oder nicht, hängt von den gesamten Umständen des Einzelfalles ab. Die äußere Zusammenfassung einer größeren Warenmenge, z. B. in einer größeren Verpackung oder mit Hilfe einer dauerhaften Banderole, kann sie in der Auffassung des Verkehrs zu einer weiteren, selbständigen Verkaufseinheit machen. Ob dies der Fall ist, hängt unter Umständen auch von der Werbung ab, insbesondere davon, ob und in welcher Weise auf den Preis der kleineren Menge Bezug genommen wird.[385] Werden größere Mengen einer Ware in Fertigpackungen angeboten, so wird der Verkehr sie in der Regel als selbständige Verkaufseinheiten ansehen. Bei loser Ware (Schüttgut) sowie abgepackter Ware, die in mehreren Packungseinheiten (z. B. 10 Flaschen) abgegeben wird, kann dies im Einzelfall zweifelhaft sein. Werden ein Kilogramm, zehn Flaschen oder zehn Pakete einer Ware zu einem günstigeren Preis als dem Vielfachen der Grundverkaufseinheit abgegeben, dürfte der Verkehr eher geneigt sein, hierin einen Mengennachlaß im Sinne der §§ 7, 8 RabattG zu sehen, es sei denn, daß das Schüttgut bzw. die Packungseinheiten zu einer Verkaufseinheit zusammengefaßt sind. Der Eindruck einer selbständigen Verkaufseinheit mit einem weiteren Normalpreis kann bei ungewöhnlichen Mengen entfallen.[386]

Der Kaufmann ist auch nicht gehindert, unterschiedliche Artikel zu selbständigen Verkaufseinheiten zusammenzustellen und für diese einen Normalpreis zu fordern, der niedriger als die Summe der Einzelpreise liegt.[387] Kann der Kunde bei einem Händler aus dem Gesamtangebot von Computern und Computerzubehör selbst Gerätekombinationen zusammenstellen und berechnet der Händler nach einem von vornherein und für alle Kunden gleichen Modus beim Kauf mehrerer selbständiger, aber nach ihrer Zweckbestimmung und je nach Bedarf des Kunden zusammengehörender Geräte, einen gegenüber der Summe der Einzelpreise niedrigeren Gesamtpreis, so liegt darin nicht die Gewährung eines Rabattes, sondern ein Normalpreis für eine neue Verkaufseinheit.[388] Daran ändert im Gegensatz zu der BGH-Entscheidung „Zwei für Eins-Vorteil" (BGH GRUR 1995, 515) auch der Umstand nichts, daß der Kunde selbst die Kombination zusammenstellt. Die unterschiedliche rabattrechtliche Beurteilung hängt mit der unterschiedlichen Verkehrsauffassung zusammen, die im Falle des Computer-Angebots durch die zweckbestimmte Zusammengehörigkeit von Computer und Zubehör sowie die Form des Angebots bestimmt wird und im Falle des „Zwei für Eins-Vorteils„-Angebots durch die willkürliche Kombination von Produkten ebenfalls durch den Kunden sowie den Umstand, daß die Inanspruchnahme der Preisvergünstigung durch den Kunden auf zwei bis dreimal

---

384 Gl. A. BGH GRUR 1995, 515, 518 – *„Zwei für Eins-Vorteil"*; GRUR 1985, 392, 393 – *Sparpackung*; *Baumbach/Hefermehl* Rdn. 32.

385 So BGH GRUR 1995, 515, 518 – *„Zwei für Eins-Vorteil"* unter Hinweis auf BGH GRUR 1995, 163 – *Fahrtkostenerstattung*; GRUR 1967, 433 – *Schrankwand.*

386 BGH GRUR 1978, 185, 186 – *Taschenrechnerpackung*; *Köhler/Piper* Rdn. 44.

387 So BGH GRUR 1993, 60 – *Komplettpreis*; GRUR 1995, 165, 166 – *Kosmetik-Set*; GRUR 1995, 515 – *„Zwei für Eins-Vorteil"*; GRUR 1995, 761, 762 – *Paketpunktsystem*; vgl. auch schon Rdn. 96; anders, wenn ein Versandhändler in seinem Katalog Preisvorteile in der Weise anbietet, daß zwei beliebige Artikel aus dem gesamten Angebot nach Wahl des Kunden mit 30% Rabatt, oder ein beliebiger Artikel aus dem Gesamtangebot zum halben Preis erworben werden kann, OLG Stuttgart WRP 1993, 281.

388 BGH GRUR 1995, 761, 762 – *Paketpunktsystem.*

beschränkt war, was gegen einen zweiten Normalpreis und für eine Preisvergünstigung im Ausnahmefall spricht.

Eine neue selbständige Verkaufseinheit liegt vor, wenn Markenstrümpfe das Einzelpaar zu DM 1,95 und eine Packung mit drei Paar zu DM 4,85 verkauft werden.[389] Der Aufdruck „Sparen Sie 1 DM" auf der Drei-Paar-Packung ist dann unschädlich, wenn Seife das Stück zu DM 1,10 und zwei mit einem Papierstreifen zusammengehaltene Stücke (**Doppelgebinde**) zum Preis von DM 1,95 angekündigt und verkauft werden[390] und wenn drei durch Klebestreifen verbundene Packungen mit je einem Paar Damenstrümpfe, deren Einzelpreis DM 1,95 beträgt, zu DM 3,90 angekündigt und verkauft werden.[391]

Kein Preisnachlaß, sondern zwei Normalpreise werden nach OLG Hamm (WRP 1960, 284) angekündigt mit „120 g Kaffee – DM 1,50; ein kg DM 11,–" (zweifelhaft). Es dürfte sich eher um einen Mengenrabatt handeln, es sei denn, es handelt sich um Fertigpackungen. Zur Mehrfachpackung vgl. *Sedlmeyer* NJW 1968, *Borck* WRP 1966, 121 ff, *Meyer* BB 1966, 18, 579, *Wilkendorf* BB 1965, 1253, BB 1966, 643, *Ingelmann* WRP 1960, 264, BB 1960, 1148, *Schibel* BB 1960, 1149.

Keine neue selbständige Verkaufseinheit liegt vor, wenn der Kunde im Versandhandel zwei- bis dreimal bei Produkten seiner Wahl zwei Stücke zum Preis von einem bzw. mit 30%iger Ermäßigung erwerben kann.[392]

5. Örtlich getrennte Verkaufsstellen

Unterschiedliche Preise kann der Unternehmer auch in örtlich getrennten Verkaufstellen ankündigen und fordern. Ein Unternehmer kann im von ihm betriebenen Versandhandel niedrigere Preise ankündigen als im Einzelhandel. Es muß nur erkennbar sein, daß es sich um zwei verschiedene zur jeweiligen Geschäftsform gehörige Normalpreise handelt. Wird nur ein Preis angekündigt und im Versandgeschäft im Einzelfall ein geringerer Preis eingeräumt, liegt Rabattverstoß vor.[393] Auch eine Gegenüberstellung beider Normalpreise ist zulässig, wenn sie als solche eindeutig erkennbar gemacht werden, wenngleich kaum Fälle denkbar sind, die einen unrichtigen Eindruck über den Normalpreis ausschließen. Der Versandhandelspreis muß unter den Voraussetzungen dieser Umsatzform gefordert werden. Der Vorteil des Ladenkunden ist es, vor dem Kauf die Ware sehen und prüfen und die gegenständliche Auswahl treffen zu können. Der Versandkunde kauft meist nur nach Beschreibung oder aufgrund einer Auswahlsendung, die naturgemäß nicht so sortiert ist wie das Einzelhandelslager. Wird dem Käufer erkennbar die Möglichkeit gegeben, im teueren Laden die Auswahl zu treffen und zum geringeren Versandpreis zu kaufen, dann wirkt der Versandpreis als Ausnahmepreis und es liegt Rabattverstoß vor. Durch die Ankündigung:, „160,– DM, für Versandkunden 144,– DM" wird der Versandpreis zum verbotenen Sonderpreis (vgl. Rdn. 103). Fordert ein Unternehmer in einer am Standtrand gelegenen Filiale für die gleichen Waren geringere Preise als in dem in der Innenstadt gelegenen Hauptgeschäft, dann sind diese durch 102

389 LG Düsseldorf BB 1965, 1245.
390 OLG Frankfurt GRUR 1971, 123.
391 OLG München WRP 1969, 391.
392 So BGH GRUR 1995, 515 – *„Zwei für Eins-Vorteil"*.
393 KG JW 1936, 347; OLG Köln AWR 1936, 17 mit zust. Anm. v. *Junckerstorff*; *Baumbach/Hefermehl* Rdn. 35; *Reimer/Krieger* 123.

die örtliche Lage bedingte Normalpreise.[394] Kein Preisnachlaß liegt vor, wenn eine Tageszeitung in verschiedenen Regionen mit einem unterschiedlichen Umfang zu unterschiedlichen Preisen erscheint.[395]

VI. Sonderpreis

1. Begriff „Sonderpreis"

103 Jeder nach Verminderung des Normalpreises (Begriff vgl. Rdn. 60 ff) verbleibende Restpreis ist Ausnahmepreis (Begriff Rdn. 51 ff). Jeder Ausnahmepreis, der wegen Zugehörigkeit des Letztverbrauchers (Begriff vgl. Rdn. 33–39) zu bestimmenten Verbraucherkreisen (Begriff Anm. 49) eingeräumt wird, ist „Sonderpreis". Er kommt durch einen „Nachlaß" vom Normalpreis zustande. Die Formulierung der §§ 1 Abs. 2 und 9 („Sonderpreise und Sondernachlässe") ist wenig glücklich. Durch die Verwendung beider Begriffe und dadurch, daß einmal auf den Nachlaß vom Normalpreis und das andere Mal auf den aus besonderem Anlaß gebildeten Ausnahmepreis (nachgelassener Preis) abgestellt wird, entsteht der Eindruck, als ob Sonderpreis und Sondernachlaß zweierlei wären. In Wahrheit bezeichnen sie das gleiche.[396] Sonderpreise (Sondernachlässe) sind nur im Rahmen des § 9 erlaubt, sonst aber verboten. Auch ein nach §§ 2 bis 8 erlaubter Preisnachlaß ist unzulässig, wenn er als Sonderpreis eingeräumt wird.[397] Auch im Rahmen der §§ 2 bis 8 soll eine unterschiedliche Behandlung einzelner Kunden oder bestimmter Käufergruppen verhindert werden (h. M.). Jeder Ausnahmepreis ist ein besonderer vom Normalpreis abweichender Preis. Sonderpreis im Sinne des RabattG ist nur ein Ausnahmepreis, der ausschließlich wegen der Zugehörigkeit zu bestimmten Verbraucherkreisen eingeräumt wird. Wird der Preis aus einem anderen, nicht in der Person des Kunden liegenden besonderem Grunde niedriger als sonst üblich vom Unternehmer festgestellt – z. B. Saisonschlußverkauf, Beschaffenheit der Ware, Umsatzform –, ist es ein „unechter Sonderpreis", der, wenn er nicht besonderer Normalpreis ist (vgl. unten und Rdn. 52, 54) den allgemeinen Preisnachlässen zugerechnet werden muß. Z. B.: Ausnahmepreis, der unter den Voraussetzungen des Mengennachlasses eingeräumt wird. Häufig werden erkennbar durch besondere Umstände bedingte Normalpreise als Sonderpreise bezeichnet. Nach dem normalen Sprachgebrauch sind sie es auch. Im Sinne des Rabattgesetzes sind sie es nicht. Auch zum Sonderpreis kommt es auf den Eindruck an, der zum Normalpreis bei den Käufern hervorgerufen wird; jeder Sonderpreis i. S. von § 1 Abs. 2 setzt einen Normalpreis (vgl. Rdn. 51) voraus.[398] Die im Sinne des Gesetzes unrichtige Bezeichnung „Sonderpreis" ist unschädlich, wenn es sich erkennbar um einen durch besondere, außerhalb der Person des Käufers liegende Umstände bedingten Normalpreis handelt. Dieser ist als „unechter Sonderpreis" zulässig, wenn die besondere Preisgestaltung

394 Vgl. auch LG Hannover WRP 1960, 243; LG Frankfurt WRP 1960, 74.

395 OLG Hamm WRP 1977, 38.

396 Ebenso *Baumbach/Hefermehl* Rdn. 24; *Reimer/Krieger* 131, 184.

397 H. M. vgl. BGH GRUR 1959, 326, 328 – *Kaffeeversandhandel* – m. Anm. *Seydel*; BGH GRUR 1987, 185, 186 – *Rabattkarte*; OLG Karlsruhe WRP 1979, 744; *Baumbach/Hefermehl* Rdn. 25; *Reimer/Krieger* 129, 130; *Michel/Weber/Gries* § 9 Rdn. 2; *Seydel* Rdn. 149; *Tetzner* § 1 Rdn. 69; *Reimann* NJW 1956, 332, 333 und WRP 1956, 243; EA IHK München WRP 1956, 51, 53; Amtl. Begr. zu § 1 II.

398 Gl. A. BGH GRUR 1958, 487, 491 – *Antibiotica* – m. zust. Anm. *Bußmann*; BGHZ 117, 230 = GRUR 1992, 465, 467 – *Rent-o-mat*; OLG Oldenburg GRUR 1962, 369; *Baumbach/Hefermehl* Rdn. 24; *Köhler/Piper* Rdn. 27; *Burchard* BB 1957, 629 ff; 1958, 1189; *Reimer/Krieger* Rdn. 6 u. § 9 Rdn. 1; a. M. *Weber* WRP 1959, 40 ff; BB 1958, 1188 ff.

auf bestimmten Eigenschaften der Ware bzw. Leistung oder betrieblichen Gründen des Unternehmers beruht (beachte aber auch §§ 6, 7, 8 UWG). Ist eindeutig erkennbar, daß der frühere Normalpreis aufgehoben ist, kann der unechte Sonderpreis auch als Preissenkung in prozentualer Form angekündigt werden.[399] Veräußert ein Unternehmer preisgünstige Ware ausschließlich an einen begrenzten Kundenkreis (z. B. an Stammkunden, Ausweisinhaber), dann liegt kein Sonderpreis i. S. des § 1 Abs. 2 vor, weil es an einem angekündigten oder allgemein geforderten höheren Normalpreis fehlt.[400] Denn auch ein Sonderpreis i. S. von Abs. 2 setzt einen Normalpreis voraus.[401] Daher liegt in dem Angebot eines Vorteils-Preises an die Inhaber eines Seniorenpasses, einen Farb-Negativfilm zum Preis von DM 1,– erwerben zu können, den die Bundesbahn anderen Personen nicht anbietet, kein Sonderpreis.[402]

Zu Ausverkaufs- und Räumungspreisen, Minderpreisen wegen Überalterung und Warenmängeln, zu Preisen von Vorführgeräten, Stadtrandpreisen, Ladenpreis und Versandpreis und zu Preisen bei Vorkassen, Ansparverträgen, Barzahlungs-, Teilzahlungs-, Skonto- und Zielpreis vgl. Rdn. 98–102. Das dort Gesagte gilt entsprechend.

2. Bestimmte Verbraucherkreise

Nur wenn der Sonderpreis eingeräumt wird, weil der Letztverbraucher einem bestimmten Verbraucherkreis zugehört, gilt das allein durch § 9 durchbrochene generelle Verbot. Berufe, Vereine, Gesellschaften werden in § 1 Abs. 2 nur als Beispiele genannt. Mit der Regelung des Abs. 2, 2. Alt. sollte der bei Erlaß des RabattG weit verbreiteten Übung entgegengetreten werden, nur Beamten oder fest Angestellten Sondernachlässe zu gewähren, die anderen Verbrauchern versagt werden (gl. A. Amtl. Begr. zu § 1 Abs. 2 RabattG). Dies wurde verboten, weil die unterschiedliche Behandlung der Kunden mit dem Grundsatz gleicher Preisstellung nicht vereinbar sei.[403] Insoweit wirkt das RabattG wie ein allgemeines Diskriminierungsverbot gegenüber Letztverbrauchern. Es genügt, wenn der Personenkreis als solcher bestimmbar ist. Es ist nicht notwendig, daß er auch rechtlich zu einer Gemeinschaft zusammengefaßt ist; gemeinsame äußere Umstände reichen aus, um den Personenkreis zu kennzeichnen.[404] Der Begriff „bestimmte Verbraucherkreise" ist weit auszulegen.[405] Jedoch ist nicht jede äußerlich begründete Gemeinsamkeit zur Bildung eines „bestimmten Verbraucherkreises" ausreichend.[406] Ob der Verkehr beim Angebot von Leistungen mit unterschiedlichen Preisen annimmt, es handele sich um unter- 104

399 Gl. A. BGH GRUR 1966, 382, 384 – *Jubiläum* m. zust. Anm. *Seydel*; *Baumbach/Hefermehl* Rdn. 34; *Ulmer/Reimer* Nr. 1103; a. M. *Michel/Weber/Gries* Rdn. 10, soweit 3% überschritten werden.

400 Gl. A. *Köhler/Piper* Rdn. 27.

401 So auch BGH GRUR 1958, 487, 491 – *Antibiotica*; BGHZ 117, 230, 233 = GRUR 1992, 465 – *Rent-o-mat*; OLG Oldenburg GRUR 1962, 369 – *Käuferhinweise*; *Baumbach/Hefermehl* Rdn. 24; *Reimer/Krieger* Rdn. 6; *Burchard* BB 1957, 629; BB 1958, 1189; vgl. auch *Bußmann* GRUR 1958, 491 in der Anm. zur BGH-Antibiotica-Entscheidung aaO; a. M. *Weber* BB 1958, 1188; WRP 1959, 40.

402 So BGH GRUR 1982, 688 – *Seniorenpaß*; OLG Hamburg WRP 1979, 379.

403 So die Amtl. Begr. zu § 1 Abs. 2 RabattG; vgl. auch BGH GRUR 1987, 185, 186 – *Rabattkarte*; GRUR 1989, 434 – *Gewinnspiel*.

404 H. M. vgl. BGH GRUR 1959, 326, 328 – *Kaffeeversandhandel* – m. Anm. *Seydel*; GRUR 1981, 290, 291 – *Goldene Karte II*; GRUR 1987, 185, 187 – *Rabattkarte*; GRUR 1989, 434 – *Gewinnspiel*; KG JW 1935, 2386; OLG Celle AWR 1935, 177, *Baumbach/Hefermehl* Rdn. 24; *Reimer/Krieger* 131 Rdn. 6; *Tetzner* Rdn. 74; *Michel/Weber/Gries* Rdn. 75; *Ulmer/Reimer* Nr. 1103; GA 1/49; EA IHK München WRP 1956, 51, 54 a. E.

405 BGH GRUR 1959, 326, 328 – *Kaffeeversandhandel*; GRUR 1987, 185, 186 – *Rabattkarte*; GRUR 1989, 434 – *Gewinnspiel*; *Reimer/Krieger* 131 Rdn. 6; *Seydel* Rdn. 152; *Ulmer/Reimer* Nr. 1103.

406 So BGH GRUR 1987, 185/186 – *Rabattkarte*.

schiedliche Angebote mit jeweils dazugehörigen Normalpreisen und nicht um einen Preisnachlaß bei gleichen Leistungen, kann im Einzelfall auch von der äußeren Form des Angebots abhängen (vgl. BGH aaO). Gemeinsame äußere Umstände sind z. B.: Zugehörigkeit zu bestimmten Altersgruppen (Studenten, Schüler, Lehrlinge, Kinder, Jugendliche, Konfirmanden), zu Wohnbereichen oder Wohngemeinschaften (Gemeinden, bestimmte Landschaften), zu bestimmten Sozialgruppen (Brautleute, Erwerbslose, Rentner, Flüchtlinge, Beamte, fest Angestellte), zu einer Organisation, z. B. einer landwirtschaftlichen Genossenschaft, Gewerkschaft, einem Sozialwerk, einem Betrieb, zu Kreisen, denen eine bestimmte Liebhaberei gemeinsam ist (Briefmarkensammler, Züchter, Kleingärtner), zu Berufsgruppen oder zu Kreisen, die zum Rabattgeber in einem bestimmten Zusammenhang stehen (Stammkundschaft, alte Kundschaft, Inhaber von Gutscheinen oder einer Werbekarte des Rabattgebers („meine Versandkunden"), eines Kundenausweises (vgl. Anm. 34), von Kaufscheinen i. S. des § 6 b UWG,[407] aus dem Besitz bestimmter Einrichtungen folgende Gemeinsamkeit (Rundfunkhörer, Mopedfahrer).

3. **Sonderpreis** (Einzelfälle)

105 Unzulässiger Sonderpreis liegt vor: bei Verteilung von Wertgutscheinen an Erstbezieher von Kaffee (BGH GRUR 1959, 326, 328 – *Kaffeeversandhandel*); bei Beifügung eines Wertschecks für die Entwicklung eines Negativfilms beim Kauf von Filmen (OLG Hamm GRUR 1993, 65 – *Entwicklungs-Wertscheck*); bei Verteilung von Gutscheinen, die bei einer Taxifahrt auf das Beförderungsentgelt angerechnet werden (OLG Celle WRP 1984, 689, 690); bei Zusendung von Gutscheinen über einen bestimmten Geldbetrag zum Bezug von Waren aus einem Versandhandelskatalog an Personen, die bereits früher Ware beim Unternehmer gekauft haben (BGH GRUR 1989, 434, 437 – *Gewinnspiel*); bei Zusendung eines Warengutscheines im Werte von DM 10,00 durch einen Möbelhändler an in seiner Kartei gespeicherte Kunden (OLG Stuttgart OLGR 1999, 29); bei Verteilung von Gutscheinen an Stammkunden, gegen deren Vorlage der Inhaber einen Preisnachlaß von 5% auf alle Artikel erhält (LG Dresden WRP 1999, 249); bei Ausgabe von Gutscheinen über Werbebeilage einer Zeitschrift verbunden mit einem Hinweis auf einen Barzahlungsnachlaß in Höhe von 10% (OLG Hamm WRP 1997, 806); beim Ankündigen verbilligter Erholungsreisen für Mitglieder einer bestimmten Berufsgruppe (OLG Stuttgart BB 1960, 1359); bei Verteilung von Gutscheinen im Werte von DM 0,30 über Werbebeilagen in Tageszeitungen (LG Aurich WRP 1971, 187); bei Verteilung von Warengutscheinen durch Extrablatt an begrenzten Verbraucherkreis (OLG Nürnberg GRUR 1979, 254, 255 – *Sparaktion*); bei Ankündigung und Gewährung eines verbilligten Zehn-Wochen-Zeitungsabonnements an Erst- oder Wiederbezieher (OLG Düsseldorf GRUR 1969, 227 – *WAZ*); bei Gewährung eines niedrigeren Abonnementspreises für eine Fachzeitschrift an die Bewohner der neuen Bundesländer (KG AfP 1994, 44); bei Gewährung eines Nachlasses von 10% an Mitglieder eines Anwaltsvereins; bei Ankündigung von Nachlässen in Höhe von 10–15% für Mitglieder eines Automobilclubs, und zwar auch dann, wenn der Club eine werthaltige Gegenleistung erbringt, an der die Käufer jedoch nicht hinreichend beteiligt sind (OLG Stuttgart WRP 1997, 60, 62 – *ACE*); bei Einräumung einer zusätzlichen Subscriptionsermäßigung an die Einsender des Titelblattes der Vorauflage (BGH GRUR 1971, 516 – *Brockhaus Enzyklopädie*); bei Ankündigung, daß „Vielmieter"

---

[407] OLG Hamburg WRP 1979, 217, 219.

und „Dauerkunden“ eines Autovermieters Mitglied des „Nr. 1-Club“ werden können und dann „ohne Aufpreis eine Wagenklasse höher mieten“ und weitere Vergünstigungen in Anspruch nehmen können (OLG Frankfurt GRUR 1991, 638 (LS) = WRP 1990, 634); wenn ein Gastronomieunternehmen seinem Kunden, der Inhaber einer sogenannten VIP-Bonuskarte ist, einen Preisnachlaß von 7% bzw. 10% gewährt, der daraus resultiert, daß das Gastronomieunternehmen als „Partnerunternehmen“ der „Bonus-AG“ für die Vermittlung des Kunden eine „Provision“ gezahlt hat, von der die AG sodann 7% bzw. 10% rückvergütet (OLG Köln WRP 1995, 862); wenn Inhabern von Rabattkarten, für die ein monatlicher Mitgliedsbeitrag von DM 2,– zu zahlen ist, ein Barzahlungsrabatt von mindestens 3% eingeräumt wird (OLG Köln LRE 32, 89, 90 – *TOP-CARD-System*); bei Ankündigung „Egal, welchen Autotyp Sie fahren, Mercedes 200 ohne Zuzahlung bei unverschuldetem Unfall“, weil darin eine Preisdifferenzierung nach der Person des Mietinteressenten liegt (BGH GRUR 1995, 605 – *Franchise-Nehmer*); bei Ankündigung einer Autovermietungsgesellschaft, daß „Vielmieter und Dauerkunden“ Mitglied in „unserem Nr. 1-Club“ werden und eine „Gold-Class-Karten“ erhalten können, auf der sie „ohne Aufpreis eine Wagenklasse höher mieten“ und weitere Vergünstigungen erhalten können (OLG Frankfurt GRUR 1991, 638 (LS) = WRP 1990, 634 – *Gold-Class-Karte*); wenn ein Gewerbetreibender einen Großabnahmervertrag in Aussicht stellt, nach dem sowohl der Verein selbst als auch die einzelnen Vereins-Mitglieder bei Vorlage eines Einkaufsausweises 15% Rabatt erhalten (OLG Stuttgart WRP 1989, 346, 348); bei Gewährung eines Preisnachlasses durch ein Hotel an Theaterbesucher (Wb-Zentrale WRP 1971, 287); bei Gewährung eines Preisnachlasses an die Stammkunden eines Tankstellenunternehmens; beim Ankündigen und Gewähren im Preis ermäßigter Fahrstunden an Studenten, Schüler und Lehrlinge (BGH GRUR 1973, 272 – *Fahrschulrabatt* – mit Anm. *Sprick*; OLG Hamburg WRP 1965, 229; OLG Bremen BB 1968, 188; OLG Oldenburg WRP 1968, 380; OLG Stuttgart BB 1968, 926; zum Tatbestandsmerkmal „zu Zwecken des Wettbewerbs“ vgl. Rdn. 111); bei Anpreisung einer Versandkollektion mit „25% für unsere Stadtkundschaft“. Ein unzulässiger Preisnachlaß liegt vor, wenn bei der Unfallersatz-Vermietung von Kraftfahrzeugen Freistellungszusagen bis zu maximal 15% von den Tagesmietsätzen und den Kilometergeldern von einer Firma zugesagt werden, die nicht dem Rahmenabkommen zwischen dem HUK-Abkommen und dem Gesamtverband der Kfz-Vermieter beigetreten ist (OLG Nürnberg GRUR 1979, 255, 256).

Kein Sonderpreis liegt vor: bei Ankündigung eines Barzahlungsnachlasses von **106** 3% an die Inhaber von Kundenkarten, die ohne weiteres an jeden Kunden abgegeben werden (BGH GRUR 1992, 122 – *Laienwerbung für Augenoptiker*); wenn der im Gutschein genannte „Sonderpreis“ für eine Kleiderreinigung nicht nur für Gutscheininhaber, sondern erkennbar während eines bestimmten Zeitraums der Normalpreis sein soll, also auch für Kunden gilt, die nicht in den Besitz eines Gutscheines gelangen (OLG Stuttgart GRUR 1965, 321); bei der Ankündigung einer Friseurleistung „für junge Leute: Modische Schnittfrisur DM 22,50“, da es sich lediglich um ein Angebot einer für junge Leute bestimmten Leistung handelt (OLG Stuttgart WRP 1985, 722, 723); wenn bei Einführung eines Fahrschulbetriebes für eine begrenzte Zeit generell von der Erhebung einer Grundgebühr abgesehen wird (OLG Bamberg GRUR 1971, 81); wenn den ersten 100 Anmeldern einer Fahrschule ein günstigerer Preis als der spätere Normalpreis eingeräumt wird, weil der Eröffnungspreis jedermann, nicht einzelnen Kunden wegen ihrer Zugehörigkeit zu bestimmten Verbraucherkreisen gewährt wird (BGH GRUR 1973, 272 f. – *Fahrschul-Rabatt*; OLG Düsseldorf GRUR 1984, 61, 63 – *Fahrschulwerbung*); wenn die Jahresgebühren für eine Kreditkarte in Abhängigkeit von Jahresumsatz unterschiedlich hoch angesetzt werden (OLG München NJW-RR 1993, 624; OLG Frankfurt GRUR 1993, 136; OLG Stuttgart WRP 1992, 739; *Klaka* EWiR 1993, 171), da der unterschiedliche Preis (= Gebühr) sachlich und wirtschaftlich gerechtfertigt ist; bei Ankündigung „Kfz-Anzeigen ½-Preis", weil dieser Preis den Normalpreis für eine bestimmte Art von Anzeigen darstellt (vgl. OLG Rspr. München 1992, 156); wenn ein Verlag mit 7 Unternehmen für eine Gemeinschafts-Anzeige nicht den Millimeter-Preis, sondern entsprechend seinen Geschäftsbedingungen einen abweichenden Preis vereinbart hat, da den sieben Unternehmen kein Preisnachlaß auf die allgemeinen Listenpreise des Verlages gewährt wird (OLG Hamm GRUR 1991, 857 = AfP 1992, 213); wenn ein Verlag allen in Betracht kommenden Interessenten ermöglicht, Anzeigen auf Sonderseiten oder Sonderbeilagen zu veröffentlichen und ihnen dabei einen weiteren (niedrigeren) Normalpreis in Form eines prozentualen Abschlages auf den ersten Normalpreis einräumt (OLG Karlsruhe WRP 1988, 620, 621).

Kein Sonderpreis, sondern ein weiterer Normalpreis liegt vor bei einem niedrigeren Mietzins für ein Kraftfahrzeug, das nicht am Schalter des Vermieters, sondern über einen Selbstbedienungsautomaten angemietet wird;[408] kein Sonderpreis ist der Testpreis für Tennisschläger.[409] Erklärt ein Händler beim Kauf/Leasing eines Motorrades, er zahle einen Zuschuß zu den Leasingkosten bzw. ermögliche durch einen von ihm geleisteten Zinszuschuß an die kreditgewährende Bank eine günstige Teilfinanzierung, wobei er darauf hinweist, daß im Falle des Zinszuschusses der Ausgangspreis (Finanzierungspreis) höher ist als der Barzahlungspreis, so liegt darin kein Rabattverstoß, denn der Kunde erhält den Hinweis auf zwei Normalpreise (Barzahlungspreis und finanzierter Preis) aber nicht den Eindruck eines für ihn geltenden Sonderpreises.[410] Die Verteilung eines Geschenkgutscheines für eine unentgeltliche Fahrstunde durch eine Fahrschule ist kein Rabattverstoß.[411]

Kein Sonderpreis liegt vor, wenn der Hersteller eines Waschmittels Wertscheine über einen bestimmten Geldbetrag unmittelbar an Letztverbraucher verteilt mit der Aufforderung, diese Wertscheine beim Kauf dem Einzelhändler in Zahlung zu geben, der seinerseits aufgefordert wird, die Wertscheine auf den Kaufpreis anzurechnen und dem Hersteller zwecks Erstattung einzureichen.[412] Kein Sonderpreis liegt vor, wenn eine Tageszeitung in verschiedenen Regionen mit einem unterschiedlichen Umfang zu unterschiedlichen Preisen erscheint.[413] Kein Rabattverstoß liegt vor bei Gewährung eines Startkapitals von DM 10,– beim Erwerb einer Kundenkarte eines Kaufhauses.[414]

D. Rabatthandlungen

I. Allgemeines

107 Rabatthandlungen sind das „Ankündigen" oder „Gewähren" (vgl. Rdn. 108, 109). Gegenstand des Handelns sind Preisnachlässe oder Sonderpreise (vgl. Rdn. 74 ff, 103 ff). Der Täter muß Unternehmer sein (vgl. Rdn. 26, 27). Dieser muß den Normalpreis und den Ausnahmepreis bestimmen (vgl. Rdn. 60 ff). Die Leistung – (Ware oder gewerbliche Leistung) – des Veräußerers – (Begriff Rdn. 26–32) –

[408] BGH GRUR 1992, 465 – *Rent-o-mat*; vgl. dazu auch Rdn. 61, 62, 63.
[409] OLG Rspr. München 1995, 220.
[410] OLG Frankfurt WRP 1993, 249.
[411] OLG Koblenz WRP 1987, 125.
[412] BGH GRUR 1974, 345, 346 – *Geballtes Bunt* – mit Anm. *Hoth*.
[413] OLG Hamm WRP 1977, 38.
[414] OLG Stuttgart NJWE-WettbewR 1996, 126.

und die Gegenleistung (Preis, Begriff Rdn. 58 ff) – des Erwerbers – (Letztverbraucher, Begriff Rdn. 33–37), müssen im selben Geschäft begründet sein (vgl. Rdn. 113). Der Letztverbraucher ist notwendiger Teilnehmer, für den das Verbot nicht gilt.[415] Der Unternehmer muß zu Zwecken des Wettbewerbs handeln (vgl. Rdn. 111); Verschulden ist zum Bußgeldtatbestand erforderlich (§ 11), zum Unterlassungsanspruch (§ 12) dagegen nicht. Es genügen die zum Handeln zu Zwecken des Wettbewerbs erforderlichen subjektiven Voraussetzungen (vgl. Rdn. 13 § 12).

II. Ankündigen

Ankündigen und Gewähren sind zwei selbständige Tatbestände des Gesetzes (BGH GRUR 1960, 495, 497 – *WIR-Rabatt*). Sie sind formaler Natur (vgl. Rdn. 56–57), was bei der Auslegung und Anwendung des RabG von Bedeutung ist. Es sind die gleichen Begriffe wie in § 1 Abs. 1 ZugabeVO (dort wird als weiterer Tatbestand das Anbieten genannt; vgl. hierzu Rdn. 110); vgl. daher zum Begriff „ankündigen" die Anmerkungen zu § 1 ZugabeVO. Hier gilt das gleiche wie dort.[416] Ein „Ankündigen" setzt eine für einen größeren Personenkreis bestimmte öffentliche Bekanntmachung oder Mitteilung voraus, einen Preisnachlaß einräumen zu wollen.[417] Es genügt, jede Bekanntmachung, die dazu bestimmt und geeignet ist, von einer unbestimmten, d. h. unbegrenzten Zahl von Personen zur Kenntnis genommen zu werden. Ob dies tatsächlich geschieht, ist gleichgültig. Unter den Begriff „Ankündigen" fallen auch Mitteilungen an einzelne Personen, wenn diese nicht von vornherein einem unbestimmten Kreis angehören, aber nach und nach an einen größeren Personenkreis gelangen. Dann kann auch in dem Anbieten eines Preisnachlasses durch mehrere (zwei) Verkäufer eines Autohändlers ein unzulässiges Ankündigen liegen.[418] **108**

III. Gewähren

Zum Begriff „gewähren" vgl. Anm. zu § 1 ZugabeVO. „Einräumen" (§ 1 Abs. 2) heißt gewähren, wobei gleichgültig ist, ob dies sofort bei Abschluß oder erst bei Abwicklung des Kaufes geschieht[419] oder unter einer auflösenden oder aufschiebenden Bedingung zugesagt wird.[420] **109**

Der Rabatt kann durch Tun oder Unterlassen gewährt werden. Z. B.: Der Unternehmer widerspricht nicht und gibt sich zufrieden, wenn seine Käufer vom vereinbarten Preis einen Abzug vornehmen. Er muß widersprechen und den einbehaltenen Betrag nachfordern. Unterläßt er es, um den Kunden zu halten und nicht zu verärgern, so handelt er zu Zwecken des Wettbewerbs (vgl. Rdn. 111). Zu Zwecken des Wettbewerbs handelt auch, wer selbst kein Geschäft betreibt, aber in den geschäftlichen Wettbewerb fremder Unternehmen zugunsten des einen von ihnen eingreift, also fremden Wettbewerb fördern will. Dabei genügt es, wenn diese Absicht gegenüber anderen Motiven der Handlung nicht ganz in den Hintergrund tritt.[421]

---

[415] Gl. A. BGH GRUR 1989, 773, 774 – *Mitarbeitervertretung*; GRUR 1994, 527, 529 – *Werbeagent*; OLG München GRUR 1965, 197.

[416] Vgl. BGH GRUR 1964, 88, 90 – *Verona-Gerät* – m. Anm. *Bussmann*; OLG Hamm WRP 1960, 346.

[417] Gl. A. *Baumbach/Hefermehl* Rdn. 48; *Köhler/Piper* Rdn. 58.

[418] So OLG Köln GRUR 1984, 899 – *Autoverkäuferrabatt*; gl. A. *Baumbach/Hefermehl* Rdn. 48 i. V. m. § 1 ZugabeVO Rdn. 30; *Köhler/Piper* Rdn. 58.

[419] OLG Hamm WRP 1960, 346; *Michel/Weber/Gries* Rdn. 66.

[420] KG GRUR 1991, 72, 73 – *PKW-Rabatt*.

[421] Vgl. auch BGH GRUR 1963, 438 – *Fotorabatt*.

IV. Anbieten

110 Das Anbieten (Zugabehandlung gem. § 1 ZugabeVO) wird in § 1 RabG nicht erwähnt. Ob das „Anbieten" vom RabattG erfaßt wird, ist streitig. Zwischen „Ankündigen" und „Anbieten" besteht ein Unterschied.[422] Werden im älteren Gesetz beide Begriffe zur Kennzeichnung verschiedener Tatbestände verwandt und nennt das jüngere Ergänzungsgesetz nur einen, so folgt hieraus bereits, daß zum Rabattverstoß nur der eine, nicht aber der andere erfaßt werden soll. Das Ankündigen (vgl. Rdn. 108 und Anm. zu § 1 ZugabeVO) eines Preisnachlasses entspricht zum Ausnahmepreis (Begriff Rdn. 60–66) dem Ankündigen eines Normalpreises (vgl. Rdn. 56–57). Das „Anbieten", d. h. das Erbieten gegenüber einem einzelnen oder einer Mehrheit bereits gefundener Interessenten, einen Ausnahmepreis einzuräumen, entspricht dem „allgemeinen Fordern" zum Normalpreis (s. Rdn. 56–57). Einen Ausnahmepreis anbieten heißt einen Ausnahmepreis fordern. Dies entspricht nicht dem Ankündigen und kann diesem deshalb nicht gleichgeachtet werden. Es wird vom Rabattverbot nicht erfaßt.[423] Die aus dem Gesetz folgende begriffliche Unterscheidung – „Ankündigen" – „Anbieten" (§ 1 ZugabeVO) und „Ankündigen" „Fordern" (§ 1 RabattG) –, verbietet eine entsprechende Ausweitung des Begriffs „Ankündigen". Auch der Strafcharakter des Gesetzes steht einer analogen Anwendung entgegen.

Jedoch kann ein Anbieten unzulässiger Rabatte eine vorbeugende Unterlassungsklage rechtfertigen.[424]

V. Zu Zwecken des Wettbewerbs

111 Abweichend von § 1 ZugVO ist zur Vollendung des Rabattatbestandes auch für den zivilrechtlichen Unterlassungsanspruch die Zweckgebundenheit des Handelns und subjektiv das Wissen und Wollen des Wettbewerbsziels erforderlich. Zu Zwecken des Wettbewerbs wird gehandelt, wenn durch die Ankündigung oder Gewährung von Preisnachlässen der eigene Absatz – oder der eines Dritten – gefördert oder ein fremder beeinträchtigt, der eigene Kundenkreis – oder der eines Dritten – auf Kosten der Mitbewerber erweitert werden soll.[425] Erforderlich ist die Absicht,

---

422 Vgl. Anm. zu § 1 ZugabeVO; *Baumbach/Hefermehl* ZugabeVO § 1 Rdn. 28; *v. Gamm* Kap. 60 Rdn. 38; *Seydel* Rdn. 140; *Klauer/Seydel* S. 29, 30; *Reimer/Krieger* Rdn. 13; *Elster* § 1 ZugVO Anm. 16; *Tetzner* § 1 Rdn. 17.

423 Gl. A. BGH GRUR 1967, 433, 434 – *Schrankwand* – mit krit. Anm. *Droste*; OLG Düsseldorf GRUR 1995, 447, 449 – *BMW-Vertragshändler*; GRUR 1985, 309; OLG Hamm WRP 1960, 346; anders jetzt OLG Schleswig GRUR 1979, 487, 488; WRP 1985, 721; OLG Koblenz WRP 1983, 106; OLG Oldenburg WRP 1983, 359; OLG Köln GRUR 1984, 899; WRP 1985, 47; OLG Stuttgart NJW-RR 1986, 1429; KG GRUR 1991, 72, 74; LG Fulda GRUR 1987, 306, 307; *v. Gamm* Kap. 60 Rdn. 38; *Köhler/Piper* Rdn. 59; *Seydel* Rdn. 139; vermittelnd *Baumbach/Hefermehl* Rdn. 48; *Tetzner* Rdn. 17; a. M. OLG Hamburg GRUR 1973, 425, offengeblieben in WRP 1983, 522; OLG Hamm NJW-RR 1993, 426; OLG Köln GRUR 1960, 337 (überholt s. o.); *Droste* GRUR 1967, 434; *Michel/Weber/Gries* Rdn. 65; *Reimer/Krieger* 141 Rdn. 12; *Ulmer/Reimer* Nr. 1108.

424 BGH GRUR 1967, 433, 434 – *Schrankwand*; OLG Koblenz WRP 1983, 106; OLG Köln GRUR 1984, 899; WRP 1985, 47; OLG Schleswig WRP 1985, 721; OLG Zweibrücken GRUR 1985, 568; OLG Frankfurt WRP 1986, 275; WRP 1983, 503; OLG Saarbrücken WRP 1987, 269; WRP 1986, 174; OLG Hamm WRP 1992, 494; OLG Düsseldorf GRUR 1995, 447, 449 – *BMW-Vertragshändler*; GRUR 1985, 309, 310; offen geblieben in KG GRUR 1991, 72, 74; *Tetzner* Rdn. 19.

425 Vgl. *Baumbach/Hefermehl* UWG Einl. Rdn. 232; *Köhler/Piper*, Einf. Rdn. 163–174; ausführlich Großkomm./*Schünemann* UWG Einl. D Rdn. 193–250.

eigenen oder fremden Wettbewerb zu fördern.[426] Absicht ist eine Form des direkten Vorsatzes, bei dem der Wille des Täters auf Förderung eigenen oder fremden Absatzes auf Kosten von Mitbewerbern gerichtet sein muß. Der Wettbewerbszweck braucht nicht der ausschließliche oder Hauptzweck des Handels zu sein.[427] Es genügt, wenn die Absicht des Handelnden, eigenen Wettbewerb auf Kosten anderer zu fördern, hinter anderen Beweggründen nicht völlig zurücktritt.[428] Zu Zwecken des Wettbewerbs handeln Fahrschulen, die Studenten, Schülern und Lehrlingen verbilligten Fahrunterricht erteilen;[429] das Reisebüro, das bestimmten Berufsgruppen Preisnachlässe auf Erholungsreisen gewährt;[430] Geschäftsleute, die Brautleuten, Konfirmanden etc. Geldgutscheine aushändigen.[431] Rücksichtnahme auf sozial schwache Bevölkerungskreise schließt ein Handeln zu Wettbewerbszwecken vielfach aus. Dies wird anzunehmen sein, wenn einem einzelnen Kunden allein aufgrund seiner besonderen persönlichen Verhältnisse aus caritativen Beweggründen ein Preisnachlaß gewährt wird; darüber hinaus aber auch wenn bestimmten sozialen Gruppen – z. B. Eintrittsermäßigungen für Erwerbslose oder kinderreiche Familien – aus sozialen Gründen Preisnachlässe üblicherweise seit jeher und von allen Wettbewerbern gewährt werden und diese keine spürbare werbende Wirkung entfalten.[432]

E. Handlungsvoraussetzungen

I. Allgemeines

Gegenstand der Rabatthandlung (Rdn. 107–111) ist ein Preisnachlaß (Rdn. 52–55). Notwendige Zweckbestimmung ist ein Wettbewerbserfolg (vgl. Rdn. 111). Dieser setzt voraus, daß der Nachlaß vom Preis objektiv geeignet ist, ihn herbeizuführen. Es muß deshalb die objektive Eignung der Vorteilszuwendung, mit ihrem Wert zu werben, festgestellt werden. Zum notwendigen Zusammenhang zwischen Rabattleistung und Hauptleistung des Verkäufers einerseits und der Gegenleistung des Erwerbers andererseits s. Rdn. 113. **112**

II. Sachlicher Zusammenhang

Preis ist die geldliche Gegenleistung des Letztverbrauchers (vgl. Rdn. 58 ff). Auf diese wird der Nachlaß gewährt, so daß der Rabatt meist auch rechtlich, mindestens aber wirtschaftlicher Bestandteil der Gegenleistung ist. Diese setzt ihrerseits eine Leistung des Unternehmers voraus. Es ist deshalb ein Rabatt im Sinne des Rabattgesetzes nur zu bestimmten Einzelverkäufen von Waren oder zu bestimmten gewerblichen Leistungen möglich. **113**

III. Personeller Zusammenhang

Der Preisnachlaß wird von dem vom Unternehmer angekündigten oder angeforderten Preis gewährt (vgl. Rdn. 26 ff, 58 ff, 85, 103). Der vom letzten Verbraucher **114**

---

[426] Vgl. *Baumbach/Hefermehl* UWG Einl. Rdn. 233; *Köhler/Piper* Rdn. 61, 97.

[427] BGH GRUR 1968, 95/97 – *Büchereinachlaß*; BayObLG BB 1966, 513; BGH DB 1972, 1525.

[428] BGH GRUR aaO – *Büchereinachlaß*.

[429] Vgl. BGH GRUR 1973, 272, 273 – *Fahrschul-Rabatt*; OLG Hamburg WRP 1965, 229; OLG Bremen BB 1968, 188.

[430] OLG Stuttgart BB 1960, 1359.

[431] *Baumbach/Hefermehl* Rdn. 51; *Zentrale* WRP 1971, 346.

[432] Gl. A. *Baumbach/Hefermehl* Rdn. 50 ff; *Köhler/Piper* Rdn. 61; *Michel/Werber/Gries* Rdn. 45 ff.

letztlich zu zahlende Preis (Ausnahmepreis, vgl. Rdn. 52) ist der um den Nachlaß reduzierte Normalpreis (Rdn. 52). Der Unternehmer bestimmt den Normalpreis, und er ist der Rabattgeber, wenn er seinen Normalpreis ermäßigt. Ein Rabattverstoß setzt daher voraus, daß ein Unternehmer beteiligt ist (vgl. Rdn. 12, 26, 27). In der Regel besteht zwischen Verkäufer (Unternehmer) und Rabattgewährendem Identität (vgl. Rdn. 55); dies schließt nicht aus, daß ein Dritter den Preisvorteil anstelle des Unternehmers gewährt (vgl. Rdn. 115–118). Für den Preisnachlaß ist nicht begriffswesentlich, daß der Unternehmer ihn wirtschaftlich trägt. Wirken mehrere Personen am Rabattverstoß mit, muß mindestens eine von ihnen Unternehmer sein (vgl. Rdn. 27). Der Unternehmer ist stets als Täter (Allein-, Mittäter, Teilnehmer) beteiligt. Ist der Unternehmer nicht Veräußerer im Rechtssinne, muß er für diesen die Unternehmerfunktion ausüben. Angestellte und Beauftragte im Sinne des § 12 Abs. 2 (Personen, die das Erwerbsgeschäft des Unternehmers repräsentieren; vgl. Rdn. 28, 29) sowie Dritte können als Beteiligte Täter einer Rabatthandlung sein (vgl. § 11 Rdn. 2, 3; § 12 Rdn. 9–11).

IV. Mitwirkung Dritter

115 Werden unzulässige Rabatte von Angestellten oder Beauftragten (i. S. des UWG) des Unternehmers angekündigt oder gewährt, so ist gem. § 12 S. 2 RabattG i. V. m. § 13 Abs. 4 UWG der Unterlassungsanspruch auch gegen den Inhaber des Betriebes begründet. „Beauftragter" ist, wer ohne Angestellter zu sein, ausdrücklich oder stillschweigend aufgrund eines Vertragsverhältnisses im Geschäftsbetrieb des Unternehmers i. S. des § 1 RabattG tätig und Glied der betrieblichen Organisation ist.[433] Dabei kommt es nicht darauf an, welchen Anschein der Beauftragte nach außen erweckt (BGH GRUR 1963, 438 – *Fotorabatt*). Ein Auftragsverhältnis i. S. des § 662 BGB ist in diesen Fällen nicht erforderlich.

Hat ein sonstiger Dritter, der nicht unter § 13 Abs. 4 UWG fällt, im Auftrag und für Rechnung oder auf Kosten des Unternehmers gehandelt, so muß sich der Unternehmer dieses Handeln in der Regel ebenfalls anrechnen lassen.[434] Ein Dritter kann aber auch dann bei der Ankündigung und Gewährung unzulässiger Rabatte mit einem Unternehmer i. S. des § 1 RabattG zusammenwirken, wenn kein Auftragsverhältnis in einem rechtlichen Sinne besteht.[435] Bei der Gewährung von Rabatten können der Unternehmer und Dritte auf unterschiedliche Weise zusammenwirken. So kann der Dritte den Preisnachlaß aus Mitteln des Unternehmers gewähren. Er kann den Preisnachlaß formell gesehen auch aus eigenen Mitteln gewähren, die ihm aber aus vom Unternehmer gezahlten Scheinprovisionen zugeflossen sind. Diese kann er ganz oder teilweise an die Letztverbraucher weiterleiten. Dabei kann die Vergütung dem Letztverbraucher in der Weise zugewandt werden, daß der Preis des Unternehmers unmittelbar gekürzt oder der Preisnachlaß unmittelbar vom Unternehmer gewährt wird. Die Vergütung kann aber auch dem Letztverbraucher über den eingeschalteten Dritten (Vermittler, Abrechnungsstelle) zugewendet werden. Schließlich gibt es Fälle, in denen ein Dritter unabhängig vom Unternehmer einen Zuschuß aus eigenen Mitteln und im eigenen Interesse einem Kunden des Unternehmers gewährt.

---

433 Näher dazu *Erdmann* in diesem Kommentar, § 13 Rdn. 155 f sowie *Teplitzky* Wettbewerbsrechtliche Ansprüche, 7. Aufl. Kap. 14 Rdn. 24–27 a.

434 So auch BGH GRUR 1960, 495, 498 – *WIR-Rabatt*.

435 BGH GRUR 1993, 63, 64 – *Bonusring*; GRUR 1995, 832, 834 – *Verbraucherservice* – mwN.

Bei der Beurteilung eines Rabatt-Systems kommt es darauf an, ob sowohl aus der Sicht des Kunden als auch bei objektiver wirtschaftlicher Betrachtung das Rabatt-System allein dazu dienen soll, eine unzulässige Rabattgewährung durch den Unternehmer zu ermöglichen.[436] 116

Das RabattG soll nämlich verhindern, daß Unternehmen durch über die im Gesetz gezogenen Grenzen hinaus gewährte Preisnachlässe Käufer anlocken, eine durch die Rabattierung bedingte überhöhte Preisgestaltung verschleiern und auf diese Weise zum Nachteil der Mitbewerber und letztlich der Verbraucher den Preiswettbewerb verzerren.[437]

Für die rechtliche Beurteilung eines Rabattsystems spielen folgende Gesichtspunkte eine Rolle: a) Wie das Rabattsystem von den beteiligten Unternehmen den Rabatt-Empfängern gegenüber bezeichnet und beworben wird; b) ob aus der Sicht des Kunden das Rabatt-System allein dazu dienen soll, ihm einen Rabatt zu gewähren; c) wem die an den Letztverbraucher gewährte Vergütung bei objektiver Betrachtung wirtschaftlich zuzurechnen ist; d) ob gegebenenfalls von den Rabattempfängern zu erbringende Gegenleistungen und der Preisnachlaß wirtschaftlich annähernd gleichwertig sind und die Gegenleistung des Rabattempfängers nicht willkürlich festgesetzt wird.

Maßgebliches Beurteilungskriterium ist, wie die angesprochenen Verkehrskreise ein Angebot auffassen und wem sie eine Preisermäßigung zurechnen.[438] Allerdings kann die in § 1 RabattG vorausgesetzte objektive Identität von Unternehmer und Rabattgewährendem nicht durch die irrige Vorstellung des Verkehrs ersetzt werden, bei den Preisen zweier verschiedener Unternehmen handele es sich um den Normalpreis und den ermäßigten ein- und desselben Unternehmens. Die Berücksichtigung der Verkehrsauffassung bei der Frage der Unternehmensidentität würde in einem solchen Fall zu einer Erweiterung über den gesetzlichen Tatbestand hinaus führen, da dann nicht nur die vom Gesetzgeber vorgesehenen Fälle einer Rabattgewährung vom Normalpreis eines bestimmten Verkäufers unterfielen, sondern auch solche Fälle, in denen es sich um unterschiedliche Verkaufspreise zweier verschiedener Unternehmen handelt, die der Verkehr irrtumsbedingt als identisch ansieht. Allein die irrige Verkehrsvorstellung kann die unterschiedlichen jeweils eigenen Angebote der verschiedenen Unternehmen nicht zu einem einheitlichen Geschäft mit einem vom Normalpreis abweichenden Rabattpreis machen, wobei überdies offen bliebe, welches Unternehmen berechtigter und verpflichteter Verkäufer sein sollte. Eine solche Erweiterung des gesetzlichen Tatbestandes verbietet sich im Hinblick auf den formalen Charakter der Vorschriften des RabattG.[439]

Ein unzulässiger Preisnachlaß liegt aus diesen Gründen nicht vor, wenn von zwei rechtlich selbständigen Autohändlern, die jedoch zu einem im gesamten Bundesgebiet tätigen Händlerkonzern gehören, zunächst der Händler A ein Preisangebot und dann der Händler B ein günstigeres Preisangebot macht.[440] Dies gilt auch für eine

---

[436] BGH GRUR 1995, 832, 834 – *Verbraucherservice*; GRUR 1995, 763, 765 – *30% Ermäßigung*; GRUR 1993, 63, 64 – *Bonusring*.

[437] BGH GRUR 1993, 63, 64 – *Bonusring* mwN; so auch schon BGH GRUR 1967, 371, 372 – *BSW I*.

[438] Vgl. BGH GRUR 1995, 763, 764 – *30% Ermäßigung* – unter Hinweis auf BGHZ 117, 230, 233 – *Rent-o-mat*.

[439] So BGH GRUR 1987, 302, 304 – *Unternehmeridentität* – unter Hinweis auf BGH GRUR 1961, 367, 368 – *Schlepper*; GRUR 1967, 371, 372 – *BSW I*; *Baumbach/Hefermehl* Vorbem. RabattG Rdn. 10; *Köhler/Piper* Rdn. 21.

[440] So BGH aaO – *Unternehmeridentität*.

Bauträgergesellschaft, die als Tochtergesellschaft einer Bank für den Verkauf von Reihenhäusern wirbt und in der Werbung darauf hinweist, daß die Bank bereit sei, ein in den ersten sechs Jahren zinsloses Aufwendungsdarlehen zu gewähren.[441]

Eine nach § 1 RabattG vorauszusetzende Identität des anbietenden Unternehmers mit dem Rabattgewährenden ist aber regelmäßig dann zu bejahen, wenn die von einem Dritten an den Letztverbraucher gewährte Vergütung wirtschaftlich objektiv dem Verkäufer der Ware zuzurechnen ist und nur formal aus dem Vermögen des Dritten stammt. Der Anwendung des RabattG steht es daher auch nicht entgegen, daß der Letztverbraucher den Rabatt nicht unmittelbar von seinem Vertragspartner und nicht sofort bei Abschluß des Vertrages erhält.[442]

117 Ist der Unternehmer an einer Organisation beteiligt, die Einkaufsschecks an letzte Verbraucher um 5% unter dem Nennwert verkauft, die der Händler jedoch zu 100% in Zahlung nimmt, so wirkt er an der Gewährung eines unzulässigen Preisnachlasses mit.[443]

Der Befund, daß der Unternehmer im Endergebnis wirtschaftlich den Rabatt trägt, ist ein Indiz, aber keine notwendige Voraussetzung für einen Rabattverstoß. Eine unzulässige Rabattgewährung kann nämlich ebenfalls dann vorliegen, wenn bei formeller Betrachtungsweise der gewährte Preisvorteil zwar von einem Dritten getragen, der Preisnachlaß aber unmittelbar vom Verkäufer gewährt wird.

So wenn eine selbständige Käuferorganisation an ihre Mitglieder Betreuungskarten ausgibt, die die Käufer berechtigen, bei Vertragsfirmen des Groß- und Einzelhandels zu einem generell um 10% Prozent ermäßigten Normalpreis zu kaufen.[444] Die Käufer betrachten die Ermäßigung des Normalpreises als einen vom Verkäufer gewährten Preisnachlaß. Hieran ändert sich auch dadurch nichts, daß Verkäufer und Käuferorganisation eine Vermittlungsprovision vereinbaren, auf die die Organisation im voraus ganz oder teilweise zugunsten der einkaufenden Mitglieder verzichtet, der Preisnachlaß wirtschaftlich scheinbar von der Käuferorganisation getragen wird.[445] Es kommt nicht darauf an, daß Verkäufer und Käuferorganisation die Preisermäßigung als weitergegebene Vermittlungsprovision verstanden wissen wollen. Maßgebend ist, daß die Verkehrskreise die angekündigten Preise als Normalpreise des Unternehmers verstehen müssen, auf die ihnen der Unternehmer unmittelbar beim Einkauf einen Preisnachlaß gewährt.

Wirkt der Unternehmer daran mit, daß auf einem vom RabattG nicht zugelassenen Wege seinen Kunden wirtschaftliche Vorteile zufließen, die seinen Normalpreis beeinflussen, dann muß er sich gefallen lassen, daß diese Zuwendungen ihm als Gewährung eines Preisnachlasses zugerechnet werden. Dem kann auch nicht der formale Charakter der rabattrechtlichen Vorschriften entgegengehalten werden, denn nicht nur der Begriff des Preisnachlasses, sondern auch die dem Unternehmer für die Gewährung eines Preisnachlasses offenstehenden Wege haben diesen formalen Charakter.

118 Anders ist es allerdings zu beurteilen, wenn der Unternehmer nicht seinen Normalpreis ermäßigt, sondern der Dritte unabhängig vom Unternehmer einen Zu-

---

441 Vgl. dazu OLG Hamburg GRUR 1984, 294 – *Aufwendungdarlehen.*

442 BGH GRUR 1995, 763 – *30% Ermäßigung*; GRUR 1995, 832, 834 – *Verbraucherservice*; GRUR 1993, 63, 64 – *Bonusring*; so auch OLG Köln WRP 1995, 862; OLG Stuttgart BB 1998, 2180; vgl. auch *Seydel* Rdn. 136.

443 BGH GRUR 1960, 495 – *WIR-Rabatt*; EA München WRP 1956, 51.

444 BGH GRUR 1968, 266, 267 – *BSW II* – mit Anm. *Seydel*; vgl. auch OLG München GRUR 1965, 197.

445 So auch *Baumbach/Hefermehl* Rdn. 57 a; *Borck* WRP 1968, 255.

schuß gewährt. Ein Preisnachlaß liegt dann nicht vor; so wenn ein Gaswerk den Käufern von Gasherden Installationszuschüsse gewährt[446] oder wenn eine Interessengemeinschaft für Lederforschung Landwirten einen Zuschuß zur Anschaffung elektrischer Weidezäune gewährt.[447] Eine gleichgerichtete Interessenlage zwischen Unternehmer und dem, der den Zuschuß gewährt, reicht nicht aus, um die Zuwendung des Vorteils dem Unternehmer als Preisnachlaß zuzurechnen.[448]

Dasselbe gilt, wenn bei einem über eine kreditgewährende Bank finanzierten oder teilfinanzierten Kauf der Händler einen Zinszuschuß an die Bank zahlt und dem Käufer das Zustandekommen des günstigen Zinssatzes offenbart. In diesen Fällen liegt kein Preisnachlaß, sondern ein zweiter Normalpreis vor.[449]

Von Fällen, in denen der Dritte selbständig und ohne Beeinflussung des Normalpreises des Unternehmers einen Preisvorteil gewährt, den er auch wirtschaftlich selbst trägt, sind Sachverhalte zu unterscheiden, bei denen der Normalpreis zwar ebenfalls nicht gekürzt wird, die preisliche Vergünstigung dem letzten Verbraucher auch von einem Dritten gewährt wird, aber aus Mitteln, die ihm vom Unternehmer zufließen.[450] Handelt es sich dabei lediglich um die schlichte Weitergabe einer Scheinprovision, liegt wiederum ein verschleierter Preisnachlaß vor (vgl. Rdn. 93).

Ein Preisnachlaß liegt dann nicht vor, wenn es sich nicht um eine einseitige Be- **118 a**
günstigung des Rabattempfängers handelt. Ein Rabattverstoß kann somit möglicherweise ausscheiden, wenn entweder im Verhältnis des Unternehmers zu einem Dritten oder des Kunden zu einem Dritten eine die Preisreduzierung rechtfertigende Gegenleistung vorliegt. Eine solche werthaltige Leistung kann etwa in der Zuführung von Kunden liegen.[451]

Allerdings müssen Leistung und gewährter Preisnachlaß wirtschaftlich annähernd gleichwertig sein und die Gegenleistung des Rabattempfängers nicht willkürlich festgesetzt werden.[452] Ein Indiz für einen Rabattverstoß ist es indes, wenn die Gegenleistung stets mit einem Prozentsatz des Umsatzes bewertet wird, obwohl dies wirtschaftlich nicht zu rechtfertigen ist.[453] Im Fall „Verbraucherservice" bestand die von den Kunden gegenüber dem den Rabatt auskehrenden „Vermittler" von Kaufverträgen zu erbringende Leistung darin, persönliche Daten und solche des Kaufgeschäfts speichern zu lassen. Diese „Gegenleistung" des Rabattempfängers wurde in allen drei Instanzen nicht als gleichwertig zum Rabatt anerkannt, weil sich aus dem Wert der vom Kunden zur Verfügung gestellten Daten und Informationen einerseits und einer vom Umsatzwert der Einzelgeschäfte prozentual abhängigen Preisvergünstigungen andererseits eine feste oder eine – sei es objektiv oder in den Augen des Verkehrs – sinnvolle bestimmbare Relation nicht ergeben könne[454] und der Wert der Gegenleistung des Kunden vernünftigerweise nicht in einem prozentualen Anteil des jeweiligen Kaufpreises liegen könne (BGH aaO).

---

446 Gl. A. *Baumbach/Hefermehl* Rdn. 58; *Reimann* WRP 1957, 69; *Prölss* DB 1967, 1356.

447 Gl. A. *Baumbach/Hefermehl* Rdn. 58.

448 OLG Hamburg GRUR 1984, 294 – *Aufwendungdarlehen.*

449 BGH GRUR 1993, 137, 141 – *Zinssubvention*; OLG Frankfurt NJW-RR 1993, 1133, 1134; im Ergebnis ebenso OLG Hamm NJW-RR 1994, 107, 108; KG NJW-RR 1992, 438, 439 für einen Zuschuß des Händlers an die hauseigene Kredit-Bank; vgl. auch Rdn. 88 a. E. und *Ahrens* GRUR 1991, 500 ff; *Weber* WRP 1991, 205, 206.

450 Vgl. den Fall OLG Hamm WRP 1984, 629.

451 Vgl. dazu Rdn. 93 und *Baumbach/ Hefermehl* Rdn 39; OLG Stuttgart WRP 1997, 60, 63 – *ACE* –, das das Vorliegen dieser Voraussetzung im konkreten Fall verneint; vgl. dazu *Jänich* EWiR 1997, 185.

452 BGH GRUR 1995, 832, 834 – *Verbraucherservice.*

453 Vgl. BGH aaO S. 835 – *Verbraucherservice.*

454 BGH aaO S. 834 – *Verbraucherservice.*

Eine „Vermittlungsprovision“, der keine adäquate Gegenleistung gegenübersteht, ist nicht im Rechtssinne „verdient“ worden. Wenn eine Käuferorganisation eine solche ihr vom Unternehmer gezahlte „Vermittlungsprovision“ (die ursprünglich aufgrund einer Vereinbarung zwischen ihr und dem Unternehmer unmittelbar vom Normalpreis in Abzug gebracht wurde) oder eine andere Leistung ganz oder teilweise an ihre Mitglieder (Käufer) weitergibt, so handelt es sich wiederum um eine verschleierte Rabattgewährung durch den Unternehmer, da die Auszahlung nur formal aus dem Vermögen der Käuferorganisation stammt, wirtschaftlich aber dem Verkäufer zuzurechnen ist.[455]

In den genannten Fällen waren sowohl die Vermittlungsprovisionen (10–16%) als auch die Höhe des an die Mitglieder (Käufer) weitergegebenen Teils der Provision (10–15%) außergewöhnlich. Dieser Umstand spricht generell dafür, daß es sich nicht um eine echte Vergütung handelt. Gegen die Rechtfertigung durch eine entsprechend hohe Gegenleistung spricht zudem, daß der größte Teil der verdienten Vermittlungsprovision an die Käufer weitergegeben wurde.

Im Falle „Bonusring“ sprachen bereits die im „Einkaufsführer für clevere Kunden“ gegebenen Hinweise dagegen, die vom Bonusring an die Bonusring-Kunden ausgeschütteten Beträge als vom Bonusring verdiente Provision dem Vermögen von Bonusring zuzuordnen und die Auszahlung des Bonusgeldbetrages als freiwillige Beteiligung an einer von Bonusring erbrachten Leistung einzustufen.[456]

Die dem Kunden zugeflossene Vergütung wurde bereits im Einkaufsführer als Nachlaß auf den Einkaufspreis angekündigt. Die Einordnung als „Rabatt“ ergab sich auch bei objektiver wirtschaftlicher Betrachtungsweise. Der Umstand, daß der Bonusring gegenüber dem Verkäufer nicht verpflichtet war, einen Bonus in bestimmter Höhe an den Kunden auszuschütten, war danach rechtlich unerheblich.

F. Gesetzliches Verbot

119 § 1 enthält kein generelles Verbot, Preisnachlässe anzukündigen und zu gewähren, sondern bestimmt in seinem Absatz 1: „Werden im geschäftlichen Verkehr Waren des täglichen Bedarfs im Einzelverkauf an den letzten Verbraucher veräußert oder gewerbliche Leistungen des täglichen Bedarfs für den letzten Verbraucher ausgeführt, so dürfen zu Zwecken des Wettbewerbs Preisnachlässe (Rabatte) nur nach Maßgabe der nachfolgenden Vorschriften angekündigt oder gewährt werden“. Diese Formulierung erklärt sich aus dem Zusammenhang zwischen dem RabattG und der ZugabeVO, die in § 1 Abs. 2 b ZugabeVO Geldzugaben ausnahmsweise zuläßt. Diese wird durch das RabattG wieder eingeschränkt und das Ankündigen und Gewähren vn Preisnachlässen ist danach nur nach Maßgabe der nachfolgenden Vorschriften der §§ 2–10 zulässig; im übrigen ist das Ankündigen und Gewähren von Preisnachlässen und Sonderpreisen (vgl. dazu Rdn. 51–106) für den sachlichen Geltungsbereich des Gesetzes (vgl. dazu Rdn. 5–25) verboten. § 11 bestimmt, daß Zuwiderhandlungen gegen die Vorschriften des RabattG eine Ordnungswidrigkeit darstellen. Abgesehen von der Einräumung eines Unterlassungsanspruches an bestimmte Wettbewerber und Verbände schweigt das RabattG zu den zivilrechtlichen Folgen eines Rabattverstoßes für das jeweilige Rechtsgeschäft.

---

[455] BGH GRUR 1993, 63, 64 – *Bonusring*; OLG Stuttgart WRP 1997, 60, 64; so auch OLG Schleswig BB 1964, 1278; a. M. noch BGH GRUR 1967, 371 – *BSW I* – mit zust. Anm. *Seydel*; anders jetzt *Seydel* 4. Aufl. Rdn. 127.

[456] Vgl. BGH aaO S. 64 – *Bonusring*.

Nach § 134 BGB ist ein Rechtsgeschäft, das gegen ein gesetzliches Verbot verstößt, nichtig, wenn sich nicht aus dem Gesetz ein anderes ergibt. § 134 BGB führt somit nicht in allen Fällen eines Verstoßes gegen ein Gesetz zur Nichtigkeit des Rechtsgeschäfts, sondern stellt nur eine Auslegungsregel auf. In jedem Einzelfall ist zu prüfen, ob das Verbotsgesetz – hier § 1 Abs. 1 RabattG – nach seinem Sinn und Zweck die endgültige Unwirksamkeit (Nichtigkeit) des verbotenen Geschäfts erfordert.[457] In der Literatur wird dagegen teilweise die Auffassung vertreten, daß § 134 BGB als Auslegungsregel die Vermutung begründe, daß ein Gesetzesverstoß das Rechtsgeschäft nichtig mache.[458] Die Frage, ob verbotswidrige Rechtsgeschäfte nach § 134 BGB nichtig sind, ist aus Sinn und Zweck der jeweiligen Verbotsvorschrift zu beantworten. Nach der Rechtsprechung des BGH ist entscheidend, ob das Gesetz sich nicht nur gegen den Abschluß des Rechtsgeschäfts wendet, sondern auch gegen seine privatrechtliche Wirksamkeit und damit gegen seinen wirtschaftlichen Erfolg.[459] Die Tatsache, daß ein Wettbewerbsverstoß bzw. hier der Rabattverstoß als Ordnungswidrigkeit mit Buße bedroht ist, bewirkt noch nicht die Nichtigkeit des Rechtsgeschäfts (vgl. BGH aaO). Dies gilt nach Auffassung des BGH vor allem dann, wenn – wie auch im Falle des RabattG – das Verbot nur eine der vertragsschließenden Parteien – hier den Unternehmer – betrifft. Dann ist in der Regel ein solcher Vertrag gültig.[460] Die Frage, ob ein Verstoß gegen ein gesetzliches Verbot gem. § 134 BGB zur Nichtigkeit des Rechtsgeschäfts führt, ist dann nach Sinn und Zweck der einzelnen Verbotsvorschrift zu entscheiden.[461] Das Verbot unzulässiger Rabattgewährung ist nicht darauf gerichtet, den Kaufvertrag als solchen zu verbieten.[462] Vielmehr wird die Rabattgewährung als Mittel des Wettbewerbs und ihr starker Werbeanreiz auf ein vom Gesetzgeber für angemessen gehaltenes Maß beschränkt (vgl. dazu Einl. 5) und bestimmte Erscheinungsformen der Preisgestaltung durch den Verkäufer unterbunden, um eine verschleierte Preisgestaltung zu verhindern.[463] Aus diesen Gründen richtet sich das in § 1 Abs. 1 ausgesprochene Verbot nur einseitig gegen den Unternehmer. Dies kommt im Wortlaut der Vorschrift dadurch zum Ausdruck, daß dem Unternehmer das Ankündigen oder Gewähren nicht zugelassener Preisnachlässe verboten ist, also nur eine Vertragspartei angesprochen wird. Das Verbot des § 1 Abs. 1 richtet sich gegen das Ankündigen und Gewähren nicht zugelassener Preisnachlässe und somit nur an den Unternehmer (Veräußerer). § 1 Abs. 1 enthält kein an jedermann gerichtetes Verbot, Verträge unter Vereinbarung nicht zugelassener Preisnachlässe abzuschließen. Der Letztverbraucher ist zum verbotswidrigen Verhalten des Unternehmers notwendig Beteiligter, ohne als Verbotsadressat genannt oder betroffen zu sein.[464] Das Gesetz verbietet ein bestimmtes Verhalten vom Unternehmern im Wettbewerb und nicht Kaufverträge mit Ausnahmepreisen. Nur das einseitige Nachgeben zum Preis und nicht das Rechtsgeschäft verstößt gegen das gesetzliche Verbot. Der zum unzulässigen Ausnahmepreis geschlossene Vertrag ist daher gültig. Kauf- und Leistungsverträge, deren Preis ein Ausnahmepreis ist, sind zu den verbotenen Preisbedingungen gültig.[465]

---

[457] So BGHZ 45, 322, 326; str.

[458] So *Canaris* Gesetzliches Verbot und Rechtsgeschäft, 1983, 15; Palandt/*Heinrichs* BGB § 134 Rdn. 7; Staudinger/*Sack* BGB § 134 Rdn. 59; MüKo/*Mayer-Maly* BGB § 134 Rdn. 1.

[459] So BGHZ 88, 240, 242 unter Hinweis auf weitere Rechtsprechung des BGH.

[460] So BGHZ 88, 240, 243 mwN.

[461] So BGH NJW 1992, 2557, 2558 mwN; BGHZ 88, 240, 242 mwN.

[462] Vgl. BGH GRUR 1994, 527, 529 – *Werbeagent.*

[463] So BGH GRUR 1994, 527, 529 – *Werbeagent.*

[464] So auch BGH GRUR 1989, 773, 774 – *Mitarbeitervertretung.*

[465] BGH GRUR 1994, 527, 529 – *Werbeagent*; *Baumbach/Hefermehl* § 12 Rdn. 5; *v. Gamm* Kap. 60 Rdn. 80; *Köhler/Piper* Rdn. 62; *Reimer/Krieger* Rdn. 14; *Michel/Weber/Gries* Rdn. 54; *Lafrenz* GRUR 1979, 89.

Die Gewährung des Preisnachlasses ist daher zivilrechtlich grundsätzlich wirksam.[466] Ein unzulässigerweise gewährter Rabatt kann daher auch nicht zurückverlangt werden, § 817 S. 2 BGB.[467]

Da das unter Verstoß gegen das RabattG abgeschlossene Rechtsgeschäft zivilrechtlich gültig ist, hat der Unternehmer nur einen Anspruch auf Zahlung des vereinbarten oder einseitig eingeräumten Ausnahmepreises. Andererseits steht dem Vertragspartner des Unternehmers bei Nichtgewährung des Rabattes ein durchsetzbarer Anspruch auf Erfüllung des Vertrages zum rabattrechtlich unzulässigen Ausnahmepreis nicht zu. Der Unternehmer ist nicht verpflichtet, eine Ware zum rabattrechtlich unzulässigen Ausnahmepreis zu liefern oder eine gewerbliche Leistung zu erbringen. Einem hierauf gerichteten Anspruch des Letztverbrauchers steht der Einwand der unzulässigen Rechtsausübung (§ 242 BGB) entgegen, soweit das Klagebegehren die Gewährung eines unzulässigen Rabattes zum Gegenstand hat.[468] Dies gilt erst recht, wenn zwischen Ankündigung des Preisnachlasses bzw. Abschluß des Geschäftes und seiner Ausführung eine einstweilige Verfügung oder ein vollstreckungsfähiges Urteil gegen den Veräußerer ergangen sein sollte. Denn kein Vertragspartner hat einen gerichtlich durchsetzbaren Anspruch gegen den anderen Vertragspartner, wenn dieser mit der Erfüllung eines Anspruches gegen ein gerichtliches Verbot verstoßen würde.

ERSTER ABSCHNITT
Barzahlungsnachlässe

§ 2 Begrenzung des Barzahlungsnachlasses

Der Preisnachlaß für Barzahlung (Barzahlungsnachlaß) darf drei vom Hundert des Preises der Ware oder Leistung nicht überschreiten. Er darf nur gewährt werden, wenn die Gegenleistung unverzüglich nach der Lieferung der Ware oder der Bewirkung der gewerblichen Leistung durch Barzahlung oder in einer der Barzahlung gleichkommenden Weise, insbesondere durch Hingabe eines Schecks oder durch Überweisung, erfolgt.

Übersicht

[466] Gl.A *Köhler/Piper* Rdn. 62.

[467] So auch OLG Hamm Rspr. 1994, 141; *Baumbach/Hefermehl* § 12 Rdn. 5; *Köhler/Piper* Rdn. 62.

[468] BGH GRUR 1994, 527, 529 – *Werbeagent*; *Köhler/Piper* Rdn. 62.

Alpabetische Übersicht

Literatur siehe § 1 vor Rdn. 1

A. Barzahlungsnachlaß

Barzahlungsnachlaß ist Geldrabatt (zum Begriff „Geldrabatt" vgl. § 1 Rdn. 84–86. Er darf nur in Geld, d. h. als sofortiger Abzug vom Kaufpreis oder in Form eines Geldgutscheines, nicht in Ware, vgl. § 4 RabattG, gewährt werden.[1] Alle Rabattvoraussetzungen nach § 1 Abs. 1 und 2 RabattG müssen erfüllt sein. Preisnachlaß für Barzahlung heißt: Der Nachlaß ist Entgelt für die Sofortleistung des Käufers. Waren- und Leistungsrabatt (zum Begriff s. § 1 Rdn. 95) dürfen nur im Rahmen der §§ 7 und 8 RabattG eingeräumt werden. Der Barzahlungsnachlaß darf nicht in der Form eines Sonderpreises gewährt werden; vgl. dazu § 1 Rdn. 103. **1**

B. Barzahlung

I. Barzahlen

Barzahlen heißt Geld hingeben. Der dem Preis entsprechende Geldbetrag ist auszuhändigen (Handkauf, Realkauf). Geld ist der zum Preis vereinbarte Gegenstand, Barzahlung die gegenständliche Erfüllung durch den Käufer. Zahlung per **Nachnahme** ist zwar keine Barzahlung i. e. S., jedoch ausreichend.[2] **2**

II. In einer der Barzahlung gleichzuachtenden Weise

Ohne Barzahlung ist Preisnachlaß nur zulässig, wenn bargeldloser Zahlungsausgleich in einer der Barzahlung gleichzuachtenden Weise erfolgt. **Scheck** (Bar- und Verrechnungsscheck) und **Überweisung** werden als Beispiele genannt. Jede bargeldlose Befriedigung genügt, wenn der bargeldlose Ausgleich Erfüllungshandlung ist. Die wirtschaftliche, nicht die rechtliche Betrachtungsweise entscheidet. Z. B.: Die Scheckhingabe entspricht rechtlich nicht der Aushändigung eines Barbetrages. Der Empfänger erhält für die Kaufpreisforderung die Scheckrechte, die einen sofort fälligen Geldanspruch verbürgen. Der Scheck ist kein bares Geld, sondern wird, seine Deckung vorausgesetzt, wirtschaftlich, da er weitergegeben werden kann, dem Bargeld gleichgeachtet. **3**

---

[1] Gl. A. *Baumbach/Hefermehl* Rdn. 1.

[2] Gl. A. *Tetzner* Rdn. 6.

Ein **Wechsel** ist in der Regel kein ausreichendes Zahlungssurrogat, **str.**[3] Er enthält nicht, wie der Scheck, eine sofort auszuführende Zahlungsanweisung an eine Bank und die Gewährleistung seiner Deckung (Ausgabe eines ungedeckten Schecks ist im Zweifel Scheckbetrug), sondern die vom Aussteller und Bezogenen übernommene Zahlungsverpflichtung. Es wird eine neue Verbindlichkeit im Zweifel erfüllungshalber anstelle der alten (§ 364 Abs. 2 BGB) übernommen und eventuell ein Anspruch gegen einen Wechselverpflichteten übertragen. Die Gewähr für die Einlösung des Wechsels folgt aus der Bonität der Wechselverpflichteten, die Gewähr für die Einlösung des Schecks aus einer garantierten Deckung des Bankkontos in Höhe des Scheckbetrages. Nur wenn die Wechselhingabe an Zahlungs Statt erfolgt (was selten der Fall sein wird), der Wechsel unmittelbar vor der Fälligkeit steht und mit Sicherheit mit prompter Einlösung zu rechnen ist, steht sie der Barzahlung gleich;[4] Wechselhingabe erfüllungshalber höchstens dann, wenn sofort diskontierbar und Dikontsatz aufgeschlagen wird.[5]

Überweisung ist jeder im bargeldlosen Zahlungsverkehr erfolgende Zahlungsausgleich (Bank, Postgiro, Sparkasse).

III. Sonstige Zahlungsarten und Verrechnungen

4 Auch jede sonstige Verrechnung, die prompte Tilgung zur Folge hat, genügt. Z. B.: Gutschrift auf einem Schuldkonto des Verkäufers bei gleichzeitiger Bestätigung; im Kontokorrent nur, wenn ein Guthaben für den Käufer in Höhe des Preises besteht; Aufrechnung mit fälliger Forderung gegen Kaufpreis, Doppelkauf, Inzahlungnahme gebrauchter Gegenstände.[6] Jedoch ist nicht ausreichend, wenn Altware lediglich in Kommission genommen wird, um den erst noch zu erzielenden Verkaufserlös später zu verrechnen.[7] Reine **Tauschgeschäfte** werden vom RabattG nicht erfaßt; vgl. dazu § 1 Rdn. 7. Zum **Teilzahlungsaufschlag** vgl. § 1 Rdn. 88. Zur verschleierten Rabattgewährung durch Überbewertung **in Zahlung genommener Gegenstände** vgl. § 1 Rdn. 92. Zur Einbeziehung von Abrechnungsgeschäften vgl. die Anm. zu § 3.

Bei **Vorauszahlung** ist Barzahlungsnachlaß bis zu 3 Prozent zulässig.[8]

C. Unverzügliche Zahlung

5 Der Barzahlungsnachlaß darf nur gewährt werden, wenn die Bezahlung unverzüglich nach der Lieferung der Ware oder der Bewirkung der gewerblichen Leistung erfolgt. Unverzüglich heißt ohne schuldhaftes Zögern.[9] Die Zahlung muß innerhalb der nach Treu und Glauben und den Umständen zuzubilligenden Frist erfolgen (§§ 271, 242 BGB). Wird ein angemessener Teil des Kaufpreises wegen Mangelhaf-

---

[3] Gl. A. *v. Gamm* Kap. 60 Rdn. 45; *Köhler/Piper* Rdn. 3; *Seydel* Rdn. 4.

[4] Gl. A. *Reimer/Krieger* Kap. 5 Rdn. 1; ähnlich *Baumbach/Hefermehl* Rdn. 5; *Michel/Weber/Gries* Rdn. 1 fordern zusätzlich Erstattung der Wechselzinsen; *Ulmer/Reimer* Nr. 1111; a. A. *Tetzner* Rdn. 7.

[5] Gl. A. *Baumbach/Hefermehl* Rdn. 5; *Michel/Weber/Gries* Rdn. 1; a. A. *v. Gamm* Kap. 60 Rdn. 45.

[6] BGH GRUR 1960, 558, 562 – *Eintritt in Kundenbestellung*; OLG Hamburg GRUR 1987, 383, 385; OLG Köln JW 1938, 2029; *Baumbach/Hefermehl* Rdn. 5; *v. Gamm* Kap. 60 Rdn. 45; *Köhler/Piper* Rdn. 3; *Seydel* Rdn. 6; a. A. *Tetzner* Rdn. 8; *Michel/Weber/Gries* Rdn. 2.

[7] So *Köhler/Piper* Rdn. 3.

[8] Gl. A. *Baumbach/Hefermehl* Rdn. 2 § 2; beachte Anm. D zur Frage der Zulässigkeit höherer Rabatte und ferner Rdn. 91 § 1 bei Vorkasse.

[9] Gl. A. *Baumbach/Hefermehl* Rdn. 6; *v. Gamm* Kap. 60 Rdn. 43; *Reimer/Krieger* Kap. 5 Rdn. 2.

tigkeit der verkauften Ware zurückbehalten, so ist dies unschädlich (ebenso OLG Hamm MDR 1967, 586), andernfalls genügen Teil- oder Anzahlungen nicht.[10] Wird nicht unverzüglich gezahlt, weil der Unternehmer die Rechnung verspätet zustellt, scheidet die Gewährung eines Barzahlungsnachlasses aus. Die unverzüglich nach Lieferung zu leistende Zahlung kann nicht durch verspätete Ausstellung der Rechnung hinausgeschoben werden.[11] Es kommt nur auf den zeitlichen Abstand von Lieferung und Zahlung an.[12] Ob die Verzögerung von einem der Beteiligten zu vertreten ist oder nicht, ist belanglos.

Die in höheren Wirtschaftsstufen häufige Staffelung der Skontosätze nach bestimmten Zahlungsfristen ist im sachlichen Geltungsbereich des Gesetzes (vgl. hierzu § 1 Rdn. 5 bis 7) nicht zulässig; so z. B. eine Regelung „3 Prozent Skonto bei sofortiger Barzahlung, 2 Prozent Skonto bei Zahlung innerhalb von 10 Tagen".[13]

D. Rabatthöhe

Zulässig ist ein Rabatt bis zu 3 Prozent vom Normalpreis (zum Begriff vgl. § 1 6
Rdn. 60–66). Der Barzahlungsrabatt ist Vergütung für sofortige Zahlung (vgl. Rdn. 1) und entspricht dem Skonto der höheren Wirtschaftsstufen. Der Barrabatt nach § 2 und Skonto sind im Geschäftsverkehr mit dem Letztverbraucher identisch und dürfen nebeneinander nur eingeräumt werden, wenn sie zusammen nicht mehr als 3 Prozent betragen. Der Barrabatt kann bis zu 3 Prozent vom Unternehmer nach der Höhe des Umsatzes gestaffelt werden, z. B. bei Einkäufen ab DM 100,– 1%, ab DM 200,– 2%, über DM 200,– 3%.[14] Zulässig ist es auch, zeitlich unterschiedlich hohe Rabatte anzukündigen und zu gewähren, z. B. Montag 3%, Dienstag bis Sonnabend 2%; unzulässig sind jedoch sog. „Doppelte Rabatte", wenn die Höchstgrenze von 3% überschritten wird, so z. B., wenn regelmäßig 2% Rabatt gewährt werden, aber an doppelten Rabattagen 4%.[15] Wird ein Barzahlungsnachlaß gewährt, so braucht der Prozentsatz nicht angegeben zu werden. Es genügt, wenn der Nachlaß nicht mehr als 3 Prozent beträgt. Die Ankündigung „hoher Preisnachlässe" erweckt die Vorstellung eines 3% des Normalpreises übersteigenden Rabattes und ist daher nach § 3 UWG unzulässig.[16] Der Höchstsatz des § 2 ist bindend. Im Gesetz festgelegte zahlenmäßige Grenzen sind gelegentlich lästig, können aber auch nicht durch Handelsbräuche beiseite geschoben werden.[17] Wird der Barzahlungsrabatt durch Aushändigung von Rabattmarken (Gutscheinen) gewährt, z. B. für je 20 Pf. des Kaufpreises eine Rabattmarke im Wert von 0,6 Pf., dann darf bei einem Betrag von z. B. DM 2,16 der letzte Tilgungsrest von 16 Pf. nicht aufgerundet und eine Rabattmarke hierfür nicht gewährt werden.

Wegen Überschreitung der 3 Prozent-Grenze ist unzulässig: Die Gewährung eines 7
Preisnachlasses von DM 1,– an die Inhaber unentgeltlich verteilter Gutscheine, wenn der Einkaufswert DM 33,33 nicht übersteigt;[18] die Abgabe eines Mode-Ein-

---

[10] Gl. A. *Michel/Weber/Gries* Rdn. 6.
[11] Gl. A. *v. Gamm* Kap. 60 Rdn. 43.
[12] Gl. A. *Köhler/Piper* Rdn. 4; *Tetzner* Rdn. 6.
[13] Gl. A. *Tetzner* Rdn. 6.
[14] Gl. A. *Baumbach/Hefermehl* Rdn. 3; *v. Gamm* Kap. 60 Rdn. 46; *Reimer/Krieger* Kap. 58 Rdn. 7; *Seydel* Rdn. 10.
[15] Gl. A. *Baumbach/Hefermehl* Rdn. 2; *Michel/Weber/Gries* Rdn. 19.
[16] Vgl. OLG Düsseldorf BB 1964, 985; OLG Frankfurt BB 1972, 1524; a. A. OLG Nürnberg WRP 1968, 458 bzgl. einer Werbung gegenüber Letztverbrauchern mit dem Wort „Höchstrabatte".
[17] Vgl. dazu OLG Hamm Rspr. 1993, 79.
[18] LG Frankfurt WRP 1960, 78; *Baumbach/Hefermehl* Rdn. 2; *Tetzner* Rdn. 3.

zelschnittes im Wert von DM 1,80 an Bezieher eines Modeheftes gegen Einsendung einer Wertmarke und einer Bearbeitungsgebühr von DM 0,40;[19] die Ausgabe bereits teilweise mit Rabattmarken beklebter Rabattbücher, sofern der Wert des Buches 3 Prozent der gesamten Einkaufssumme übersteigt.[20]

Zu Sammelbestellungen vgl. Rdn. 4, 7 § 7 RabattG.

Da das RabattG andere als die in den §§ 2 ff genannten Nachlässe nicht zuläßt, können auch bei Vorauszahlungen keine 3 Prozent des Normalpreises übersteigenden Rabatte angekündigt oder gewährt werden.[21] Zur wettbewerbsrechtlichen Beurteilung (nach § 1 UWG) der Erstattung eines Geldbetrages von DM 2,– für eine Taxifahrt nach Hause beim Einkauf von über DM 80,– beachte OLG Köln GRUR 1978, 318 – *Lampen und Leuchten.*

8 Die §§ 7 bis 9 RabattG und § 13 DVO enthalten **Ausnahmen** hinsichtlich des zulässigen **Höchstsatzes.** Hat der Hersteller von Markenwaren den verschlossenen Packungen Gutscheine (Treuvergütung) i. S. des § 13 DVO beigepackt, kann der an den Letztverbraucher verkaufende Unternehmer daneben einen Barzahlungsrabatt gem. § 2 gewähren, § 13 Abs. 2 DVO. Zur „Treuvergütung" der Hersteller von Markenwaren gem. § 13 DVO vgl. § 4 Rdn. 8 bis 20.

E. Kein Rechtsanspruch auf Rabattgewährung

9 Ein Rechtsanspruch auf Rabattgewährung wird durch das RabattG nicht begründet.[22] Der Unternehmer darf einen Barrabatt bis zu 3 Prozent einräumen. Er muß dies jedoch nicht. Er kann den Nachlaß aus freien Stücken gewähren oder für den Fall der sofortigen Barzahlung vereinbaren. Entsprechende Vereinbarungen sind Bestandteil der Preisabrede.[23] Diese kommen nicht schon dadurch zustande, daß ein Preisnachlaß angekündigt wird. Bei Abschluß der Kaufverträge muß der Preis entsprechend vereinbart werden; denn die Ankündigung ist keine Offerte, sondern in der Regel eine an den Letztverbraucher gerichtete Aufforderung, eine Offerte zu machen.[24] Gewährt der Unternehmer Barzahlungsrabatt auf einige oder alle Waren, so muß er ihn allen Kunden und in gleicher Höhe gewähren, andernfalls liegt ein Sondernachlaß vor, der nur im Rahmen des § 9 RabattG zulässig ist.[25] Werden Barrabatte angekündigt, aber weder vereinbart noch gewährt, wird durch die unrichtige Angabe der Anschein eines besonders günstigen Angebots hervorgerufen. Die zulässige Rabattankündigung ist nach § 3 UWG unzuläsisg (vgl. dazu die Anm. zu § 3 UWG).

F. Mehrere Preisnachlaßarten

10 Der Barrabatt kann neben einem Mengennachlaß (§§ 7 oder 8) oder einem erlaubten Sondernachlaß (§ 9) eingeräumt werden. (Vgl. dazu auch die Anm. zu § 10 RabattG).

---

[19] Vgl. OLG Düsseldorf BB 1961, 1071.

[20] BayObLG BB 1962, 904; *Baumbach/Hefermehl* Rdn. 2; *Michel/Weber/Gries* Rdn. 17; DW 1958, 96; a. A. *Tetzner* Rdn. 3.

[21] Gl. A. *Baumbach/Hefermehl* Rdn. 2; a. A. LG Düsseldorf WRP 1965, 116–5 Prozent Nachlaß bei Vorkasse, wenn die Lieferzeit 7 bis 9 Wochen beträgt; beachte auch Rdn. 2, 3 und § 1 Rdn. 91.

[22] Gl. A. *v. Gamm* Kap. 60 Rdn. 42.

[23] Gl. A. KG GRUR 1961, 429, 430; *v. Gamm* Kap. 60 Rdn. 42.

[24] A. M. *Baumbach/Hefermehl* Rdn. 4.

[25] Gl. A. BGH GRUR 1987, 185, 186 – *Rabattkarte*; GRUR 1959, 326 – *Kaffeeversandhandel*; OLG Karlsruhe WRP 1979, 744; *Baumbach/Hefermehl* Rdn. 4; *Seydel* Rdn. 11; *Tetzner* Rdn. 2; a. M. *Borck* WRP 1983, 469, 473.

G. Sonderregelung für Tabakerzeugnisse

§ 24 TabaksteuerG
Verbot der Abgabe unter Kleinverkaufspreis

(1) Der auf dem Steuerzeichen angegebene Packungspreis oder sich daraus ergebende Kleinverkaufspreis darf vom Händler bei Abgabe von Tabakwaren an Verbraucher, außer bei unentgeltlicher Abgabe als Proben oder zu Werbezwecken, nicht unterschritten werden. Der Händler darf auch keinen Rabatt gewähren. Dem Rabatt stehen Rückvergütungen aller Art gleich, die auf der Grundlage des Umsatzes gewährt werden. Der Händler darf bei der Abgabe an Verbraucher auch keine Gegenstände zugeben und die Abgabe nicht mit dem Verkauf anderer Gegenstände koppeln.

(2) Absatz 1 gilt bei entgeltlicher Abgabe an Verbraucher auch für Personenvereinigungen, Gesellschaften, Anstalten und natürliche und juristische Personen, die kein Handelsgewerbe betreiben.

(3) Absatz 1 Satz 1 und 2 gilt nicht bei der Abgabe an den Bund oder die Länder zur Durchführung öffentlicher Aufgaben.

§ 25 TabaksteuerG
Preisnachlässe und -ermäßigungen

Von dem Verbot des § 24 Abs. 1 sind ausgenommen

1. **ein Preisnachlaß bis zu 3 vom Hundert bei der Abgabe von Zigarren oder Zigarillos in vollen Packungen, wenn der Preisnachlaß handelsüblich ist;**
2. **Preisermäßigungen, die sich als notwendig erweisen,**
   a) **um dem Hersteller oder dem Händler im Falle des Konkurses oder der Einstellung der Herstellung oder des Handels die Räumung der Bestände zu ermöglichen,**
   b) **um die Verwertung von Tabakwaren durch Behörden oder Gerichtsvollzieher zu ermöglichen,**
   c) **weil sich der Wert der Tabakwaren gemindert hat. Die Preisermäßigung bedarf der Genehmigung des Bundesministers der Finanzen oder der von ihm bestimmten Stellen.**

I. Entwicklung der gesetzlichen Regelung für Tabakerzeugnisse

Eine Sonderregelung über die Gewährung von Preisnachlässen gilt für Tabaker- **11**
zeugnisse. § 15 RabattG bestimmt, daß die Vorschriften des Gesetzes über das Verbot des Verkaufs von Tabakerzeugnissen unter Steuerzeichenpreis vom 21.9.1933 unberührt bleiben, soweit sich aus ihnen etwas anderes ergibt. Auf dieses Gesetz geht die Sonderregelung für Tabakerzeugnisse zurück. Das Gesetz vom 21.9.1933 (RGBl. I 653) galt zuletzt in der Fassung des Gesetzes vom 15.8.1935 (RGBl. I 1095) und wurde durch das TabaksteuerG vom 6.5.1953 (BGBl. I 169) aufgehoben und ersetzt. Die Sonderregelung für die Gewährung von Preisnachlässen für Tabakerzeugnisse befand sich in den §§ 28, 29 TabaksteuerG 1953. Die §§ 28, 29 TabaksteuerG 1953 wurden durch das zehnte Gesetz zur Änderung des TabaksteuerG vom 23.7.1971 (BGBl. I 1051) neu gefaßt. Die Änderungen waren weitgehend redaktioneller Art. Der wesentliche Inhalt der Vorschriften blieb unangetastet.[26] Durch das elfte Gesetz zur Änderung des TabaksteuerG vom 3.3.1972 (BGBl. I 261) ist das TabaksteuerG 1953 erneut geändert worden. Die rabattrechtliche Sonderregelung für Tabakerzeugnisse befand sich nunmehr in den Vorschriften der §§ 17

[26] Vgl. Amtl. Begr. zum Regierungsentwurf BR-Drucks. 240/71, 16, abgedr. Bundeszollblatt 1971, 679 ff.

und 18 TabaksteuerG 1972, das in einer Neufassung in BGBl. 1972 I 1633 bekanntgemacht wurde.

Durch das TabaksteuerG vom 13.12.1979 (BGBl. I 2118) ist die vom Rat der EG am 18.12.1978 erlassene Richtlinie 79/32/EWG zur Harmonisierung der Tabaksteuer (ABl. EG 1979 L. 10, 8) in nationales Recht umgesetzt und das gesamte Tabaksteuerrecht zum 1.1.1980 erneuert worden. Danach galt das TabaksteuerG 1980 i. d. F. des Gesetzes zur Änderung von Verbrauchssteuergesetzen vom 22.12.1981 (BGBl. I 1562). Dieses ist ersetzt worden durch das „Gesetz zur Anpassung von Verbrauchsteuer- und anderen Gesetzten an das Gemeinschaftsrecht sowie zur Änderung anderer Gesetze (Verbrauchsteuer-Binnenmarktgesetz)" vom 21. Dezember 1992 (BGBl. I 2150; vgl. den Reg.-Entwurf, BR-Drucks. 651/92). Sachlich hat sich dadurch hinsichtlich des Rabattierungsverbotes für Tabakwaren nichts geändert. Das Verbot der Abgabe von Tabakwaren unter Kleinverkaufspreis sowie die Ausnahmen sind nunmehr in den §§ 24, 25 des Gesetzes geregelt.

II. Verbot der Abgabe unter Kleinverkaufspreis

12 Die Vorschriften des TabaksteuerG gehen über die des RabattG hinaus und diesen vor, soweit das TabaksteuerG etwas anderes bestimmt; insoweit ist die Anwendung rabattrechtlicher Vorschriften ausgeschlossen. Soweit dies nicht der Fall ist, gilt das RabattG. In sachlicher Hinsicht ist die bisherige Regelung weitgehend beibehalten worden. Nach § 24 TabStG 1992 darf der Händler den auf dem Steuerzeichen angegebenen Packungspreis oder den sich daraus ergebenden Kleinverkaufspreis bei Abgabe von Tabakwaren (zum Begriff vgl. §§ 2 und 3 TabaksteuerG 1992) an Verbraucher, außer bei unentgeltlicher Abgabe als Probe oder zu Werbezwecken, nicht unterschreiten. Der Händler darf auch keinen Rabatt gewähren. Dem Rabatt stehen Rückvergütungen aller Art gleich, die auf der Grundlage des Umsatzes gewährt werden.

Schon § 15 TabaksteuerG a. F. hatte fiskalische und wettbewerbsregelnde Bedeutung. Der fiskalische Zweck liegt in der Sicherung des Besteuerungssystems für Tabakwaren. Die wettbewerbsregelnde Bedeutung liegt darin, daß der Preis der Tabakerzeugnisse auf der Ebene des Einzelhandels nicht als Instrument des Wettbewerbs eingesetzt werden kann, den Verdrängungswettbewerbs erschwert und durch Verhinderung der Preisschleuderei die Existenz der in diesem Bereich tätigen Facheinzelhändler schützt.[27] Hieran hat sich nichts geändert.

Das Verbot der Abgabe unter dem Kleinverkaufspreis gilt für Händler, und zwar für Händler, Einzelhändler und Großhändler, die Tabakwaren an Verbraucher abgeben.[28] Nach Dienstanweisungen (Da) zum TabaksteuerG 1980 und der TabStDVO[29] sind auch Hersteller, die gelegentlich Tabakwaren unentgeltlich an Endverbraucher abgeben, Händler i. S. des § 15 Abs. 1 TabaksteuerG a. F.[30]

Nach § 24 Abs. 2 TabaksteuerG 1992 gilt das Verbot der Abgabe unter Kleinverkaufspreis auch für Personenvereinigungen, Gesellschaften, Anstalten und natürli-

[27] So BayObLG GRUR 1988, 235, 236 – *Tabakwaren-Verkauf* – unter Hinweis auf *Caspers/Dittrich* Zeitschrift für Zölle + Verbrauchssteuern 1980, 206; *Schröter* TabaksteuerG 1953 § 28 Anm. 1.

[28] So auch BayObLG GRUR 1988, 235, 237 – *Tabakwaren-Verkauf*.

[29] Vorschriftensammlung Bundesfinanzverwaltung, Stoffgebiet Verbrauchssteuern, Abschnitt Tabaksteuer, Ausgabe Januar 1980, V 1201 ff.

[30] Vgl. auch *Caspers/Dittrich* aaO 207.

che sowie juristische Personen, die kein Handelsgewerbe betreiben, wenn sie Tabakerzeugnisse entgeltlich an Verbraucher abgeben.

Der an Verbraucher verkaufende Händler kann keinen niedrigeren Normalpreis als den auf dem Steuerzeichen angegebenen Packungspreis oder sich daraus ergebenden Kleinverkaufspreis festsetzen. Der Kleinverkaufspreis wird auch dann unzulässig unterschritten, wenn der Händler Tabakwaren unentgeltlich an Verbraucher abgibt.[31] Dies folgt aus der lückenlosen Absicherung des Kleinverkaufspreises gegen seine Unterschreitung, von der es nur eine Ausnahme gibt, nämlich einen Preisnachlaß bis zu 3 vom Hundert bei der Abgabe von Zigarren oder Zigarillos in vollen Packungen (Kistenrabatt), wenn der Preisnachlaß handelsüblich ist, § 25 Abs. 1 Nr. 1 TabaksteuerG 1992. Eine **Preissenkung** (zum Begriff s. § 1 Rdn. 74 ff) ist nur ausnahmsweise in 3 Fällen zulässig und bedarf der Genehmigung des BMF, § 25 Abs. 1 Nr. 2 und Abs. 2 TabaksteuerG 1992. § 17 Abs. 4 TabaksteuerG 1972 bestimmte, daß das Verbot der Abgabe unter Kleinverkaufspreis nicht gilt, wenn der Hersteller Tabakerzeugnisse oder Zigarettenhüllen an Verbraucher abgibt, die ihm aus persönlichen Gründen eng verbunden sind. Diese Vorschrift ist entfallen und war bereits im § 15 TabaksteuerG 1980 nicht mehr enthalten.

Gibt ein Großhändler Tabakerzeugnisse zum Großhandelspreis ab, insbesondere als Selbstbedienungsgroßhändler (Abholgroßmärkte/cash and carry), so muß er sich vergewissern, daß seine Abnehmer keine Verbraucher sind.[32] Ist der Abnehmer nicht Wiederverkäufer, sondern Verbraucher, so verstößt der Großhändler durch die Gewährung des Großhandelspreises im allgemeinen zumindest fahrlässig gegen die Vorschriften des § 381 Abs. 1 Nr. 2 Abgabenordnung i. V. m. 24 Abs. 1 TabaksteuerG 1992. Verbraucher bedeutet hier dasselbe wie „letzter Verbraucher"; siehe hierzu § 1 Rdn. 33–37. Die Abgrenzung gilt auch hier. Unzulässig ist daher die Abgabe von Tabakerzeugnissen unter dem auf dem Steuerzeichen angegebenen Preis an Behörden und gewerbliche Unternehmen, die diese zu Repräsentationszwecken etc. verwenden, an Kranken-, Heilanstalten etc. als Verpflegungstabakwaren, karitative Verbände, Sportvereine etc. Etwas anderes gilt dagegen, wenn die gelieferten Tabakerzeugnisse gegen Entgelt weiterveräußert werden, so z. B. wenn die Werkskantine eines Großunternehmens Tabakerzeugnisse als Wiederverkäufer zum Weiterverkauf an Betriebsangehörige bezieht.

Bei **Sammelbestellungen** von Verbrauchern ist der „Sammelbesteller" kein Wiederverkäufer, sondern lediglich Beauftragter mehrerer bestellender Letztverbraucher. Eine Ermäßigung des auf dem Steuerzeichen angegebenen Kleinverkaufs- oder Packungspreises ist daher unzulässig, auch wenn der Sammelbesteller die Preisdifferenz nicht an die einzelnen Besteller weitergibt.[33]

III. Kein Rabatt auf Tabakerzeugnisse

Nach § 24 Abs. 1 S. 2 TabaksteuerG 1992 darf der Händler bei der Abgabe von 13
Tabakerzeugnissen an Verbraucher auch keinen Rabatt gewähren. Einzige Ausnahme: § 25 S. 1 Nr. 1 TabaksteuerG. Dem Rabatt werden Rückvergütungen aller Art gleichgestellt, die auf der Grundlage des Umsatzes gewährt werden; vgl. § 24 Abs. 1 S. 3 TabaksteuerG 1992. Mit der Einbeziehung von Rückvergütungen aller Art werden insbesondere die Konsumgenossenschaften den anderen Händlern gleich-

[31] Vgl. *Caspers/Dittrich* aaO.
[32] So auch BayObLG GRUR 1988, 235, 237 – *Tabakwaren-Verkauf.*
[33] Gl. A. *Schröter* aaO.

gestellt. Sie dürfen ihren Mitgliedern für Umsätze in Tabakerzeugnissen keine umsatzbezogene Rückvergütung gewähren. Dagegen ist es zulässig, den Mitgliedern einer Genossenschaft Vergütungen zu zahlen, wenn sie auf der Grundlage von Geschäftsanteilen gewährt werden und von einzelnen Umsatzgeschäften losgelöst sind.[34] Gegen das Verbot, Rückvergütung zu gewähren, wird verstoßen, wenn der Händler Sparmarken oder vergleichbare Kassenbons an Verbraucher ausgibt mit der Zusage, bei Rückgabe einer bestimmten Menge einen Teil des Kaufpreises zu vergüten.[35]

Gemäß § 24 Abs. 1 S. 3 darf der Händler bei der Abgabe von Tabakerzeugnissen an Verbraucher auch keine Gegenstände zugeben und die Abgabe nicht mit dem Verkauf anderer Gegenstände koppeln. Mit diesem Verbot soll verhindert werden, daß Tabakwaren auf indirekte Weise unter dem Kleinverkaufspreis abgegeben werden können, indem nicht der Preis für das Tabakerzeugnis, sondern für die gekoppelte Ware ermäßigt wird.[36] Entsprechende Verbote von Kopplungsangeboten gab es auch für Preisbindungen von Markenartikeln, als diese noch kartellrechtlich zulässig waren.

IV. Ausnahmen für das Verbot der Abgabe unter dem Kleinverkaufspeis die §§ 24, 25 TabaksteuerG 1992 gelten

14 1. für die unentgeltliche Abgabe als Proben oder zu Werbezwecken; § 24 Abs. 1 S. 1 TabaksteuerG 1992. Dabei ist zu beachten, daß bei der Abgabe als Probe nur eine beschränkte Stückzahl, bei Zigaretten beispielsweise in der Regel nicht mehr als 3 Stück, zulässig sind (vgl. hierzu Anm. zu § 1 UWG). Zur Abgabe von Waren zu Werbezwecken vgl. Anm. zu § 1 UWG);
2. bei der Abgabe an den Bund oder die Länder zur Durchführung öffentlicher Aufgaben; § 24 TabaksteuerG 1992;
3. bei der Abgabe von Zigarren oder Zigarillos in vollen Packungen in Form eines Preisnachlasses bis zu 3 vom Hundert, wenn der Preisnachlaß handelsüblich ist; § 25 S. 1 Nr. 1 TabaksteuerG;
4. bei Preisermäßigungen, die sich als notwendig erweisen,
   a) um dem Hersteller oder dem Händler im Falle des Konkurses oder der Einstellung der Herstellung oder des Handels die Räumung der Bestände zu ermöglichen; § 25 S. 1 Nr. 2 a TabaksteuerG 1992,
   b) um die Verwertung von Tabakwaren durch Behörden oder Gerichtsvollzieher zu ermöglichen, § 25 S. 1 Nr. 2 b TabaksteuerG 1992,
   c) weil sich der Wert der Tabakwaren gemindert hat; § 25 S. 1 Nr. 2 c TabaksteuerG 1992.

Die Preisermäßigungen bedürfen der Genehmigung des Bundesministers der Finanzen oder der von ihm bestimmten Stellen.

Andere Preisnachlässe oder Preisermäßigungen als in § 25 TabaksteuerG zugelassen dürfen beim Verkauf von Tabakerzeugnissen an Verbraucher nicht gewährt werden, insbesondere auch kein Personalrabatt an Arbeitnehmer des Händlers, kein Behördenrabatt, kein Mengenrabatt. Ausgenommen ist lediglich der Preisnachlaß bis zu 3 vom Hundert bei der Abgabe von Zigarren oder Zigarillos in vollen Packungen gem. § 25 S. 1 Nr. 1 TabaksteuerG.

---

[34] Vgl. hierzu *Schröter* aaO und BGH GRUR 1965, 616, 620 – *Esslinger Wolle* – zum vergleichbaren Fall bei bestehender Preisbindung.

[35] Vgl. *Caspers/Dittrich* aaO 207.

[36] Vgl. hierzu auch *Caspers/Dittrich* aaO.

Die in § 25 S. 1 Nr. 2 geregelten Preisermäßigungen werden vom Rabattbegriff des RabattG nicht erfaßt. Es handelt sich um Preisherabsetzungen (zum Begriff vgl. § 1 Rdn. 74–79), die aufgrund besonderer Umstände wie Konkurs, Einstellung der Herstellung oder des Handels, Räumungsverkauf sowie Eigenschaften der Ware zulässig sind. In jedem Falle ist aber die Genehmigung des Bundesministers der Finanzen oder der von ihm bestimmten Stellen erforderlich.

H. Geltung des RabattG für Tabakwaren

Nur soweit das TabaksteuerG etwas anderes bestimmt, findet es Anwendung. Im übrigen gilt das RabattG; vgl. § 15. Nach dem TabaksteuerG zulässige Preisnachlässe gem. § 25 S. 1 Nr. 1 TabaksteuerG dürfen nicht unter Umständen eingeräumt werden, die rabattrechtlich unzulässig sind. Sie dürfen z. B. als Sonderpreise oder Sondernachlässe (zum Begriff vgl. Rdn. 103 zu § 1) nur unter den Voraussetzungen des § 9 gewährt werden, sonst sind sie verboten.[37] 15

§ 3 Barzahlungsnachlaß bei Stundung

Werden während eines bestimmten Zeitabschnitts unter Stundung der Gegenleistung Waren geliefert oder Leistungen bewirkt, so kann bei der nach Ablauf des Zeitabschnitts erfolgenden Bezahlung ein Barzahlungsnachlaß gewährt werden, sofern der Zeitabschnitt nicht länger als einen Monat dauert. Die Vorschrift des § 2 gilt entsprechend.

Übersicht

Literatur siehe § 1 vor Rdn. 1

A. Allgemeines

1 Diese Vorschrift hat nach dem Ende des zweiten Weltkrieges erheblich an Bedeutung verloren. § 3 enthält eine Gleichstellung von Abrechnungsgeschäften, die unter vom Gesetz festgelegten Voraussetzungen abgewickelt werden. Danach darf Barrabatt gemäß § 2 auch gewährt werden, wenn während eines bestimmten Zeitabschnitts Waren geliefert oder Leistungen erbracht werden und der Preis gestundet wird. Die Abrechnungs- und Zahlungsfrist darf nicht länger als ein Monat sein. In vielen, insbesondere ländlichen, Gegenden war es vielfach üblich, Lebensmittel, Fleisch- und Backwaren, Molkereierzeugnisse und Haushaltsgegenstände mit oder ohne Eintragung in ein Liefer-(Konto)buch wöchentlich oder monatlich abzurechnen. Die in mehreren Lieferungen bzw. „Einkäufen“ gekaufte Ware wird bis zur

[37] Gl. A. *Baumbach/Hefermel* § 15 Rdn. 3; *Köhler/Piper* § 15 Rdn. 1; *Michel/Weber/Gries* § 15 Rdn. 4; *Reimer/Krieger* Kap. 5 Rdn. 4.

Abrechnung „angeschrieben". Diesen Gepflogenheiten trägt das Gesetz Rechnung und schließt die Gewährung eines Barzahlungsnachlasses in solchen Fällen nicht aus. Diese **Regelung gilt auch für gewerbliche Leistungen**, z. B. für Reparaturarbeiten von Handwerkern.

B. Liefer- und Leistungsabschnitte

2 Liefer- und Leistungsabschnitte müssen eindeutig bestimmt sein. Sie dürfen **höchstens einen Monat** betragen. Übereinstimmung mit Kalendermonaten ist nicht notwendig. Die Frist ist nach §§ 187 Abs. 1, 188 Abs. 2 BGB zu berechnen. Sie beginnt mit der ersten Lieferung oder Leistung.[1] Nicht jede Fristüberschreitung wird von den Verkehrskreisen als Einräumung eines Preisnachlasses verstanden. Bei der Beurteilung solcher geldwerten Vorteile ist zu berücksichtigen, daß die Auffassung der Verkehrskreise von einer wirtschaftlichen Betrachtungsweise geprägt wird (vgl. dazu § 1 Rdn. 64). Im Fall „Goldene Kundenkarte" hat der BGH ein System bargeldloser monatlicher Abrechnung, das eine Stundung gewährte, dessen Abrechnungszeitraum bis zu drei Wochen über der Monatsfrist des § 3 lag, nicht als Rabattverstoß gewertet, weil der Verkehr in der Fristüberschreitung keinen Preisnachlaß erblicke.[2]

C. Stundung des Preises

3 „Stunden" heißt, die Begleichung der grundsätzlich sofort fälligen Geldschuld (§ 271 BGB) hinauszuschieben. Die Fälligkeit wird nicht berührt. Sind Gläubiger und Schuldner Kaufleute (Vollkaufmann, Minderkaufmann oder Scheinkaufmann), ist trotz Stundung gewöhnlich der übliche Zins zu zahlen.[3] Sie ist Schuldabänderung durch besondere Vereinbarung. Aus dem Wesen der **Stundung** folgt, daß sie **vorher**, d. h. vor dem Zeitpunkt **vereinbart werden muß**, auf den die Begleichung hinausgeschoben wird.[4] Hieraus und aus den Worten „während eines bestimmten Zeitabschnitts und der Stundung der Gegenseite" folgt, daß spätestens bei der ersten Lieferung eine Vereinbarung über die Stundungsfrist getroffen werden muß.[5] Ausdrücklich braucht die Vereinbarung nicht getroffen zu werden. Sie kann auch durch konkludentes Handeln zustande kommen (BGH aaO). Es genügt nicht, daß der Unternehmer den Zahlungsverzug des Kunden hinnimmt und nach einer gewissen Zeit, unter Zusammenstellung der Gesamtschuld, zur Zahlung auffordert; denn Barrabatt ist Vergütung für prompte Vertragserfüllung durch den Schuldner. Der Unternehmer muß seinerseits die Voraussetzungen dafür schaffen, andernfalls verliert er den Vorteil der Rabattwerbung. Es genügt deshalb auch nicht zur stillschweigenden Stundungsvereinbarung, daß der Unternehmer erst nach Beendigung eines bestimmten Zeitabschnitts die Rechnung zusendet und dadurch dem Kunden die prompte Zahlung unmöglich macht.[6] Zur Unverzüglichkeit der Zahlung siehe auch § 2 Rdn. 5.

---

[1] Gl. A. *Baumbach/Hefermehl* Rdn. 2; *v. Gamm* Kap. 60 Rdn. 44; *Michel/Weber/Gries* Rdn. 3; *Reimer/Krieger* Kap. 6; *Tetzner* Rdn. 3.

[2] So BGH GRUR 1991, 936, 938 – *Goldene Kundenkarte*; ebenso *Baumbach/Hefermehl* Rdn. 2.

[3] RGZ 116, 368, 376; *Baumbach/Duden/Hopt* HGB 29. Aufl. § 353 Anm. 1 A.; *Schlegelbeger/Hefermehl* HGB 5. Aufl. § 353 Rdn. 1, 6.

[4] BGH GRUR 1991, 936, 938 – *Goldene Kundenkarte.*

[5] Gl. A. *Baumbach/Hefermehl* Rdn. 3; *v. Gamm* Kap. 60 Rdn. 44; *Michel/Weber/Gries* Rdn. 2; *Tetzner* Rdn. 5; a. A. *Reimer/Krieger* Kap. 6.

[6] A. M. *Reimer/Krieger* aaO.

D. Mehrere Lieferungen oder Leistungen

Mehrere Lieferungen oder Leistungen müssen während des Abrechnungszeitraumes ausgeführt werden. Wird nur einmal, wenn auch wiederholt (z. B. monatliche Lieferung bestimmter Mengen Kaffee, Mineralwasser, Bier) geliefert, oder nur eine gewerbliche Leistung ausgeführt, ist Barrabatt nur nach § 2 zulässig.[7] Unschädlich ist es jedoch, wenn entgegen der sonstigen Übung zwischen den Parteien oder entgegen der ursprünglichen Absicht ausnahmsweise nur einmal im Zeitabschnitt eingekauft wird.[8] 4

E. Waren- und Leistungsart

Waren- und Leistungsart brauchen vorher nicht vereinbart zu werden.[9] Das Gesetz spricht nur von Waren oder Leistungen; daß diese nach Gattung oder Art bestimmt sein müßten, sagt es nicht. Die Lieferungsgegenstände werden im Einzelfall durch die Branchenzugehörigkeit des Lieferanten bestimmt sein. Notwendig ist auch dies nicht. Dienen sie nicht dem täglichen Bedarf (zu diesem Begriff vgl. § 1 Rdn. 9–15), findet das RabattG keine Anwendung. Wird während des Zeitabschnitts nur einmal für den täglichen Bedarf geliefert und handelt es sich im übrigen um Luxuswaren, darf zur Einzellieferung nur nach § 2 Rabatt gewährt werden. Die übrigen Lieferungen werden vom Rabattverbot nicht betroffen (vgl. § 1 Rdn. 11–18). 5

F. Zahlung nach Ablauf des Zeitabschnitts

Mit Ablauf des Zeitabschnitts muß die Rechnung erteilt und vom Kunden unverzüglich bezahlt werden; § 2 Rdn. 5 gilt entsprechend. Nachlässigkeit bei Übersendung der Rechnung verwirkt auch hier die Möglichkeit, Rabatt zu gewähren. Schon eine geringfügige Überschreitung des Zahlungstermins, der ohne schuldhaftes Zögern zu wahren ist, schließt den Barrabatt aus. 6

G. Zahlung

Die Zahlung muß in bar oder in einer der Barzahlung gleichkommenden Weise erfolgen (vgl. § 2 Rdn. 3–4). 7

§ 4 Gewährung des Barzahlungsnachlasses – Gutscheine

(1) Wer einen Barzahlungsnachlaß gewährt, muß den Nachlaßbetrag sofort vom Preise abziehen oder Gutscheine (Sparmarken, Kassenzettel, Zahlungsabschnitte) ausgeben, die in bar einzulösen sind. Der Umsatz an Waren oder Leistungen, von dem die Einlösung der Gutscheine abhängig gemacht wird, darf auf keinen höheren Betrag als fünfzig Deutsche Mark festgesetzt werden.

---

[7] Gl. A. *v. Gamm* Kap. 60 Rdn. 44; *Michel/Weber/Gries* Rdn. 1; *Reimer/Krieger* Kap. 6.

[8] Gl. A. *Tetzner* Rdn. 6.

[9] Gl. A. *Baumbach/Hefermehl* Rdn. 3; *v. Gamm* Kap. 60 Rdn. 44; *Reimer/Krieger* Kap. 6; *Tetzner* Rdn. 7; a. A. *Michel/Weber/Gries* Rdn. 3.

(2) Gutscheine, die von einer Vereinigung nachlaßgewährender Gewerbetreibender (Rabattsparvereine und dergleichen) eingelöst werden, dürfen nur ausgegeben werden, sofern sich die Vereinigung alljährlich einer unabhängigen Prüfung durch einen sachverständigen Prüfer unterzieht. Die Prüfung muß sich auf die gesamte Geschäftsgebarung der Vereinigung während der Dauer des Geschäftsjahres erstrekken, insbesondere darauf, daß die Einlösung der ausgegebenen Gutscheine gesichert ist. Der Prüfer muß einen schriftlichen Bericht erstatten, den die Vereinigung ihren Mitgliedern zugänglich zu machen hat. Die Vorschrift des Absatzes 1 Satz 2 findet keine Anwendung.

Durchführungsverordnung §§ 1–10

§ 1

Wird ein Barzahlungsnachlaß durch Ausgabe von Gutscheinen gewährt, so müssen die Gutscheine entweder von dem nachlaßgewährenden Gewerbetreibenden selbst oder von einer Vereinigung im Sinne des § 4 Abs. 2 Satz 1 des Rabattgesetzes eingelöst werden, deren Mitglied der nachlaßgewährende Gewerbetreibende sein muß.

§ 2

Vereinigungen nachlaßgewährender Gewerbetreibender im Sinne des § 4 Abs. 2 des Rabattgesetzes müssen entweder rechtsfähige Vereine oder Genossenschaften im Sinne des Gesetzes über die Erwerbs- und Wirtschaftsgenossenschaften sein. Bei den Vereinen kann die Rechtsfähigkeit entweder auf der Eintragung in das Vereinsregister (§ 21 BGB) oder auf staatlicher Verleihung (§ 22 BGB) beruhen.

Vereinigungen Gewerbetreibender, bei denen die Gewährung von Barzahlungsnachlässen nicht den Hauptzweck bildet, müssen den Geschäftsbetrieb und die Kassenführung für die Gewährung der Barzahlungsnachlässe von dem übrigen Geschäftsbetrieb getrennt halten.

§ 3

Die Vereinigungen haben die aus dem Verkauf der Gutscheine eingehenden Beträge als zweckgebundenes, ihnen zu treuen Händen anvertrautes Vermögen zu verwalten. Sie haben die Beträge zur Einlösung der ausgegebenen Gutscheine bereitzuhalten und zu verwenden. Die Beträge sind bei Sparkassen oder Banken sicher anzulegen; sie dürfen weder langfristig festgelegt noch die zu wirtschaftlichen oder gewerblichen Zwecken (z. B. als Betriebsvermögen oder in Warenbeständen) angelegt werden.

§ 4

Die jeweiligen Kassen- und Gutscheinbestände sind sicher aufzubewahren und mit der Sorgfalt eines ordentlichen Kaufmannes zu verwalten. Die Unternehmungen (Sparkassen, Banken), denen die Beträge anvertraut werden, sind gleichfalls mit der Sorgfalt eines ordentlichen Kaufmannes auszuwählen.

§ 5

Der Vorstand der Vereinigung ist für die Erfüllung der im § 2 Abs. 2 und in den §§ 3 und 4 der DVO vorgeschriebenen Verpflichtungen verantwortlich. Er hat insbesondere jedes Verschulden bei der Verwaltung und Anlegung der anvertrauten Beträge oder bei der Auswahl der Unternehmungen, denen die Beträge anvertraut werden, zu vertreten.

§ 6

Die im § 4 Abs. 2 des Rabattgesetzes vorgeschriebene Pflichtprüfung hat sich auf die gesamte Geschäftsgebarung der Vereinigung während der Dauer des Geschäftsjahres, insbesondere darauf zu erstrecken, daß die Einlösung der ausgegebenen Gutscheine gesichert ist. Ferner ist darauf zu achten, daß den in den §§ 2, 3 und 4 dieser Verordnung aufgestellten Erfordernissen genügt ist und daß die sachlichen und persönlichen Unkosten möglichst niedrig gehalten werden und zu dem Geschäftsumfang und Aufgabenkreis der Vereinigung in einem angemessenen Verhältnis stehen.

Die Prüfung hat für jedes Geschäftsjahr besonders zu erfolgen. Als Geschäftsjahr gilt das Kalenderjahr.

Die Prüfer sind zur gewissenhaften und unparteiischen Prüfung und zur Verschwiegenheit verpflichtet.

§ 7

Sachverständige Prüfer im Sinne des § 4 Abs. 2 des Rabattgesetzes sind:

a) die öffentlich bestellten Wirtschaftsprüfer oder die Gesellschaften, die in die bei der Hauptstelle für die öffentlich bestellten Wirtschaftsprüfer geführte Liste der zur Wirtschaftsprüfertätigkeit zugelassenen Gesellschaften eingetragen sind;
b) die beeidigten Bücherrevisoren;
c) die Diplombücherrevisoren;
d) diejenigen, welche die Prüfung als Diplomkaufmann oder Diplomvolkswirt oder eine gleichartige Prüfung bestanden und mindestens ein Jahr lang im Prüfungswesen gearbeitet haben.

§ 8

Die Prüfung kann auch einem Prüfungsverband von Rabattsparvereinigungen oder einem Revisionsverband gewerblicher Genossenschaften (§ 54 des Genossenschaftsgesetzes) übertragen werden. In diesem Fall muß der Verbandsprüfer die Voraussetzungen zu a, b, c oder d des § 7 erfüllen oder eine mehrjährige Tätigkeit als Verbandsprüfer nachweisen. Der Bundes-(Reichs-)wirtschaftsminister kann gegen die Übertragung der Prüfung an einen der im Satz 1 genannten Prüfungsverbände Einspruch erheben. Der Prüfungs- oder Revisionsverband haftet für einen durch eine Pflichtverletzung seines Verbandsprüfers etwa entstehenden Schaden.

Der Bundes-(Reichs-)wirtschaftsminister kann die Vereinigung zu einem Prüfungsverband zusammenschließen oder einzelne Vereinigungen an einen bereits bestehenden derartigen Verband anschließen, die Rechte und Pflidlten der Mitglieder und die übrigen Rechtsverhältnisse des Verbandes regeln und ihn seiner Aufsicht unterstellen.

§ 9

Die Vereinigung hat den Bericht des Prüfers gemäß § 4 Abs. 2 Satz 3 des Rabattgesetzes ihren Mitgliedern dadurch zugänglich zu machen, daß sie ihnen einen Abdruck übersendet oder die Urschrift oder Abschrift in ihren Geschäftsräumen mindestens einen Monat lang auslegt. Der Zeitraum, während dessen der Bericht ausliegt, ist den Mitgliedern schriftlich bekanntzugeben.

§ 10

Ist die Vereinigung in das Vereins- oder Genossenschaftsregister eingetragen, so hat sie jeweils dem zuständigen Registergericht einen Abdruck des Prüfungsberichtes zu übersenden und mitzuteilen, wann die Prüfung stattgefunden hat. Das Registergericht hat darüber zu wachen, daß die Pflichtprüfung alljährlich stattfindet. Es kann nach Ablauf des Geschäftsjahres den Beteiligten unter Androhung einer Ordnungsstrafe aufgeben, innerhalb einer bestimmten Frist den Bericht einzureichen. Die Vorschriften der §§ 132 bis 139 über die Angelegenheiten der freiwilligen Gerichtsbarkeit gelten entsprechend.

Ist die Vereinigung durch staatliche Verleihung rechtsfähig, so hat sie der zuständigen Verwaltungsbehörde einen Abdruck des Prüfungsberichtes zu übersenden und mitzuteilen, wann die Prüfung stattgefunden hat. Die Vorschriften des Abs. 1 Satz 2 und 3 gelten entsprechend. Wird innerhalb der bestimmten Frist der Verpflichtung nicht genügt, so ist die angedrohte Strafe festzusetzen; gegen die Festsetzung der Ordnungsstrafe ist die Aufsichtsbeschwerde zulässig.

Vereinigungen im Sinne des Abs. 1 haben dem zuständigen Registergericht, Vereinigungen im Sinne des Abs. 2 der zuständigen Verwaltungsbehörde ihren Geschäftsbetrieb unverzüglich anzumelden.

Übersicht

Alphabetische Übersicht

Literatur siehe § 1 vor Rdn. 1

A. Ausführung des Barrabatts

I. Barzahlungsnachlaß

1 § 4 RabattG regelt die Art und Weise der Gewährung eines Barzahlungsnachlasses (zum Begriff Barzahlungsnachlaß s. § 2 Rdn. 2–4), der in zwei Formen erlaubt ist: a) als sofortiger Abzug vom Preis = **Barabzug** (s. Rdn. 2) und b) in der Form der sofortigen Hingabe von **Geld-Gutscheinen** (s. Rdn. 3).

In anderer Form, z. B. als Rückvergütung am Jahresende (ausgenommen Warenrückvergütungen der Konsumgenossenschaften, § 5) oder in Form von Warengutscheinen darf der Barzahlungsnachlaß nicht gewährt werden.[1] Unzulässig ist daher die Ausgabe von Gutscheinen, die – wahlweise – zum Bezug von Eintrittskarten zum Besuch von Film-, Theater-, Musik-, Sportveranstaltungen etc. berechtigen; ferner: nach Wahl des Kunden anstelle von Rabattmarken Gutscheine für die Teilnahme an einer Verlosung auszugeben.[2]

---

[1] *Baumbach/Hefermehl* Rdn. 1; *Michel/Weber/Gries* Rdn. 3; *Reimer/Krieger* Kap. 7 Rdn. 1, 2; *Tetzner* Rdn. 3.

[2] Gl. A. *Tetzner* Rdn. 4.

II. Sofortiger Barabzug

Der Nachlaßbetrag muß sofort vom Preis abgezogen werden, d. h. bei Zahlung des Kunden. Die Zahlung muß unverzüglich nach Lieferung der Ware oder Bewirkung der gewerblichen Leistung erfolgen (vgl. § 2 Rdn. 5 und § 3 Rdn. 6, 7). Der Unternehmer darf entweder nur den um den Preisnachlaß gekürzten Preis entgegennehmen oder muß bei Zahlung den Rabattbetrag sofort dem Kunden aushändigen. Unzulässig ist es, wenn der Unternehmer zunächst den vollen Preis verlangt und erst bei einem späteren Geschäft den Nachlaßbetrag aus dem vorangegangenen Geschäft anrechnet.[3] Bei Zahlung durch **Überweisung oder Scheck** (vgl. § 2 Rdn. 3) muß er sofort nach Gutschrift auf seinem Konto oder Honorierung des Schecks den Rabattbetrag dem Kunden zur Verfügung stellen. Er hat seiner Verpflichtung zu genügen, sobald er dazu imstande ist. Treu und Glauben können dazu nötigen, ihm eine gewisse Zeit zu lassen. Es kommt jeweils auf die Umstände an. Z. B. bei Zahlung durch Scheck braucht der Rabattbetrag nicht vor Vorlage vergütet zu werden. Durch Ausnutzung der Vorlagefrist von 8 Tagen wird der Preisnachlaß unzulässig. Für die Fälligkeit der Rabattleistung ist der Zeitpunkt maßgeblich, zu dem der Unternehmer den Gegenwert des zahlungshalber erhaltenen Zahlungssurrogats erhält, bei Annahme an Erfüllungs Statt hingegen sofort bei Empfang. Zahlt der Kunde beim Einkauf durch Hingabe eines Schecks, kann er den Nachlaßbetrag sofort vom Preis abziehen. Schickt der Unternehmer dem Kunden die Ware zu (z. B. einen Anzug) und fügt die Rechnung bei und bezahlt der Kunde sie durch Überweisung auf das Konto des Unternehmers, so kann er den Preis um den Nachlaßbetrag kürzen, wenn er die Überweisung unverzüglich vornimmt. 2

Wird der Barzahlungsrabatt nicht durch einen sofortigen Preisabzug oder über die Ausgabe von Gutscheinen gewährt, so ist jede zu einem **späteren Zeitpunkt** erfolgende Rückvergütung unzulässig.[4]

III. Ausgabe von Gutscheinen

Der Barzahlungsnachlaß kann auch durch Ausgabe von Gutscheinen (Sparmarke, Kassenzettel, Zahlungsabschnitte) gewährt werden. Gutscheine i. S. des § 4 Abs. 1 S. 1 sind zivilrechtlich als kleine oder unvollkommene Inhaberpapiere i. S. des § 807 BGB anzusehen;[5] es sind Wertzeichen, die einen bestimmten und nach § 4 in bar einzulösenden Geldwert repräsentieren und geben Aufschluß über den Aussteller und den Wert.[6] Der Unternehmer kann gegenüber dem Inhaber nur die Einwendungen aus § 796 BGB erheben. Bei Marken, die in ein Heft oder eine Karte einzukleben sind und deren Einlösung von der Erreichung eines bestimmten Betrages abhängig sind, sind erst die vollgeklebten Hefte oder Karten Inhaberpapiere im Sinne des § 807 BGB.[7] 3

Zu unterscheiden sind Gutscheine, die von dem den Rabatt gewährenden Unternehmer selbst und solchen, die im Wege des organisierten Preisnachlasses durch eine Vereinigung Nachlaß gewährender Gewerbetreibender (vgl. dazu Rdn. 7) eingelöst werden.

---

3 Gl.A. *v. Gamm* Kap. 60 Rdn. 47.

4 Gl. A. *Baumbach/Hefermehl* Rdn. 2; *v. Gamm* Kap. 60 Rdn. 47; *Michel/Weber/Gries* Rdn. 3; *Reimer/Krieger* Kap. 7 Rdn. 1.

5 Gl. A. BFH WRP 1960, 186, 188 – diese Entscheidung wird üblicherweise als Urteil des BVerwG zitiert, tatsächlich ist es eine Entscheidung des BFH, vgl. BB 1960, 282; *Baumbach/Hefermehl* Rdn. 1; *v. Gamm* Kap. 60 Rdn. 49.

6 Vgl. BayObLG NJW 1980, 196.

7 Gl. A. BFH aaO und *Baumbach/Hefermehl* Rdn. 1.

Die Ausgabe eines Gutscheins steht dem sofortigen Abzug vom Preis gleich. Wirtschaftlich gesehen kreditiert der Gutscheininhaber dem Unternehmer den Preisnachlaß bis zur Einlösung der Gutscheine. Der Nachlaßbetrag kommt dem Käufer erst später zugute. **Streitig** ist, ob die **Aushändigung** des **Gutscheins sofort**, d. h. mit der Warenlieferung erfolgen muß.[8] Für die h. M. spricht die amtliche Begründung:[9] „§ 4 schreibt den sofortigen Abzug des Nachlasses vom Preis oder die sofortige Hingabe bar einzulösender Gutscheine vor". Nach dem Wortlaut des § 4 Abs. 1 S. 1 RabattG bezieht sich „sofort" jedoch nur auf den Preisabzug, nicht auch auf die Ausgabe von Gutscheinen.[10] Die in der Amtl. Begründung geäußerte Auffassung hat im Gesetz keinen Niederschlag gefunden. Die Notwendigkeit, Geldgutscheine sofort mit Warenlieferung auszugeben, ergibt sich jedoch aus dem Sinn und Zweck der gesetzlichen Regelung. *Baumbach/Hefermehl* (§ 4 Rdn. 3) begründen ihre Auffassung auch damit, die Gutscheinhingabe solle den Sofortabzug des Nachlaßbetrages nur technisch ersetzen, von ihm jedoch nicht befreien.

Daraus folgt, daß die Ausgabe von Gutscheinen nicht von einem Bezug bestimmter Waren abhängig gemacht werden darf.[11] Die früher in *Hoth/Gloy* vertretene gegenteilige Auffassung wird aufgegeben. Dies folgt auch daraus, daß „Treuerabatte", soweit § 13 DVO sie nicht zuläßt (vgl. dazu Rdn. 9), verboten sind.[12]

IV. Einlösung der Gutscheine in bar

4 Die ausgegebenen **Gutscheine** müssen **in bar einzulösen** sein. Wird nur ein Anspruch verbürgt, der zum Bezug von Waren berechtigt, liegt Zugabe und nicht Rabatt vor.

Ob der Wert durch Angabe eines Geldbetrages kenntlich gemacht wird, ist ohne Belang.[13] Jedoch sollte jeder Gutschein erkennen lassen, auf welchen Umsatz hin er gewährt wird.[14]

Kassenzettel und Zahlungsabschnitte werden nur als Beispiele genannt. Der Gutschein muß einen Anspruch auf Geldauszahlung verbürgen. Berechtigt er zum Bezug von Waren oder Leistungen und wird für den Fall der Nichtinanspruchnahme ein Geldbetrag ausgezahlt, bestimmt nicht die Ersatzleistung, sondern die Hauptleistung seine Eigenart. Es liegt dann kein Rabatt, sondern eine Zugabe vor.

V. Gültigkeitsdauer, Einlösungsbedingungen, Höchstumsatzwert

5 Zur Gültigkeitsdauer des Gutscheins sagt das Gesetz nichts. Der Unternehmer kann die Einlösung zeitlich begrenzen und dadurch den Kunden vor die Wahl stellen, entweder innerhalb einer bestimmten Zeitspanne eine bestimmte Menge von Waren oder Leistungen zu beziehen oder den Rabattvorteil zu verlieren. Denn eine Rechtspflicht zum Barrabatt besteht nicht; der Unternehmer kann deshalb überhaupt davon absehen oder ihn unter frei zu bestimmenden Einschränkungen einräu-

---

[8] So KG GRUR 1961, 429, 431 – *Rollfilme*; *Baumbach/Hefermehl* Rdn. 3; *v. Gamm* Kap. 60 Rdn. 49; *Köhler/Piper* Rdn. 1; *Michel/Weber/Gries* Rdn. 5; *Laube* DB 1958, 1199; a. A. *Reimer/Krieger* Kap. 7 Rdn. 2; *Tetzner* Rdn. 7; offengelassen in BFH WRP 1960, 186.

[9] Vgl. Reichsanzeiger Nr. 284 vom 5.12.1933, abgedr. bei *Hoth/Gloy* Anhang II nach § 17.

[10] So auch *Baumbach/Hefermehl* Rdn. 3; *Michel/Weber/Gries* Rdn. 5; *Reimer/Krieger* Kap. 7 Rdn. 2; *Tetzner* Rdn. 2 und 7.

[11] So zutreffend *Baumbach/Hefermehl* Rdn. 3.

[12] A. M. *Reimer/Krieger* Kap. 7 Rdn. 2; *Tetzner* Rdn. 7.

[13] Gl. A. *Reimer/Krieger* Kap. 7 Rdn. 2.

[14] Gl. A. *Baumbach/Hefermehl* Rdn. 4.

men.[15] *Stritzke* (GRUR 1934, 227) meint, hierdurch werde unlauteren Machenschaften der Weg geebnet. Hiergegen bieten jedoch die §§ 1 und 3 UWG einen ausreichenden Schutz. Auch der Umsatzhöchstbetrag (§ 4 Abs. 1 S. 2) läßt Beschädigungen nicht befürchten. Das Risiko des Kunden beträgt nur DM 1,50. Der Inhaber der Gutscheine bzw. Rabattmarken etc. kann vom Unternehmer „die Leistung nach Maßgabe des Versprechens" verlangen (§ 793 Abs. 1 S. 1 BGB, der nach § 807 BGB entsprechende Anwendung findet). Die ursprünglich festgesetzte Einlösungsfrist kann daher nicht nachträglich vom Unternehmer einseitig abgekürzt werden (Gl. A. *v. Gamm* Kap. 60 Rdn. 49). Bei **Geschäftsaufgabe** hält AG Mannheim (BB 1966, 959) dies für zulässig.[16] Nachträgliche Änderungen der Einlösungsbedingungen stehen nicht im Einklang mit § 793 BGB.

Die Einlösung kann von einem bestimmten Mindestumsatz abhängig gemacht **6** werden. Er darf nicht mehr als DM 50,– betragen (§ 4 Abs. 1 S. 2). Der Gutscheinempfänger soll mit dem im Papier verbürgten Anspruch am Risiko einer möglichen Zahlungseinstellung nicht teilnehmen (Amtl. Begr. zum RabattG). Damit ist zugleich ausgeschlossen, daß höhere Einlösungsbeträge die Werbung eines Treuerabatts „entfalten". Der Höchstbetrag von DM 50,– ist zwingend. Bestimmt der Unternehmer einen höheren Betrag, liegt ein Rabattverstoß vor. Ohne Rücksicht hierauf hat der Markeninhaber den Anspruch auf Auszahlung der Rabattsumme, wenn ein Gesamtumsatz von DM 50,– erreicht ist. Ausgabe- oder Einlösungsbedingungen, die es dem Kunden ermöglichen, die erforderlichen Gutscheine nur zu bekommen, wenn er für mehr als ingesamt DM 50,– kauft, sind unzulässig. Weder direkt noch indirekt darf der Umsatzhöchstbetrag heraufgesetzt werden.[17]

Wird der Rabattbetrag durch eine Vereinigung nachlaßgewährender Gewerbetreibender (vgl. hierzu Rdn. 7) ausgezahlt, kann der Umsatz, von dessen Höhe die Einlösung abhängig gemacht wird, mehr als DM 50,– betragen. § 4 Abs. 1 S. 2 gilt nur unter den Voraussetzungen des § 4 Abs. 1 S. 1 (§ 4 Abs. 2 Satz 4).

VI. Einlösung der Gutscheine

Der Unternehmer muß die Gutscheine selbst einlösen. Ist er Mitglied einer Vereinigung nachlaßgewährender Gewerbetreibender, kann auch durch diese der Rabattbetrag ausgezahlt werden (vgl. § 1 DVO). Weder der Unternehmer noch die Vereinigung dürfen sich einer Hilfsperson bedienen oder einen Dritten zur Auszahlung verpflichten. Auch die Ausgabe der Gutscheine darf nicht einem Dritten überlassen werden. Dies folgt aus dem Wortlaut des § 4 Abs. 1 „Wer Barzahlungsnachlaß gewährt, muß ... sofort ... Gutscheine ausgeben, ...". Wird eine Vereinigung nachlaßgewährender Gewerbetreibender eingeschaltet, ist die Mitgliedschaft des Unternehmers zwingende Voraussetzung. **7**

§ 2 DVO bestimmt, daß die Vereinigungen nachlaßgewährender Gewerbetreibender entweder die Rechtsform eines rechtsfähigen Vereins oder einer Genossenschaft im Sinne des Gesetzes über die Erwerbs- und Wirtschaftsgenossenschaften haben müssen. Der Verein muß entweder im Vereinsregister eingetragen sein, oder die Rechtsfähigkeit muß ihm nach § 22 BGB verliehen sein. Die bevorstehende Eintragung genügt nicht. Er darf erst nach Eintragung für den Unternehmer tätig wer-

---

[15] *Baumbach/Hefermehl* § 2 Rdn. 3; *Reimer/Krieger* Kap. 7 Rdn. 2.

[16] Zweifelnd *v. Gamm* Kap. 60 Rdn. 49.

[17] *Baumbach/Hefermehl* Rdn. 4; *Michel/Weber/Gries* Rdn. 8; *Reimer/Krieger* Kap. 7 Rdn. 3; *Tetzner* Rdn. 7.

den. Geschieht dies vorher, liegt ein Rabattverstoß des Unternehmers vor, weil § 4 Abs. 1 zuwider gehandelt wird. Die nachträglich erfolgende Eintragung beseitigt die Verbotswidrigkeit nicht. Entsprechendes gilt, wenn die Rechtsfähigkeit verliehen wird.

Die Begrenzung des Höchstumsatzwertes auf DM 50,– entfällt bei Gutscheinen, die ein Verein nachlaßgewährender Gewerbetreibender ausgibt (§ 4 Abs. 2 S. 4).

B. Sonderregelung für Hersteller von Markenwaren

DVO § 13

Bei Markenwaren, die in verschlossenen Packungen abgegeben werden, kann deren Hersteller eine Vergütung dadurch gewähren, daß er der Ware einen Gutschein beipackt und gegen eine bestimmte Anzahl gesammelter Gutscheine einen Barbetrag auszahlt (Treuevergütung). Der Bundes-(Reichs-)wirtschaftsminister kann die Gewährung einer Treuevergütung nach Satz 1 untersagen, wenn sie nach Art und Umfang unter Berücksichtigung der Verhältnisse in dem Geschäfts- oder Warenzweig nicht angemessen erscheint.

Die Gewährung von Preisnachlässen durch den Wiederverkäufer einer Markenware wird durch die Gewährung einer Treuevergütung nach Abs. 1 nicht berührt.

I. Allgemeines

8 § 1 RabattG beschränkt die Gewährung und Ankündigung von Preisnachlässen im geschäftlichen Verkehr mit Waren des täglichen Bedarfs, soweit sie im Einzelverkauf an den letzten Verbraucher veräußert werden. Unter diesen Voraussetzungen unterliegen Einzelhändler, Großhändler und Hersteller gleichermaßen den Beschränkungen des RabattG (vgl. § 1 Anm. 19). Verkauft der Hersteller seine Markenware unmittelbar an letzte Verbraucher, so gelten die Vorschriften des RabattG. § 13 DVO ist dann nicht anwendbar.[18] Bei **Direktverkäufen des Herstellers** ist die Gewährung einer Treuevergütung daher unzulässig.[19] Der Wortlaut des § 13 DVO läßt zwar auch eine andere Auslegung zu. Doch wäre sie mit dem Gleichheitssatz des Art. 3 Abs. 1 GG ebensowenig zu vereinbaren wie die frühere rabattrechtliche Diskriminierung der Warenhäuser gegenüber anderen Großunternehmen des Einzelhandels, da sie die Wettbewerbslage einseitig zu Gunsten der direkt verkaufenden Hersteller von Markenwaren verschieben könnte.[20] Hersteller von Markenwaren vertreiben ihre Erzeugnisse in der Regel über den Handel an den letzten Verbraucher. An der Stätte des Umsatzes kann der Markenartikelhersteller wenig Einfluß auf die Kaufgewohnheiten der Konsumenten nehmen. Um eine gewisse Bindung der Konsumenten an ihre Erzeugnisse zu erreichen, gewähren die Hersteller von Markenwaren für den wiederholten Bezug ihrer Erzeugnisse einen Treuerabatt in Form von Gutscheinen, die dem Markenartikel beigepackt werden. Dieser Treuerabatt war gerade zur Zeit des Erlasses der DVO vielfach üblich und wurde in der

[18] Gl. A. BGHZ 50, 207 = GRUR 1968, 707 – *Rheinkaffee*; OLG Hamburg GRUR 1993, 772, 774 – *Kaffeeverkauf*; für den Vertrieb über Kommissionäre *Baumbach/Hefermehl* § 1 Rdn. 62; *Köhler/Piper* § 7 Rdn. 8; *Michel/Weber/Gries* § 13 DVO Rdn. 1; *Tetzner* Rdn. 13; a. A. *Reimer/Krieger* Kap. 7 Rdn. 5; *Ulmer/Reimer* Nr. 1117; *Böttcher* BB 1970, 689, 691; *Reimann* WRP 1957, 71; *Seydel* GRUR 1968, 708.

[19] Gl. A. BGHZ 50, 207 = GRUR 1968, 707 – *Rheinkaffee*; *v. Gamm* Kap. 60 Rdn. 50.

[20] Vgl. BGHZ 50, 207 = GRUR 1968, 707, 708 – *Rheinkaffee*.

Regel gegen Vorlage einer bestimmten Anzahl von Gutscheinen in bar, vereinzelt aber auch in Ware eingelöst. Ein Einzelverkauf an den letzten Verbraucher durch den Hersteller liegt in diesen Fällen nicht vor, so daß das RabattG auf vom Hersteller beigepackte oder eingelöste Gutscheine nicht ohne weiteres angewendet werden kann. Materiellrechtlich schränkt § 13 DVO die Gewährung einer Treuevergütung durch den Markenwarenhersteller nicht ein; da die Einschaltung des Einzelhändlers bei der Ausgabe und Einlösung von Herstellergutscheinen sich ohne die Regelung des § 13 DVO so gestalten ließe, daß sich die Einlösung der Gutscheine für den letzten Verbraucher wie ein Preisnachlaß des Händlers darstellt, an dessen Gewährung der Hersteller mitwirkt, schreibt § 13 DVO jedoch eine bestimmte Form für die Gewährung von Treuevergütungen durch den Markenartikelhersteller vor. Damit regelt § 13 DVO einen Vorgang, der bei entsprechender Ausgestaltung in den Bereich des § 1 RabattG fallen könnte. Soweit § 13 DVO die Einlösung der Gutscheine in Ware ausschließt, greift die Regelung allerdings über den sachlichen Geltungsbereich des RabattG hinaus. Im Rahmen des Rabattrechts wird eine Vorteilszuwendung, die vom Hersteller her weder Zugabe noch Rabatt ist, die jedoch bei einer bestimmten Form der Einlösung der Gutscheine sich als ein Preisnachlaß des Händlers darstellen könnte, an dessen Gewährung der Hersteller mitwirkt, hinsichtlich der Form der Gewährung einer besonderen Regelung unterworfen.

Markenwaren (vgl. Rdn. 11) in verschlossenen Packungen (vgl. Rdn. 12) können **9** durch Hersteller, die nur Wiederverkäufer beliefern, Gutscheine (beachte Rdn. 16) beigepackt (s. Rdn. 13) werden, auf die gegen Vorlage einer bestimmten Anzahl ein Barbetrag ausgezahlt wird (Treuevergütung). Die Treuevergütung entspricht etwa dem Mengenrabatt in Geld. Sie ist jedoch kein echter Mengenrabatt in Geld, denn es fehlt an der Veräußerung in einer Lieferung. Die Treuevergütung darf nur unter den Voraussetzungen des § 13 DVO gewährt werden. Wird davon abgewichen, darf es der Hersteller nur unter Bedingungen, die denen der §§ 2–9 RabattG entsprechen.

Die Treuevergütung ist ihrer **Höhe** nach nicht begrenzt.[21] Dies bestätigt die Vor- **10** schrift des § 13 Abs. 1 S. 2 DVO, wonach der Bundeswirtschaftsminister die Gewährung einer Treuevergütung untersagen kann, wenn sie nach Art und Umfang unter Berücksichtigung der Verhältnisse in dem Geschäfts- oder Warenzweig nicht angemessen erscheint. Diese Vorschrift wäre überflüssig, wenn die Höhe der Treuevergütung generell gemäß § 2 RabattG begrenzt wäre.

II. Markenwaren

Der Begriff Markenwaren ist gesetzlich nicht definiert. Er muß auch nicht mit **11** dem des § 38 a Abs. 2 GWB übereinstimmen, sondern ist im Rahmen des RabattG und des UWG im Wege der Auslegung zu ermitteln. Markenwaren sind Erzeugnisse, die ein bestimmter Hersteller mit einem die betriebliche Herkunft kennzeichnenden Merkmal (z. B. Firmen-, Wort- oder Bildmarke) versieht und in gleichbleibender Qualität vertreibt.[22] Auch völlig neue Produkte eines Markenartikelherstellers sind

---

[21] Gl. A. BGHZ 50, 207 = GRUR 1968, 707, 708 – *Rheinkaffee*; LG Düsseldorf MA 1952, 462; *v. Gamm* Kap. 60 Rdn. 50; *Köhler/Piper* § 7 Rdn. 8; *Michel/Weber/Gries* DVO § 13 Anm. 3; a. A. *Reimer/Krieger* Kap. 7 Rdn. 5; *Ulmer/Reimer* Nr. 1117.

[22] Gl. A. BGH GRUR 1966, 45 – *Markenbenzin*; *Bussmann* NJW 1961, 151.

unter diesen Voraussetzungen Markenwaren im Sinne des § 13 DVO. Ein fester Preis ist nicht Voraussetzung. Auf eine Bekanntheit im Verkehr kommt es ebenso wenig an wie darauf, daß die Marke zum Symbol einer vorgestellten Güte geworden ist.[23] Die Gegenmeinung benachteiligt neu eingeführte Markenartikel, die gerade das Wettbewerbsmittel der Treuevergütung einsetzen wollen, um sich am Markt durchzusetzen. Dies steht dem Sinn und Zweck des Treuerabatts entgegen, der es dem Hersteller von Markenwaren ermöglichen soll, eine gewisse Bindung der Konsumenten an seine Erzeugnisse zu erreichen.

III. Verschlossene Packung

12 Der Begriff der „verschlossenen Packung" im Sinne des § 13 DVO ist nicht identisch mit dem Begriff der Fertigpackung im Sinne des § 14 Abs. 1 Eichgesetz, auch wenn sich in tatsächlicher Hinsicht verschlossene Packung und Fertigpackung weitgehend decken dürften.

Verschlossene Packungen sind Verpackungen beliebiger Art, die vom Hersteller abgepackt und verschlossen werden. Der Verschluß muß so beschaffen sein, daß er nicht geöffnet werden kann, ohne daß dies für jedermann erkennbar ist. Die Ware darf nicht entnommen werden können ohne Veränderung oder Beschädigung der Verpackung (Umhüllung, Behälter). Dabei muß der Verschluß so ausgestattet sein, daß er nur einmal geöffnet werden kann (verlorener Verschluß).

IV. Beigepackter Gutschein

13 Der Gutschein muß der Ware so beigefügt werden, daß er nach dem Schließen der Verpackung ohne deren Beschädigung oder Veränderung weder beigefügt noch entnommen werden kann (vgl. Rdn. 9, 12). Es genügt, wenn der Bestandteil der Verpackung z. B. aufgedruckt ist.[24] Dagegen genügt es nicht, wenn er nur angeheftet oder in einer Weise beigefügt wird, die einen nachträglichen Austausch oder ein nachträgliches Beifügen durch Dritte ermöglicht. Verpacken der Ware und Beipakken des Gutscheines muß erkennbar und unter Ausschluß von Zweifeln beim Hersteller erfolgen. Unzulässig ist es, Gutscheine getrennt von der Ware auszugeben oder unabhängig von einem Warenkauf zu verteilen[25].

V. Bestimmte Anzahl gesammelter Gutscheine

14 Der Anspruch auf Auszahlung eines Barbetrages muß echtes Sammelergebnis sein. Der einzelne Gutschein darf noch keinen Anspruch begründen, weil bei einem Gutschein die Voraussetzungen für die Gewährung des Treuerabattes (Einfluß auf die Kaufgewohnheiten der Konsumenten/Bindung der Konsumenten an die Ware des Herstellers) noch nicht vorliegen können.[26] Jeder Packung darf grundsätzlich nur ein Gutschein beigefügt werden. Jedoch ist es zulässig, wenn ein Hersteller, der eine bestimmte Ware in verschiedenen Packungsgrößen vertreibt, z. B. einem

---

[23] A. A. *Baumbach/Hefermehl* UWG § 3 Rdn. 176, 180; OLG Stuttgart WRP 1976, 568, 569 – *Verkehrsanerkennung*; *v. Gamm* Kap. 60 Rdn. 50 und *Köhler/Piper* § 7 Rdn. 9, die eine gewisse Verkehrsbekanntheit verlangen.

[24] Gl. A. *Baumbach/Hefermehl* § 1 Rdn. 63; *Tetzner* Rdn. 14.

[25] Gl. A. *Baumbach/Hefermehl* § 1 Rdn. 63.

[26] Gl. A. *Keßler* WRP 1984, 313, 314; a. A. *Baumbach/Hefermehl* § 1 Rdn. 63.

100 g-Glas einen Gutschein, einem 200 g-Glas zwei Gutscheine beilegt und bei Mindesteinsendung von drei Gutscheinen für jeden 1,– DM bar vergütet.[27]

Eine Mindestzahl von Gutscheinen als Voraussetzung für die Einlösung schreibt § 13 DVO nicht vor.[28] Daher genügt die Vorlage von zwei Gutscheinen, um die Treuevergütung gewähren zu können.[29] Die Treuevergütung ist kein echter Mengenrabatt in Geld, denn es fehlt an der Veräußerung in einer Lieferung.[30] 15

Hat der Hersteller keinen Gutschein, sondern ein Geldstück beigepackt, so verstößt der Einzelhändler bei der Veräußerung der Ware gegen §§ 1, 2 RabattG, wenn der Geldbetrag allein oder zusammen mit einem von dem Einzelhändler gewährten Barzahlungsnachlaß mehr als 3% des Gesamtpreises ausmacht.[31] Das Beipacken von Wechselgeld ist für Zigarettenpackungen ausnahmsweise erlaubt, das Beipakken anderer Gegenstände jedoch verboten, vgl. § 14 Abs. 2 TabaksteuerG 1992.

VI. Barbetrag

Die Treuvergütung nach § 13 DVO darf nur in bar gewährt werden.[32] Der Gutschein muß daher zusammen mit anderen Gutscheinen einen Anspruch auf Zahlung von Geld geben. Berechtigt die Gutscheinsammlung nur zum Warenbezug, liegt keine Treuevergütung nach § 13 DVO vor, sondern Zugabe oder Mengenrabatt. Letzterer darf vom Hersteller nur unter den Voraussetzungen des § 7 gewährt werden.[33] Unzulässig ist es auch, Gutscheine nach Wahl des Inhabers in Geld oder Waren einzulösen.[34] 16

Unzulässig ist es, bei einem einmaligen Einkauf eine Rückvergütung unter zeitlicher Befristung anzubieten und zu gewähren, weil es sich hierbei um keine Treuevergütung, sondern um eine Form unzulässiger Wertreklame handelt.[35]

VII. Auszahlung des Barbetrages

§ 13 DVO stellt klar, daß die Treuevergütung des nicht unmittelbar an den letzten Verbraucher verkaufenden Herstellers von Markenwaren vom Rabattgesetz nicht erfaßt wird. Die Regelung des § 13 DVO will lediglich sicherstellen, daß die Auszahlung der Treuevergütung nicht als Preisnachlaß des an den letzten Verbraucher verkaufenden Einzelhändlers in Erscheinung tritt. § 13 DVO hat daher, wie auch die Vorschriften des RabattG, formalen Charakter. Nicht die Treuevergütung des Markenwarenherstellers wird geregelt, sondern der Weg, auf dem diese Vergütung dem letzten Verbraucher gewährt wird. Diesem Zweck ist bei der Auslegung des § 13 DVO Rechnung zu tragen. Der Hersteller muß die Treuevergütung nicht 17

---

27 So OLG Stuttgart WRP 1984, 173; zustimmend *Baumbach/Hefermehl* Rdn. 63 § 1; Leicht WRP 1984, 451, 452; a. A. *Keßler* WRP 1984, 313, 315.

28 Gl. A. *Baumbach/Hefermehl* § 1 Rdn. 63.

29 Gl. A. OLG Hamburg MA 1969, 75; *Baumbach/Hefermehl* § 1 Rdn. 63.

30 Gl. A. *Baumbach/Hefermehl* § 1 Rdn. 64.

31 Gl. A. *Baumbach/Hefermehl* § 1 Rdn. 63.

32 Gl. A. BGH GRUR 1963, 322 – *Mal- und Zeichenschule*; *v. Gamm* Kap. 60 Rdn. 50; *Köhler/Piper* § 7 Rdn. 10.

33 Gl. A. *Baumbach/Hefermehl* § 1 Rdn. 64.

34 Gl. A. BGH GRUR 1963, 322 – *Mal- und Zeichenschule*; LG Memmingen GRUR 1953, 453; *Baumbach/Hefermehl* § 1 Rdn. 64; *Köhler/Piper* aaO; *Michel/Weber/Gries* DVO § 13 Anm. 3; *Reimer/Krieger* Kap. 7 Rdn. 5; *Tetzner* Rdn. 18; Hofmann AWR 1936, 108; *Nastelski* MA 1963, 1101, 1116.

35 Gl. A. *v. Gamm* Kap. 60 Rdn. 51 unter Hinweis auf BGH 21.12.1973 I ZR 54/72 – *Probierprämie* (unveröffentlicht).

direkt an den letzten Verbraucher auszahlen. Er kann sich hier auch Hilfspersonen bedienen, z. B. einer Bank oder einer besonderen Einlösungsstelle.[36] Auch die Auszahlung durch den Einzelhändler als Wiederverkäufer der Markenware ist zulässig, wenn bei der Auszahlung des im Gutschein verbrieften Betrages der Charakter der Treuevergütung gewahrt bleibt und sichergestellt ist, daß der auszahlende Einzelhändler für den letzten Verbraucher deutlich erkennbar nur als technisches Auszahlungsorgan des Herstellers und nicht als rabattgewährender Unternehmer in Erscheinung tritt.[37]

VIII. Händlerrabatt-Treuevergütung

18 Die Treuevergütung ist ein Vorteil, den der Hersteller dem letzten Verbraucher zuwendet. Er wird dem Einzelhändler nicht zugerechnet. Die Gewährung einer Treuevergütung an den letzten Verbraucher durch den Hersteller von Markenwaren berührt die Gewährung von Preisnachlässen durch den Wiederverkäufer nicht, § 13 Abs. 2 DVO. Der Unternehmer der letzten Umsatzstufe kann bei der Veräußerung der Markenware zusätzlich bis zu 2 Rabattarten gewähren (§ 10 RabattG).

IX. Rechtsgültigkeit

19 § 13 DVO ist aufgrund der Ermächtigung des § 17 S. 2 RabattG ergangen, wonach der Reichswirtschaftsminister auch Vorschriften ergänzenden oder abändernden Inhalts erlassen konnte. Zumindest im Zeitpunkt seines Erlasses war § 13 DVO durch die Ermächtigung des § 17 RabattG gedeckt. Satz 2 ist inzwischen im Hinblick auf Art. 129 Abs. 3 GG nichtig. Gleichwohl wird man § 13 DVO weiterhin als rechtsgültig ansehen können.[38] Legt man § 13 DVO dahingehend aus, daß er lediglich eine im Zeitpunkt seines Erlasses übliche Gewährung von Treuevergütungen weiterhin für zulässig erklärt und lediglich die Form regelt, in der die Treuevergütung dem letzten Verbraucher gewährt werden darf, dann überschreitet die Regelung des § 13 DVO den Rahmen des RabattG nicht, sondern regelt den Fall eines „Rabattes“, der unter Mitwirkung eines mit dem letzten Verbraucher nicht in unmittelbare geschäftliche Beziehung tretenden Dritten gewährt wird. Die Frage des Verstoßes gegen den Gleichheitssatz des Art. 3 GG stellt sich nur, wenn Hersteller von Nicht-Markenwaren behindert würden. Das würde einerseits voraussetzen, daß sie ihre Erzeugnisse nicht direkt an den letzten Verbraucher vertreiben, und zum anderen, daß ihre Produktion und der Vertrieb ihrer Waren ähnlich angelegt sind wie die der Hersteller von Markenwaren. Markenartikel zeichnen sich u. a. dadurch aus, daß sie über längere Zeiträume hinweg in gleicher Aufmachung und Qualität jederzeit und überall erhältlich sind. Das in einem solchen Angebot liegende Risiko sucht der Markenwarenhersteller durch eine Bindung der Verbraucher an seine Erzeugnisse zu mildern. *Tetzner* (§ 4 Rdn. 12) hält § 13 DVO deshalb für verfassungs-

---

[36] Gl. A. *Baumbach/Hefermehl* § 1 Rdn. 65.

[37] Gl. A. BWM DW 1956, 27; *Baumbach/Hefermehl* § 1 Rdn. 65; *v. Gamm* Kap. 60 Rdn. 50; *Michel/Weber/Gries* DVO § 13 Rdn. 2; *Tetzner* Rdn. 16; *Ulmer/Reimer* Nr. 1117; a. A. *Reimer/Krieger* Kap. 7 Rdn. 5.

[38] Gl. A. OLG Hamburg MA 1969, 75; LG Düsseldorf MA 1952, 462; GA 6/55, 3/57; vom BGH offengelassen in BGHZ 50, 207 = GRUR 1968, 707 – *Rheinkaffee*; GRUR 1981, 202, 204 – *RAMA-Mädchen* – m. Anm. *Jacobs*; a. A. *Leicht* WRP 1984, 451; *Seydel* GRUR 1968, 708, 709; zweifelnd in 4. Aufl. Rdn. 9; *Tetzner* Rdn. 12.

widrig, weil die Ermächtigung des § 17 RabattG überschritten sei. Zu Recht weisen *Baumbach/Hefermehl* darauf hin, diese Vorschrift bestimme in S. 2 ausdrücklich, daß der Reichswirtschaftsminister auch Vorschriften ergänzenden Inhalts treffen konnte.[39]

X. Anwendbarkeit des § 1 UWG

§ 13 DVO schließt eine Anwendung des § 1 UWG nicht aus. § 13 DVO ist ebenso wie das gesamte RabattG eine Regelung mit wettbewerbsrechtlichem Charakter. Im Verhältnis zum UWG ist § 13 DVO wie das RabattG Sondergesetz und geht diesem vor. Die Anwendbarkeit des § 13 DVO schließt jedoch die Anwendung des UWG nicht aus, da die Tatbestände des UWG sich nicht mit denen des RabattG und der DVO decken. Das UWG ist daher anzuwenden, sofern weitere Umstände hinzutreten, die eine Wettbewerbsmaßnahme unlauter i. S. des § 1 UWG machen oder sie als irreführend i. S. des § 3 UWG erscheinen lassen.[40] Da § 13 DVO keinen Irreführungstatbestand regelt, ist § 3 UWG uneingeschränkt anwendbar. **20**

Grundsätzlich ist auch § 1 UWG neben § 13 DVO anwendbar.[41]

Streitig ist, ob die Zivilgerichte im Rahmen einer Prüfung nach § 1 UWG auch die Zulässigkeit der Höhe einer Treuevergütung prüfen können. Das OLG Stuttgart hält eine Treuevergütung in Höhe von rund 25% des Kaufpreises als übersteigerte Wertreklame für wettbewerbswidrig.[42] Auch das OLG Frankfurt hält die Zivilgerichte für berechtigt, die Treuevergütung unter dem Gesichtspunkt eines übertriebenen Anlockens zu prüfen, auch wenn es im entschiedenen Fall eine Treuevergütung in Höhe von 9 und 14% nicht für unzulässig hielt.[43] Der Gesetzgeber hat die Höhe der Treuevergütung nicht begrenzt. § 13 Abs. 1 S. 2 DVO bestimmt lediglich, daß der Reichswirtschaftsminister, jetzt der Bundeswirtschaftsminister, die Gewährung einer Treuevergütung nach S. 1 untersagen kann, wenn sie nach Art und Umfang unter Berücksichtigung der Verhältnisse in dem Geschäfts- oder Warenzweig nicht angemessen erscheint. Die Übertragung einer ausschließlichen Untersagungszuständigkeit kann hierin nicht gesehen werden. Prinzipiell können daher auch die Zivilgerichte die Höhe der Treuevergütung unter Unlauterkeitsgesichtspunkten prüfen.[44] Dabei ist jedoch zu beachten, daß es im Rahmen der geltenden marktwirtschaftlich geltenden Wirtschaftsordnung dem Unternehmer grundsätzlich frei steht, seine Preisgestaltung in eigener Verantwortung vorzunehmen, und zwar selbst dann, wenn er die Ware unter Einstandspreis anbietet. Da der Gesetzgeber die Höhe der Treuvergütung nicht begrenzt hat, kann sie von der Rechtsprechung auch nicht in der Weise eingeführt werden, daß die Zulässigkeit der Höhe der Treuevergütung an den nach dem Rabattgesetz zulässigen Rabattsätzen gemessen wird. Die Grenze der Höhe der Treuevergütungen kann, ähnlich wie für Verkäufer unter Einstandspreis, etwa dort zu ziehen sein, wo sie dazu führt, allgemein die Mitbewerber vom Markt zu verdrängen und den Wettbewerb auf einem Markt völlig oder nahezu aufzuheben oder wenn sonst ernstlich damit zu rechnen wäre, daß auch andere Wettbewerber

---

[39] So *Baumbach/Hefermehl* § 1 Rdn. 61.

[40] Vgl. Einf. Rdn. 14; ebenso *Köhler/Piper* Einf. Rdn. 10 mwN.

[41] Gl. A. BGH GRUR 1981, 202, 203 – *RAMA-Mädchen*; OLG Hamburg MA 1969, 75; OLG Stuttgart WRP 1976, 568; OLG Frankfurt GRUR 1980, 804; a. A. *Böttcher* BB 1970, 689, 693.

[42] OLG Stuttgart WRP 1976, 568, 569.

[43] Vgl. OLG Frankfurt GRUR 1980, 804, 805.

[44] So auch OLG Stuttgart aaO und OLG Frankfurt aaO.

Treuevergütungen in einer solchen Höhe gewähren, daß es zu einer die Gemeinschaft schädigenden Störung des Wettbewerbs käme.

Daneben kann das Bundeskartellamt im Rahmen seiner Mißbrauchsaufsicht nach § 22 Abs. 4 und 5 GWB die Gewährung der Treuevergütung prüfen und ggf. untersagen.[45]

§ 5 Warenrückvergütungen durch Genossenschaften

(1) Warenrückvergütungen, die Genossenschaften im Sinne des § 1 Abs. 1 Nr. 5 des Genossenschaftsgesetzes (Konsumvereine) ihren Mitgliedern gewähren, dürfen zusammen mit Barzahlungsnachlässen im Geschäftsjahr drei vom Hundert der mit den Mitgliedern erzielten Umsätze nicht übersteigen; Nichtmitgliedern dürfen Warenrückvergütungen nicht gewährt werden.

(2) Der Anspruch auf die Warenrückvergütung ist mit der Beschlußfassung über den Jahresabschluß fällig. Die Fälligkeit kann durch das Statut oder einen Beschluß der Generalversammlung nicht über sechs Monate nach Ablauf des Geschäftsjahres hinausgeschoben werden.

Durchführungsverordnung § 11

Konsumvereine dürfen außer der Rückvergütung gem. § 5 des Rabattgesetzes einen etwaigen weiteren Gewinn nur nach Maßgabe der Geschäftsanteile ausschütten. Der über die Rückvergütung hinaus errechnete Gewinnanteil darf erst dann ausgezahlt werden, wenn das Mitglied seinen Geschäftsanteil in voller Höhe eingezahlt hat (§ 19 des Genossenschaftsgesetzes). Entgegenstehende Satzungsbestimmungen (§ 19 Abs. 2 des Genossenschaftsgesetzes) sind insoweit unwirksam.

Übersicht

Literatur siehe § 1 vor Rdn. 1

A. Zweck der Vorschrift

1 Die Regelung des § 5 RabattG trägt der Tatsache Rechnung, daß die beim Einzelverkauf an den letzten Verbraucher gewährten Rabatte in erster Linie ein sehr wirksames Werbemittel sind, und will durch die Gleichstellung der Warenvergütungen der Genossenschaften mit den Barrabatten auf der Einzelhandelsebene für alle Wettbewerber insoweit gleiche Wettbewerbsbedingungen schaffen und damit die Erreichung des Zwecks des RabattG sicherstellen.

Die Vorschrift des § 5 beruht auf der Erwägung des Gesetzgebers, daß sich die genossenschaftliche Rückvergütung im Wettbewerb ebenso auswirkt wie ein Preis-

[45] KG WuW/E OLG 1983 – *RAMA*; *Baumbach/Hefermehl* § 1 Rdn. 66; *Wiedemann* Anm. BB 1978, 1633.

nachlaß, obwohl sie das ihrer Rechtsnatur nach nicht ist. Mit der Einführung des § 5 im Jahre 1933 und der erneuten Einführung im Jahre 1954 verfolgte der jeweilige Gesetzgeber den Zweck, den mittelständischen Einzelhandel gegen die Werbewirkung der Warenrückvergütung der Konsumgenossenschaften zu schützen. Gleichzeitig sollte die Regelung des § 5 die Erreichung des Zwecks des RabattG sichern und im Rahmen des Wettbewerbsrechts zur Klarheit des Wettbewerbs durch Beseitigung von Mißständen des Rabattwesens beitragen. Durch die Wiederaufnahme des § 5 in das RabattG sollten für alle Wettbewerber die gleichen Bedingungen wiederhergestellt werden.[1]

§ 5 ist kein Rabattverbot für die Konsumgenossenschaften, sondern begrenzt nur die Summe von Rabatt und Warenrückvergütung. Den Konsumgenossenschaften bleibt freigestellt, zusätzlich zur Warenrückvergütung oder zum Rabatt an ihre Mitglieder Gewinne auszuschütten.[2]

Da Rabatt und Warenrückvergütung wirtschaftlich gesehen vergleichbare Wettbewerbsmaßnahmen sind, ist die Gleichstellung von Warenrückvergütung und Rabatt durch § 5 RabattG mit dem Grundgesetz vereinbar.[3]

B. Rechtsentwicklung

Die gesetzlichen Vorschriften über Warenrückvergütungen von Konsumvereinen 2
sind mehrfach geändert worden. Obwohl es den Konsumvereinen durch § 8 Abs. 4 GenG v. 1. Mai 1889 (RGBl. I 55) i. d. F. der Bekanntmachung vom 20. Mai 1889 (RGBl. I 810) verboten war, an Nichtmitglieder zu verkaufen, entwickelten sich die Konsumgenossenschaften neben den in § 6 RabattG genannten Unternehmen zu gefährlichen Wettbewerbern für den mittelständischen Einzelhandel. Die von ihnen gewährte Rückvergütung gab den Anstoß zur Nachlaßgewährung durch den übrigen Einzelhandel; ihre Höhe verursachte die übersteigerten Rabattsätze (vgl. Amtliche Begründung zu § 5). Deshalb wurde bei der gesetzlichen Regelung des Rabattwesens in § 5 RabattG die Warenrückvergütung der Konsumvereine der Höhe nach begrenzt und in § 6 RabattG den Konsumvereinen untersagt, Barzahlungsnachlässe zu gewähren. § 11 DVO RabattG gestattet eine von § 19 Abs. 1 GenG abweichende Gewinnausschüttung nur in Gestalt der 3%igen Warenrückvergütung des § 5 RabattG; darüber hinausgehende Überschüsse müssen als Kapitaldividende ausgeschüttet werden. Durch Gesetz vom 21. Mai 1935 (RGBl. I 681) wurde die Auflösung der Konsumvereine eingeleitet. Konsumvereine, die sich nicht aufgelöst hatten, wurden durch die Verordnung vom 18. Februar 1941 (RGBl. I 106) aufgelöst und ihr Vermögen auf die Deutsche Arbeitsfront übertragen. Nach 1945 wurden sie durch Zonen- und Landesgesetze wieder zugelassen.[4] Das Bundesgesetz vom 27. Dezember 1951 (BGBl. I 1003) hob – mit zeitlicher Beschränkung bis zum 31.12.1953 – die §§ 8 Abs. 4, 31, 152, 153 GenG auf. Damit entfiel das Verbot, an Nichtmitglieder zu verkaufen. Berlin (West) übernahm das Gesetz am 12.6.1952 (GVBl. I 384). Nach Verlängerung durch Bundesgesetz vom 8.1.1954 (BGBl. I 2); Berlin (West) 15.1.1954 (GVBl. I 30) setzte das Änderungsgesetz vom 21. Juli 1954 diese Bestimmungen endgültig außer Kraft (BGBl. I 212; Berlin 26.7.1954 (GVBl. I 457)).

---

[1] OLG Hamburg GRUR 1972, 661 – *Warenrückvergütung*.

[2] OLG Hamburg GRUR 1972, 661, 662 – *Warenrückvergütung*.

[3] OLG Hamburg GRUR 1972, 661 – *Warenrückvergütung*; *Baumbach/Hefermehl* Rdn. 1; *v. Gamm* Kap. 60 Rdn. 53.

[4] Vgl. dazu im einzelnen *Hoth* WRP 1959, 72 ff.

Die nach 1945 erlassenen Zonen- und Landesgesetze hatten § 5 RabattG aufgehoben. Das Änderungsgesetz vom 21. Juli 1954 (RGBl. I 212) fügte § 5 in neuer Fassung in das RabattG wieder ein und stellte damit die Wettbewerbsgleichheit zwischen Konsumvereinen und den übrigen Einzelhandelsunternehmen wieder her. Dagegen wurde in § 6 RabattG, der auch für Verbrauchergenossenschaften das generelle Verbot von Barzahlungsnachlässen aussprach, das Wort „Konsumvereine“ gestrichen.

C. Wesen der Konsumgenossenschaft und Warenrückvergütung

3 Konsumverein i. S. des § 1 Abs. 1 Ziff. 5 GenG ist die Vereinigung von Genossen zum gemeinschaftlichen Einkauf von Lebens- oder Wirtschaftsbedürfnissen im großen und der Abgabe im kleinen. Zweck der Genossenschaft ist die Befriedigung außergewerblicher Bedürfnisse der Mitglieder.[5] Ursprünglich diente die Geschäftstätigkeit der Genossenschaft nicht dazu, Gewinne zu erzielen. Vielmehr sollten durch den gemeinsamen Einkauf im großen und die Abgabe im kleinen an die Mitglieder für diese Ersparnisse erzielt werden. Die hierbei aus Umsätzen mit Genossen erzielten Überschüsse sind keine Gewinne im herkömmlichen erwerbswirtschaftlichen Sinne. Sie werden nicht durch Aufschlag einer Handelsspanne erzielt; die Spanne zwischen Einkaufs- und Verkaufspreis dient der Risikodeckung, soweit sie nicht dazu bestimmt ist und verwandt wird, die Selbstkosten zu decken. Die Warenrückvergütung ist daher keine Gewinnverteilung, sondern Rückerstattung des zuviel Gezahlten.[6]

Durch das Gesetz zur Änderung von Vorschriften des Gesetzes betr. die Erwerbs- und Wirtschaftsgenossenschaften und des RabattG vom 21. Juli 1954 (BGBl. I 212) wurde das in den §§ 8 Abs. 4, 31, 152, 153 enthaltene Verbot, an Nichtmitglieder zu verkaufen, entsprechend einem Vorschlag der Bundesregierung aufgehoben, um Konsumgenossenschaften und die übrigen Einzelhandelsunternehmen im Wettbewerb gleichzustellen. Inzwischen haben sich die Zielsetzung und wirtschaftliche Tätigkeit der Konsumgenossenschaften weitgehend verändert. Die Unterscheidung zwischen Geschäften mit Mitgliedern und Nichtmitgliedern ist in den Hintergrund getreten, da § 5 RabattG bestimmt, daß Warenrückvergütungen, die Genossenschaften ihren Mitgliedern gewähren, zusammen mit Barzahlungsnachlässen im Geschäftsjahr 3% der mit den Mitgliedern erzielten Umsätze nicht übersteigen dürfen. Die meisten Konsumgenossenschaften schütten daher heute keine Warenrückvergütungen mehr aus, sondern gewähren allen Kunden beim Einkauf einen Barzahlungsnachlaß.[7]

D. Konsumvereine

4 Konsumvereine sind eine besondere Art der Genossenschaften. Genossenschaften sind Gesellschaften mit nicht geschlossener Mitgliederzahl, welche die Förderung des Erwerbes oder der Wirtschaft ihrer Mitglieder mittels gemeinschaftlichen Geschäftsbetriebs bezwecken, § 1 Abs. 1 GenG. Der Konsumverein muß durch den Einkauf von Lebens- oder Wirtschaftsbedürfnissen im großen und die Abgabe im kleinen den Zweck verfolgen, die außergewerblichen Bedürfnisse seiner Mitglieder zu befriedigen, § 1 Abs. 1 Ziff. 5 GenG (Verbrauchergenossenschaft). Unter Lebens-

---

[5] Vgl. RGZ 153, 139 = GRUR 1937, 643.

[6] Vgl. PrOVG St. E 6, 385, 386; PrOVG E 49, 61, 63; KGJ 21, A 75; KGJ 46, C 402; *Parisius/Krüger* GenG § 19, 223; str.

[7] Vgl. *Mahlmann* 133.

und Wirtschaftsbedürfnisse fallen nicht nur Lebensmittel, sondern alle Waren und gewerblichen Leistungen, die der Befriedigung von Lebens- und Wirtschaftsbedürfnissen der Letztverbraucher dienen. Für die Abgrenzung der unter die Vorschriften des § 5 RabattG fallenden Geschäfte der Konsumvereine gegenüber der Tätigkeit der anderen Genossenschaften (gewerbliche Kreditgenossenschaften, Rohstoffvereine, Baugenossenschaften, Absatzgenossenschaften) ist also die Art der Bedürfnisse, deren Befriedigung in Frage steht, sowie die der Bedarfskreise entscheidend, die sich zur Förderung ihres Erwerbs oder ihrer Wirtschaft zu einem gemeinschaftlichen Geschäftsbetrieb zusammengeschlossen haben.[8] Eine von Hauswirten gebildete Genossenschaft, die Heizstoffe im Großen einkauft und durch Abgabe an ihre Mitglieder den Zweck verfolgt, deren Bedarf für ihre Mietshäuser zu decken, soll Konsumgenossenschaft sein.[9] Besitz und Eigentum an Mietshäusern und deren Verwaltung sei weder Gewerbe noch Beruf; die Heizstoffe dienten deshalb nicht der Befriedigung gewerblicher Bedürfnisse. Dies trifft zu für den Hauswirt, der sein angespartes oder vorhandenes Vermögen in einem Mietshaus anlegt. Bei den großen privaten Wohnungsbauunternehmen ist die auf Erwerb gerichtete Vermietung von Wohnungen wirtschaftlich und steuerrechtlich eine im geschäftlichen Verkehr entfaltete Tätigkeit, die gewerbliche Leistungen zum Gegenstand hat. Zwar ist Hauseigentum und Hausbesitz ebenso wenig ein Beruf wie die Inhaberschaft an sonstigem Kapitalvermögen (RG aaO); aber dessen Einsatz im geschäftlichen Verkehr aus Erwerbsinteresse ist gewerbliche Betätigung. Gegenstand der gewerblichen Leistung ist die Gebrauchsüberlassung der Wohnung oder des Grundstücks. Sie dient nicht einem privaten, sondern einem gewerblichen Interesse. Miet- oder Pachtzins sind keine Kapitalerträge, sondern Leistungsentgelte. Der Grundbesitz ist Anlagewert, der zur Ausführung gewerblicher Leistungen zum Einsatz gebracht wird.

E. Zulässige Rückvergütung

Warenrückvergütungen, die Konsumvereine ihren Mitgliedern gewähren, dürfen **5**
gem. § 5 RabattG zusammen mit Barzahlungsnachlässen im Geschäftsjahr 3% der mit den Mitgliedern erzielten Umsätze nicht übersteigen. § 5 gehört systematisch nicht zum Barrabatt, sondern zum Grundtatbestand des § 1 RabattG und zu § 19 GenG. Die Warenrückvergütung ist im GenG nicht geregelt. § 19 Abs. 1 GenG sieht vor, daß der Gewinn einer Genossenschaft nach dem Verhältnis der Geschäftsanteile der Genossen bzw. entsprechend der auf den Geschäftsanteil geleisteten Einzahlungen verteilt wird. Nach § 19 Abs. 2 GenG kann die Satzung einen anderen Maßstab für die Verteilung von Gewinn und Verlust aufstellen. Die Warenrückvergütung der Konsumgenossenschaften hat sich als eine besondere Art der Verteilung des erzielten Jahresüberschusses entwickelt. Begrifflich ist die genossenschaftliche Rückvergütung kein Preisnachlaß, denn sie knüpft nicht an das einzelne Umsatzgeschäft zwischen Genossenschaft und Genossen an.[10] Da die Warenrückvergütung aus dem mit dem einzelnen Genossen getätigten Umsatz errechnet wird, wirkt sie wirtschaftlich und werbemäßig wie ein nachträglicher Rabatt.[11] § 5 RabattG bezweckt, den Einzelhandel im Verhältnis zu den Konsumgenossenschaften im Wettbewerb gleichzu-

---

[8] Vgl. RGZ 153, 139 = GRUR 1937, 643.

[9] RG aaO; ebenso *Baumbach/Hefermehl* Rdn. 1; *v. Gamm* Rdn. 54 Kap. 60; *Reimer/Krieger* Rdn. 2 Kap. 8; *Michel/Weber/Gries* Rdn. 4; a. A. *Elster* AWR 1937, 172; *Tetzner* Rdn. 3.

[10] Gl. A. BGH GRUR 1964, 146, 150 – *Genossenschaftliche Rückvergütung*; GRUR 1975, 203, 204 – *Buchbeteiligungszertifikate*; *Baumbach/Hefermehl* Rdn. 2; *v. Gamm* Kap. 60 Rdn. 55.

[11] Vgl. Amtl. Begr. zu § 5; OLG Hamburg GRUR 1972, 661 – *Warenrückvergütung*.

stellen.[12] Als § 5 RabattG a. F. nach dem Kriege durch Einzelgesetze gestrichen worden war und zeitweilig eine Regelung zur Warenrückvergütung der Konsumvereine fehlte, wurden bis zur Wiedereinfügung des § 5 RabattG durch das Änderungsgesetz vom 21.7.1954 von Konsumgenossenschaften Rückvergütungen bis zu 7% gewährt. Das Verbot des § 5 RabattG n. F. erwies sich aus den gleichen Gründen notwendig, die zur Aufnahme des § 5 a. F. in das RabattG geführt hatten. Die Gleichbehandlung von Rabatt und Warenrückvergütung in § 5 RabattG ist daher auch sachgerecht und mit dem GG vereinbar.[13] Erst die Vorschrift des § 5 macht die Regelung des Rabattrechts lückenlos und sichert so die Erreichung des Zweckes des RabattG (vgl. OLG Hamburg aaO). Die Umsatzrückvergütung darf nur dann an den Genossen ausgeschüttet werden, wenn der auf den mit ihm getätigten Gesamtumsatz gezahlte Barrabatt weniger als 3% vom Umsatzwert beträgt. Nur die danach verbleibende Spitze darf rückvergütet werden. Beträgt die Summe von Rabatt und Rückvergütung mehr als 3%, liegt ein Rabattverstoß vor. Betreibt eine Genossenschaft außer dem Warenhandel auch Bankgeschäfte und verwendet sie dadurch erzielte Überschüsse zur Ausschüttung von Rückvergütungen, so kann darin ein Verstoß gegen die §§ 1, 5 RabattG sowie gegen §§ 1, 3 UWG liegen.[14] Ein dem Genossen über die danach empfangene Rückvergütung hinaus zustehender Gewinn darf nur im Verhältnis des Geschäftsanteils ausbezahlt werden. Dieser muß voll einbezahlt sein. Entgegenstehende Satzungsbestimmungen sind nichtig (§ 11 DVO und § 19 GenG). Eine entgegenstehende Handhabung löst den Unterlassungsanspruch nach § 12 und die Bußgeldandrohung des § 11 RabattG aus.[15] Der nicht über die Umsatzvergütung nach § 5 RabattG zur Ausschüttung gelangende Gewinn darf auch nicht unter den Bedingungen des Mengen- und Sonderrabatts nach den Vorschriften der §§ 7, 8 und 9 RabattG an die Mitglieder verteilt werden.

F. Gewinnausschüttungen

6 § 5 RabattG ist eine besondere Vorschrift, durch die Warenrückvergütungen, die sich im Wettbewerb wie ein Preisnachlaß auswirken, diesen rabattrechtlich gleichgestellt werden. Sie kann daher nicht auf umsatzbezogene Gewinnausschüttungen angewendet werden, die ein Buchhandelsunternehmen aufgrund treuhänderischer Beteiligung gewährt. Mag diese Gewinnausschüttung wirtschaftlich auch der Gewährung einer Warenrückvergütung gleichkommen.[16]

G. Rechtsgültigkeit des § 11 DVO

7 Der Gesetzesvorschlag der Bundesregierung zum Änderungsgesetz vom 21.7.1954 sah vor, auch § 11 DVO RabattG aufzuheben. Dieser Vorschlag wurde nicht angenommen. § 11 DVO blieb ebenso wie das RabattG zunächst über den 8. Mai 1945 hinaus in Kraft. Nach dem 8. Mai 1945 waren die Länder befugt, geltendes altes Reichsrecht abzuändern, also auch aufzuheben. Von dieser Änderungsbefugnis haben folgende Länder Gebrauch gemacht und § 11 DVO wirksam

---

[12] Vgl. Rdn. 1; *Baumbach/Hefermehl* Rdn. 2; *v. Gamm* Kap. 60 Rdn. 55; *Reimer/Krieger* Kap. 8 Rdn. 1; *Wirth* MA 1953, 109 ff.

[13] Gl. A. OLG Hamburg GRUR 1972, 661 – *Warenrückvergütung.*

[14] Vgl. BGH GRUR 1964, 146, 150 – *Genossenschaftliche Rückvergütung.*

[15] Gl. A. OLG Hamburg GRUR 1972, 661 – *Warenrückvergütung.*

[16] BGH GRUR 1975, 203, 205 – *Buchbeteiligungszertifikate*; *Baumbach/Hefermehl* Rdn. 2; *v. Gamm* Kap. 60 Rdn. 54; a. A. OLG Karlsruhe WRP 1973, 539, 540; *Schiemann* JuS 1975, 494, 498 ff.

aufgehoben: Rheinland-Pfalz am 30.3.1949 (GVOBl. 1949, 99); Württemberg-Baden am 8.6.1949 (GVOBl. 1949, 80); Bayern am 19.4.1949 (Bayer. GVOBl. 1949, 91); Hessen am 16.12.1947 (GVOBl. 1948, 9); Württemberg-Hohenzollern am 6.8.1948 (Reg.Bl. 1948, 97). Im Regionalbereich dieser Länder nach dem Stande vom 7.9.1949 wurden die genannten Aufhebungsgesetze geltendes Bundesrecht; im übrigen Bundesgebiet blieb § 11 DVO RabattG als Bundesrecht in Kraft. Das Badische Landesgesetz vom 8.2.1950 (GVOBl. 1950, 128) und das Landesgesetz der Freien Hansestadt Bremen vom 28.3.1950 (GesetzBl. 1959, 36), durch die § 11 DVO RabattG aufgehoben werden sollte, sind nichtig. Die Änderungsbefugnis der Länder endete für den Bereich der konkurrierenden Gesetzgebung (Art. 74 GG) nicht mit der Verkündigung des Grundgesetzes, sondern am 7.9.1949 (vgl. BVerfGE 2, 139; 4, 82, 184, 568; BGH NJW 1955, 270, 271). Da § 11 DVO nicht das RabattG änderte, sondern Ergänzungsbestimmung zu § 19 GenG ist, endete die Legislaturbefugnis der Länder am 7.9.1949; sie stand im Jahre 1950 ausschließlich dem Bunde zu. § 11 DVO gilt daher nicht nur im Gebiet der ehemaligen britischen Zone, sondern auch im Regionalbereich des ehemaligen Landes Baden und im Lande der Freien und Hansestadt Bremen. Rechtsstaatliche Erwägungen stehen der Gültigkeit des § 11 DVO nicht entgegen. Wenn auch die in § 17 S. 2 RabattG enthaltene Änderungs- und Ergänzungsbefugnis für den zuständigen Minister im Hinblick auf Art. 123, 125, 126 GG außer Kraft ist, so wird der Fortbestand alten Reichsrechts als Bundesrecht nicht davon berührt, da es ursprünglich aufgrund einer Gesetzgebungsbefugnis geschaffen wurde, die das Grundgesetz für die Gegenwart ausschließt.[17] Gesetzgeberische und verfassungsrechtliche Grundlage des § 11 DVO RabattG ist heute nicht mehr § 17 S. 2 RabattG, sondern Art. 125 GG.[18]

§ 6 Barzahlungsnachlaßverbot für Warenhäuser

Warenhäuser, Einheits-, Klein-, oder Serienpreisgeschäfte oder ähnliche, durch besondere Art der Preisstellung gekennzeichnete Geschäfte und Werkskonsumanstalten dürfen Barzahlungsnachlässe nicht gewähren.

Ursprünglich waren im § 6 auch „Konsumvereine" aufgeführt. Sie sind durch das Gesetz zur Änderung von Vorschriften des Genossenschaftsgesetzes und des Rabattgesetzes vom 21.7.1954 (BGBl. I 212) gestrichen worden.

§ 6 verbot den genannten Großbetrieben das Gewähren von Barzahlungsnachlässen gem. §§ 2 bis 4. Mit Beschluß vom 11.4.1967 (BGBl. I 626 = BVerfGE 21, 292 = GRUR 1967, 605 – *Warenhaus-Rabatt*) hat das Bundesverfassungsgericht den § 6 mit Wirkung vom 9. Juli 1963, das ist der Zeitpunkt der Klagerhebung im Ausgangsverfahren, auf Vorlage des Oberlandesgerichts Düsseldorf in vollem Umfang für nichtig erklärt.

Die in § 6 genannten Großbetriebe des Einzelhandels unterliegen seit dem 9. Juli 1963 denselben Beschränkungen des RabattG wie alle Unternehmen, die Waren des täglichen Bedarfs im Einzelhandel an den letzten Verbraucher veräußern; sie sind nicht mehr gehindert, Barzahlungsnachlässe zu gewähren.

---

[17] Vgl. *Maunz/Dürig* GG Art. 123 Rdn. 6; *Schmidt-Bleibtreu/Klein* GG 8. Aufl. Art. 123 Rdn. 1; *von Mangold* 1. Aufl. S. 623 zu Art. 123 Abs. 1, 2. Halbsatz; *Weber* WRP 1957, 358, 359.

[18] Wegen weiterer Einzelheiten siehe *Hoth* WRP 1959, 72 ff.

ZWEITER ABSCHNITT
Mengennachlässe

§ 7 Voraussetzungen

(1) Werden mehrere Stücke oder eine größere Menge von Waren in einer Lieferung veräußert, so kann ein Mengennachlaß gewährt werden, sofern dieser nach Art und Umfang sowie nach der verkauften Stückzahl oder Menge als handelsüblich anzusehen ist.

(2) Der Mengennachlaß kann entweder durch Hingabe einer bestimmten oder auf bestimmte Art zu berechnenden Menge der verkauften Ware oder durch einen Preisnachlaß gewährt werden.

Übersicht

Alphabetische Übersicht

Literatur siehe § 1 vor Rdn. 1

A. Allgemeines

1 Der Gesetzgeber sieht Mengennachlässe grundsätzlich als gerechtfertigt an, weil bei Abnahme größerer Mengen die Kosten der Warenverteilung geringer, Läger verringert und Umsätze gesteigert werden, was er als betriebs- und volkswirtschaftlich nützlich betrachtet (vgl. Amtl. Begr. zu §§ 7, 8). Der Mengenrabatt ist die auf allen Wirtschaftsstufen übliche Gegenleistung des Verkäufers für die Abnahme größerer Warenmengen durch den Käufer. An den durch höhere Umsätze ausgelösten betriebswirtschaftlichen Vorteilen läßt der Verkäufer seinen Kunden partizipieren.[1]

[1] Gl. A. BGH GRUR 1978, 185, 186 – *Taschenrechnerpackung*.

Die Vorschriften der §§ 7, 8 enthalten keine starre Regelung des Mengennachlasses, sondern lassen dem Geschäftsverkehr im Rahmen einer ausfüllungsbedürftigen Generalklausel freien Spielraum. Art und Umfang des zulässigen Mengenrabattes werden durch seine Handelsüblichkeit (vgl. dazu Rdn. 9) begrenzt. Wirtschaftlich und kaufmännisch unbedenkliche Handelsgepflogenheiten sollen nicht eingeschränkt werden. Der Zweck der Vorschriften der §§ 7 und 8 liegt darin, Umgehungen und Mißbräuche an sich unbedenklicher Handelsbräuche zu verhindern. Dies ist bei der Auslegung der §§ 7 und 8 zu berücksichtigen.

Der Mengennachlaß kann als **Geld- oder Warenrabatt** (Begriffe § 1 Rdn. 84, 95) **2**
gewährt werden. Anlaß ist ein Umsatz „mehrerer Stücke" (s. Rdn. 3) oder eine „größere Menge von Waren" (s. Rdn. 5). Voraussetzung ist die „Veräußerung in einer Lieferung" (s. Rdn. 6) sowie die „Handelsüblichkeit" (s. Rdn. 9). Wird für eine größere Menge, z. B. für eine große Dose, Flasche, Tube von vornherein ein im Verhältnis zur kleineren Verkaufseinheit günstigerer Preis berechnet, liegt kein Mengennachlaß, sondern ein zweiter Normalpreis vor.[2]

Zum Mengenrabatt für gewerbliche Leistungen siehe Rdn. 7 zu § 8.

Das Verbot der **Gratisankündigung** gemäß § 1 Abs. 3 S. 1 ZugabeVO gilt auch für zulässige Mengennachlässe.[3] Es ist daher unzulässig, einen Mengenrabatt als unentgeltlich gewährt, z. B. als „Geschenk" zu bezeichnen.[4]

B. Mehrere Stücke von Waren

Mehrere selbständige Wareneinheiten müssen Gegenstand der Gesamtlieferung **3**
(vgl. Rdn. 6) sein. Es genügt nicht, wenn zu einer Ware Zubehör gemäß § 97 BGB oder handelsübliches Zubehör mitverkauft wird: z. B. Fahrrad mit Zubehör.[5] Andernfalls könnte die Höchstgrenze des § 2 umgangen werden, indem jeweils im Verhältnis zur Hauptware geringwertige Zubehörstücke mitveräußert werden.[6] Es kommt stets auf den Einzelfall an. Sammelbezeichnungen wie z. B. „Sportausrüstung" sind kein entscheidendes Kriterium. Warenmehrheit liegt nicht vor, wenn verschiedene Gegenstände zusammen eine Handelseinheit bilden und als solche angeboten und verkauft werden, wie z. B. ein Tischtennisspiel, bestehend aus Platte, Schlägern und Bällen.[7] Die Zahl der körperlichen Gegenstände ist nicht entscheidend, sondern die Zahl der wirtschaftlichen Einheiten. Die verschiedenen Waren brauchen nicht gleich zu sein. Sie können sich nach Art, Gattung, Qualität und Verwendungszweck unterscheiden.[8] Beispiel: 12 Paar Strümpfe aus Wolle und Seide in verschiedenen Farben, Größen und Qualitäten; 100 Flaschen Wein verschiedener Art, Herkunft und Jahrgang; verschiedene Möbelstücke, Teppiche, Lampen, Gardinen; Aussteuer;[9] Pokale im Werte von DM 1.000,– bis DM 2.000,– für einen Sportverein;[10] Sammelbestellung von Tonträgern mit nicht mehr aktuellen Titeln.[11]

---

[2] Gl. A. OLG Hamm BB 1960, 576; OLG München WRP 1969, 391, 392; OLG Frankfurt WRP 1970, 30; *Baumbach/Hefermehl* Rdn. 1; *Michel/Weber/Gries* Vorb. 3; *Reimer/Krieger* Kap. 10 Rdn. 1; *Schibel* BB 1960, 1149; *Sedelmeier* NJW 1968, 579, 580; a. M. *Wilkendorf* BB 1965, 1253.

[3] Gl. A. BGH GRUR 1978, 485 – *Gruppenreisen.*

[4] Gl. A. *Baumbach/Hefermehl* Rdn. 1.

[5] Gl. A. *v. Gamm* Rdn. 59 Kap. 60; *Reimer/Krieger* Kap 10 Rdn. 3; a. M. *Michel/Weber/Gries* Rdn. 2.

[6] So auch *v. Gamm* Kap. 60 Rdn. 59; *Reimer/Krieger* Kap. 10 Rdn. 3.

[7] Vgl. auch den Fall BGH GRUR 1995, 165, 166 r. Sp. – *Kosmetikset.*

[8] Gl. A. *Baumbach/Hefermehl* Rdn. 4; *Michel/Weber/Gries* Rdn. 2; *Tetzner* Rdn. 8.

[9] Vgl. *v. Gamm* Kap. 60 Rdn. 59.

[10] Vgl. OLG Koblenz WRP 1983, 106.

[11] OLG Stuttgart WRP 1995, 524.

Bei Art-, Gattungs- und Qualitätsgleichheit werden nicht mehrere Stücke, sondern eine größere Menge von Waren (vgl. Anm. 3) verkauft.

4 „Mehrere" bedeutet: Mehr als ein Stück. Der **Gesamtwert** der Stücke muß **über** dem **üblichen Wert eines Kaufes** liegen.[12] Es entscheidet weniger die Stückzahl als der Wert. Die einzelnen Stücke müssen einander im Wert annähernd entsprechen, z. B. Mahagonischrank, dazu passend ein Clubtisch und eine wertvolle Vase. Wird beim Schrankeinkauf auch eine Probe Möbelpolitur und ein Staubtuch gekauft, ist die Voraussetzung für einen Mengenrabatt nicht gegeben.[13]

C. „Größere Menge von Waren"

5 „Größere Menge von Waren" heißt: Waren der gleichen Gattung,[14] in einer Menge, die größer ist als die durchschnittlich von einem letzten Verbraucher gekaufte Menge;[15] so z. B. 1 kg Wurst oder Fleisch.[16] Auf ein aus verschiedenen Waren gebildetes Gesamtangebot, für welches der Unternehmer von vornherein einen eigenen Gesamtpreis gebildet hat, ist § 7 RabattG nicht anwendbar.[17] Es liegt eine selbständige Verkaufseinheit mit einem weiteren Normalpreis vor. *Reimer/Krieger* (aaO) lassen es als Vorausetzung für die Gewährung eines Mengenrabattes genügen, wenn auf einmal 1 kg Kaffee, 1 kg Tee, 1 kg Kakao, 1½ kg Mehl, 1½ kg Reis, 1½ kg Makkaroni, 5 Tafeln Schokolade, 1½ kg Butter eingekauft werden. Die Menge jeder einzelnen Warensorte allein und auch noch die Menge mehrerer Warensorten zusammen genüge noch nicht; aber die Vielzahl der einzelnen kleinen Mengen ergebe zusammen „eine größere Menge" im Sinne des § 7. Wenn die Menge der einzelnen Warensorte allein nicht ausschlaggebend ist und es nur auf die Vielzahl der einzelnen kleinen Mengen ankommen soll, dann müßte es – die Handelsüblichkeit vorausgesetzt – genügen, wenn von jeder einzelnen Sorte die übliche Warenmenge, dafür aber entsprechend viele verschiedene Warensorten gekauft werden. Die meisten Wochenendeinkäufer einer Durchschnittsfamilie in der Lebensmittelabteilung eines Kaufhauses oder im Supermarkt würden dann hinsichtlich der Menge die Voraussetzungen für einen Mengenrabatt erfüllen. Allerdings ist die Streitfrage mehr theoretischer Natur, da es in aller Regel an der weiteren Voraussetzung der Handelsüblichkeit eines Mengennachlasses in solchen Fällen fehlen wird. Die Gewährung eines Mengenrabattes ist ausgeschlossen auch bei Abnahme einer größeren Menge von Waren, wenn diese das durchschnittlich von den letzten Verbrauchern gekaufte Quantum ist[18] oder wenn der Unternehmer kleinere Mengen gar nicht veräußert.[19] Führt die Abgabe einer größeren Menge in einer entsprechend größeren Verpackung ohnehin schon zu einer günstigeren Preisstellung, liegen also zwei unterschiedliche

---

[12] Gl. A. *Baumbach/Hefermehl* Rdn. 4; *Köhler/Piper* Rdn. 3; *Michel/Weber/Gries* Rdn. 4; *Reimer/Krieger* Kap. 10 Rdn. 3; *Ulmer/Reimer* Nr. 1121.

[13] Gl. A. *Reimer/Krieger* Kap. 10 Rdn. 4.

[14] Gl. A. *Tetzner* Rdn. 12; a. M. *Baumbach/Hefermehl* Rdn. 5; *Köhler/Piper* Rdn. 3; *Michel/Weber/Gries* Rdn. 5; *Reimer/Krieger* Kap. 10 Rdn. 4; *Borck* WRP 1966, 121, 122.

[15] Gl. A. *Baumbach/Hefermehl* aaO; *Köhler/Piper* aaO; *Michel/Weber/Gries* aaO; *Reimer/Krieger* aaO; *Ulmer/Reimer* Nr. 1121; a. M. *Borck* WRP 1966, 121, 122.

[16] OLG Nürnberg GRUR 1979, 785 – *Kilopreis.*

[17] BGH GRUR 1993, 60 – *Komplett-Preis*; GRUR 1995, 165, 166 – *Kosmetikset*; GRUR 1995, 761, 762 – *Paketpunkt-System*; *Baumbach/Hefermehl* § 1 Rdn. 32, §§ 6,7 Rdn. 6; *Köhler/Piper* Rdn. 3; *Seydel* Rdn. 6.

[18] Gl. A. *Michel/Weber/Gries* Rdn. 4; *Reimer/Krieger* Kap. 10 Rdn. 3.

[19] Gl. A. OLG Hamburg WRP 1958, 27; *Baumbach/Hefermehl* Rdn. 5; *Tetzner* Rdn. 13.

Normalpreise für zwei verschiedene Packungsgrößen (vgl. dazu § 1 Rdn. 101) vor, so z. B. für eine 1 l-Flasche und 1½ l-Flasche oder für eine 1000 g- und 500 g-Pakkung, liegt keine „größere Menge von Waren“ vor und darf auch kein Mengenrabatt gewährt werden.[20] In diesem Fall kann – Handelsüblichkeit vorausgesetzt – ein Mengenrabatt nur bei Abnahme mehrerer Großpackungen gewährt werden.[21]

D. Veräußerung in einer Lieferung

Die Waren müssen in einer Lieferung veräußert werden. Veräußerung bedeutet erfüllen, d. h. das Geschäft ausführen, dem Käufer Besitz und Eigentum an der Ware verschaffen.[22] Waren werden „in einer Lieferung“ veräußert, wenn ein auf eine bestimmte Menge gerichteter Kaufvertrag vorliegt, der vom Verkäufer in einer zwar nicht zeitlich, so doch rechtlich einheitlichen Handlung zu erfüllen ist.[23] Die größere Warenmenge darf also nicht erst durch das nachträgliche Zusammenrechnen mehrerer Einzelumsätze zustande kommen.[24] Die Warenmenge muß bei Kaufabschluß bestimmt sein und die Lieferung vertragsgerecht erfolgen.[25] Es ist nicht erforderlich, daß die Waren dem Kunden insgesamt auf einmal übergeben werden.[26] Der Mengennachlaß ist die Gegenleistung des Unternehmers für die Abnahme einer größeren Warenmenge durch den letzten Verbraucher. Dem Mengennachlaß muß daher eine entsprechende Verpflichtung des Käufers auf Abnahme einer bestimmten Warenmenge gegenüberstehen.[27] Die einheitliche Abnahme der gekauften Menge in einem Akt spielt anders als im Geschäftsverkehr zwischen den vorgelagerten Wirtschaftsstufen auch in kostenmäßiger Hinsicht keine entscheidende Rolle. Die Abnahme einer bestimmten Warenmenge in einer Reihe von zeitlich aufeinanderfolgenden Teillieferungen (Teillieferungs-, Bezugs-, Sukzessiv-Lieferungsvertrag) steht der Gewährung eines Mengennachlasses nicht entgegen, wenn es sich um einen einheitlichen Vertrag handelt, durch den sich der eine Teil zur Lieferung einer festen Warenmenge, lieferbar in Raten, der Käufer zur ratenweisen Zahlung verpflichtet hat.[28] Für einen Sukzessivlieferungsvertrag, der die Voraussetzung der „Veräußerung in einer Lieferung“ nicht erfüllt, kann ein Mengenrabatt nicht gewährt werden.[29] Die Gewährung eines Mengenrabattes ist nicht gerechtfertigt beim Wiederkehrschuldverhältnis. Hier wird das Vertragsverhältnis beim Strom-, Gas- und Wasserbezug unter monatlicher, vierteljährlicher oder jährlicher Abrechnung nach jeder Abrechnungsperiode erneuert.[30] Es handelt sich nicht um eine Vertragseinheit wie beim Sukzessiv-Lieferungsvertrag, sondern um aufeinanderfolgende, sich stets erneuernde Kaufverträge, also um eine fortlaufende, nach Menge und Dauer unbestimmte, vom Abnehmer nur in regelmäßigen Abständen in Höhe der jeweiligen Abnahme zu bezahlenden Lieferung.[31] Es fehlt die Verpflichtung des Käufers, eine bestimmte 6

[20] Gl. A. *v. Gamm* Kap 60 Rdn. 58; *Köhler/Piper* Rdn. 2.

[21] Gl. A. *v. Gamm* Kap. 60 Rdn. 59 unter Hinweis auf die Amtl. Begr..

[22] Gl. A. *Reimer/Krieger* Kap. 10 Rdn. 5.

[23] Gl. A. RGZ 154, 28, 36 – *Freigas*; KG GRUR 1986, 908, 909; OLG Oldenburg WRP 1957, 85; *Baumbach/Hefermehl* Rdn. 3; *v. Gamm* Kap. 60 Rdn. 60; *Köhler/Piper* Rdn. 4; *Michel/Weber/Gries* Rdn. 10; *Reimer/Krieger* Rdn. 5.

[24] Gl. A. *Baumbach/Hefermehl* Rdn. 3; *Köhler/Piper* aaO; *Reimer/Krieger* Kap. 10 Rdn. 5; *ders.* DW 1967, 18.

[25] Gl. A. KG GRUR 1986, 908, 909 – *Disketten-Mengenrabatt*; a. M. OLG Hamburg WRP 1992, 45, 46.

[26] Gl. A. *Baumbach/Hefermehl* Rdn. 3; *Tetzner* Rdn. 14.

[27] Gl. A. *v. Gamm* Kap. 60 Rdn. 60.

[28] Vgl. zur Rechtsnatur des Sukzessiv-Lieferungsvertrages BGH NJW 1981, 679, 680; NJW 1977, 35; RGZ 148, 326, 330.

[29] Gl. A. Köhler/Piper Rdn. 4.

[30] Vgl. RGZ 148, 326, 330.

[31] Gl. A. RGZ 154, 28 – *Freigas.*

Menge abzunehmen. Nicht entscheidend ist, ob der Kunde die ganze Lieferung im voraus bezahlt oder ratenweise bei Lieferung der Teilmengen oder nach Erfüllung des ganzen Vertrages.[32] Das zum Wiederkehrschuldverhältnis Gesagte gilt auch für solche Teillieferungs-(Sukzessivlieferungs-)Verträge, denen zwar ein einheitlicher Vertrag zugrunde liegt, der jedoch nicht die Lieferung einer bestimmten Warenmenge zum Inhalt hat, sondern lediglich eine fortlaufende, nach Menge und Dauer unbestimmte, sich nach dem Bedarf des Käufers richtende Lieferung von Waren vorsieht. Ein Mengennachlaß wäre hier nur zulässig, wenn die einzelne Teillieferung nach Art und Umfang eine überdurchschnittliche Abnahme des Käufers darstellt.[33] Unschädlich ist es, wenn der Käufer bei jeder Teillieferung oder nach der letzten Lieferung zahlt. Vorauszahlung ist nicht erforderlich. Der Mengenrabatt ist nicht wie der Barrabatt Gegenleistung für die sofortige Zahlung des Kaufpreises und daher von ihr abhängig; er ist daher auch bei Teilzahlung und selbst bei Zahlungsverzug zulässig.[34] Unmittelbare Besitzverschaffung ist nicht erforderlich, mittelbare Übertragung genügt: Am dritten Ort befindliche Ware wird verkauft. Besitz und Eigentum werden nach § 931 BGB übertragen; Verkäufer behält für den Käufer die Ware auf Lager, z. B. der Kunde kauft 200 Flaschen Wein, hat aber selbst keine Lagermöglichkeiten; ein Möbelhändler nimmt die verkauften Gegenstände auf den Speicher und läßt nach Weisung in einzelnen Stücken abfahren. Mengenrabatt kann auch bei Verkauf unter Eigentumsvorbehalt gewährt werden, denn das Eigentum wird bereits bei Lieferung, wenn auch unter der aufschiebenden Bedingung der Zahlung und unter Vorbehalt des Rücktritts übertragen.[35] Liegt weder Einheitlichkeit des Rechtsgeschäfts noch der Erfüllungshandlung vor, so kann von „einer Lieferung" nicht gesprochen werden.[36] Unzulässig ist es daher, beim Einkauf einer Pakkung Kaffee jeweils einen „Kaffeethaler" auszugeben und gegen 10 „Kaffeethaler" ein Paket Kaffee unberechnet zu gewähren.[37] Das Zusammenrechnen von Lieferungen aus mehreren selbständigen Einzelgeschäften ist unzulässig. Ein Treuerabatt, d. h. eine besondere Vergütung für den laufenden Bezug von Waren eines Unternehmers, ist außer im Falle des § 13 DVO RabattG nicht zulässig.[38]

7 Es kommt nur auf eine „Veräußerung in einer Lieferung" an. Die Zahl der Käufer ist unbeachtlich. Bei einer Sammelbestellung mehrerer Käufer bzw. Auftraggeber kann ein Mengenrabatt gewährt werden, wenn es sich um eine rechtlich einheitliche Bestellung und nicht um ein Bündel von in einer Sammelliste zusammengefaßten Einzelbestellungen handelt.[39] Die Gegenleistung des Käufers, für die der Mengenrabatt gewährt werden darf, wird auch dann erbracht, wenn der Käufer die Kaufgegenstände ganz oder zum Teil an Dritte weitergibt.[40] Die Bestellung eines Vereins als Sammelbesteller erfüllt die Voraussetzung „in einer Lieferung", wenn der Verein im eigenen Namen und für eigene Rechnung bestellt.[41] Nicht ausreichend ist es, wenn eine Anzahl von Einzelbestellungen in einer Sammelliste zwar zusammengefaßt werden, die bestellte Menge jedoch jedem einzelnen Besteller angeliefert und

---

[32] Gl. A. KG GRUR 1986, 908, 909; OLG Hamburg WRP 1992, 45, 46; *Baumbach/Hefermehl* Rdn. 3; *Köhler/Piper* aaO; *Tetzner* Rdn. 14; a. M. *Reimer/Krieger* Kap. 10 Rdn. 5.

[33] Gl. A. *Michel/Weber/Gries* Rdn. 10; *Schoan* DB 1953, 460.

[34] Gl. A. *Baumbach/Hefermehl* Rdn. 3; a. M. *Michel/Weber/Gries* Rdn. 10.

[35] A. M. *Reimer/Krieger* Kap. 10 Rdn. 5.

[36] Gl. A. KG JW 1937, 766.

[37] ÖOGH ÖBl. 1956, 45.

[38] Gl. A. *Baumbach/Hefermehl* Rdn. 3.

[39] Gl. A. *Baumbach/Hefermehl* Rdn. 3; *v. Gamm* Kap. 60 Rdn. 60; *Reimer/Krieger* Kap. 10 Rdn. 5; *Ulmer/Reimer* Nr. 1122.

[40] Gl. A. BGH GRUR 1978, 185, 186 – *Taschenrechnerpackung*.

[41] A. M. OLG Stuttgart WRP 1981, 54: Bestellung im Namen des Vereins ist ausreichend.

mit ihm getrennt verrechnet wird.[42] Die Käufer müssen eine Kaufgemeinschaft bilden. Deren Einkauf und nicht der Anteil der Gemeinschafter bestimmt rabattrechtlich den Charakter des Geschäfts. Ungenügend ist es daher, wenn Anzeigen von mehreren Kfz-Händlern lediglich unter einer Rubrik zusammengefaßt werden und dafür ein Mengenrabatt gewährt werden soll.[43]

E. Konzernrabatt

Eine „Veräußerung in einer Lieferung" liegt auch vor, wenn die Konzernleitung **8**
einen einheitlichen Auftrag für die angeschlossenen Unternehmen erteilt. Eine bestimmte Beteiligungshöhe der Muttergesellschaft oder eine zentrale Abteilung, die für die Beschaffung bestimmter Waren zuständig ist, ist nicht erforderlich. Unschädlich ist es, wenn die einzelnen Konzerngesellschaften die auf sie entfallenden Teilmengen getrennt abnehmen.[44]

F. Handelsüblich

Anders als der Barzahlungsnachlaß ist der Mengennachlaß der Höhe nach nicht **9**
wert- oder ziffernmäßig begrenzt. Seine Begrenzung ergibt sich aus der Voraussetzung seiner „Handelsüblichkeit". Es muß handelsüblich sein,

a) bei Abnahme mehrerer Stücke oder einer größeren Menge von Waren in einer Lieferung (vgl. hierzu Rdn. 3, 5, 6) Mengenrabatt zu gewähren,
b) diesen in der gewählten Rabattart (Geld- oder Warenrabatt) einzuräumen und
c) dies in der vom Unternehmer bestimmten Höhe zu tun.

Fehlt auch nur eine dieser Voraussetzungen, liegt ein Rabattverstoß vor. Auch ein Nachlaß bis zu 3% kann als Mengennachlaß nur gewährt werden, wenn er handelsüblich ist.[45] Handelsüblich i. S. des RabattG ist ein Mengennachlaß, der von der Mehrzahl der Gewerbetreibenden desselben Geschäftszweiges gewährt wird und der sich nach allgemeiner Auffassung der beteiligten Verkehrskreise im Rahmen vernünftiger Gepflogenheiten hält,[46] sich also im Rahmen einer vernünftigen kaufmännischen Kalkulation hält und dem Sinn und Zweck des Gesetzes (vgl. Einf. Rdn. 5, 6) nicht zuwiderläuft. Da Sinn und Zweck des RabattG und der ZugabeVO sich decken bzw. ergänzen, kann der Begriff „handelsüblich" wie in § 1 Abs. 2 d ZugabeVO ausgelegt werden.[47] Um die wirtschaftliche Fortentwicklung zu ermöglichen, kann auch ein erstmals gewährter und neuartiger Mengennachlaß „handelsüblich" sein, wenn er sich im Rahmen einer vernünftigen kaufmännischen Kalkulation hält.[48]

---

[42] Gl. A. OLG Hamm WRP 1976, 486; OLG Oldenburg WRP 1957, 85; *Baumbach/Hefermehl* Rdn. 3; *Tetzner* Rdn. 14.

[43] Vgl. LG Landshut AfP 1984, 246.

[44] Gl. A. LG Mannheim WRP 1965, 191.

[45] Gl. A. *Baumbach/Hefermehl* Rdn. 7; *Borck* WRP 1966, 121, 124; *Michel/Weber/Gries* Rdn. 20; *Reimann* WRP 1956, 243; a. M. *Kamin* WRP 1956, 215; *Wilkendorf* BB 1965, 1254.

[46] Vgl. BGH GRUR 1968, 53, 55 – *Probetube*.

[47] Gl. A. *v. Gamm* Kap. 60 Rdn. 61; s. auch Anm. zu § 1 ZugabeVO.

[48] Gl. A. BGH GRUR 1978, 185, 186 – *Taschenrechnerpackung*; OLG Frankfurt WRP 1982, 335, 338; *Baumbach/Hefermehl* Rdn. 7; *v. Gamm* Kap. 60 Rdn. 61; *Köhler/Piper* Rdn. 5; *Michel/Weber/Gries* Rdn. 21; *Ulmer/Reimer* Nr. 1123 und für den Bereich der Zugabe s. Anm. zu § 1 ZugabeVO sowie BGH GRUR 1964, 509 – *Wagenwaschplatz*; GRUR 1968, 53, 56 – *Probetube*; OLG Hamburg GRUR 1995, 830, 831 f mwN aus der BGH-Rechtsprechung; *Baumbach/Hefermehl* ZugabeVO § 1 Rdn. 80; *Ulmer/Reimer* Nr. 1086.

10 **Mißbräuche** können die Handelsüblichkeit nicht begründen.[49] Ein Mengenrabatt, der nach Art und Höhe mit sachgemäßen kaufmännischen Berechnungen nicht zu rechtfertigen ist, ist nicht handelsüblich i. S. des RabattG, auch wenn er von vielen oder der Mehrzahl der Gewerbetreibenden einer Branche gewährt wird. Unzulässig ist es daher in der Regel, einen Mengennachlaß in Höhe von 25% bei Abnahme von 2 Stück einer Ware zu gewähren,[50] weil ein Umsatz von 2 Stück normalerweise die Kalkulation nicht so beeinflussen kann, daß ein Nachlaß von 25% zu rechtfertigen ist. Unzulässig daher auch die Ankündigung, 1 + ½ = 2, d. h. Verkauf des zweiten Stückes zum halben Preis (vgl. Begründung zu §§ 7, 8). Unzulässig sind Mengennachlässe im Versandhandel mit elektronischen Artikeln wie Quarzuhren, Videokassetten etc., ohne daß gerade bei diesen Waren besondere Gründe vorliegen.[51] Unzulässig, weil kein handelsüblicher Mengenrabatt ist die Erstattung eines Geldbetrages von DM 2,– beim Einkauf eines gemischten Warensortiments im Werte von über DM 80,–.[52] Bei Sportartikeln ist ein Mengennachlaß i. S. einer bestehenden Übung nur als Nachlaß in Höhe von 10% gebräuchlich, ein darüberhinausgehender Nachlaß jedoch nicht handelsüblich i. S. des § 7.[53]

11 Für die **Feststellung der Handelsüblichkeit** kann nur das Verhalten aller Händler herangezogen werden, die ihre Waren unter vergleichbaren Bedingungen anbieten. Die Regelung des § 7 will keine Wettbewerbsgleichheit (par condicio) für alle Unternehmen schaffen, sondern „der Verschiedenheit und Vielgestaltigkeit des Mengennachlasses in den einzelnen Geschäfts-/ und Warenzweigen" Rechnung tragen (vgl. Amtl. Begr. zu §§ 7 und 8). Als „handelsüblich" können nur solche Mengennachlässe angesehen werden, die sich im Rahmen des wirtschaftlich Vernünftigen halten. Die Handelsüblichkeit eines Mengennachlasses ist daher getrennt nach Laden- und Versandhandel mit Schuhwaren zu beurteilen.[54] Für die Beurteilung der Handelsüblichkeit eines Mengenrabatts im Schokoladenversandhandel kommt es auf die Gepflogenheiten der Ladengeschäfte nicht an.[55] Die Handelsüblichkeit für den Schokoladenversandhandel bestimmt sich nach den Verhältnissen im gesamten Lebens- und Genußmittel-Spezialversandhandel.[56] Bei Sammellieferungen von Schulbüchern an Studenten und Schüler ist es nicht handelsüblich, unberechnete Exemplare beizugeben.[57] Zur Handelsüblichkeit im Buchhandel (S. Weber WRP 1958, 131ff; Kleine, Börsenblatt 1957, 1633). Ermäßigung bei Zehn-Fahrten-Blocks für Wintersportarten sind handelsüblich (DW 1970, 3). Handelsüblich ist ein Mengenrabatt von bis zu 10% bei Abnahme von 10 Taschenrechnern.[58] Handelsüblich ist ein Mengenrabatt in Höhe von 7–17% beim Kauf von 1 kg Wurst oder Fleisch.[59] Im Versandhandel mit Tonträgern kann ein Sammelbestellernachlaß von 56% handelsüblich sein, wenn es sich bei den in größerer Menge abgenommenen Tonträgern um nicht mehr aktuelle Titel handelt.[60] Nicht handelsüblich ist ein Nachlaß von 17%

---

[49] BGH DW 1964, 10; BGH GRUR 1978, 185, 186 – *Taschenrechnerpackung*; *Reimer/Krieger* Kap. 10 Rdn. 6; *Ulmer/Reimer* Nr. 1123.

[50] Gl. A. *Reimer/Krieger* Kap. 10 Rdn. 6; *Michel/Weber/Gries* Rdn. 19, 20.

[51] OLG Hamburg WRP 1992, 725, 727.

[52] OLG Köln GRUR 1978, 318.

[53] So OLG Frankfurt WRP 1982, 335, 338; OLG München WRP 1987, 131, 133.

[54] LG Berlin AWR 1936, 218.

[55] OLG Köln GRUR 1960, 389.

[56] OLG Köln aaO; gl. A. *Baumbach/Hefermehl* Rdn. 7; *Michel/Weber/Gries* Rdn. 18; a. A. EA Frankfurt GRUR 1936, 445; *Reimer/Krieger* Kap. 10 Rdn. 6.

[57] OLG Oldenburg BB 1965, 561.

[58] BGH GRUR 1978, 185 – *Taschenrechnerpackung*.

[59] OLG Nürnberg GRUR 1979, 785, 787 – *Kilopreis*.

[60] OLG Stuttgart WRP 1995, 524.

bei Abnahme von 6 Sport- und Freizeitanzügen.[61] Nicht handelsüblich ist ein Preisnachlaß, wenn lediglich bei der Entwicklung eines Films Abzüge aller Aufnahmen des Films bestellt werden, da dies nicht unüblich ist.[62] Nicht handelsüblich ist ein Preisnachlaß in Höhe von 16,7% beim Angebot von 6 × 250 g Röstkaffee.[63] Eine Höchstgrenze für den Mengenrabatt ist gesetzlich nicht festgelegt.[64]

Handelsüblich heißt „üblich im gesamten Handel"; ein **örtlicher Gebrauch** reicht daher nicht aus.[65] Die **Beweislast** für das Vorliegen der Handels- (und Ortsüblichkeit) hat derjenige, der den Mengenrabatt gewähren will.[66] **12**

G. Warenrabatt

Zum Begriff des Warenrabatts vgl. auch die Anm. zu § 1 Abs. 2 lit c ZugabeVO. **13**
Der Tatbestand des § 1 Abs. 2 lit. c ZugabeVO entspricht dem des Warenrabatts nach § 7 Abs 2 RabattG. Hier wie dort muß die hinzugegebene (zuzugebende) Menge eindeutig bestimmt oder ohne Benutzung von Hilfsmitteln einfach zu berechnen sein. Der Begriff der „gleichen Ware" in § 1 ZugabeVO entspricht dem der „verkauften Ware"; er ist eng auszulegen.[67] Hier wie dort ist Gattungs- und Qualitätsidentität notwendig.[68] Unzulässig daher, Bestandteile und Zubehör einer Ware zur Ware hinzuzugeben,[69] ein Päckchen Tee oder Kaffee der höchsten Preislage zu Kaffee der niedrigsten Preislage.

Beim Kauf einer größeren Menge verschiedenartiger Waren hat der Unternehmer die Wahl, ob er den Rabatt in Geld oder in Form einer der gelieferten Waren gewähren will.[70] Zum Verhältnis vom Mengenrabatt zur Mehrleistung vgl. § 1 Rdn. 78. Aus dem Wesen des Warenrabatts folgt, daß dieser gleichzeitig mit der Lieferung zu gewähren ist. Er ist natürlicher Bestandteil der Gesamtleistung des Verkäufers.

Preisnachlaß ist hier **Geldrabatt**, vgl. § 1 Rdn. 84. Es ist ein Preisnachlaß i. S. **14**
von § 1 Abs 2 RabattG, der dort für den sachlichen Geltungsbereich des Gesetzes definiert wird. „Bestimmte oder auf bestimmte Art zu berechnende Menge" bezieht sich grammatikalisch und sinngemäß nur auf den Warenrabatt. Der Geldrabatt des § 7 Abs 2 entspricht deshalb nicht § 1 Abs 2 lit. b ZugabeVO.[71] Er braucht nicht wie der Barrabatt (§ 2) unverzüglich nach Lieferung gewährt zu werden. Dies kann auch nachträglich geschehen. Zulässig ist es auch, den Preisnachlaß zu verrechnen mit Nebenkosten (z. B. Fracht, Verpackung), die sonst zu Lasten des Käufers gehen.[72]

Auch die Ausgabe eines Gutscheins ist zulässig, wenn dieser für sich allein den **15**
Anspruch auf sofortige Zahlung eines Geldbetrages verbürgt. Ist die Einlösung von der Vorlage einer Sammlung abhängig, so wird nicht im Zusammenhang mit einem größeren Verkaufsgeschäft, sondern zu einer Mehrzahl von Einzelgeschäften unter

---

[61] OLG München WRP 1987, 131, 133.
[62] OLG Stuttgart WRP 1984, 513.
[63] OLG Hamburg WRP 1992, 45, 46.
[64] Gl. A. *Köhler/Piper* Rdn. 6.
[65] Gl. A. *Baumbach/Hefermehl* Rdn. 7; **anders** zur Handelsüblichkeit bei der ZugabeVO, vgl. Anm. zur ZugabeVO § 1; *Michel/Weber/Gries* Rdn. 17; *Reimer/Krieger* Kap. 10 Rdn. 6; *Ulmer/Reimer* Nr. 1123; a. A. *Tetzner* Rdn. 17.
[66] BGH DW 1964, 10.
[67] Gl. A. *Baumbach/Hefermehl* Rdn. 8; *Reimer/Krieger* Kap. 10 Rdn. 7.
[68] So auch KG NJW-RR 1992, 1262.
[69] Gl. A. *Baumbach/Hefermehl* aaO; *Michel/Weber/Gries* Rdn. 23.
[70] Gl. A. *Reimer/Krieger* Kap. 10 Rdn. 7; ähnlich *Michel/Weber/Gries* Rdn. 24.
[71] A. M. *Reimer/Krieger* Kap. 10 Rdn. 8.
[72] Gl. A. *Baumbach/Hefermehl* Rdn. 9; *Michel/Weber/Gries* Rdn. 25; *Tetzner* Rdn. 21.

den Voraussetzungen des Barrabatts gem. §§ 2 und 4 der Preisnachlaß gewährt. Dieser ist nur bis zu 3% zulässig.[73]

16 Die **Treuevergütung** von Markenherstellern ist kein Mengennachlaß besonderer Art, sondern Barrabatt, der nicht vom Wiederverkäufer, sondern vom Hersteller gewährt wird.[74] Zur Treuevergütung im einzelnen vgl. § 4 Rdn. 8–20.

§ 8 Aufträge für mehrere gewerbliche Leistungen

Werden bei Aufträgen für mehrere gewerbliche Leistungen oder für eine gewerbliche Leistung größeren Umfangs oder beim Kauf von Dauer- oder Reihenkarten. die einen Anspruch auf eine bestimmte Zahl von Leistungen begründen. Mengennachlässe gewährt, so gilt die Vorschrift des § 7 entsprechend.

Übersicht

Literatur siehe § 1 vor Rdn. 1

A. Allgemeines

1 Geldrabatt zu gewerblichen Leistungen ist nach § 1 Abs. 2 lit. b ZugabeVO und für den sachlichen Geltungsbereich des RabattG im Rahmen der §§ 2 bis 9 erlaubt. Der Leistungsrabatt (Leistung zu Leistung, Leistung zu Ware) ist nach § 1 Abs. 1 S. 1 ZugabeVO ohne Ausnahme verboten. Für die gewerblichen Leistungen des täglichen Bedarfs für den letzten Verbraucher macht § 8 hiervon eine Ausnahme und ergänzt insoweit den Ausnahmekatalog des § 1 Abs. 2 ZugabeVO, der zu lit. b und c durch das RabattG eingeschränkt wird. Für den Geltungsbereich des Rabattrechts (vgl. § 1 Rdn. 5–25) ist Rabatt durch Mehrleistung zu gewerblichen Leistungen unter den Voraussetzungen des Mengennachlasses erlaubt (vgl. unten Rdn. 7, 8). Gewerbliche Leistungen zu Warenlieferungen sind jedoch Zugaben, die nur als handelsübliche Nebenleistungen erlaubt sind (vgl. die Anm. zu § 1 ZugabeVO).

B. Entsprechende Geltung des § 7

2 § 8 bestimmt, daß für Leistungs-Mengennachlässe die Vorschrift des § 7 entsprechend gilt. Der Mengenrabatt zu gewerblichen Leistungen soll nur unter den gleichen Bedingungen wie bei Warenverkäufen zulässig sein. Der Unterschied besteht nur im Leistungsgegenstand. Eine nicht durch den Leistungsgegenstand notwendig bedingte andere Auslegung scheidet aus.

---

[73] Gl. A. *Baumbach/Hefermehl* Rdn. 9; *Köhler/Piper* Rdn. 7; *Michel/Weber/Gries* Rdn. 25; *Reimer/Krieger* Kap. 10 Rdn. 8; *Ulmer/Reimer* Nr. 1124; a. M. *Junckerstorff* RWR 1936, 83; *Rasch* PrMinBl f. Wirtschaft und Arbeit 1934, 571.

[74] Gl. A. *Baumbach/Hefermehl* § 1 Rdn. 64; *Reimer/Krieger* Kap. 10 Rdn. 8; a. A. *Köhler/Piper* § 7 Rdn. 8.

C. Einheitlicher Auftrag

Der Wortlaut „Werden bei Aufträgen für mehrere gewerbliche Leistungen oder für eine gewerbliche Leistung ..." ist nicht glücklich gewählt, aber durch die Bezugnahme auf § 7 eindeutig. Mehrere gewerbliche Leistungen oder eine Leistung größeren Umfangs müssen Gegenstand eines einheitlichen Auftrages sein.[1] Die Summierung mehrerer kleinerer Aufträge ist nicht zulässig; § 7 Rdn. 5 gilt entsprechend.[2] Der Auftrag muß ausgeführt werden. Teilausführung eines größeren Auftrages, der damit in der Ausführung über den Durchschnittsauftrag nicht hinausgeht, reicht nicht aus.[3] Ausweitung eines kleineren Auftrags durch Auftragsergänzung genügt, wenn die Gesamtausführung eine Erfüllungseinheit ist.[4] 3

D. Mehrere gewerbliche Leistungen

Der Begriff „mehrere gewerbliche Leistungen" entspricht der Lieferung mehrerer Stücke Ware. Vgl. deshalb Rdn. 3 zu § 7. Sie sind nicht gleichartig, aber Gegenstand eines einheitlichen Auftrags. Sind sie nach Art und Ausführung gleich, handelt es sich um eine einheitliche Leistung größeren Umfangs (vgl. dazu Rdn. 5). Beispiele für mehrere gewerbliche Leistungen sind: Gardinennähen und Beziehen von Polsterstühlen durch einen Tapezierer[5]; Transport und Lagerung durch einen Unternehmer, der Frachtführer und Lagerhalter ist. Die einzelnen Leistungen müssen nach Umfang und Wert einander annähernd entsprechen (vgl. § 7 Rdn. 4). Auftragswert und Umfang muß über dem für die Branche des Unternehmers üblichen Durchschnitt liegen. Der beim Unternehmer selbst festzustellende Durchschnitt ist unbeachtlich. Beispiele gewerblicher Leistungen für den letzten Verbraucher s. § 1 Rdn. 19. 4

E. Gewerbliche Leistung größeren Umfangs

Die gewerbliche Leistung größeren Umfangs muß nach Art und Ausführung eine Einheit bilden, z. B. Anstreichen eines ganzen Hauses, umfangreicher Transport von Waren, wie Baustoffe, Kollis u.ä.. Zeitliche Unterbrechungen sind unschädlich, wenn es sich um Teilausführungen eines nach Art und Umfang von vornherein bestimmten Auftrages handelt. „Auftrag" ist der Leistungsvertrag. Der „Auftraggeber" muß Vertragspartner sein. Wird von einem Hausverwalter, der zahlreiche Häuser verwaltet, die verschiedene Eigentümer haben, ein Handwerker beauftragt, in verschiedenen Häusern gleichartige Arbeiten auszuführen, handelt es sich um verschiedene, voneinander unabhängige Einzelaufträge von verschiedenen Auftraggebern. Bei einheitlichem Auftrag sind Einzelabrechnung und Entlohnung unschädlich; z. B. Zwischenmeisterauftrag mit Abrechnung in Stücklohn. Eine gewerbliche Leistung größeren Umfangs liegt noch nicht vor, wenn bei einem Auftrag zur Entwicklung eines Films Abzüge aller Aufnahmen des Filmes bestellt werden.[6] 5

F. Kauf von Dauer- und Reihenkarten

Unter dem falsch verwandten Begriff „Kauf" verbirgt sich eine Vorleistung auf eine gewerbliche Leistung. Der Anspruch hierauf wird in Urkunden, sog. Dauer- 6

---

1 So auch OLG Stuttgart WRP 1984, 513; *Köhler/Piper* Rdn. 1.
2 Gl. A. *v. Gamm* Kap. 60 Rdn. 63; *Michel/Weber/Gries* Rdn. 3; *Reimer/Krieger* Kap. 11 Rdn. 3; *Tetzner* Rdn. 10; *Junckerstorff* 78.
3 Gl. A. *Tetzner* Rdn. 12.
4 Gl. A. *Michel/Weber/Gries* Rdn. 3; *Reimer/Krieger* Kap. 11 Rdn. 3; a. A. *Tetzner* Rdn. 10.
5 *Reimer/Krieger* Kap. 11 Rdn. 2.
6 So OLG Stuttgart WRP 1984, 513, 515.

und Reihenkarten verbrieft. Die Amtliche Begründung nennt als Beispiele Reihenkarten für handwerkliche Leistungen, Friseurarbeiten, Theatervormieten. Weitere Beispiele sind: Dauerkarten für den Besuch eines Schwimmbades, Tierparks, Zehnerkarten für zehn Wintersportfahrten, Reihenkarten für Mittagstisch. Sie gewähren in der Regel keine Leistungsmehrheiten, die überdurchschnittlich sind. Dennoch läßt § 8 die unbedenkliche alte Übung der Rabattgewährung in diesen Fällen zu. Das Mengenerfordernis tritt gegenüber dem der Handelsüblichkeit zurück.[7]

Unzulässig ist es, wenn dem Teilnehmer einer Ausflugsfahrt für die Teilnahme an einer zweiten Fahrt ein Nachlaß gewährt wird, ohne daß es sich um einen einheitlichen Abschluß über 2, 3 oder mehr Fahrten handelt (Gl. A. *Michel/Weber/Gries* § 2 Rdn. 18; *Tetzner* § 2 Rdn. 11; *ders.* DW 1955, 31).

G. Mengennachlaß

7 Der Mengennachlaß bei gewerblichen Leistungen kann als Geld- oder Leistungsrabatt gewährt werden.[8]

Die Rabattleistung muß nach Art und Ausführung der Hauptleistung entsprechen. Unzulässig ist daher die Gewährung von Fotovergrößerungen zu anderen Fotoarbeiten.[9]

H. Handelsüblichkeit

8 Die Gewährung des Leistungs-Mengenrabatts muß nach Anlaß, Rabattgegenstand und dem Wert der Rabattleistung handelsüblich sein (zum Begriff der Handelsüblichkeit vgl. § 7 Rdn. 9–12).

Handelsüblich sind **Mengennachlässe im Anzeigengeschäft.**[10] Sie werden gewährt

a) als Mengennachlaß für die überdurchschnittliche Buchung von Anzeigenraum;
b) als Malnachlaß (Wiederholungsnachlaß) für die mehrmalige Veröffentlichung einer unverändert bleibenden Anzeige;
c) als Kombinationstarif für die Belegung verschiedener Titel desselben Verlages.[11]

Die in der Anzeigenpreisliste bezeichneten Nachlässe werden nur für die innerhalb eines Jahres in einer Druckschrift erscheinenden Anzeigen eines Werbungtreibenden gewährt. Die Gewährung eines Konzernrabatts ist zulässig und üblich (vgl. zum Konzernrabatt § 7 Rdn. 8). Voraussetzung ist in allen Fällen ein einheitlicher Auftrag (Grundabschluß). Ob die Zusammenrechnung aller für verschiedene Zeitungen und Zeitschriften oder Anzeigenblätter eines Verlages (Kombinationstarif) gebuchten Anzeigen rabattrechtlich zulässig ist, hängt davon ab, ob sich die daraus ergebenden Nachlässe mit einer vernünftigen kaufmännischen Kalkulation rechtfertigen lassen.

Zum Konzernrabatt bei Werbefernseh-Sendungen, s. auch LG Mannheim BB 1965, 686.

---

[7] Gl. A. *Reimer/Krieger* Kap. 11 Rdn. 5.

[8] Gl. A. *Baumbach/Hefermehl* Rdn. 1; *Michel/Weber/Gries* Rdn. 6; *Reimer/Krieger* Kap. 11 Rdn. 6; *Seydel* Rdn. 3.

[9] Gl. A. OLG Oldenburg WRP 1955, 255, 256; zust. *Michel/Weber/Gries* Rdn. 6.

[10] Vgl. dazu BGHZ 118, 1 = WRP 1992, 482 – *Ortspreis*; *Klosterfelde* Anzeigenpraxis 2. Aufl. 90 ff.

[11] Vgl. OLG Karlsruhe WRP 1988, 620, 621.

Unzulässig ist die Gewährung eines 30% Preisnachlaß bei Zusammenfassung mehrerer Anzeigen unter jeweils eine Rubrik, weil dies allein den Nachlaß sachlich noch nicht rechtfertigen kann (LG Landshut AfP 1984, 246). Ein Rabattverstoß liegt in dem Angebot „drei Anzeigen schalten, zwei bezahlen" (LG Hamburg AfP 1995, 690).

I. Gratisankündigung

Das Verbot der Gratisankündigung gem. § 1 Abs. 3 S. 1 ZugabeVO gilt auch für zulässige Mengennachlässe.[12] **9**

DRITTER ABSCHNITT
Sondernachlässe

§ 9 Voraussetzungen für die Gewährung

Sondernachlässe oder Sonderpreise dürfen gewährt werden

1. **an Personen, die die Ware oder Leistung in ihrer beruflichen oder gewerblichen Tätigkeit verwerten, sofern dieser Nachlaß seiner Art und Höhe nach orts- oder handelsüblich ist;**
2. **an Personen, die auf Grund besonderen Lieferungs- oder Leistungsvertrages Waren oder Leistungen in solchen Mengen abnehmen, daß sie als Großverbraucher anzusehen sind;**
3. **an die Arbeiter, Angestellten, Leiter und Vertreter des eigenen Unternehmens, sofern die Ware oder Leistung für deren Bedarf, den Bedarf ihrer Ehegatten, ihrer Abkömmlinge oder der mit ihnen in häuslicher Gemeinschaft lebenden Personen bestimmt ist (Eigenbedarf) und in dem Unternehmen hergestellt, vertrieben oder bewirkt wird.**

Durchführungsverordnung § 12

Bei Lieferungen an Behörden oder Einrichtungen des Reichs, (Bundes), der Länder, der Deutschen Reichsbahn-Gesellschaft, an die Reichsbank oder an Gemeinden oder Gebietskörperschaften kann ein Sondernachlaß oder Sonderpreis gem. § 9 Ziff. 2 RabattG auch dann gewährt werden, wenn die Lieferung unter den von der zuständigen Beschaffungsstelle aufgestellten Bedingungen erfolgt.

Übersicht

[12] Gl. A. BGH GRUR 1978, 485 – *Gruppenreisen* – mit Anm. *Borck*; für den Zusatz „4 Teilnehmer frei" in einer Werbung für Busgruppenfahrten; KG WRP 1982, 92; *Baumbach/Hefermehl* Rdn. 2; *v. Gamm* Kap. 60 Rdn. 64; *Seydel* Rdn. 4.

Alphabetische Übersicht

Literatur siehe § 1 vor Rdn. 1.

A. Allgemeines

1 § 9 regelt drei Ausnahmen vom grundsätzlichen Verbot der Sondernachlässe und -preise (vgl. § 1 Abs. 2). Die drei Ausnahmen sind: Der Verwerternachlaß (§ 9 Ziff. 1; vgl. Rdn. 4–7), der Großverbrauchernachlaß (§ 9 Ziff. 2; vgl. Rdn. 8–10) und der Personalrabatt für Betriebsangehörige (§ 9 Ziff. 3; vgl. Rdn. 11–18). Nach der amtlichen Begründung sind diese Sondernachlässe bzw. Sonderpreise zugelassen worden, weil sie zum Zeitpunkt des Erlasses des RabattG üblich und gebräuchlich waren und in ihrer Gewährung kein Mißbrauch gesehen wurde.

2 Sonderpreis und Sondernachlaß sind im Ergebnis dasselbe.[1] Ihr Anlaß ist der gleiche. Ersterer ist ein vom Unternehmer festgestellter Ausnahmepreis, letzterer ein aus gleichem Anlaß vorgenommener Preisabschlag, durch den ein Sonder-(Ausnahme-)preis gebildet wird. Die unterschiedliche Bezeichnung stellt klar, daß auch Waren- und Leistungsrabatte, die zu den Preisnachlässen zählen, als Sonderrabatt nur unter den Voraussetzungen des § 9 erlaubt sind. Sonderpreise sind in den Ausnahmefällen des § 9 Ziff. 1 bis 3 erlaubt, sonst aber verboten.[2] Der Katalog zulässiger Sonderpreise und Sondernachlässe ist vollständig und läßt keine Erweiterung zu (beachte aber den Großverbraucherrabatt für Behörden, Körperschaften des Bundes und der Länder etc. Rdn. 10). Ebenso wie zu den Ausnahmetatbeständen des § 1 Abs 2 ZugabeVO ist eine einengende oder erweiternde Auslegung unzulässig.[3] Son-

[1] Gl. A. *Köhler/Piper* Rdn. 3; *Reimer/Krieger* Kap. 12 Rdn. 1; *Ulmer/Reimer* Nr. 1126, a. A. *Weber* WRP 1959, 40; zum Begriff vgl. § 1 Rdn. 103.

[2] Gl. A. BGH GRUR 1959, 326 – *Kaffeeversandhandel* – m. Anm. *Seydel*; *Köhler/Piper* Rdn. 2; *Michel/Weber/Gries* Rdn. 2; *Seydel* Rdn. 5; *Ulmer/Reimer* Nr. 1126.

[3] Gl. A. LG Hamburg GRUR 1954, 36, 37; LG Frankfurt WRP 1959, 280, 281; *Baumbach/Hefermehl* Rdn. 2; *v. Gamm* Kap. 60 Rdn. 65; *Köhler/Piper* Rdn. 1; *Seydel* Rdn. 9; *Michel/We-*

dernachlässe und Sonderpreise i. S. des § 9 RabattG unterliegen nicht den Beschränkungen der §§ 2 bis 8.[4] Jedoch gilt für Sondernachlässe i. S. des § 9 RabattG der § 10 RabattG, wonach nicht mehr als zwei Rabattarten zugebilligt werden dürfen.[5]

§ 9 läßt nur das Gewähren, nicht das Ankündigen der in Ziff. 1 bis 3 genannten Rabatte zu.[6]

Unter den Voraussetzungen des § 9 ist ein Barzahlungs-Sondernachlaß von mehr als 3% des Normalpreises und ein Sonder-Mengennachlaß auch dann zulässig, wenn er nicht handelsüblich ist.[7] Eine Verpflichtung zur gleichmäßigen Gewährung von Sondernachlässen und Sonderpreisen an alle Kunden spricht das Gesetz nicht ausdrücklich aus. Jedoch ergibt sich aus der amtlichen Begründung zu § 1 Abs. 2 RabattG, daß mit dem Verbot der Sonderpreise der Zweck verfolgt wurde, für eine Gleichbehandlung aller Verbraucherkreise zu sorgen und zu verhindern, daß gewisse Gruppen eine Vorzugsbehandlung erhalten. Hieraus folgert die Rechtsprechung, daß bei der Gewährung von Sondernachlässen und Sonderpreisen der Gedanke der Nicht-Diskriminierung durchgreife.[8] Sind die Voraussetzungen dieser Tatbestände nicht gegeben, sind Sonderpreise und -nachlässe verboten, auch wenn die Voraussetzungen der §§ 2 bis 8 erfüllt sind. § 9 gilt nur im sachlichen und persönlichen Geltungsbereich des RabattG. Wird nicht an letzte Verbraucher und keine Ware oder gewerbliche Leistung des täglichen Bedarfs verkauft, findet das RabattG ohnehin keine Anwendung (Gl. A. *Baumbach/Hefermehl* § 9 Rdn. 2; *Reimer/Krieger* Kap. 12 Rdn. 2). Der Sonderpreis muß erkennbar wegen der in der Person des Käufers liegenden Gründe eingeräumt werden. Wird einem lediglich durch ein bestimmtes Merkmal gekennzeichneten Personenkreis verbilligte Ware bevorzugt angeboten, liegt Preisnachlaß oder Preissenkung vor. § 12 DVO enthält einen weiteren Ausnahmetatbestand: Der nach § 9 Ziff. 2 erforderliche besondere Lieferungs- oder Leistungsvertrag ist nicht erforderlich, wenn Erwerber Behörden oder Einrichtungen mit Hoheitsrechten sind und die Lieferungen oder Leistungen nach den Richtlinien der zuständigen Beschaffungsstelle ausgeführt werden. 3

B. Verwerternachlaß; § 9 Ziff. 1

I. Berufliche oder gewerbliche Verwertung

Sonderpreise (Sondernachlässe) wegen beruflicher oder gewerblicher Verwertung der Ware oder Leistung sind zulässig, wenn sie nach Art und Höhe orts- oder handelsüblich sind (§ 9 Ziff. 1), vgl. hierzu allgemein *Schopp*, WRP 1979, 613 ff. 4

Auch Letztverbrauchern (zum Begriff „Letztverbraucher" vgl. § 1 Rdn. 33–41), die eine Ware oder Leistung in ihrer beruflichen oder gewerblichen Tätigkeit verwerten, dürfen gem. § 1 Abs. 2 keine Preisnachlässe und Sonderpreise gewährt werden. Hiervon macht § 9 Ziff. 1 eine Ausnahme für Personen, die die Ware oder Leistung in ihrer beruflichen oder gewerblichen Tätigkeit verwerten. Die berufliche oder ge-

---

ber/Gries Rdn. 3; *Reimer/Krieger* Kap. 12 Rdn. 3; *Ulmer/Reimer* Nr. 1126.

[4] Gl. A. *Baumbach/Hefermehl* Rdn. 2; *v. Gamm* Kap. 60 Rdn. 65; *Seydel* Rdn. 5.

[5] Gl. A. *v. Gamm* Kap. 60 Rdn. 65; *Köhler/Piper* § 10 Rdn. 1.

[6] Gl. A. *Seydel* Rdn. 7; a. M. BGH GRUR 1959, 326 – *Kaffeeversandhandel* – m. Anm. *Seydel*, wonach auch das Ankündigen zulässig ist.

[7] Gl. A. *Michel/Weber/Gries* Rdn. 3; *Reimer/Krieger* Kap. 12 Rdn. 1; *Ulmer/Reimer* Nr. 1126.

[8] Vgl. BGH GRUR 1973, 272 – *Fahrschul-Rabatt*; GRUR 1983, 682, 683 – *Fach-Tonband-Kassetten*; *v. Gamm* Kap. 60 Rdn. 65; *Reimer/Krieger* Kap. 12 Rdn. 4.

werbliche Verwertung muß Letztverbrauch sein (vgl. zum Begriff § 1 Rdn. 33 bis 41). Dieser muß im Rahmen des täglichen Bedarfs liegen (Begriff § 1 Rdn. 8 bis 19). Nach der Amtlichen Begründung zu § 9 Ziff. 1 RabattG sind Handwerker zu einem Teil letzte Verbraucher, und zwar bezüglich ihres Arbeitsgerätes, zum anderen Teil, z. B. beim Bezug von Werkstoffen, keine Letztverbraucher, wobei sie aber auch diesen Teil ihres Bedarfs vielfach im Einzelhandel decken. Ohne Rücksicht darauf, inwieweit Handwerker im Einzelfall Letztverbraucher sind oder nicht, darf ihnen nach § 9 Ziff. 1 RabattG der orts- oder handelsübliche Nachlaß gewährt werden. In dieser Ausnahmeregelung liegt die Bedeutung des § 9 RabattG. Mehr will diese Vorschrift nicht besagen, insbesondere will die Vorschrift des § 9 will den begünstigten Personenkreis nicht schlechthin als Letztverbraucher einstufen.[9] Die Art der Verwertung oder Verwendung muß für den Beruf oder das Gewerbe des Erwerbers **typisch** sein.[10] Die Ware oder Leistung muß dieser Zweckbestimmung entsprechen. Die berufliche oder gewerbliche Verwendung muß auch vom Erwerber gewollt sein[11] und von ihm auch verwirklicht werden.[12] Von einer beruflichen oder gewerblichen Verwertung kann nur gesprochen werden, wenn die Ware der Verarbeitung dient oder gerade die gewerbliche oder die berufliche Tätigkeit erst ermöglichen oder wesentlich fördern soll, und zwar in einer für die betreffende Tätigkeit typischen Weise.[13] Kann die Ware oder Leistung sowohl für die berufliche oder gewerbliche Tätigkeit als auch für die private Lebensführung verwertet werden, wie z. B. ein PKW der Mittelklasse, so liegt keine berufliche oder gewerbliche Verwertung vor.[14] Eine typische Verwendung in beruflicher oder gewerblicher Tätigkeit liegt in folgenden Fällen vor: Instrumente, Arznei-, Verbands- und Desinfektionsmittel für den Arzt (Amtl. Begr.), Bücher für Schulen und Bibliotheken,[15] Fachzeitschriften für Studenten,[16] Fachliteratur für wissenschaftliche und technische Berufe wie Ärzte, Anwälte und Ingenieure,[17] Ersatzteile für Reparaturwerkstätten,[18] Handwerkszeug für Handwerker, Zeichentisch, Zeichenfeder, Pinsel und sonstige spezielle Geräte für Graphiker, die Schreibmaschine für den Anwalt,[19] die Schreibmaschine eines Briefmarkenhändlers, der ein Büro unterhält, oder eines Vervielfältigungsbüros,[20] Schreibmaschinen für Handelsschulen, nicht jedoch die des Handelsschülers, die Schreibmaschine des Arztes oder eines Sachverständigen,[21] die Büromaschinen von Industriebetrieben, Banken und Versicherungen.[22] Das Abgrenzungsmerkmal einer

---

[9] Vgl. OLG Düsseldorf WRP 1974, 492.

[10] Gl. A. RGZ 153, 139; OLG Düsseldorf WRP 74, 492, 493; GRUR 1989, 141, 142; OLG Düsseldorf GRUR 1984, 897, 898; *Baumbach/Hefermehl* Rdn. 3; *v. Gamm* Kap. 60 Rdn. 68; *Michel/Weber/Gries* Rdn. 7; *Reimer/Krieger* Kap. 12 Rdn. 4; *Tetzner* Rdn. 9 § 9; a. M. *Fezer* BB 1976, 712, 713; *Schopp* WRP 1979, 613; vgl. auch BGH GRUR 1979, 411, 412 – *Metro II*; differenzierend ausführlich *Seydel* Rdn. 13–21.

[11] Gl. A. LG Hamburg GRUR 1954, 36; *Reimer/Krieger* Kap. 12 Rdn. 4.

[12] *Michel/Weber/Gries* Rdn. 7 ff; *Reimer/Krieger* Kap. 12 Rdn. 4.

[13] Gl. A. OLG Düsseldorf GRUR 1984, 897, 898; OLG Karlsruhe WRP 1984, 337.

[14] So auch OLG Düsseldorf GRUR 1984, 897, 898 – *PKW-Vermittlungsprovision*; GRUR 1989, 141, 142 für die Anmietung von KFZ durch Architekten.

[15] Gl. A. *Baumbach/Hefermehl* Rdn. 3.

[16] Vgl. BGH GRUR 1973, 272 – *Fahrschul-Rabatt*.

[17] Gl. A. *Reimer/Krieger* Kap. 12 Rdn. 4.

[18] Gl. A. *Baumbach/Hefermehl* Rdn. 3.

[19] Gl. A. *Baumbach/Hefermehl* Rdn. 3 § 9; *Reimer/Krieger* Kap. 12 Rdn. 4, a. A. jedoch abzulehnen LG Hamburg GRUR 1954, 36, 37; *Michel/Weber/Gries* Rdn. 7; *Spengler* RWP II, 108, D.

[20] Gl. A. *Michel/Weber/Gries* Rdn. 7.

[21] Gl. A. *Baumbach/Hefermehl* Rdn. 3; *Reimer/Krieger* Kap. 12 Rdn. 4; a. A. *Michel/Weber/Gries* Rdn. 7 und 8.

[22] Gl. A. *Baumbach/Hefermehl* Rdn. 3; *Reimer/Krieger* Kap. 12 Rdn. 4, a. A. OLG Düsseldorf NJW 1965, 641, 642 wg. Fehlens einer besonderen Intensität der Abnutzung gegenüber einer normalen.

„besonderen Intensität der Abnutzung“ steht mit den Gründen für die Ausnahmeregelung nicht im Einklang und findet im Gesetzeswortlaut auch keine Stütze. Es erscheint als Abgrenzungsmerkmal auch unbrauchbar, denn wonach soll entschieden werden, ob eine Maschine intensiv genutzt wird. Abgesehen davon werden Büromaschinen auch in Industriebetrieben, Banken und Versicherungen intensiv genutzt und abgenutzt.[23] Gewerbliche Verwertung liegt auch vor beim Kauf einer Sportausrüstung (Schuhe für einen lizensierten Übungsleiter eines Sportvereins),[24] beim Kauf von Sportartikeln, Sportgeräten und Sportbekleidung durch Sportvereine, wenn die Verwertung durch den Verein im Rahmen der Erfüllung seiner satzungsmäßigen Aufgaben liegt.[25]

Die typische Eignung fehlt bei Gegenständen, die nur einer allgemeinen techni- 5
schen Vervollkommnung dienen, z. B. Glühbirnen für den Friseur- oder Modesalon.[26] Ein Sonderpreis für Schüler und Studenten beim Besuch einer Fahrschule kann auch nicht mit der Ausnahmeregelung des § 9 Ziff. 1 begründet werden, denn der Erwerb der Fahrerlaubnis dient bei Schülern und Studenten regelmäßig der allgemeinen Lebensführung und wird auch nicht typischerweise in den von Schülern und Studenten angestrebten Berufen zur Berufsausbildung benötigt.[27]

Handelsunternehmen, die bestimmten Personen einen Verwerterrabatt nach § 9 6
Ziff. 1 gewähren und unterschiedlichen Käufergruppen Zutritt zu ihren Geschäftsräumen gewähren, sind verpflichtet, geeignete Vorkehrungen zu treffen, um zu kontrollieren, ob der Käufer zu einer Käufergruppe gehört, der ein Verwerterrabatt eingeräumt werden kann.[28] Werden Sondernachlässe oder Sonderpreise an den durch § 9 Ziff. 1 begünstigten Personenkreis gewährt und verwenden diese Personen die Ware oder Leistung nicht beruflich oder gewerblich, sondern privat, so ist dies „innerhalb einer „Toleranzgrenze“ i. S. des § 6a UWG hinzunehmen“.[29] Diese Behandlung einer an sich nicht durch die Ausnahmeregelung des § 9 gedeckten Verwendung erscheint sachgerecht. Die „Toleranzgrenze“ kann jedoch dann nicht in Anspruch genommen werden, wenn Waren und Leistungen an Gewerbetreibende geliefert werden, die nicht unter die Vorschrift des § 9 Ziff. 1 fallen.[30]

II. Orts- und Handelsüblichkeit

Der zu gewährende Verwerternachlaß muß nach Art und Höhe orts- oder han- 7
delsüblich sein. Zum Begriff der „Handelsüblichkeit“ vgl. Rdn. 12 zu § 7 RabattG und die Anm. zu § 1 ZugabeVO. Fehlt die Handelsüblichkeit, reicht Ortsüblichkeit aus. Dies ist jede regionale, im fraglichen Gewerbezweig übliche Gepflogenheit,[31] auch wenn sie mit den Grundsätzen kaufmännischer Vernunft nicht im Einklang steht. Sie darf aber Sinn und Zweck des Gesetzes nicht zuwiderlaufen. Ein Ortsbrauch im wörtlichen Sinne reicht nicht aus (gl. A. BGH aaO) zur Beweislast § 7 Rdn. 12.

---

[23] Im Ergebnis gl. A. *Baumbach/Hefermehl* Rdn. 3.

[24] Gl. A. OLG Koblenz GRUR 1984, 899, 900; *Baumbach/Hefermehl* Rdn. 3.

[25] Gl. A. OLG Stuttgart WRP 1981, 54, 55; *Baumbach/Hefermehl* Rdn. 3; *Schopp* WRP 1979, 613, 615; *Seydel* Rdn. 12; a. A. LG Frankenthal WRP 1979, 489.

[26] LG Hamburg GRUR 1954, 36; *Baumbach/Hefermehl* Rdn. 3; *Reimer/Krieger* Kap. 12 Rdn. 4; a. A. *Tetzner* Rdn. 11.

[27] Gl. A. BGH GRUR 1973, 272, 273 – *Fahrschul-Rabatt.*

[28] Vgl. BGH WRP 1974, 27, 30 – *„Lager“-Hinweiswerbung*; *v. Gamm* Kap. 60 Rdn. 66.

[29] Vgl. BGH GRUR 1975, 320, 321 – *Werbegeschenke*; OLG Karlsruhe WRP 1984, 337; *v. Gamm* Kap. 60 Rdn. 66; *Köhler/Piper* Rdn. 4.

[30] Gl. A. OLG Karlsruhe WRP 1984, 337; *v. Gamm* Kap. 60 Rdn. 66.

[31] Gl. A. BGH DW 1964, 10.

Art und Höhe des Sonderpreises müssen orts- oder handelsüblich sein. Die Art des Sondernachlasses kann bestehen in Barrabatt (§§ 2–4), Mengenrabatt in Geld, Warenrabatt (§ 7), Leistungsrabatt (§ 8). Zur Orts- oder Handelsüblichkeit gehört auch die Art des Gewährens, d. h. Abzug vom Normalpreis bei Zahlung, Zugabe eines Geldbetrages, Gutschein. Da es auf die Orts- und Handelsüblichkeit ankommt, ist der Nachlaß der Höhe nach nicht begrenzt.[32] Die Gegenleistung (Preis) muß nicht unverzüglich nach Lieferung (Leistung) erbracht werden.

Das OLG Koblenz hat festgestellt, daß es handelsüblich ist, wenn ein Sportfachgeschäft Sportlehrern und lizensierten Übungsleitern einen Preisnachlaß von 10% einräumt.[33]

C. Großverbraucher, § 9 Ziff. 2

I. Sonderpreis für Großverbraucher

8 Eine weitere Ausnahme sieht § 9 Ziff. 2 für die Lieferung an Großverbraucher vor. Als Grund für diese Ausnahme führt die amtliche Begründung an, daß Großabnehmern gewerblicher oder anderer Art (z. B. Gaststätten, Krankenhäusern, Behörden, Arbeitslager u. dergl.) üblicherweise Sonderpreise oder Sondernachlässe eingeräumt werden, ohne daß darin ein Mißbrauch gesehen werden könne.

Der Sonderpreis für Großverbraucher ist ein Unterfall des Mengennachlasses. Die Großverbraucher müssen die wahren Letztverbraucher sein. Ihr **eigener täglicher Bedarf** bestimmt die Großverbrauchereigenschaft.[34] Der Bedarf kann privater oder gewerblicher Natur sein.[35] Der Umsatz mit Sammelbestellern, auch wenn diese für Letztverbraucher erwerben, fällt nicht unter § 9 Ziff. 2, z. B. Sammelbestellung einer Interessengemeinschaft zahlreicher Letztverbraucher.[36] Diese ist nur im Rahmen des § 7 möglicher Anlaß eines Mengenrabatts.[37] **Keine Großverbraucher** sind daher die Mitglieder einer Käufergemeinschaft;[38] die Mitglieder eines Vereins beim gemeinsamen Bezug von Kraftstoff;[39] zur Gewährung von 20% Rabatt an Angehörige des Beamtenbundes vgl. *Wirth* MA 1953, 109, 114. Zur Unzulässigkeit von Großverbrauchernachlässen nach § 9 Nr. 2 und Mengennachlässen nach § 8 bei der Abgabe von Fahrscheinen durch Verkehrsunternehmer über mit ihm kooperierende Unternehmen an letzte Verbraucher vgl. *Piper* GRUR 1993, 276, 282 f; OLG München WRP 1992, 264 – *Super-Spar-Fahrkarte* – mit Anm. *Wenzel* (S. 267); ferner *Zentrale* WRP 1992, 426; *Ebert/Weidenfeller* GRUR 1992, 95. Wer Großverbraucher ist, bestimmt die **Verkehrsanschauung.**[40] Die amtliche Begründung spricht zwar davon, daß den Gaststätten, Krankenhäusern, Behörden und dergl. „üblicherweise Sonderpreise oder -nachlässe" eingeräumt werden. Gleichwohl ist die Handelsüblichkeit nicht geeignet, Maßstab für die hier in Betracht kommende Verbrauchereigenschaft zu sein; denn die Rabattgewährung an Großverbraucher beruht so sehr auf individuellen Bedingungen, daß sich eine Handelsüblichkeit nur selten herausbilden dürfte.[41] Orts- oder Handelsüblichkeit ist daher für die Zulässigkeit eines

---

[32] Gl. A. *Baumbach/Hefermehl* Rdn. 4.
[33] OLG Koblenz GRUR 1984, 899, 900.
[34] Gl. A. *Seydel* Rdn. 30.
[35] Gl. A. *Baumbach/Hefermehl* Rdn. 7; *Reimer/Krieger* Kap. 12 Rdn. 5 a. E.; a. A. *Michel/Weber/Gries* Rdn. 23.
[36] Gl. A. *Baumbach/Hefermehl* Rdn. 8; *Seydel* Rdn. 30; *Möhring* BB 1969, 1246.
[37] Gl. A. *Reimer/Krieger* Kap. 12 Rdn. 5; *Tetzner* Rdn. 16; *ders.* DW 1951, 7.
[38] So auch LG Hannover WRP 1960, 243, 248.
[39] So LG Bremen BB 1960, 644.
[40] Gl. A. *Reimer/Krieger* Kap. 12 Rdn. 5; *Tetzner* Rdn. 13; a. A. *Baumbach/Hefermehl* Rdn. 7; *Michel/Weber/Gries* Rdn. 22.
[41] Gl. A. *Reimer/Krieger* Kap. 12 Rdn. 5 a. E.

Großverbrauchernachlasses nicht Voraussetzung.[42] Auch die Formulierung „als Großverbraucher anzusehen" spricht eher dafür, daß auf die Verkehrsanschauung abzustellen ist. Die abzunehmende Waren- oder Leistungsmenge muß nicht nur den durchschnittlichen Umsatzwert übersteigen (vgl. § 7 Rdn. 2, 4), sondern muß wesentlich darüber liegen. Ist sie so groß, daß sie nicht mehr dem Einzelverkauf zugerechnet werden kann, scheidet die Anwendung des RabattG überhaupt aus (vgl. § 1 Rdn. 44). Als Beispiele für Großverbraucher nennt die amtliche Begründung Gaststätten, Krankenhäuser, Behörden, Arbeitslager o. ä. Großverbraucher sind ferner: der Bücherkäufer, der laufend größere Mengen Bücher abnimmt, wobei es nicht darauf ankommt, ob es Bücher ein- und desselben oder verschiedener Titel sind;[43] Unternehmen beim Kauf firmeneigener Kraftfahrzeuge. Dies gilt jedoch nicht für personaleigene Fahrzeuge, auch wenn sie teilweise für Unternehmenszwecke genutzt werden.[44] Es muß sich um Waren oder gewerbliche Leistungen handeln, die von den Großverbrauchern verbraucht werden. Nicht ausreichend ist daher die Vereinbarung zwischen einem Textilunternehmen und einem Industriebetrieb, die Werksangehörigen mit Textilien zu beliefern, wenn die Werksangehörigen diese selbst aussuchen und bezahlen.[45] Der Vertrag kommt zwischen Textilfirma und dem einzelnen Betriebsangehörigen zustande; letzterer ist kein Großverbraucher. Werden Lebensmittel und Getränke in Gaststätten, Kantinen und Krankenhäusern an Gäste bzw. Patienten gegen Entgelt weitergegeben, so schließt sich eine weitere Umsatzstufe an. Be- oder Verarbeitung (Veredelung) unterbrechen die Umsatzreihe nicht. Die Anwendung des RabattG ist in diesem Falle ohnehin ausgeschlossen. Es kommen deshalb nur Waren oder Leistungen in Betracht, die den eigenen Betriebsbedarf decken, z. B.: elektrischer Strom, Gas, Wäsche, Stühle, Betten, Arbeitsgeräte usw. (zum Begriff „Letztverbraucher" vgl. § 1 Rdn. 33–41).

II. Lieferungs- oder Leistungsvertrag

Die Waren oder Leistungen müssen aufgrund eines besonderen Lieferungs- oder Leistungsvertrages abgenommen werden, der dem Unternehmer einen Großumsatz gewährleistet und den Verbraucher zur entsprechenden Abnahme verpflichtet. Die Großabnahme muß im Rahmen einer vorher begründeten vertraglichen Bindung erfolgen.[46] Eine Schriftform ist nicht erforderlich. Mündliche Absprachen genügen. **9**

Die Großabnahme muß fest vereinbart sein oder notwendig aus den getroffenen Abreden folgen, z. B. Verpflichtung eines Großabnehmers von Verbandsstoffen und Desinfektionsmitteln (Krankenhaus), den gesamten einschlägigen Bedarf beim Unternehmer während eines bestimmten Zeitraumes zu beziehen. Die einzelne Lieferung braucht dann nicht die Voraussetzung einer Großabnahme zu erfüllen.[47] Die Höhe des letztlich festzustellenden Umsatzes braucht nicht bestimmt zu sein, wenn feststeht, daß die danach erfolgende Abnahme immer die eines Großverbrauchers ist. Verträge, durch die Verbraucher innerhalb eines bestimmten Zeitraums zum Kauf einer Mindestmenge und Unternehmer zur Lieferung bis zur bestimmten Höhe auf Abruf verpflichtet werden, genügen, ebenso wie alle Sukzessivlieferungen, die einen Großumsatz gewährleisten. Nach § 7 muß eine den Durchschnitt überstei-

[42] So auch *Köhler/Piper* Rdn. 5; *Seydel* Rdn. 29.
[43] Gl. A. BGH GRUR 1968, 95 – *Büchereinachlaß*.
[44] Gl. A. *Baumbach/Hefermehl* Rdn. 8; *Möhring* BB 1969, 1246 ff.
[45] Gl. A. *Reimer/Krieger* Kap. 12 Rdn. 5.
[46] Gl. A. *Baumbach/Hefermehl* Rdn. 6; *v. Gamm* Kap. 60 Rdn. 70; *Seydel* Rdn. 27; *Ulmer/Reimer* Nr. 1128.
[47] Gl. A. *v. Gamm* Kap. 60 Rdn. 70; *Reimer/Krieger* Kap. 12 Rdn. 5; *Ulmer/Reimer* Nr. 1128.

gende Menge veräußert und geliefert werden (vgl. § 7 Rdn. 5), also müssen Gegenstand, Menge und Preis fest vereinbart sein. Nach § 9 Ziff. 2 ist dies nicht erforderlich. Es genügen Absprachen, die einen Großumsatz gewährleisten.[48] Anders als § 7 RabattG knüpft § 9 Ziff. 2 RabattG nämlich nicht an die Einzellieferung, sondern an die Person des Beziehers und seine Stellung als Verbraucher bestimmter Wirtschaftsgüter an.[49] Eine ohne besondere vorherige Absprache, sich aus einer Reihe von laufenden Einzelaufträgen eines Großverbrauchers ergebende Großabnahme genügt nicht.

Ebenso wenig genügt es, wenn ein Verein 50 Paar Sportschuhe einer bestimmten Marke in einer Sammelbestellung bestellt, ohne die Schuhart, Schuhgröße etc. festzulegen, und wenn dann die Schuhe von den Mitgliedern des Vereins im Geschäft des Rabattgewährenden einzeln gekauft und bezahlt werden.[50]

III. Behördenrabatt, § 12 DVO

10 § 12 DVO ist eine Ergänzung zum Großverbraucherrabatt gem. § 9 Ziff. 2. Behörden, öffentlichen Einrichtungen, Körperschaften des Bundes und der Länder können Sonderpreise eingeräumt werden, ohne daß besondere Lieferverträge vorliegen, wenn für die Lieferung von der zuständigen Beschaffungsstelle aufgestellte Bedingungen vorliegen. Fehlen diese, gilt § 9 Ziff. 2 ohne Einschränkung (§ 12 DVO). Die Ausnahmeregelung gilt nicht für gewerbliche Leistungen. Sind von der Beschaffungsstelle oder einer ähnlichen Einrichtung Ausführungsbedingungen aufgestellt, muß außerdem ein Leistungsvertrag (vgl. Rdn. 9) geschlossen werden. § 12 DVO gilt nur für den Geschäftsverkehr mit Behörden und öffentlichen Einrichtungen, deren Haushalte in dem des Bundes oder der jeweiligen Länder geführt werden; es müssen Bundesbehörden oder Gemeinden oder Gebietskörperschaften sein. Für Körperschaften des öffentlichen Rechts, öffentlich-rechtliche Anstalten und Stiftungen mit eigenem Haushalt gilt die Ausnahme nicht.[51] Z. B. ist ein evangelisches Provinzialkonsistorium keine Körperschaft i. S. von § 12 DVO.[52] Das Land Berlin ist beim Bezug von Büchern seiner Behörden als Großverbraucher anzusehen.[53]

Die einzige Ausnahme von der Regelung des § 9 Ziff. 2 ist die Befreiung vom Liefervertrag. Alle anderen Voraussetzungen der Ziff. 2 müssen erfüllt sein.[54]

D. Sondernachlaß für Betriebsangehörige, § 9 Ziff. 3

I. Allgemeines

11 Nach der amtlichen Begründung trägt § 9 Ziff. 3 einem Brauch und dem Gedanken der Betriebsgemeinschaft Rechnung, der die Vorteile des Unternehmens allen seinen Mitgliedern zu Gute kommen lassen will. Damit wird die Zugehörigkeit der begünstigten Betriebsangehörigen zum rabattgewährenden Unternehmer vorausgesetzt.[55]

---

[48] Gl. A. *v. Gamm* Kap. 60 Rdn. 70; *Reimer/Krieger* Kap. 12 Rdn. 5.

[49] Gl. A. BGH GRUR 1968, 95, 99 – *Büchereinachlaß*; *v. Gamm* Kap. 60 Rdn. 70.

[50] Vgl. OLG Hamm WRP 1976, 486.

[51] Gl. A. *Baumbach/Hefermehl* Rdn. 10; *v. Gamm* Kap. 60 Rdn. 71.

[52] EA Düsseldorf AWR 1937, 111 mit zustimmender Anm. *Junckerstorff*; *Reimer/Krieger* Kap. 12 Rdn. 7.

[53] Gl. A. BGH GRUR 1968, 95 – *Büchereinachlaß*.

[54] Vgl. GA 4/1958; BB 1959, 1187; s. zu den Voraussetzungen Rdn. 7, 8.

[55] Vgl. BGH GRUR 1984, 129, 130 – *shop-in-the shop*; GRUR 1968, 603, 604 – *Ratio Markt III*.

II. Veräußerer

1. Allgemeines

12 Veräußerer (Begriff vgl. § 1 Rdn. 26–32) muß das „Unternehmen" sein, zu dem die Letztverbraucher die vom Gesetz geforderte Verbindung (vgl. unten Rdn. 14–16) haben. Bei Einzelunternehmen und Personalgesellschaften, deren Teilhaber alle vertretungsberechtigt sind, sind Veräußerer und Unternehmer (Begriff § 1 Rdn. 26–27) identisch. Bei Personalgesellschaften, die durch einzelne Teilhaber vertreten werden, ist Veräußerer die Gesellschaft, Unternehmer der Vertretungsberechtigte. Bei Kapitalgesellschaften ist Veräußerer die juristische Person, Unternehmer sind die Vorstandsmitglieder und Geschäftsführer. Leiter des Unternehmens ist der Unternehmer i. S. des § 1 Abs 2 (vgl. § 1 Rdn. 26–27). Die Waren oder Leistungen müssen aus dem Unternehmen, d. h. aus dessen Erzeugung stammen oder Gegenstand der gewerblichen Betätigung sein. Erzeugnisse eines anderen, dem gleichen **Konzern** angehörenden Unternehmens dürfen nicht zum Sonderpreis abgegeben werden.[56] Es ist nicht erforderlich, daß die Ware im Betrieb hergestellt oder veredelt wird, es genügt, wenn sie vom Unternehmen „vertrieben" wird. Auch Handelsunternehmen können beim Verkauf der Handelsware an die durch das Gesetz begünstigten Personen den Sondernachlaß gewähren. Bei Waren, die nur gekauft werden, um sie an Betriebsangehörige abzugeben, ist dies jedoch nicht zulässig. Zu Sammelbestellungen von Betrieben vgl. § 7 Rdn. 7.

2. Kontrollmaßnahmen

13 Gewährt ein Unternehmen seinen Mitarbeitern einen Rabatt gemäß § 9 Abs. 3 RabattG, so ist es gehalten, durch wirksame Kontroll- und Überwachungsmaßnahmen zu verhindern, daß nichtberechtigte Personen die Rabattberechtigung mißbrauchen.[57] Liegen die den verbilligten Personaleinkauf ermöglichenden Einkaufsscheine blanko und in großer Zahl in den Sozialräumen des den Preisvorteil gewährenden Unternehmens aus, genügt es nicht, wenn nach dem Einkauf an den Kassen Firmenausweise vorgelegt werden müssen und/oder darauf vertraut wird, daß das Kassenpersonal die Mitarbeiter und – zum überwiegenden Teil – auch deren Angehörige kennt. Unzureichend ist auch der bloße Hinweis an das Personal, daß die Einkaufsscheine nur persönlich durch die Mitarbeiter selbst oder ihre Familienangehörigen verwendet werden dürfen.[58] Jedoch reicht es aus, wenn der Unternehmer keine Kenntnis von dem Verwendungszweck der Waren hat und die nach den Umständen ihm zumutbaren Kontrolleinrichtungen vorgesehen hat, um eine Verletzung der Vorschrift zu vermeiden.[59]

III. Erwerber

14 Erwerber können nur die Arbeiter, Angestellten, Vertreter und Leiter des eigenen Betriebes sein. Letztere nur, wenn sie in einem zur Leistung im Unternehmen verpflichtenden Vertragsverhältnis stehen. Zu den Mitarbeitern des „eigenen Unternehmens" gehören, wenn ein Unternehmen **mehrere Betriebe** hat, alle Beschäftigten aller Betriebe, auch wenn in den einzelnen Betrieben unterschiedliche Waren herge-

[56] Gl. A. *Baumbach/Hefermehl* Rdn. 11; *Michel/Weber/Gries* Rdn. 28; *Reimer/Krieger* Kap. 12 Rdn. 6; *P. Ulmer* FS Wahl (1973) 409, 425 f.

[57] Gl. A. *v. Gamm* Kap. 60 Rdn. 66; *Seydel* Rdn. 48.

[58] OLG Köln GRUR 1995, 443 – *Mitarbeiterrabatt.*

[59] OLG Hamburg WRP 1991, 809, 810; OLG Nürnberg WRP 1991, 763, 764.

stellt werden.[60] Nur in der Produktions- und Vertriebsgemeinschaft des Betriebes tätige Personen werden begünstigt. Auch der Leiter, nicht dagegen der Inhaber wird genannt. Deshalb gehören in der Geschäftsführung nicht tätige Gesellschafter nicht zum begünstigten Erwerberkreis. Auf den Umfang ihrer Beteiligung kommt es nicht an.[61] Das gleiche gilt für Gesellschafter von Personalgesellschaften, die an der Geschäftsführung nicht teilhaben, sowie für stille Gesellschafter und für Darlehensgeber eines Unternehmens. Sind sie nach dem Gesellschaftsvertrag auf ihren Anteil zur Entnahme von Waren oder Leistungen berechtigt, findet das RabattG keine Anwendung. Ist dies nicht der Fall, sind sie Käufer und kontrahieren mit der Gesellschaft wie jeder außenstehende Dritte. Aufsichtsratsmitglieder sind keine Werksangehörigen, es sei denn, es handelt sich um Arbeitnehmervertreter, die auch noch im Unternehmen tätig sind.[62] **Aktionäre** sind weder „Betriebsangehörige" noch „Leiter" des Unternehmens, gehören daher nicht zum begünstigten Personenkreis.[63] **Vertreter** ist im kaufmännischen und nicht im Rechtssinne zu verstehen. Hierzu gehören insbesondere Handelsvertreter, Abschluß- und Vermittlungsvertreter[64] und alle Personen, die mit der Wahrnehmung der Interessen des Unternehmens betraut sind. Auf die rechtliche Stellung des Vertreters kommt es nicht entscheidend an.[65] Auch für den sogenannten Repräsentanten gilt deshalb die Rabattvergünstigung; ebenso für freie Mitarbeiter, wenn ihre Mitarbeit nicht nur eine gelegentliche ist und eine engere Bindung zum Betrieb besteht.[66] Da entscheidend der Gedanke der Betriebsgemeinschaft ist, kommt es nicht auf die Bezeichnung der Mitarbeit an, z. B. als Vertreter im Nebenberuf, sondern auf die tatsächliche Stellung des Erwerbers zum Betrieb. Sie muß es rechtfertigen, den Erwerber zur Betriebsgemeinschaft zu zählen. Die Begründung rein formeller Anstellungs- und Mitarbeiter-Beziehungen reicht nicht aus, um eine Person zu einer Betriebsangehörigen zu machen. Zu dem begünstigten Personenkreis gehören nicht Angestellte und Mitarbeiter eines rechtlich und wirtschaftlich selbständigen Unternehmens, das seinen Geschäftsbetrieb (Friseursalon) in den Kaufhäusern eines anderen Unternehmens betreibt.[67] Die Angestellten des Friseursalons sind keine Betriebsangehörigen des jeweiligen Kaufhauses und umgekehrt. Ebensowenig sind die Mitarbeiter aller in einem Einkaufszentrum tätigen selbständigen Unternehmen Betriebsangehörige eines dieser Unternehmen.[68] Vertreter i. S. Ziff. 3 ist nicht der nebenberufliche Versandhaus-Mitarbeiter, der nur oder nur überwiegend für sich und seine Familie bestellt;[69] ist nicht ein sogenannter Vertreter im Nebenberuf beim Kauf einer „Vorführmaschine", wenn er gegenüber dem rabattgewährenden Unternehmen keinerlei Verpflichtungen zur Mitarbeit hat,[70] es sei denn, er übt tatsächlich eine Vermittlungstätigkeit aus, die der eines Handelsvertreters im Hauptberuf gleichzusetzen ist.[71]

15 **Ehegatte.** Die Ehe mit dem Betriebsangehörigen muß z. Z. des Kaufs bestehen. Die Scheidung löst den erforderlichen Zusammenhang ebenso wie der Tod des betriebsangehörigen Ehegatten.[72]

---

[60] Gl. A. *Baumbach/Hefermehl* Rdn. 11.
[61] A. M. *Reimer/Krieger* Kap. 12 Rdn. 6.
[62] Gl. A. *Baumbach/Hefermehl* Rdn. 11; *Michel/Weber/Gries* Rdn. 25; a. A. *Reimer/Krieger* Kap. 12 Rdn. 6 für den Fall, daß der Aufsichtsrat gleichzeitig Inhaber wesentlicher Beteiligungsrechte ist.
[63] Gl. A. *Baumbach/Hefermehl* Rdn. 11.
[64] Gl. A. *Baumbach/Hefermehl* Rdn. 11; *Michel/Weber/Gries* Rdn. 25; *Reimer/Krieger* Kap. 12 Rdn. 6.
[65] Gl. A. *Reimer/Krieger* Kap. 12 Rdn. 6.
[66] Gl. A. *Tetzner* Rdn. 20.
[67] So BGH GRUR 1984, 129 – *„shop-in-the-shop"*.
[68] OLG München WRP 1995, 70 und 424.
[69] Gl. A. OLG Hamburg WRP 1964, 247.
[70] LG Frankfurt WRP 1959, 280.
[71] LG Münster BB 1964, 861.
[72] Gl. A. *Baumbach/Hefermehl* Rdn. 12; *Michel/Weber/Gries* Rdn. 32; *Reimer/Krieger* Kap. 12 Rdn. 6.

Abkömmlinge. Auf Haushaltungszugehörigkeit oder darauf, daß die Abkömmlinge unterhalten werden, kommt es nicht an. Das Verwandtschaftsverhältnis ist allein bestimmend.[73] Haushaltsangehörig ist jede dauernd zur Haushaltsgemeinschaft gehörende Person. Z. B.: Hausangestellte, nicht aber kurz- oder langfristiger Besuch. 16

Zur steuerlichen Behandlung von Personalrabatten s. die Hinweise bei *Seydel* Rdn. 51.

IV. Eigenbedarf

Eigenbedarf ist alles, was der Befriedigung eigener Bedürfnisse dient oder was zur Erfüllung rechtlicher Verpflichtungen oder solcher der Sitte und des Anstands benötigt wird. Hierzu gehört der Haushaltsbedarf des Werkangehörigen, des Ehegatten, der Abkömmlinge und das was benötigt wird, um einer sittlichen oder einer Anstandspflicht zu genügen. Z. B.: der Wintermantel, der dem in Not lebenden Vater geschenkt wird. Der Personalrabatt ist nur zulässig, sofern die Ware oder Leistung für den Bedarf der Arbeiter, Angestellten, Leiter und Vertreter und dem Bedarf ihrer Ehegatten usw (Eigenbedarf) bestimmt ist.[74] 17

V. Personalrabatt auf Tabakwaren

Die Gewährung von Personalrabatt auf Tabakwaren ist unzulässig. Dies ergibt sich aus den Vorschriften der §§ 24, 25 TabakStG 1992, die nur einen Rabatt in bestimmten Ausnahmefällen zulassen. Der Personalrabatt gehört nicht dazu (Gl. A. BayObLG GRUR 1988, 235, 238; *Baumbach/Hefermehl* § 15 Rdn. 3; *Seydel* Rdn. 50). 18

VIERTER ABSCHNITT
Zusammentreffen mehrerer Preisnachlaßarten

§ 10 Nachlaßgewährung nur für zwei Arten

Treffen bei einem Rechtsgeschäft im Sinne des § 1 mehrere Preisnachlaßarten zusammen, so darf der Nachlaß nur für zwei Arten gewährt werden.

§ 13 DVO II. Die Gewährung von Preisnachlässen durch den Wiederverkäufer einer Markenware wird durch die Gewährung einer Treuvergütung nach Abs. 1 nicht berührt.

Auch § 10 erfaßt nur Rechtsgeschäfte eines Unternehmers i. S. des RabattG (zum Begriff vgl. § 1 Rdn. 26) mit dem letzten Verbraucher.[1] Von den drei möglichen Nachlaßarten Barzahlungsnachlaß, Mengennachlaß und Sonderpreis bzw. Sonder- 1

[73] Ebenso *Baumbach/Hefermehl* aaO; *Reimer/Krieger* Kap. 12 Rdn. 6.

[74] So BGH GRUR 1984, 129, 130 – *„shop-in-the-shop"*.

[1] Gl. A. BGHZ 118, 1 = WRP 1992, 482 – *Ortspreis*; zum Begriff „letzter Verbraucher" vgl. § 1 Rdn. 34.

preis bzw. Sondernachlaß dürfen jeweils nur zwei Nachlässe gleichzeitig gewährt werden, sofern die Voraussetzungen dafür vorliegen. Liegen diese nicht vor, unterfällt die jeweilige Preisnachlaßart dem entsprechenden Verbot; ein nicht handelsüblicher Mengenrabatt z. B. dem § 7. Handelt es sich um einen generell nicht zulässigen Preisnachlaß, greift schon das Verbot des § 1 ein. Es ist unzulässig, anläßlich eines Rechtsgeschäftes drei an sich zulässige Preisnachlässe gleichzeitig zu gewähren. Der Veräußerer (Unternehmer) hat die Wahl, welche Rabattarten er gewähren will; z. B.: Barrabatt gem. §§ 2 bis 4 und Sonderpreis oder Sondernachlaß gem. § 9; Barrabatt und Mengennachlaß gem. §§ 7 oder 8; Mengennachlaß und Sonderpreis. Die Mengennachlässe zu Waren und gewerblichen Leistungen gem. §§ 7 und 8 sind zwei verschiedene Nachlässe, wenngleich sie einander entsprechen. Liegt ein einheitliches Geschäft vor, das sowohl Waren als auch gewerbliche Leistungen zum Gegenstand hat, und sind sowohl zu dem einen Teil als auch zu dem anderen die Voraussetzungen des Mengennachlasses gegeben, so kann der Unternehmer, wenn er den Mengennachlaß zur Ware und den Mengennachlaß zur gewerblichen Leistung gewährt, einen Barrabatt oder einen Sonderpreis nicht mehr einräumen.[2] Das gleiche gilt beim Zusammentreffen der zulässigen Nachlässe nach §§ 2 und 7 mit den Voraussetzungen für das Einräumen von Sonderpreisen gem. Ziff. 1 und 2 des § 9. Der Verwerternachlaß und der Großverbrauchernachlaß sind zwei verschiedene Nachlaßarten, da der Anlaß unterschiedlich ist. Mengennachlaß und Malnachlaß im Anzeigengeschäft sind beides Mengenrabatte, so daß daneben noch ein Barzahlungsnachlaß oder Großverbrauchernachlaß gewährt werden könnte.[3] § 10 beschränkt den Unternehmer bei der Einräumung von Preisnachlässen auf die Gewährung von zwei Preisnachlaßarten. Innerhalb einer Preisnachlaßart, z. B. Mengennachlaß, kann der Unternehmer die Voraussetzungen frei bestimmen und z. B. im Anzeigengeschäft sowohl einen Malnachlaß als auch einen Nachlaß für die überdurchschnittliche Buchung von Anzeigenraum (Mengennachlaß im engeren Sinn) kumulativ als Mengennachlaß gewähren. Die vom Verleger festgesetzten Berechnungssätze seiner verschiedenen Staffeln sind dann nicht eine einzelne Nachlaßart für sich, sondern Bemessungsfaktoren für die Nachlaßart „Mengenrabatt".[4] Ein Verstoß gegen § 10 liegt vor, wenn ein Werbungsmittler dem Anzeigenkunden neben dem Mengenrabatt und dem Barzahlungsrabatt noch einen Sonderrabatt gewährt.[5]

2 Die Treuvergütung gem. § 13 DVO ist kein Preisnachlaß, den der Unternehmer i. S. des RabattG gewährt.[6] Zur Treuvergütung von Markenherstellern vgl. § 13 Abs. 1 DVO bei § 4 RabattG und § 4 Rdn. 8 ff. Sie fällt daher nicht unter § 10:[7] Wird vom Hersteller einer Markenware eine derartige Vergütung gewährt, kann der Einzelhändler dennoch beim Verkauf bis zu zwei Preisnachlässe einräumen. Verkauft ein Hersteller direkt an letzte Verbraucher, ist die Gewährung einer Treuvergütung unzulässig; vgl. § 4 Rdn. 8.[8]

3 Die Gewährung von **Zugaben** wird durch § 10 nicht berührt. Neben zwei Nachlaßarten kann daher auch eine zulässige Zugabe gewährt werden.[9]

---

[2] Gl. A. Seydel Rdn. 6.
[3] Gl. A. BGHZ 118, 1 = WRP 1992, 482 – *Ortspreis*; *Tetzner* Rdn. 1.
[4] Gl. A. BGHZ 118, 1 = WRP 1992, 482 – *Ortspreis*; *Tetzner* Rdn. 1.
[5] Vgl. LG Frankfurt WRP 1959, 221, 223.
[6] Gl. A. *v. Gamm* Kap. 60 Rdn. 7.
[7] Gl. A. *Baumbach/Hefermehl* § 1 Rdn. 69; *Seydel* Rdn. 7.
[8] Gl. A. *Baumbach/Hefermehl* § 1 Rdn. 69.
[9] Gl. A. *Baumbach/Hefermehl* Rdn. 2; *Köhler/Piper* Rdn. 2.

ZWEITER TEIL

Schlußvorschriften

§ 11 Bußgeldvorschrift

(1) Ordnungswidrig handelt, wer als Inhaber eines Unternehmens, in dem Waren des täglichen Bedarfs im Einzelverkauf an den letzten Verbraucher veräußert oder gewerbliche Leistungen des täglichen Bedarfs für den letzten Verbraucher ausgeführt werden, vorsätzlich oder fahrlässig im geschäftlichen Verkehr zu Zwecken des Wettbewerbs

1. entgegen einer Vorschrift der §§ 2 bis 4 Abs. 1, 2 Sätze 1, 4 einen Preisnachlaß,
2. entgegen § 5 Abs. 1 eine Warenrückvergütung,
3. entgegen § 7 oder § 8 einen Mengennachlaß,
4. entgegen § 9 einen Sondernachlaß oder einen Sonderpreis oder
5. entgegen § 10 Nachlaß für mehr als zwei Preisnachlaßarten gewährt oder ankündigt.

(2) Die Ordnungswidrigkeit kann mit einer Geldbuße bis zu zehntausend Deutsche Mark geahndet werden.

Übersicht

Alphabetische Übersicht

Literatur siehe § 1 vor Rdn. 1.

A. Allgemeines

1 § 11 war ursprünglich ein Straftatbestand (Vergehenstatbestand). Durch Art. 142 des Einführungsgesetzes zum Strafgesetzbuch vom 2. 3. 1974 (BGBl. I 469, 575) ist § 11 wie zahlreiche andere Vorschriften des Nebenstrafrechts, wie z. B. § 3 ZugabeVO, in einen Bußgeldtatbestand umgewandelt worden, da Zuwiderhandlungen gegen die Vorschriften des RabattG nicht als kriminelles Unrecht anzusehen sind.[1]

Vorsätzliche oder fahrlässige Zuwiderhandlungen gegen die in § 11 genannten Vorschriften des RabattG sind Ordnungswidrigkeiten. Für ihre Verfolgung ist maßgebend das Gesetz über Ordnungswidrigkeiten (OWiG) in der Fassung der Bekanntmachung vom 19. 2. 1987 (BGBl. I 602), zuletzt geändert durch Gesetz vom 17. 5. 1988 (BGBl. I 606). Nach der Begriffsbestimmung des § 1 OWiG ist eine Ordnungswidrigkeit wie die Straftat eine tatbestandsmäßige, rechtswidrige und vorwerfbare Handlung mit der Besonderheit, daß sie nur durch eine Geldbuße geahndet werden kann.

B. Voraussetzungen der Ahndung

I. Äußerer Tatbestand

2 In § 11 a. F. erschöpfte sich die Beschreibung des Tatbestandes in dem Hinweis, daß eine vorsätzliche oder fahrlässige Zuwiderhandlung gegen eine Vorschrift des RabattG vorliegen müsse. Jetzt wird in dem Bußgeldtatbestand neben der angeführten Verbotsnorm die Zuwiderhandlung gekennzeichnet, die mit Geldbuße bedroht ist. Als Formen der Zuwiderhandlung werden das vorsätzliche oder fahrlässige Gewähren oder Ankündigen folgender Preisnachlässe genannt:

a) Preisnachlaß entgegen den §§ 2 bis 4 Abs. 1, 2 S. 1, 4;
b) Warenrückvergütung entgegen § 5 Abs. 1;
c) Mengennachlaß entgegen § 7 oder § 8;
d) Sondernachlaß oder Sonderpreis entgegen § 9;
e) mehr als zwei Nachlaßarten gleichzeitig entgegen § 10.

Verboten ist nicht nur das Gewähren, sondern auch das Ankündigen unzulässiger Preisnachlässe. Zum Begriff „Gewähren" s. Rdn. 109 § 1; zum Begriff „Ankündigen" s. § 1 Rdn. 108. Zu den Voraussetzungen der einzelnen unter a) bis e) genannten Rabattatbestände vgl. die Erläuterungen zu den genannten Vorschriften.

3 Als **Täter** einer Ordnungswidrigkeit benennt § 11 Abs. 1 den Inhaber eines Unternehmens, in dem Waren des täglichen Bedarfs im Einzelverkauf an den letzten Verbraucher veräußert oder gewerbliche Leistungen des täglichen Bedarfs für den letzten Verbraucher ausgeführt werden. Diese Formulierung muß als mißglückt angesehen werden. Nach § 11 RabattG a. F. war Täter, wer vorsätzlich oder fahrlässig einer der Vorschriften des RabattG zuwiderhandelt. Daneben konnten am Rabattverstoß Mitwirkende Mittäter, Anstifter oder Gehilfen sein.[2] § 14 OWiG unterscheidet jedoch nicht zwischen Täter, Mittäter, Anstifter und Gehilfen, sondern kennt nur noch den einheitlichen Begriff der Beteiligung an einer Ordnungswidrig-

---

[1] S. hierzu den Regierungsentwurf eines Einführungsgesetzes zum Strafgesetzbuch (EGStGB) BT-Drucks. 7/550, 393 und 194 sowie BT-Drucks. 6/3250, 377 und 180.

[2] BGH GRUR 1963, 438 – *Fotorabatt.*

keit, der alle Teilnahmeformen erfaßt. Es gilt daher ein einheitlicher Täterbegriff.[3] Die Beteiligung kann nur geahndet werden, wenn die mit Geldbuße bedrohte Handlung rechtswidrig begangen wird, § 14 Abs. 2 OWiG. Eine Beteiligung liegt vor, wenn jemand an einer – nicht nur von ihm allein begangenen – Handlung bewußt und gewollt mitwirkt und somit einen vorsätzlichen Tatbeitrag leistet; vgl. *Göhler* OWiG § 14 Rdn. 3; ein fahrlässiger Beitrag reicht nicht aus. Handelt jemand als gesetzlicher Vertreter einer juristischen Person (z. B. als Geschäftsführer einer GmbH oder als Vorstandsmitglied einer AG) oder als vertretungsberechtigter Gesellschafter einer Personengesellschaft, so ist er als gesetzlicher Vertreter unmittelbar verantwortlich und somit Täter, wenn er selbst oder die von ihm vertretene Gesellschaft einen Rabattatbestand verwirklicht; vgl. § 9 Abs. 1 OWiG. Unter den gleichen Voraussetzungen ist Täter auch, wer vom Inhaber des Unternehmens beauftragt worden ist, den Betrieb ganz oder zum Teil zu leiten oder ausdrücklich beauftragt worden ist, in eigener Verantwortung Pflichten zu erfüllen, die den Inhaber des Betriebes treffen; vgl. § 9 Abs. 2 Nr. 1 und 2 OWiG. Jedoch setzt die Verantwortlichkeit des Leiters voraus, daß er auch die Entscheidungsbefugnis für den ihm zur Last gelegten Verstoß hat. Andernfalls verbleibt es bei der Verantwortlichkeit des Betriebsinhabers.[4]

Handelt ein Angestellter oder Beauftragter des Unternehmens, auf den nicht die **4**
Voraussetzungen des § 9 Abs. 1 oder 2 OWiG (vertretungsberechtigtes Organ einer juristischen Person bzw. Mitglied eines solchen Organs oder vertretungsberechtigter Gesellschafter einer Personenhandelsgesellschaft) zutreffen, so begeht er nach dem Wortlaut des § 11 Abs. 1 RabattG („wer als Inhaber eines Unternehmens“) keine Ordnungswidrigkeit. Diese Regelung steht im Widerspruch zu § 12 RabattG, wonach Angestellte und Beauftragte für von ihnen begangene Rabattverstöße zivilrechtlich haften, sowie zu § 14 OWiG. Ob die Beschränkung der Bußgeldandrohnung auf den Inhaber eines Unternehmens gewollt war, läßt sich aus der amtlichen Begründung nicht entnehmen. Da sie nun einmal vorliegt, ist sie zu beachten mit der Folge, daß Angestellte und Beauftragte, die nicht die Voraussetzungen des § 9 OWiG erfüllen, nicht mit einem Bußgeld belegt werden können. *Baumbach/Hefermehl* (§ 11 RabattG Rdn. 3) und *von Gamm* (Kap. 60 Rdn. 81) wollen unabhängig vom Wortlaut des § 11 Abs. 1 RabattG und von der Beteiligungsform § 14 OWiG anwenden. Von der Systematik des OWiG her gesehen ist dies zutreffend. Doch steht der Wortlaut des § 11 RabattG entgegen, der ausdrücklich die Bußgeldandrohung nur gegen den Inhaber eines Unternehmens ausspricht. (In der Entscheidung BGH GRUR 1989, 773, 774 – *Mitarbeitervertretung* – ist diese Frage offengeblieben). Mit einer Anwendung des § 11 RabattG auf Angestellte, die nicht die Voraussetzungen des § 9 OWiG erfüllen, wird daher gegen § 3 OWiG verstoßen.

Unabhängig von der Ahndung von Verstößen gegenüber Angestellten und Beauftragten kann jedoch der Inhaber des Unternehmens wegen Verletzung seiner Aufsichtspflicht gem. § 130 OWiG haften, wenn er als Inhaber eines Betriebes oder Unternehmens vorsätzlich oder fahrlässig die Aufsichtsmaßnahmen unterläßt, die erforderlich sind, um in dem Betrieb oder Unternehmen Zuwiderhandlungen gegen Pflichten zu verhindern, die den Inhaber als solchen treffen und deren Verletzung mit Strafe oder Geldbuße bedroht ist, und wenn eine Zuwiderhandlung begangen worden ist, die durch gehörige Aufsicht hätte verhindert werden können.

---

[3] Vgl. *Göhler* OWiG 12. Aufl. § 14 Rdn. 1.

[4] Vgl. BayObLG GRUR 1988, 235, 239; *Göhler* OWiG § 9 Rdn. 17, 18; *Rebmann/Roth/Herrmann* OWiG § 9 Rdn. 386.

In allen Fällen der Zuwiderhandlung eines Inhabers eines Unternehmens i. S. des § 11 kann als Nebenfolge der Ordnungswidrigkeit auch eine Geldbuße gegen die juristische Person oder Personenvereinigung festgesetzt werden, § 30 Abs. 1 OWiG.

II. Rechtswidrigkeit

5 Die Handlung des Täters muß rechtswidrig sein. Sie ist es, wenn sie tatbestandsmäßig ist und kein Rechtfertigungsgrund gegeben ist.

III. Innerer Tatbestand

6 Der Täter muß schuldhaft gehandelt haben. § 11 bedroht mit Geldbuße sowohl vorsätzliches als auch fahrlässiges Handeln. Vorsätzlich handelt der Täter, der davon ausgeht, daß sein Tun den mit Strafe bedrohten Tatbestand verwirklichen werde und dies will (bestimmter Vorsatz) oder der damit rechnet, daß er möglicherweise den strafbaren Tatbestand erfüllen könne, aber dennoch auf die Gefahr der Verwirklichung des Tatbestandes hin handelt und diese billigend in Kauf nimmt (bedingter oder eventueller Vorsatz). Fahrlässig handelt der Täter, der bei Anwendung der Sorgfalt, die ihm nach den Umständen des Falles und nach seinen persönlichen Kenntnissen und Fähigkeiten billigerweise zugemutet werden kann, die Verwirklichung des gesetzlichen Tatbestandes voraussehen kann, jedoch diese Sorgfalt nicht anwendet und infolgedessen zu dieser Voraussicht und Erkenntnis nicht gelangt (unbewußte Fahrlässigkeit), oder wer die Verwirklichung des gesetzlichen Tatbestandes zwar für möglich hält, aber pflichtwidrig und vorwerfbar im Vertrauen darauf handelt, daß der Tatbestand nicht verwirklicht werde (bewußte Fahrlässigkeit). Bei einer Beteiligung (Anstifter, Gehilfe) an einer von einer anderen Person begangenen Handlung reicht ein fahrlässiger Tatbeitrag jedoch nicht aus (vgl. Rdn. 3).

7 Zum subjektiven Tatbestand gehört die Kenntnis des Täters aller Merkmale des jeweiligen Rabattatbestandes, wie z. B. die Kenntnis, daß an den letzten Verbraucher veräußert oder gewerbliche Leistung für diesen ausgeführt werde.[5]

Ein Tatbestandsirrtum ist ein Irrtum des Täters über ein Tatbestandsmerkmal, beispielsweise über die Orts- und Handelsüblichkeit eines Mengennachlasses.[6]

Vorsatz oder Fahrlässigkeit allein reicht zum Schuldvorwurf nicht aus. Hinzukommen muß das Bewußtsein der Rechtswidrigkeit der Handlung. Fehlt dem Täter bei der Tat die Einsicht, etwas Unerlaubtes zu tun, namentlich, weil er das Bestehen oder die Anwendbarkeit einer Rechtsvorschrift nicht kennt, so handelt er nach § 11 Abs. 2 OWiG nicht vorwerfbar, wenn er diesen Irrtum nicht vermeiden konnte (Verbotsirrtum). Handelt der Täter in einem Irrtum darüber, ob eine Ware als „Ware des täglichen Bedarfs" anzusehen ist, so beruht sein Irrtum auf einer falschen rechtlichen Annahme und somit auf einem Subsumtions- und damit auf einem Verbotsirrtum.[7] Doch kann sich auf fehlendes Unrechtsbewußtsein nicht berufen, wer sein Gewissen nicht unter Einsatz aller seiner Erkenntniskräfte und sittlichen Wertvorstellungen angespannt, insbesondere nicht die gebotenen Erkundigungen eingezogen hat (BGHSt. 4, 5). Die Auskunft einer unzuständigen Stelle, die einen Rabattverstoß verneint, begründet keinen Verbotsirrtum.[8]

---

[5] Gl. A. *Baumbach/Hefermehl* Rdn. 2.
[6] Gl. A. *Baumbach/Hefermehl* Rdn. 2; *Michel/Weber/Gries* Rdn. 9 § 11; *Reimer/v. Gamm* Rdn. 2.
[7] So auch RGSt. 51, 195; *Baumbach/Hefermehl* Rdn. 2.
[8] OLG Hamm BB 1962, 318; *Baumbach/Hefermehl* Rdn. 2.

C. Versuch

Nach § 13 Abs. 2 OWiG kann der Versuch nur geahndet werden, wenn das Gesetz es ausdrücklich bestimmt. Nach § 11 RabattG ist die Ahndung eines Versuchs eines Rabattverstoßes nicht vorgesehen. 8

D. Höhe der Geldbuße

Nach § 11 Abs. 2 RabattG können Verstöße gem. Abs. 1 mit einer Geldbuße bis zu 10.000,– Deutsche Mark geahndet werden. Nach § 17 Abs. 1 OWiG beträgt die Geldbuße mindestens 5,– Deutsche Mark. Bei fahrlässigen Verstößen kann die Tat im Höchstmaß nur mit der Hälfte des angedrohten Höchstbetrages der Geldbuße, also mit bis zu 5.000,– Deutsche Mark geahndet werden. Ein besonderes Strafmaß wegen wiederholter Zuwiderhandlungen gegen die Vorschriften des RabattG sieht § 11 nicht mehr vor, „da die Umstände des Einzelfalles bei der Bemessung der Geldbuße genügend berücksichtigt werden können und im übrigen des Merkmal der Wiederholung zu unbestimmt und auch sachlich nicht geeignet ist, die Wiederholung als Straftat einzustufen" (So wörtlich der Regierungsentwurf BT-Drucks. 7/550, 377). Nach § 17 Abs. 3 OWiG sind Grundlage für die Zumessung der Geldbuße die Bedeutung der Ordnungswidrigkeit und der Vorwurf, der den Täter trifft. Wiederholte Verstöße gegen die Vorschriften des RabattG können somit bei der Bemessung der Geldbuße berücksichtigt werden. 9

E. Verjährung

Die Verfolgung von Ordnungswidrigkeiten nach dem RabattG verjährt nach § 31 Abs. 1 Nr. 2 OWiG i. V. mit § 11 Abs. 2 RabattG in 2 Jahren. **Zuständig** für die Verfolgung und Ahndung ist die Verwaltungsbehörde, §§ 35 ff OWiG. Es gilt das **Opportunitätsprinzip**, d. h. die Verfolgung der Ordnungswidrigkeit liegt im pflichtgemäßen Ermessen der Verfolgungsbehörde; § 47 Abs. 1 S. 1 OWiG. Solange das Verfahren bei ihr anhängig ist, kann sie es einstellen. Ist das Verfahren bei Gericht anhängig und hält dieses eine Ahndung nicht für geboten, so kann es das Verfahren mit Zustimmung der Staatsanwaltschaft in jeder Lage durch einen nicht anfechtbaren Beschluß einstellen; § 47 Abs. 2 OWiG. Die Einstellung des Verfahrens darf nicht von der Zahlung eines Geldbetrages abhängig gemacht werden; § 47 Abs. 3 OWiG. 10

F. Zusammentreffen mehrerer Gesetzesverletzungen

Das Zusammentreffen mehrerer Gesetzesverletzungen und mehrerer selbständiger Ordnungswidrigkeiten sowie das Zusammentreffen von Straftat und Ordnungswidrigkeit ist in den Vorschriften der §§ 19, 20 und 21 OWiG geregelt. 11

Erfüllt ein Rabattverstoß einen der Tatbestände und dieselbe Handlung zugleich den Tatbestand des § 4 UWG, so liegt Tateinheit (Idealkonkurrenz) vor. Dann wird nur das Strafgesetz (§ 4 UWG) angewendet; vgl. § 21 Abs. 1 OWiG. Wird jedoch keine Strafe verhängt, so kann die Handlung als Ordnungswidrigkeit geahndet werden; § 21 Abs. 2 OWiG.

Begeht ein Täter einen Rabattverstoß und daneben einen Zugabeverstoß, so liegt Tatmehrheit vor. Es sind mehrere Geldbußen verwirkt, und jede wird gesondert festgesetzt; § 20 OWiG.

Zu Ordnungswidrigkeiten bei Verstößen gegen das TabakStG s. § 30 Abs. 2 und 4 TabaksteuerG 1992 (BGBl. 1992 I 2150).

§ 12 Unterlassungsanspruch

Wer einer der Vorschriften dieses Gesetzes zuwiderhandelt, kann auf Unterlassung in Anspruch genommen werden. § 13 Abs. 2 Nr. 1, 2 und 4, Abs. 4 und 5 und § 23 a des Gesetzes gegen den unlauteren Wettbewerb sind entsprechend anzuwenden.

§ 14 DVO. Der Unterlassungsanspruch (§ 12 des RabattG) verjährt in sechs Monaten von dem Zeitpunkt an, in dem der Anspruchsberechtigte von der Handlung und von der Person des Verpflichteten Kenntnis erlangt, ohne Rücksicht auf diese Kenntnis in drei Jahren von der Begehung der Handlung an.

Übersicht

Alphabetische Übersicht

Literatur

Vgl. zunächst die Literaturübersicht bei § 1 vor Rdn. 1.

Kommentare

Baumbach/Hefermehl 20. Aufl., Die Erläuterungen zu § 12 RabattG und zu dem durch die UWG-Novelle 1994 neu gefaßten § 13 UWG; *Gloy* HdbWbR 2. Aufl. § 19 (Anspruchsberechtigte), § 21 (Abwehransprüche/Unterlassungsanspruch); *Köhler/Piper* Erläuterungen zu § 12 RabattG und § 13 UWG; *Teplitzky* Wettbewerbsrechtliche Ansprüche, 7. Aufl., insbesondere 13. Kap. (Der Gläubiger des Unterlassungsanspruchs).

Einzeldarstellungen

Ahrens Die internationale Verbandsklage in Wettbewerbssachen, WRP 1994, 787; *Bauer* Wesentliche Beeinträchtigung des Wettbewerbs, FS Vieregge (1995) 21 ff; *Bernreuther* Zur Wesentlichkeit der Wettbewerbsbeeinträchtigung nach § 13 Abs. 2 Ziff. 1 und 2 UWG, WRP 1995, 452; *Borck* Aktivlegitimation und Prozeßführungsbefugnis beim wettbewerbsrechtlichen Unterlassungsanspruch, WRP 1988, 707; *ders.* Gesetz zur Änderung des Gesetzes gegen den unlauteren Wettbewerb, WRP 1994, 719; *Bornkamm* Das Wettbewerbsverhältnis und die Sachbefugnis des Mitbewerbers, GRUR 1996, 527; *Dieselhorst* Der „unmittelbar Verletzte" im Wettbewerbsrecht nach der UWG-Novelle, WRP 1995, 1; *Engler* Unterlassungs- und Vertragsstrafeansprüche von Wettbewerbsverbänden nach der Neuregelung ihres Klagerechts durch das Gesetz zur Änderung des UWG, NJW 1995, 2185 ff; *Gröning* 100 Tage UWG-Änderungsgesetz, WRP 1994, 775; *ders.* Die Eignung zur wesentlichen Beeinträchtigung des Wettbewerbs, WRP 1995, 278; *Hefermehl* Grenzen der Klagebefugnis der Gewerbetreibenden und Verbände im Recht gegen den unlauteren Wettbewerb, FS „75 Jahre Zentrale zur Bekämpfung unlauteren Wettbewerbs" (1987) 49 ff = WRP 1987, 281 ff; *Herget* Die Antragsberechtigung im Wettbewerbsrecht nach der UWG-Novelle 1994, WiB 1996, 59 ff; *Hinz* Wettbewerbsklagen von Verbänden im Sinne des § 13 Abs. 2 Nr. 2 UWG in gewillkürter Prozeßstandschaft, FS Piper (1996) 257 ff; *Köhler* Die Haftung des Betriebsinhabers für Wettbewerbsverstöße seiner Angestellten und Beauftragten (§ 13 IV UWG), GRUR 1991, 344 ff; *Lindacher* Die internationale Verbandsklage in Wettbewerbssachen, FS Lüke (1997) 377 ff; *v. Linstow* Klagebefugnis und Gerichtsstand nach der UWG-Novelle, WRP 1994, 787 ff; *Nacken* Anmerkungen zu den Änderungen des UWG, WRP 1994, 791 ff; *Nägele* Das konkrete Wettbewerbsverhältnis – Entwicklungen und Ausblick, WRP 1996, 997; *Piper* Neuere Rechtsprechung des BGH zum Wettbewerbsrecht, GRUR 1996, 147; *Sack* Der Schutzzweck des UWG und die Klagebefugnis des unmittelbar Verletzten, FS v. Gamm (1990) 161 ff; *ders.*, Die wettbewerbsrechtliche Klagebefugnis des „unmittelbar Verletzten" nach der Neufassung des § 13 Abs. 2 Nr. 1 UWG, BB 1995, 1 ff; *Teplitzky* Die jüngste Rechtsprechung des BGH zum wettbewerbsrechtlichen Anspruchs- und Verfahrensrecht, GRUR 1989, 461 ff; *ders.* Zur Frage des Wegfalls der Geschäftsgrundlage für Unterwerfungsverträge als Folge der Neufassung des § 13 Abs. 2 Nr. 1 und 2 UWG, WRP 1995, 275 ff; *ders.* Die jüngste Rechtsprechung des Bundesgerichtshofes zum wettbewerblichen Anspruchs- und Verfahrensrecht, GRUR 1995, 627; *Tilmann* Die UWG-Novelle 1994, BB 1994, 1793 ff; *Ulrich* Der Mißbrauch prozeßualer Befugnisse in Wettbewerbssachen, FS v. Gamm (1990) 223 ff; *ders.* Auswirkungen der UWG-Novelle 1994 auf abgeschlossene wettbewerbsrechtliche Streitfälle, WRP 1995, 86 ff; *ders.* Die gewillkürte Prozeßstandschaft und die UWG-Novelle 1994, WRP 1995, 441 ff; *Weiß* Die Verbandsklagebefugnis nach neuem Recht – wirksames Regulativ oder unüberwindbare Hürde?, WRP 1995, 155 ff; *ders.* Die Verbandsklagebefugnis nach neuem Recht – wirksames Regulativ oder unüberwindbare Hürde?, WRP 1995, 151 ff; *Wiebe* Bindung an Unterlassungsverträge nach der Novellierung von § 13 Abs. 2 Nr. 1 und 2 UWG, WRP 1995, 75 ff.

A. Allgemeines

I. Neufassung des § 12

§ 12 RabattG ist durch das Gesetz zur Änderung wirtschafts-, verbraucher-, arbeits- und sozialrechtlicher Vorschriften vom 25. 7. 1986 (BGBl. I 1169) neu gefaßt worden. Die Neufassung ist am 1. 1. 1987 in Kraft getreten. Durch sie soll das RabattG – wie die ZugabeVO – an die Neuregelung der Klagebefugnis und der 1

Streitwertbemessung im UWG angepaßt werden (so Amtl. Begr. BT-Drucks. 10/4741, 20). Von den sich aus Rabattverstößen ergebenden zivilrechtlichen Ansprüchen gewährt § 12 RabattG nur den Unterlassungsanspruch. Hinsichtlich der Klagebefugnis, der Haftung für Angestellte und Beauftragte und der mißbräuchlichen Geltendmachung von Unterlassungsansprüchen erklärt § 12 S. 2 RabattG die Vorschriften des § 13 Abs. 2 Nr. 1, 2 und 4, Abs. 4 und 5 für entsprechend anwendbar. Ferner wird der neue, durch die UWG-Novelle vom 25. 7. 1986 neu eingefügte § 23 a UWG für entsprechend anwendbar erklärt.

2 Hinsichtlich der Klagebefugnis beinhaltet die Neufassung des § 12 und die Verweisung auf § 13 UWG sachlich keine Änderung. Industrie- und Handelskammern sowie Handwerkskammern waren auch bisher klagebefugt. Es fehlt eine Verweisung auf § 13 Abs. 2 Nr. 3 UWG, so daß die darin genannten Verbraucherverbände nicht klageberechtigt sind. Die in § 13 Abs. 4 UWG geregelte Haftung für Angestellte und Beauftragte war früher in § 12 Abs. 2 RabattG a. F. geregelt. Die Versagung des Unterlassungsanspruches bei mißbräuchlicher Geltendmachung durch § 13 Abs. 5 UWG war zwar früher gesetzlich nicht geregelt, bringt aber im Grunde genommen sachlich auch nichts Neues. Nach der Begründung zu dieser Regelung (vgl. BT-Drucks. 10/5771, 22, 46) knüpft dieser Änderungsvorschlag an die in der Rechtsprechung vermehrt festzustellende Tendenz an, Mißbräuchen bei der Geltendmachung von Unterlassungsansprüchen durch Verbände und Mitbewerber dadurch zu begegnen, daß die Klagebefugnis verneint wird. § 13 Abs. 5 UWG bringt daher lediglich einen ohnehin geltenden Rechtsgrundsatz zum Ausdruck.[1]

3 Abweichend von § 13 Abs. 6 UWG und § 2 Abs. 2 ZugabeVO gewährt § 12 RabattG keinen Schadensersatzanspruch. Ob ein Schadensersatzanspruch besteht, ist daher nach den allgemeinen zivilrechtlichen Vorschriften der §§ 823, 826 BGB und § 1 UWG zu beurteilen. Das RabattG dient dem Schutze bestimmter Personenkreise,[2] und ist insoweit Schutzgesetz i. S. des § 823 Abs. 2 BGB.[3]

4 Voraussetzungen und Umfang des Schadensersatzanspruches bestimmen sich daher nach den allgemeinen zivilrechtlichen Vorschriften der §§ 823 Abs. 2, 826 ff, 249 ff BGB. Daneben kann § 1 UWG Grundlage eines Schadensersatzanspruches sein.[4] Nach *von Gamm* ergibt sich der Schadensersatzanspruch regelmäßig auch aus § 1 UWG.[5] Jedoch ist ein rabattrechtlicher Verstoß nicht per se unlauter im Sinne des UWG, sondern nur, wenn besondere Umstände hinzutreten, die zur Anwendung der §§ 1 und 3 UWG führen. Eine Personalwerbung unter Hinweis auf die Gewährung von Einkaufsvorteilen, die unter Verstoß gegen das RabattG ermöglicht werden, ist wettbewerbswidrig im Sinne des § 1 UWG und löst einen Schadensersatzanspruch nach dieser Vorschrift aus.[6]

II. Streitwertminderung und -begünstigung

5 § 12 S. 2 verweist auf § 23 a UWG, der eine Regelung der Streitwertminderung für Unterlassungsansprüche enthält. § 23 a UWG erwähnt rabattrechtliche Vor-

---

[1] Vgl. hierzu *Gloy* HdbWbR 2. Aufl. § 19 Rdn. 64–66.

[2] Mittelständischer Einzelhandel, vgl. BVerfGE 21, 292 = GRUR 1967, 605, 606 – *Warenhaus-Rabatt.*

[3] H. M. vgl. BGH GRUR 1964, 88, 90 – *Verona-Gerät; Baumbach/Hefermehl* Rdn. 1; *v. Gamm* Kap. 60 Rdn. 77; *Köhler/Piper* Rdn. 1; *Michel/Weber/Gries* Rdn. 1 mwN; *Reimer/Krieger* Rdn. 2.

[4] So auch *Baumbach/Hefermehl* Rdn. 1; *Köhler/Piper* Rdn. 1.

[5] S. *von Gamm* Kap. 60 Rdn. 77.

[6] Vgl. BGH GRUR 1984, 129, 130 – *shop-in-the-shop.*

schriften nicht. Jedoch erklärt § 12 S. 2 RabattG den § 23 a UWG für entsprechend anwendbar. Infolgedessen gilt § 23 a UWG auch für die Bemessung des Streitwerts für Ansprüche auf Unterlassung von Zuwiderhandlungen gegen Vorschriften des RabattG.[7] Eine Sache ist einfach i. S. des § 23 a UWG n. F. gelagert, wenn es sich um einen rechtlich eindeutigen Verstoß gegen das RabattG handelt, der sich für Gericht und Rechtsanwälte, die im Wettbewerbsrecht erfahren sind, als „tägliche Routinearbeit" darstellt.[8]

Dagegen fehlt eine entsprechende Verweisung auf § 23 b UWG, so daß es für Ansprüche aus dem RabattG keine Streitwertbegünstigung gibt.[9]

B. Geltendmachung des Unterlassungsanspruches

I. Aktivlegitimation

§ 12 S. 1 gewährt bei Rabattverstäßen einen Unterlassungsanspruch, bestimmt 6
jedoch anders als § 12 Abs. 1 a. F. nicht, wer klagebefugt ist. Wegen der Klagebefugnis verweist § 12 S. 2 auf § 13 Abs. 2 Nr. 1, 2 und 4, Abs. 4 und 5 UWG, jedoch ist § 13 Abs. 2 Nr. 3 UWG (Verbraucherverbände) ausgenommen. Im Wettbewerbsrecht wird der unmittelbar Verletzte stets als klagebefugt angesehen.[10] Dies setzt eine konkrete Wettbewerbsbeziehung zwischen dem Verletzer und dem durch einen Rabattverstoß verletzten Unternehmer voraus.

1. Gewerbetreibende, die Waren oder gewerbliche Leistungen gleicher oder verwandter Art vertreiben; § 13 Abs. 2 Nr. 1. Klageberechtigt ist auch der Gewerbetreibende, der nicht im Geschäftsverkehr mit letzten Verbrauchern steht.[11]
2. Rechtsfähige Verbände zur Förderung gewerblicher Interessen; § 13 Abs. 2 Nr. 2 UWG. Zur Klagebefugnis eines Verbandes von Vertragshändlern eines Kfz-Herstellers und zur Eignung eines Rabattes von mehr als 3% den Wettbewerb auf dem Kfz-Markt wesentlich zu beeinträchtigen.[12]
3. Industrie- und Handelskammern und Handwerkskammern; § 13 Abs. 2 Nr. 4 UWG.

Jedoch ist die Klagbefugnis dieser drei Gruppen von Klägern durch die UWG-Novelle 1994 eingeschränkt worden (siehe dazu *Baumbach/Hefermehl* UWG § 13 Rdn. 11–32, 24; *Gloy* HdbWR 2. Aufl. § 19 Rdn. 10–39, 50–60; *Köhler/Piper* Rdn. 3–20, 27; *Teplitzky* Wettbewerbsrechtliche Ansprüche, 7. Aufl. Kap. 13 Rdn. 2–30 h).

Keine Klagebefugnis bei Rabattverstößen haben dagegen die Verbraucherverbände des § 13 Abs. 2 Nr. 3 UWG. Eine Popularklage kennt das RabatttG ebensowenig wie das UWG.

II. Passivlegitimation

1. Allgemeines

Zu unterscheiden ist die Haftung der handelnden Personen, die einen Rabattver- 7
stoß begehen oder sich in sonstiger Weise an einem Rabattverstoß beteiligen, und

---

[7] So auch Großkomm./*Jestaedt* UWG § 23 a Rdn. 7; *Baumbach/Hefermehl* UWG § 23 a Rdn. 2.

[8] OLG Köln WRP 1987, 690; näher dazu Großkomm./*Jestaedt* aaO Rdn. 13 ff; *Baumbach/Hefermehl* UWG § 23 a Rdn. 7; *Teplitzky* Wettbewerbsrechtliche Ansprüche, 7. Aufl Kap. 49 Rdn. 58 ff, jeweils mwN.

[9] So auch *Baumbach/Hefermehl* UWG § 23 b Rdn. 2; Großkomm./*Jestaedt* UWG § 23 b Rdn. 7; *Köhler/Piper* UWG § 23 b Rdn. 2; *Teplitzky* Kap. 50 Rdn. 13.

[10] Vgl. BGH GRUR 1966, 445, 446 – *Glutamal.*

[11] Gl. A. *Michel/Weber/Gries* Rdn. 2.

[12] Vgl. OLG Düsseldorf GRUR 1995, 447.

eine eventuelle Haftung des Inhabers eines geschäftlichen Betriebes für Handlungen Dritter. Handeln mehrere Personen, so muß mit Rücksicht auf die Fassung des § 1 RabattG ein den Rabatt gewährender Unternehmer beteiligt sein.[13] An Rabattverstößen eines Unternehmens können auch Personen mitwirken und den Unterlassungsanspruch gem. § 12 S. 1 RabattG auslösen, auch wenn sie nicht selbst Unternehmer i. S. des § 1 RabattG sind. So z. B. ein Unternehmen, das im Rahmen eines Franchise-Systems eine Verkaufsförderung für Reinigungsbetriebe betreibt.[14] Ein Betriebsinhaber begeht selbst einen Rabattverstoß i. S. des § 12 S. 1 RabattG, wenn er die Ankündigung oder Gewährung eines unzulässigen Rabatts durch seine Angestellten oder Beauftragten veranlaßt oder fördert.[15] Wegen weiterer Einzelheiten zur Haftung für eigenes Verhalten vgl. § 13 UWG Rdn. 140; *Baumbach/Hefermehl* UWG § 13. Daneben haftet der Betriebsinhaber, der einen Rabattverstoß seiner Angestellten und Beauftragten veranlaßt oder fördert auch gem. § 12 S. 2 RabattG i. V. m. § 13 Abs. 4 UWG, wenn die Angestellten oder Beauftragten dem RabattG zuwiderhandeln.

2. Haftung für eigenes Verhalten

8 Täter eines Rabattverstoßes und damit anspruchsverpflichtet ist jede den Vorschriften des RabattG zuwiderhandelnde Person. Der Rabattverstoß kann in dem Ankündigen oder Gewähren eines unzulässigen Preisnachlasses oder in der Mitwirkung an einem fremden Rabattverstoß bestehen. Jede Beteiligung an einem Rabattverstoß löst den Unterlassungsanspruch des § 12 RabattG aus, ausgenommen, wenn sich jemand darauf beschränkt, einen unzulässigen Rabatt in Empfang zu nehmen (vgl. dazu Rdn. 12). Für den rabattrechtlichen Unterlassungsanspruch macht es keinen Unterschied, ob jemand als Täter, Mittäter, Anstifter oder Gehilfe gehandelt hat.[16]

Für die Beurteilung einer Handlung als Ordnungswidrigkeit kommt es darauf nicht an, weil § 14 OWiG einheitlich nur noch von „beteiligen" spricht. Doch setzt die rabattrechtliche Inanspruchnahme eines Beteiligten, der selbst nicht zu den Normadressaten des RabattG gehört, mindestens voraus, daß der Rabattverstoß, zu dem der Beteiligte beigetragen haben soll, tatsächlich begangen worden ist.

Werden von Mutter und Sohn kassenmäßig getrennt ein Spielzeuggeschäft und der Einzelhandel mit Modellbauartikeln in zwei getrennten, aber durch einen Durchbruch verbundenen Geschäftsräumen betrieben, so haftet die Mutter für einen Rabattverstoß des Sohnes, wenn für Verkäufe des Sohnes eine Quittung mit dem Firmenstempel der Mutter erteilt wird nach Rechtsscheingrundsätzen.[17]

3. Haftung des Betriebsinhabers für Angestellte oder Beauftragte

9 § 12 S. 2 RabattG verweist wegen der Haftung des Betriebsinhabers für Rabattverstöße von Angestellten oder Beauftragten nunmehr auf § 13 Abs. 4 UWG. Sachlich hat sich dadurch gegenüber der früheren Rechtslage nichts geändert. § 12 Abs. 2 RabattG a. F. stimmt mit der Regelung des § 13 Abs. 4 UWG sachlich über-

---

[13] Vgl. BGH GRUR 1964, 88, 89 – *Verona-Gerät*; GRUR 1963, 438 – *Fotorabatt*; *Baumbach/Hefermehl* Rdn. 2.

[14] Vgl. OLG Düsseldorf WRP 1973, 418.

[15] Vgl. BGH GRUR 1963, 88 – *Verona-Gerät*.

[16] Vgl. BGH GRUR 1989, 773, 774 – *Mitarbeitervertretung*; *Baumbach/Hefermehl* Rdn. 3 a. E.; *Köhler/Piper* Rdn. 5.

[17] Gl. A. OLG Karlsruhe GRUR 1984, 829.

ein. Es kann daher auch auf die Rechtsprechung zu § 12 Abs. 2 RabattG a. F. zurückgegriffen werden.

Sinn der Regelung des außer Kraft getretenen § 12 Abs. 2 RabattG a. F. als auch der nunmehr allein maßgebenden Vorschrift des § 13 Abs. 4 UWG ist es zu verhindern, daß der Betriebsinhaber, dem die beanstandeten Wettbewerbshandlungen zugute kommen, sich bei Verstößen hinter von ihm abhängige Dritte versteckt.[18] Daher kann der Betriebsinhaber auch dann auf Unterlassung in Anspruch genommen werden, wenn er selbst keinen Rabattverstoß begangen, aber ein Angestellter oder Beauftragter in seinem geschäftlichen Betrieb eine rabattrechtlich unzulässige Handlung vorgenommen hat. Nach der ständigen Rechtsprechung des Reichsgerichts und des Bundesgerichtshofes sind die Begriffe „Geschäftlicher Betrieb" und „Beauftragter" weit auszulegen.

„In einem geschäftlichen Betrieb" ist nicht räumlich zu verstehen. Es muß sich um eine Handlung des Beauftragten oder Angestellten handeln, die in den Rahmen der Tätigkeit fällt, die an sich dem Inhaber des Betriebes obliegt.[19] Entscheidend ist, inwieweit der handelnde Angestellte oder Beauftragte Glied der betrieblichen Organisation ist, wobei es allerdings nicht darauf ankommt, welchen Anschein er nach außen erweckt (vgl. BGH aaO). Ist ein Großhändler gleichzeitig an einem in der Form einer GmbH betriebenen Einzelhandelsunternehmen als Gesellschafter beteiligt und ist er auch dessen Geschäftsführer, so ist ein Rabattverstoß des Einzelhandelsunternehmens „im geschäftlichen Betrieb" des Großhändlers begangen worden.[20] „Im geschäftlichen Betrieb" eines Großhändlers sind auch Rabattverstöße begangen worden, die von Einzelhändlern, die der Großhändler als seine Hauptkunden bezeichnet und die mit ihm in ständiger Geschäftsverbindung stehen, im Rahmen der Werbung für das sog. Unterkundengeschäft begangen worden sind.[21] Wegen weiterer Einzelheiten zum Begriff „in einem geschäftlichen Betrieb" s. § 13 UWG Rdn. 150; zu den Begriffen „Angestellten" oder „Beauftragten" s. § 13 UWG Rdn. 152 ff.[22] 10

Zur Haftung eines Verlegers von für Gewerbetreibende bestimmte Gutscheinhefte mit Coupons für Rabatte, vgl. OLG Stuttgart NJW WettbewR 1996, 125.

4. Haftung mehrerer Verletzer

Sind mehrere Personen an einem Rabattverstoß beteiligt, so ist für jede gesondert festzustellen, ob und in welcher Weise sie zur Verwirklichung des Tatbestandes beigetragen hat. Die verbotene Handlung kann im Ankündigen oder Gewähren, aber auch in der willentlichen Förderung einer dieser tatbestandsmäßigen Handlungen bestehen. Im Verbotsantrag ist dieses Verhalten, d. h. die jeweils festgestellte Art der Mitwirkung konkret zu umschreiben.[23] Einen zur Anwendung des § 12 S. 1 führenden Tatbeitrag zu einem Rabattverstoß leistet, wer laufend Kunden unter Aushändigung eines Einkaufsberechtigungsscheines an einen Großhändler verweist, der 20 Prozent Nachlaß einräumt.[24] Gleiches gilt, wenn Gartencenter und der Verleger 11

[18] BGH GRUR 1964, 263, 266 – *Unterkunde.*
[19] Vgl. BGH GRUR 1963, 438, 439 – *Fotorabatt.*
[20] Vgl. BGH GRUR 1964, 88 – *Verona-Gerät.*
[21] Vgl. BGH GRUR 1964, 263, 266f – *Unterkunde.*
[22] Zu allem auch näher *Baumbach/Hefermehl* UWG § 13 Rdn. 62 ff; *Köhler/Piper* UWG § 13 Rdn. 29 ff; *Teplitzky* Kap. 14 Rdn. 14 ff.
[23] Vgl. BGH GRUR 1963, 438, 440 – *Fotorabatt.*
[24] LG Hamburg WRP 1959, 329, 330.

eines Anzeigenblattes in der Weise zusammenwirken, daß im Anzeigenblatt ein Gutschein abgedruckt wird, bei dessen Vorlage im Gartencenter ein Lesersonderpreis für verschiedene Gartengeräte eingeräumt wird.[25]

5. Haftung des Rabatt-Empfängers

12 § 1 RabattG nennt als rechtlich relevante Handlungen das Ankündigen oder Gewähren nicht zugelassener Preisnachlässe. Einen Rabattverstoß begeht daher nicht, wer sich darauf beschränkt, einen unzulässigen Preisnachlaß zu fordern oder entgegenzunehmen.[26] Dies gilt auch dann, wenn jemand andere Personen auf den preisgünstigen Bezug hinweist.[27] Eine andere Beurteilung von Handlungen eines Verbrauchers im Zusammenhang mit einem Rabattverstoß kann in Betracht kommen, wenn der Rabattempfänger über die notwendige Teilnahme bei der Annahme des Preisnachlasses hinaus am Rabattverstoß des Händlers mitwirkt.[28]

III. Voraussetzungen des Unterlassungsanspruchs

1. Konkrete Verletzungshandlung oder Erstbegehungsgefahr

13 Ein Unterlassungsanspruch ist gegeben, wenn ein Rabattverstoß bereits begangen wurde und seine Wiederholung zu befürchten ist oder wenn die Verwirklichung eines Rabattverstoßes drohend bevorsteht.[29] Ein Verschulden setzt der rabattrechtliche Unterlassungsanspruch ebensowenig voraus wie der allgemeine wettbewerbsrechtliche Unterlassungsanspruch.[30] Auch Angestellte und Beauftragte brauchen nicht schuldhaft gehandelt zu haben. Die Rechtswidrigkeit des Rabattverstoßes folgt aus der Verwirklichung eines rabattrechtlichen Tatbestandes. Wegen weiterer Einzelheiten zur konkreten Verletzungshandlung, zum nicht erforderlichen Verschulden sowie zur Rechtswidrigkeit vgl. Rdn. B 23 ff vor § 13 UWG; ferner – zum neuesten Stand – *Teplitzky* Wettbewerbsrechtliche Ansprüche, 7. Aufl. Kap. 5 (dort besonders Rdn. 10 mit Fn. 8) und Kap. 10 (dort besonders Rdn. 16).

2. Wiederholungsgefahr; Erstbegehungsgefahr

14 Wie jeder wettbewerbsrechtliche Unterlassungsanspruch kann auch der rabattrechtliche Unterlassungsanspruch nur geltend gemacht werden, wenn Wiederholungsgefahr oder Erstbegehungsgefahr besteht. Der Begriff „Wiederholungsgefahr" bezeichnet die Gefahr der erneuten Begehung einer konkreten Verletzungshandlung, die der Verletzer in gleicher Form bereits begangen hat.[31] Ist der Rabattverstoß von einem Angestellten oder Beauftragten begangen worden, so ist die Wiederholungsgefahr sowohl nach dem Verhalten dieser Person als auch des Betriebsinhabers zu beurteilen.[32] Sind für den Geschäftsherrn eine Vielzahl von Beauftragten tätig und häufen sich Rabattverstöße, dann sind an die Ausräumung der Wiederholungsgefahr strenge Anforderungen zu stellen. Rundschreiben, mit denen die Beauftragten

---

[25] Vgl. LG Mainz WRP 1980, 449.

[26] BGH GRUR 1989, 773, 774 – *Mitarbeitervertretung*.

[27] So auch *Baumach/Hefermehl* Rdn. 3.

[28] Vgl. BGH GRUR 1989, 773, 774 – *Mitarbeitervertretung*; OLG München GRUR 1965, 197 – *Einkaufsmöglichkeiten*; *Köhler/Piper* Rdn. 5.

[29] Vgl. OLG Hamburg WRP 1958, 29, 30.

[30] Vgl. hierzu *Baumbach/Hefermehl* UWG Einl. Rdn. 141; *Teplitzky* Wettbewerbsrechtliche Ansprüche, 7. Aufl. Kap. 5 Rdn. 5.

[31] So *Teplitzky* Kap. 6 Rdn. 1.

[32] BGH GRUR 1964, 263, 269 – *Unterkunde*; GRUR 1965, 155 – *Werbefahrer*; vgl. dazu näher *Teplitzky* Wettbewerbsrechtliche Ansprüche, 7. Aufl. Kap. 6 Rdn. 11f.

zu lauterer Werbung ermahnt werden, reichen dann nicht aus.[33] Nach heute allgemein herrschender Auffassung wird zur Ausräumung einer Wiederholungsgefahr nur die Unterwerfung als ausreichend angesehen.[34] Die konkrete Verletzungshandlung begründet eine Begehungsgefahr für solche abweichenden Begehungsformen, die noch in ihren Kernbereich fallen.[35] Obwohl § 1 RabattG nur das Ankündigen oder Gewähren als verbotene Tatbestände nennt, setzt der Unterlassungsanspruch des § 12 RabattG nicht voraus, daß ein Preisnachlaß bereits angekündigt oder gewährt worden ist. Auch das Anbieten eines unzulässigen Rabatts einem einzelnen Kunden gegenüber kann den vorbeugenden Unterlassungsanspruch begründen.[36] Voraussetzung ist jedoch die Gefahr eines unmittelbar bevorstehenden Rabattverstoßes. Es müssen Tatsachen vorliegen, die die Vorbereitung und die Absicht zur Verwirklichung eines unter das RabattG fallenden Tatbestandes mit Sicherheit erkennen lassen. Wird ein unzulässiger Rabatt nur unter ganz besonderen, sich nur ausnahmsweise ergebenden Umständen angeboten und nicht angekündigt, dann ist die Gefahr einer unmittelbar bevorstehenden Begehungsgefahr besonders sorgfältig zu prüfen. *Droste* (i. d. Anm. zu BGH aaO – *Schrankwand*) will offenbar nicht ausschließen, daß bereits das Anbieten eines Rabattes zu den vom Gesetz verbotenen Handlungen gehört. Eine vom Gesetzgeber nicht als unzulässig gekennzeichnete Handlung kann jedoch nicht im Wege der Auslegung in das Verbot einbezogen werden. Das verbieten, da § 1 RabattG bußgeldbewährt ist, Art. 103 Abs. 2 GG und § 3 OWiG.[37]

3. Antragsfassung

Bei bereits begangenen Wettbewerbsverstößen muß der Klagantrag sich regelmäßig auf die konkrete Verletzungshandlung beziehen und sie möglichst genau wiedergeben, weil nur in diesem Umfang Wiederholungsgefahr besteht. Ein Antrag wie, dem Täter „eine unerlaubte Rabattgewährung zu untersagen“[38] oder eine Wiederholung des Gesetzestextes im Antrag, entspricht nicht der konkreten Verletzungshandlung, ist zu unbestimmt und daher im allgemeinen unzulässig.[39] 15

Bei Rabattverstößen genügt die bloße Wiedergabe des gesetzlichen Verbotstatbestandes dem Erfordernis der Bestimmtheit grundsätzlich nicht, jedenfalls dann nicht, wenn streitig ist, welche von mehreren Verhaltensweisen dem gesetzlichen Verbotstatbestand unterfällt.[40] 16

---

33 Vgl. OLG Düsseldorf 1961, 94, 96 – *Haftung beim Unterkundengeschäft.*

34 Vgl. dazu im einzelnen *Teplitzky* Wettbewerbsrechtliche Ansprüche, 7. Aufl. Kap. 7 Rdn. 3 ff.

35 Vgl. dazu ausführlich *Teplitzky* Wettbewerbsrechtliche Ansprüche, 7. Aufl. Kap. 5 Rdn. 10 mit zahlreichen Rechtsprechungsnachweisen in Fn. 8.

36 BGH GRUR 1967, 433, 434 – *Schrankwand* – mit Anm. *Droste.*

37 Wegen weiter Einzelheiten zum Begriff der Wiederholungsgefahr s. Rdn. B 27 ff vor § 13 UWG sowie *Teplitzky* Kap. 6 und zur Beseitigung der Wiederholungsgefahr Rdn. B 32 ff vor 13 Abschn. B Rdn. 27 ff § 13 UWG sowie *Teplitzky* Kap. 7 f.

38 Beispiel bei *Baumbach/Hefermehl* UWG Einl. Rdn. 457 b.

39 So auch BGH GRUR 1995, 832, 833 – *Verbraucherservice*; BGHZ 118, 1 ff = WRP 1992, 482, 483 – *Ortspreis*; *Baumbach/Hefermehl* UWG Einl. Rdn. 462; *Köhler/Piper* UWG vor § 13 Rdn. 224; Großkomm./Jakobs UWG vor § 13 D Rdn. 110 mwN; *Teplitzky* Wettbewerbsrechtliche Ansprüche, Kap. 51 Rdn. 8; *Zöller/Greger* ZPO 21. Aufl. § 253 Rdn. 13 b; weitergehend *Melullis* Handbuch des Wettbewerbsprozesses, 2. Aufl. Rdn. 332.

40 BGHZ 118, 1 = WRP 1992, 482 – *Ortspreis.*

Jedoch kann eine Formulierung des Klagantrages entsprechend dem Gesetzeswortlaut ausnahmsweise ausreichen, da der Rabattverstoß sich vielfach nicht genauer beschreiben läßt.[41]

Die ausnahmsweise Zulässigkeit eines am Gesetzeswortlaut orientierten Klagantrages bei Rabattverstößen beruht darauf, daß damit das tatsächliche Verhalten zwar verallgemeinernd, aber hinreichend konkret umschrieben wird. Bei Rabatt-Tatbeständen unter Einbeziehung von Dritten reicht ein so gefaßter Antrag nicht aus (So auch BGH GRUR 1995, 832, 833 – *Verbraucherservice*).

In solchen Fällen ist es zulässig, das beantragte Verbot beispielsweise wie folgt zu formulieren: „Der Beklagte wird verurteilt, es zu unterlassen, im Einzelverkauf von Fernsehgeräten an den letzten Verbraucher (Endverbraucher) Preisnachlässe anzukündigen und/oder zu gewähren, die den Barzahlungsnachlaß von 3 Prozent überschreiten“.

4. Anwendbarkeit des § 25 UWG

17 Im Wettbewerbsrecht erleichtert § 25 UWG das Erwirken und den Erlaß einstweiliger Verfügungen. Zur Sicherung von Unterlassungs- und Beseitigungsansprüchen können sie auch dann erlassen werden, wenn der Antragsteller die Dringlichkeit nicht besonders glaubhaft macht. In Wettbewerbssachen ist die Dringlichkeit stets zu vermuten, kann aber im Einzelfall widerlegt werden.

§ 25 UWG bezieht sich nach seinem Wortlaut auf die „Sicherung der in diesem Gesetz bezeichneten Ansprüche auf Unterlassung“. Im RabattG wird auf diese Vorschrift an keiner Stelle Bezug genommen.

Dennoch ist § 25 UWG auch auf Unterlassungs- und Beseitigungsansprüche aus dem RabattG anwendbar. Die Tatbestände des RabattG sind wie die der ZugabeVO wettbewerbsrechtliche Normen und Teile des Wettbewerbsrechts. Sie ergänzen das UWG (vgl. Einf. Rdn. 12–15). Im Verhältnis zum UWG ist das RabattG Sondergesetz. Seine Anwendung schließt die Anwendung des UWG aber nicht aus. § 25 UWG ist daher auch auf Unterlassungsansprüche aus dem Rabattrecht anwendbar.[42]

5. Gegenangriff des in Anspruch genommenen

18 Erhebt ein wegen angeblicher Rabattverstöße in Anspruch genommener Beklagter Widerklage auf Unterlassung der entsprechenden – ausschließlich zu Prozeßzwecken erhobenen – Vorwürfe gegen den Kläger und gegen Dritte, die vom Kläger als Zeugen benannt sind, so ist die Widerklage mangels Rechtsschutzbedürfnisses

---

[41] BGH GRUR 1995, 832, 833 – *Verbraucherservice*; WRP 1992, 482, 483 – *Ortspreis*; OLG Celle WRP 1974, 625, 626; OLG Frankfurt WRP 1978, 830; OLG Köln GRUR 1972, 370, 371; *Baumbach/Hefermehl* UWG Einl. Rdn. 462; *Ahrens* § 16 S. 166 f; *v. Gamm* Kap. 60 Rdn. 76; Großkomm./Jacobs aaO Rdn. 111; *Jacobs* Handels- und Wirtschaftsrecht III. Form. 3.626 Anm. 10; *Melullis* 67; *Pastor* S. 684; *Gloy/Spätgens* HdbWR 2. Aufl. § 68 Rdn. 3; *Teplitzky* Rdn. 8 Kap. 51.

[42] Gl. A. OLG Bamberg GRUR 1973, 104; OLG Hamburg WRP 1974, 641; OLG Karlsruhe GRUR 1979, 700; OLG Stuttgart WRP 1997, 60, 240; vgl. dazu auch *Baumbach/Hefermehl* UWG § 25 Rdn. 5; *Gloy/Spätgens* HdbWbR 2. Aufl. § 81 Rdn. 31; *Köhler/Piper* UWG § 25 Rdn. 14; Großkomm./*Schultz-Süchting* UWG § 25 Rdn. 346; *Teplitzky* Kap. 54 Rdn. 19; *Ahrens* § 29 III.; Anm. *Jänich* EWiR 1997, 185; *Nirk/Kurtze* Rdn. 222; *Nordemann* Rdn. 610; *Pastor* S. 256; a. A. *v. Gamm* UWG § 25 Rdn. 1.

als unzulässig abzuweisen, und zwar durch Teilurteil vor der Entscheidung über die Klage, falls es für letztere auf eine Vernehmung der widerbeklagten Dritten als Zeugen ankommt.[43]

IV. Wegfall des Unterlassungsanpruchs

Durch die UWG-Novelle 1986 ist in § 13 UWG ein neuer Abs. 5 eingefügt worden. Danach kann der Unterlassungsanspruch nicht geltend gemacht werden, wenn die Geltendmachung unter Berücksichtigung der gesamten Umstände mißbräuchlich ist, insbesondere wenn sie vorwiegend dazu dient, gegen den Zuwiderhandelnden einen Anspruch auf Ersatz von Aufwendungen oder Kosten der Rechtsverfolgung entstehen zu lassen. § 13 Abs. 5 UWG bringt einen allgemein geltenden Rechtsgrundsatz zum Ausdruck. Dieser ist gem. § 12 S. 2 auch auf den rabattrechtlichen Unterlassungsanspruch anwendbar.[44] 19

Ein Verband zur Förderung gewerblicher Belange i. S. von § 12 Abs. 1 RabattG (a. F.) verstößt nicht gegen das GWB, wenn er unzulässige Rabattangebote oder Rabattverstöße in großem Umfang und im Zusammenwirken mit anderen Interessenverbänden in der Wirtschaft verfolgt.[45]

Zum Einwand mißbräuchlicher Rechtsverfolgung bei eigenen Verstößen des Klägers gegen das RabattG (Einwand der „unclean hands") s. OLG Nürnberg, GRUR 1979, 255.

V. Zuständigkeit

Ist das Landgericht Eingangsinstanz, kann der Kläger bzw. Antragsteller bei Wettbewerbs-, Warenzeichen-, Firmen- und Kartellsachen wählen, ob er das Verfahren vor der Zivilkammer oder vor der Kammer für Handelssachen anhängig machen will; vgl. §§ 95 Abs. 1 Nr. 4 b, 4 c, 5 GVG, 27 Abs. 1 UWG, 87 Abs. 1 GWB und *Spätgens* HdbWbR § 84 Rdn. 68. Ausgenommen hiervon sind lediglich Ansprüche der letzten Verbraucher aus § 13 a UWG, soweit nicht ein beiderseitiges Handelsgeschäft nach § 95 Abs. 1 Nr. 1 GVG gegeben ist; vgl. § 95 Abs. 1 Nr. 5 GVG und § 27 Abs. 1 UWG. *Teplitzky* (Kap. 45 Rdn. 11) hält es für zweifelhaft, ob auch die vom Wortlaut der §§ 27 Abs. 1 UWG, 95 Abs. 1 GVG nicht erfaßten Wettbewerbsstreitigkeiten – namentlich die Verstöße gegen das RabattG oder die ZugabeVO, soweit der Streit nicht zwischen Kaufleuten ausgetragen wird und deshalb unter § 95 Abs. 1 Nr. 1 GVG fällt – in die funktionelle Zuständigkeit der Kammern für Handelssachen gehören. Die von *Teplitzky* unter Hinweis auf den grundrechtlichen Anspruch auf den gesetzlichen Richter (Art. 100 Abs. 1 S. 2 GG) geäußerten Bedenken sind gewichtig. Dennoch erscheint es zutreffend, auch für Ansprüche aus dem RabattG die funktionelle Zuständigkeit der Kammern für Handelssachen anzunehmen. § 95 GVG bestimmt den Begriff der Handelssachen. Nach § 95 Abs. 1 Nr. 5 GVG gelten Ansprüche aufgrund des UWG als Handelssachen. Ausgenommen sind nur die Ansprüche der letzten Verbraucher aus § 13 a UWG. Das UWG gehört systematisch zum Handelsrecht, d. h. zu den für Kaufleute und alle anderen Unterneh- 20

[43] BGH GRUR 1987, 568, 569 – *Gegenangriff*; näher dazu *Teplitzky* Kap. 19 Rdn. 16–18.

[44] Wegen weiterer Einzelheiten vgl. daher zunächst § 13 UWG Rdn. 109 ff; *Gloy* HdbWbR 2. Aufl. § 19 Rdn. 64 ff; *Teplitzky* Kap. 13 Rdn. 43 ff.

[45] BGH GRUR 1987, 304, 306 – *Aktion Rabattverstoß*.

men (Selbständige, Gewerbetreibende und öffentliche Unternehmen) geltenden besonderen Vorschriften des Privatrechts. Die Tatbestände des RabattG sind wie die der ZugabeVO wettbewerbsrechtliche Normen und ein Teil des Wettbewerbsrechts. Sie ergänzen das UWG. Anders als nach § 12 RabattG a. F. werden die Anspruchsberechtigten in § 12 RabattG mit Ausnahme des unmittelbar Verletzten nicht mehr genannt. Stattdessen wird auf die Vorschrift des § 13 Abs. 2 Nr. 1, 2 und 4 UWG verwiesen und diese für entsprechend anwendbar erklärt. Anspruchsberechtigt sind danach dieselben Personenkreise und Verbände, für die die Zuständigkeit der Kammer für Handelssachen begründet wird. Die Verbraucherverbände des § 13 Abs. 2 Nr. 3 sind ohnehin nicht anspruchberechtigt bei Rabattverstößen. Verstöße gegen das RabattG oder die ZugabeVO gehören daher in die funktionelle Zuständigkeit der Kammern für Handelssachen.[46] Bei einer Reihe von Landgerichten sind geschäftsplanmäßig Spezialkammern für Wettbewerbssachen (Zivilkammern und Kammern für Handelssachen) eingerichtet, so z. B. in Hamburg die ZK 12 und 15 sowie die 16. KfH und in Köln die ZK 31. Der Kläger bzw. der Antragsteller im Verfügungsverfahren kann die Sache bei der Zivilkammer anhängig machen. Doch hat es der Beklagte bzw. der Antragsgegner in der Hand, die Verweisung an die Kammer für Handelssachen zu beantragen, § 98 Abs. 1 GVG. Die Zivilkammer bleibt zuständig, wenn sie vom Kläger oder Antragsteller angerufen wird und der Beklagte/Antragsgegner die Unzuständigkeit der Zivilkammer nicht rügt.

Örtlich zuständig für die Geltendmachung von Ansprüchen aus dem RabattG ist entweder das Gericht der gewerblichen Niederlassung bzw. bei Personen der Ort des Wohnsitzes bzw. des inländischen Aufenthaltes des Verletzers oder das Gericht des Tatortes. Rabattverstöße sind in der Regel unerlaubte Handlungen i. S. des § 823 Abs. 2 BGB. Es gilt daher § 32 ZPO. Darüber hinaus kommt eine analoge Anwendung des § 24 UWG auf Rabattatbestände in Betracht.[47]

VI. Verjährung

21 § 14 DVO ergänzt § 12 RabattG. § 14 DVO ist gültig, auch wenn diese Vorschrift gesetzesergänzenden Charakter hat.[48] Der Unterlassungsanspruch verjährt in 6 Monaten von dem Zeitpunkt an, in dem der Anspruchsberechtigte von der Handlung und der Person des Verpflichteten Kenntnis erlangt, ohne Rücksicht auf diese Kenntnis in drei Jahren von der Begehung der Handlung an. Diese Regelung entspricht der des § 21 UWG und des § 2 Abs. 4 S. 1 ZugabeVO. Dieser Verjährung unterliegt auch ein vorbeugender Unterlassungsanspruch, der nur Begehungsgefahr voraussetzt.[49] Wegen weiterer Einzelheiten vgl. daher die Anm. zu § 21 UWG.

Durch Anrufung der Einigungsstellen wird gem. § 27a Abs. 9 UWG die Verjährung in gleicher Weise wie durch Klageerhebung unterbrochen.

---

[46] So auch *Baumbach/Hefermehl* UWG § 27 Rdn. 5; *Köhler/Piper* UWG § 27 Rdn. 2.

[47] So *Köhler/Piper* UWG § 24 Rdn. 4, mit der Begründung, rabattrechtliche Ansprüche würden ohnehin häufig mit UWG-Ansprüchen konkurrieren; a. M. BGH GRUR 1964, 567, 568 – *Lavamat I*; *Teplitzky* Wettbewerbsrechtliche Ansprüche, Kap. 45 Rdn. 16.

[48] OLG Köln NJW-RR 1986, 1094.

[49] OLG Stuttgart WRP 1993, 351, Angebot eines unzulässigen Preisnachlasses für die Gewährung eines solchen Rabattes; gl. A. *Baumbach/Hefermehl* Rdn. 4; str. vgl. *Teplitzky* Kap. 16 Rdn. 4 ff mwN.

C. Schadensersatzanspruch

Bei Verstößen gegen das RabattG sieht dieses Gesetz keinen Schadensersatzanspruch vor. Nach *v. Gamm* dürfte es sich dabei um ein Redaktionsversehen handeln.[50] 22

Das RabattG ist Schutzgesetz i. S. von § 823 Abs. 2 BGB (vgl. Einf. Rdn. 15; so auch *Köhler/Piper* Rdn. 1). Voraussetzungen und Umfang des Schadenersatzes bestimmen sich daher ausschließlich nach den Vorschriften des BGB und, falls der Rabattverstoß zugleich auch den Tatbestand des § 1 UWG erfüllt, auch nach dieser Vorschrift. Neben den Sondervorschriften der §§ 823 ff BGB gelten die allgemeinen Vorschriften der §§ 249 ff BGB. Im Gegensatz zum Unterlassungsanspruch setzt der Schadensersatzanspruch ein Verschulden voraus. Anspruchsberechtigt ist nur, wer einen Schaden erlitten hat. Während beim Unterlassungsanspruch der Betriebsinhaber keinerlei Entlastungsmöglichkeit hat, wenn Angestellte und Beauftragte in seinem geschäftlichen Betrieb einen Rabattverstoß begangen haben, ist für den Schadensersatzanspruch § 831 BGB anwendbar. Der Schadensersatzanspruch verjährt in 3 Jahren, § 852 BGB. Wird der Schadensersatzanspruch auf § 1 UWG gestützt, gilt die kurze Verjährungsfrist des § 21 UWG. Danach verjährt ein auf § 1 UWG gestützter Schadensersatzanspruch in 6 Monaten vom Zeitpunkt der Kenntniserlangung an, ohne Rücksicht auf diese Kenntnis in 3 Jahren von der Begehung der Handlung an.

Haben Kläger und Beklagte im wesentlichen gleichzeitig, in gleicher Art und Weise und gleichem Umfang gegen die Vorschriften des RabattG verstoßen, dann kann regelmäßig keine Partei einen Schadensersatzanspruch gegen die andere auf den Tatbestand des Rabattverstoßes stützen.[51] In den Fällen, in denen Geschädigter und Schädiger im wesentlichen gleichzeitig und in gleicher Weise und in gleichem Umfang gegen die Regeln des lauteren Wettbewerbs verstoßen haben, hat bereits das Reichsgericht einen Schadensersatzanspruch verneint, weil es unwahrscheinlich erscheine, daß die jeweils klagende Partei einen Schaden erlitten habe.

D. Auswirkungen auf das Hauptgeschäft

Zu den Auswirkungen eines Rabattverstoßes auf das Hauptgeschäft s. § 1 Rdn. 119. 23

§ 13 Anrufung der Einigungsstellen

Die in § 27 a des Gesetzes gegen den unlauteren Wettbewerb vorgesehenen Einigungsstellen können bei bürgerlichen Rechtsstreitigkeiten aus diesem Gesetz angerufen werden.

Anrufung der Einigungsstellen

§ 13 ist durch das Gesetz zur Änderung des UWG, des Gesetzes über das Zugabewesen und des Rabattgesetzes vom 11. 3. 1957 (BGBl. I 172) neu gefaßt worden.

---

50 Vgl. *v. Gamm* Kap. 60 Rdn. 77; so auch *Köhler/Piper* Rdn. 1.

51 BGH GRUR 1970, 563 – *Beiderseitiger Rabattverstoß* – mit Anm. *Seydel.*

Die in § 27a des Gesetzes gegen den unlauteren Wettbewerb vorgesehenen Einigungsstellen können bei bürgerlichen Rechtsstreitigkeiten aus diesem Gesetz angerufen werden, jedoch nicht in Ordnungswidrigkeitssachen. Zu § 27a UWG siehe die Erläuterungen von *Köhler* zu § 27a UWG; zum neueren Stand Teplitzki Wettbewerbsrechtliche Ansprüche, 7. Auflage, Kap. 42 Das Verfahren vor den Einigungsstellen.

§ 14 Inkrafttreten

(1) Dieses Gesetz tritt am 1. Januar 1934 in Kraft
(2) (gegenstandlose Übergangsvorschrift)

§ 15 Tabakerzeugnisse

Die Vorschriften des Gesetzes über das Verbot des Verkaufs von Tabakerzeugnissen unter Steuerzeichenpreis vom 21. September 1933 (Reichsgesetzbl. I S. 653) bleiben, soweit sich aus ihnen etwas anderes ergibt, unberührt.

Tabakerzeugnisse

Es gilt jetzt das TabaksteuerG vom 21. 12. 1992 (BGBl. I 2150). Für das Rabattrecht sind die §§ 24, 25 bedeutsam. Vgl. hierzu § 2 Rdn. 11–15.

Die Bestimmungen des Tabaksteuergesetzes gehen als spezialgesetzliche Regelungen denen des RabattG vor, wenn und soweit sie abweichende Bestimmungen treffen.[1] Soweit dies nicht der Fall ist, gilt das RabattG.

§ 16 Kein Schadensersatz

Zum Ersatz eines Schadens, der durch die in diesem Gesetz bestimmten Maßnahmen entsteht, sind weder das Reich noch die Länder verpflichtet.

§ 17 Durchführungsvorschriften

Der *Reichswirtschaftsminister* erläßt die zur Durchführung dieses Gesetzes erforderlichen Rechts- und Verwaltungsverordnungen. Er kann auch Vorschriften ergänzenden oder abändernden Inhalts erlassen.

Durchführungsvorschriften

Der Bundes(Reichs-)wirtschaftsminister erläßt die zur Durchführung dieses Gesetzes erforderlichen Rechts- und Verwaltungsverordnungen. Er kann auch Vorschriften ergänzenden oder abändernden Inhalts erlassen.

---

[1] So *Köhler/Piper* Rdn. 2; ähnl. *Baumbach/Hefermehl* Rdn. 1.

Aufgrund der in § 17 RabattG enthaltenen Ermächtigung hat der Reichswirtschaftsminister drei Durchführungsverordnungen erlassen (vgl. vor § 1 Einf. 1 und den zu den §§ 4 (§§ 1 bis 10 und 13 DVO), 5 (§ 11 DVO), 9 (§ 12 DVO) und § 12 (§ 14 DVO) abgedruckten Text mit Erläuterung). Die Ermächtigung zum Erlaß von Rechtsverordnungen ist auf den Bundeswirtschaftsminister übergegangen, Art. 129 Abs. 1 S. 1 GG. Die in Satz 2 enthaltene Ermächtigung zum Erlaß ändernder oder ergänzender Vorschriften ist erloschen, Art. 129 Abs. 3 GG. Seit Inkrafttreten des Grundgesetzes ist das Rabattgestez durch förmliche Gesetze (vgl. vor § 1 Einf. 2) sowie durch die Entscheidung des Bundesverfassungsgerichts vom 11. 4. 1967 (BGBl. I 626) geändert worden.

FSC
www.fsc.org
MIX
Papier | Fördert gute Waldnutzung
FSC® C083411

Kolibri 360 GmbH
Ferdinand-Jühlke-Straße 7
99095 Erfurt, Deutschland
produktsicherheit@kolibri360.de